Herausgeber: Gabi Dietz, Hermann-Joseph Pölking, Maruta Schmidt, Erik Weihönig (alle Elefanten Press), Irene Lusk, Christiane Zieseke
Layout und Umschlag: Jürgen Holtfreter
Umschlagherstellung: Printing Studio AG, Zürich
Satz: satz-studio irma grininger, Berlin
Lithografie: Claus Iller, Köln

EP 100
1. Auflage, Berlin (West) 1982
Printed in Berlin (West)
ISBN 3-88520-100-3

ELEFANTEN PRESS, Zossener Str. 32, 1000 Berlin 61

Umschlagfotos: Horst Schikkus (1957)
und Planungskollektiv 1/P. Voigt (1980)
Hinten: Paul Glaser.
Zeichnungen: Gerhard Seyfried
Foto Seite 1: Bernd Markowsky
Seite 2: Roman Sprenger
Seite 3: Peter Hebler

CIP-Kurztitelaufnahme der Deutschen Bibliothek

Stadtfront : BerlinWestBerlin / hrsg. von d. Elefanten Press u. Irene Lusk u. Christiane Zieseke. – Berlin : Elefanten Press, 1982.
(EP ; 100)
ISBN 3-88520-100-3
NE: Lusk, Irene [Hrsg.]; GT

StadtFront

Berlin West Berlin

herausgegeben von
Elefanten Press
Irene Lusk
Christiane Zieseke

EP 100
Elefanten Press

INHALT

Foto: Paul Glaser

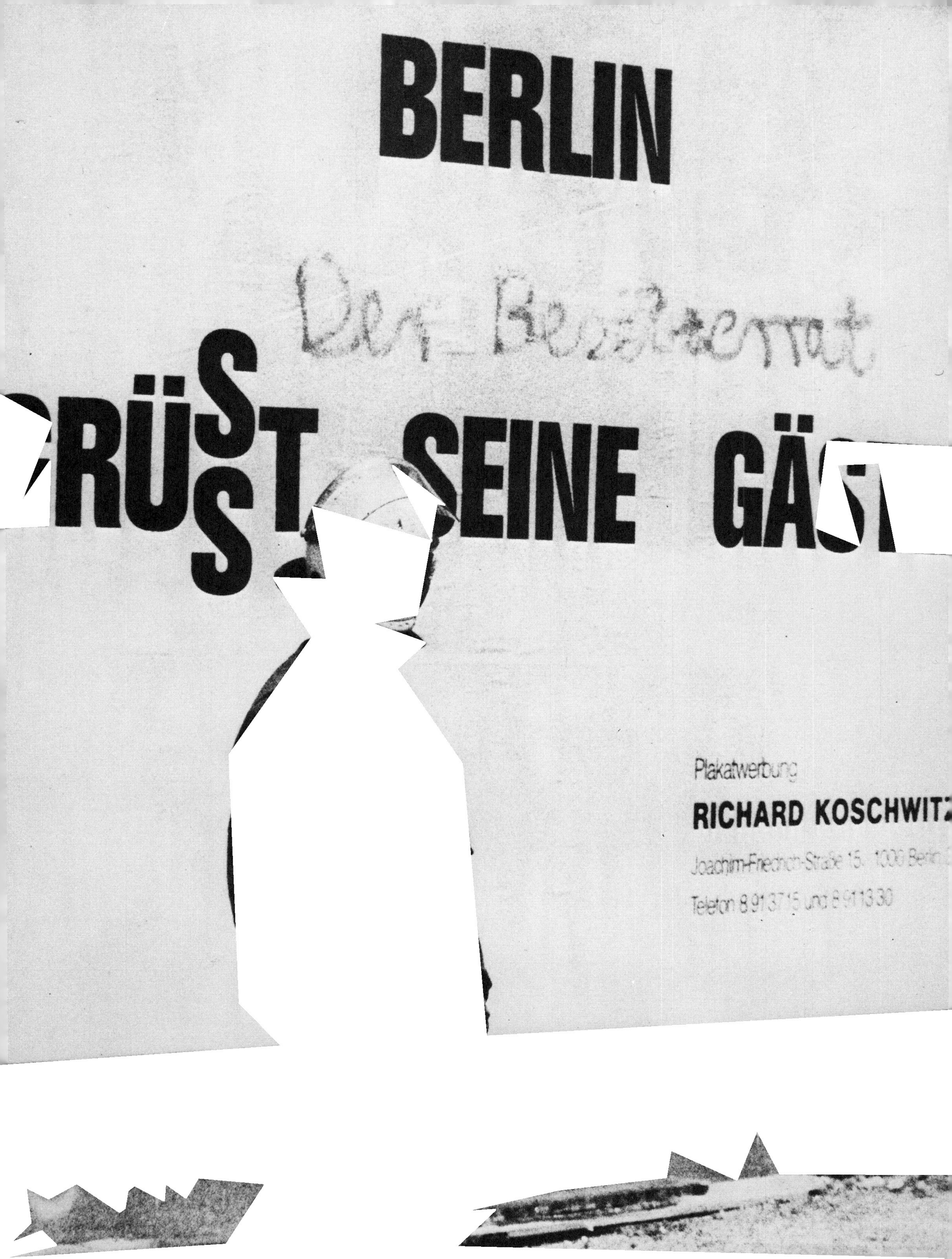
BERLIN
RÜSST SEINE GÄS
Plakatwerbung
RICHARD KOSCHWITZ
Joachim-Friedrich-Straße 15 · 1000 Berlin
Telefon 8 91 37 15 und 8 91 13 30

Ein höchst politisches Straßenschild an der Kreuzung Bülowstraße/Potsdamer Straße in Schöneberg. Wenige Meter neben ihm starb Klaus-Jürgen Rattay. Es zeigt nicht — wie der unwissende Besucher vermuten könnte — auf Westberlins Zentrum um Kudamm und Tauentzien, sondern auf die alte Mitte der Stadt, jetzt in Berlin (DDR). Foto: Ralph Rieth

Unten: Das sowjetische Ehrenmal für die Gefallenen des Zweiten Weltkriegs. Noch bevor die Alliierten Berlin in vier Sektoren teilten, hatte die Sowjetunion begonnen, im Tiergarten, hinter dem Brandenburger Tor, diese Gedenkstätte zu errichten. Nach der Teilung lag sie im Britischen Sektor, wurde aber der Sowjetunion als Exklave überlassen. Einmal im Jahr findet auf der Straße vor dem Ehrenmal eine Parade der sowjetischen Truppen zum Jahrestag des Sieges über den deutschen Faschismus statt — mitten in Westberlin. Foto: Paul Glaser

Die Mauer, Westberlins Attraktion Nummer 1, touristisch perfekt erschlossen. Nicht nur Grenze zwischen zwei Städten, die einmal zusammengehörten, sondern auch zwischen zwei politischen, ökonomischen und sozialen Systemen. Und einem anderen Alltag, dessen westliches Gesicht der einen Seite der Mauer aufgesprüht wurde. Foto: Udo Schneider/Entenpool

Der Erlengrund, eine der 5 Westberliner Exklaven auf DDR-Gebiet, liegt an der Havel, gegenüber der Konradshöhe. Den Sportverein „Wochenendgemeinschaft Erlengrund e.V. Berlin“ und zwanzig Privatleute gibt das Grundstückskatasteramt Spandau als Eigentümer an.

Kein „Sesam, Sesam, öffne Dich“ ist nötig, sondern Vereinsmitgliedsausweis, Anmeldung und Klingeln reichen aus, um das Tor in der Grenze passieren zu können — durch Sprechanlagenkontakt und automatisches Öffnen und Schließen.

Foto: H.-J. Wuthenow

Unten: Nur durch einen Maschenzaun ist ein Zipfel der DDR, der in den Tiergarten hineinreicht, von Westberlin abgetrennt. Die Bequemlichkeit der Spaziergänger, Jogger und Ahnungslosen hat den Zaun an einigen Stellen plattgedrückt und einen Weg durch die Wildnis gebahnt, der ohne völkerrechtliche Bedenken und Absicherung von Westberlinern und Besuchern der Stadt genutzt wird. Der „Trampelpfad“ geht von der Bellevue Straße (in der Nähe des Potsdamer Platzes) durch ein Stückchen Territorium der DDR und immer an der Wand lang in Richtung Brandenburger Tor. Foto: Paul Glaser

Der grenzüberschreitende Verkehr findet nicht nur auf der Autobahn und Transitstrecke statt, sondern kann auch mit öffentlichen Verkehrsmitteln vorgenommen werden. Zwei U-Bahnlinien unterqueren die DDR, und die S-Bahn in Richtung Bahnhof Friedrichstraße (Berlin/DDR) fährt über die Grenzanlagen. Vom Bahnhof Friedrichstraße aus kann man an der Grenzübergangsstelle in die DDR einreisen, oder einfach in zwei andere Linien des Westberliner S-Bahnnetzes umsteigen — ohne Grenzkontrolle. Foto: Jürgen Junker-Rösch

Die Untergrundbahn hat in Berlin auch überirdische Teilstrecken, und auf ihrer ältesten Strecke zwischen Schlesischem Bahnhof und Gleisdreieck wird sie sogar zur Hochbahn. Die Eisenträger dieses „Senatsschirms" schützen vor Unbill des Wetters. Manche sagen, das eigentliche Wahrzeichen der Stadt läge in der Dennewitzstraße. Dort fährt die U-Bahn als Hochbahn durch ein bewohntes Mietshaus.
Foto: Volker Schutsch

Aus einer bundesdeutschen Partnergemeinde eingeflogene Trachtengruppe neben Eingeborenen auf dem Kreuzberg.
Foto: Paul Glaser

Unten: Aus der Türkei zu einer reaktionären türkischen Demonstration eingeflogene Trachtengruppe auf dem Kurfürstendamm.
Foto: Ralph Rieth

Der Westberliner schätzt die Freiheit, ungezwungen in der Einsamkeit der sauberen Natur mit sich und den anderen 2 Millionen Mitbürgern allein zu sein. Zum Beispiel im Sommer in Halensee.
Foto: Paul Glaser

Unten: Baden ist im Wasser des Viktoriafalls, das sich vom „Gipfel" des 66 m hohen Kreuzberges hinabstürzt und wieder hinaufgepumpt wird, verboten.
Die drei Kreuzberger Herren halten sich strikt an das Verbot. Das Foto ist keine Fälschung, dafür aber der Wasserfall. Er wurde 1884 dem „Zackenfall" im Riesengebirge nachgebildet, Stein für Stein.
Foto: H.-J. Wuthenow

Das eine Haus war, das andere ist bewohnt. Abrißschneisen und teilvermietete Ruinen bestimmen in Teilen Kreuzbergs heute das Strassenbild – noch in den sechziger Jahren waren es die Kriegsruinen überall in der Stadt. Fotos: Ralph Rieth, Carla Neumann

Früher stützten sich die Schutzmächte gedankenverloren auf ihr Schwert, wie dieser Herr aus der Ahnengalerie der Hohenzollern während der „Preußen"-Ausstellung hinter dem Martin-Gropius-Bau.
Foto: Anna Jacquemard

Heute begegnet man den neuen Schutzmächten zuweilen beim lässigen Bummel durch die Stadt.
Foto: Bernd Markowsky

Der Bär ist nicht nur das Wappentier der Stadt — es soll auch Bärliner geben, die sich mit Menschenmasken vermummen.
Foto: Larsson/Zeit

Das „Vermummungsverbot" des Senats zu durchbrechen, wird immer mehr zum Volkssport, an dem sich Bärliner aller Alters- und Einkommensgruppen beteiligen. Jeder versucht es auf seine Art.
Foto: Peter Hebler

Ein kommerzieller Stern leuchtet vom Europacenter über Westberlins City. Zwecks Säuberung und wenn die Zeichen auf Sturm stehen, wird er einfach umgeklappt.
Foto: Udo Schneider/Entenpool

Vielleicht ist in Westberlin auch alles nicht so gemeint wie es aber doch erscheint ...
(Brand in einem während einer Straßenschlacht geplünderten Lebensmittelgeschäft)
Foto: Paul Glaser

Die Gegner der Polizei haben oft schwarze Kleider und grüne Haare. Die Polizei hat grüne Kleider und weiße Helme. Die Kapuzen der Demonstranten werden in Serie angefertigt und für 2,50 Mark pro Stück verkauft.
Foto: Rainer Bald/Fox Reportagen

Hartmut Schulze

Wochenendausflug in eine fremdartige Stadt

Wer die Stadt auf dem Landwege erreichen will, muß vorher gut essen, jedenfalls wenn er nachmittags aus nordwestlicher Richtung anreist. Denn die einzige Raststätte auf dem Weg durch den fremden Staat ist ab 18 Uhr geschlossen. Das schadet seinem Devisenhaushalt jedoch kaum. Der Einnahmeverlust wird von häufigen Kontrollposten der Volkspolizei ausgeglichen. Wir mußten zum Beispiel gemäß dem „Gesetz zur Bekämpfung von Ordnungswidrigkeiten" zehn Mark der Deutschen Bundesbank zahlen. Bei Höchst-Tempo 80 hatten wir den Gurt vergessen.
Gut, daß man sich rechtzeitig an die Allgegenwärtigkeit von Polizisten gewöhnt. Denn die Stadt, die wir besuchten, hat die zweitgrößte „Polizeidichte" der Welt. Die Stadt ist ein sehr fremdartiges Gebilde, ihre Bewohner sind auch sehr fremdartig. Die Stadt ist nur halb, und sie ist von einer Mauer umgeben. Die, die jenseits dieser Mauer leben, nennen die Stadt eine „selbständige politische Einheit". Das stimmt, aber doch wieder nicht so ganz.
Einerseits: Die, die diesseits der Mauer leben, fühlen sich zu einem Staat gehörig, der zweihundert Kilometer weit weg liegt, und die Führer dieses Staates tun auch so, als ob sie in dieser entfernten Stadt etwas zu sagen hätten, nur weil ihr Geldsystem auch das Geldsystem der Stadt ist. Andererseits: Verläßt man die Stadt, muß man die Paßkontrollen der „selbständigen politischen Einheit" durchlaufen. Jeder Grenzgänger wird registriert. Auch gibt es in der Stadt Gesetze und Bestimmungen, die in dem entfernten Staat nicht gelten – und umgekehrt. Denn die Stadt ist ein besetztes Gebiet.
In der Hälfte, die wir besuchten, nennen die Einwohner (wie in besetzten Gebieten üblich) ihre Besatzer „Schutzmächte". Die „Schutzmächte" selbst sind da manchmal viel offener: „Es kann und wird keine hundertprozentige Demokratie geben, solange wir hier sind mit unserem Besatzungsstatut. Wer hundertprozentige Demokratie will, muß woanders hingehen." Das sagte der Chef der französischen Besatzer. Außerdem sind da noch Engländer und – vor allem – Amerikaner. Die Einheit ist so selbständig, daß sie nicht zur NATO gehört, daß weder die Lufthansa noch die Bundeswehr sie besuchen dürfen und daß neofaschistische Organisationen verboten sind. Und sie ist so unselbständig, daß die, die sie regieren, diese Bestimmungen gerne ändern würden, aber nicht ändern können. Ja, sie dürfen nicht einmal einen ihrer Polizei-Oberkommissare befördern, ohne die „Schutzmächte" um Erlaubnis zu fragen. Die „Schutzmächte" ihrerseits könnten, wenn sie wollten, in der Stadt „Zeitungen verbieten und Leute von der Straße weg verhaften – ohne richterlichen Beschluß" (so Herbert J. Stern, ein amerikanischer Bundesrichter).
Willkürliche Beschlagnahmen und Verhaftungen gibt es auch heute schon so viele, daß ein Straßentransparent fordert: „Die Häuser uns, die Leute frei und Urlaub für die Bullizei!" Mit Bullizei meinen ihre Gegner die Polizei, sie nennen die Polizisten häufig „Bullen" oder „Schweine". Manche wünschen ihnen nicht mehr Urlaub, sondern: „Schweine ins Weltall!"
Die Gegner der Polizei haben oft schwarze Kleider und grüne Haare. Die Polizisten haben grüne Kleider und Helme auf dem Kopf. Wenn die Gegner der Polizei auch einen Helm tragen, wird der meistens beschlagnahmt. Denn die Polizei sagt, Helme seien Waffen und im übrigen mit einem „Vermummungsverbot" nicht vereinbar. An dem Wochenende, an dem wir die Stadt besuchten, nahmen die Gegner der Polizei dieses Vermummungsverbot sehr ernst und liefen nackt durch die Straßen.
Sie nannten dies eine Demonstration, wofür oder wogegen demonstriert wurde, war jedoch nicht ersichtlich. Es gab nur ein einziges Transparent, auf dem auch keine Forderung stand, sondern eine Feststellung: „Scheiben klirren, und ihr schreit/Menschen sterben, und ihr schweigt". Immerhin riefen die Nackten laut nach „Eis!", ansonsten demonstrierten die Demonstranten sich selbst.

Foto: Christian Schulz

Polizei und Demonstranten sind selten einer Meinung. Das schafft nicht nur Ärger, sondern auch Arbeit. Fotos: Peter Hebler

Politiker suchen das Gespräch mit der Jugend Westberlins. Der Präsident des Abgeordnetenhauses, Peter Rebsch (CDU), am Tag der Offenen Tür '82 vor dem Rathaus Schöneberg.
Foto: Michael Kipp

Es waren viele tausend Menschen auf der Straße. Eine Zeitung der Stadt, der als seriös geltende „Tagesspiegel", schrieb aber nur von 600. Die Gegner der Polizei behaupten, daß in den Zeitungen nur selten die Wahrheit stehe. Darum haben sie ihre eigenen. Es gab zum Beispiel die „Besetzer-Post". Das war nicht das Mitteilungsblatt der „Alliierten Kommandantura", sondern das einer Bewegung, die an den Wochenenden inzwischen mehr Menschen zu ihren zentralen Veranstaltungen lockt als der Fußballverein Hertha BSC. Manchmal, wie an diesem Wochenende, treffen die Anhänger dieser Bewegung, sie nennt sich „Tuwat", und die Anhänger des Fußballvereins auf den Boulevards (von manchen „Bulle-wars" genannt) aufeinander. Dann rufen die „Herthafrösche" der Bewegung zu: „Tuwat verrecke!" Der weißhaarige Passant neben uns verstand „Juda verrecke!" So groß war das Mißverständnis nicht.
Die Musik dazu war von Vivaldi (aus dem Lautsprecher, mit dem die Besetzer des Hauses Winterfeldtstr. 26 den Demonstrationszug begrüßten) und von neuen deutschen Gruppen wie Einstürzende Neubauten.
Diese Kapelle hatten wir schon am Vorabend im „Tempodrom" gehört, einem Zirkuszelt, das inmitten eines weitläufigen Trümmergeländes liegt, das einmal der Verkehrsknotenpunkt der Stadt war. Die Einstürzenden Neubauten traten neben der Tödlichen Doris, Nekropolis, Kriegsschauplatz und vielen anderen „genialen Dilettanten" in einer „Großen Untergangs-Show" auf.
Ein wirklicher eingestürzter Neubau steht nicht weit vom „Tempodrom": die Kongreßhalle der Stadt.
Sie war ein Geschenk einer amerikanischen Stiftung. 1980 ist, gelegentlich einer Makler-Tagung, ihr Dach eingestürzt, und seitdem kosten die Abstützvorrichtungen für den Trümmerhaufen im Monat 120 000 Mark. Vorerst behielt die Stadt also als eines ihrer Wahrzeichen eine Ruine. Ein anderes ist ebenfalls eine Ruine, ein paar Kirchentrümmer zum Gedächtnis an einen Kaiser. Diese Wahrzeichen machen Sinn.
Auch die Gruppe Deutsch-Amerikanische Freundschaft ist im „Tempodrom" aufgetreten. Und nicht im Stadtteil Zehlendorf, wo tags darauf ein „Deutsch-Amerikanisches Freundschaftsfest" stattfand. Dort spielte das Orchester der Stadtreinigung.
Vor den Buden des Festes (eine von ihnen mußte wieder abgebaut werden, weil dort Unterschriften für den Frieden gesammelt wurden) trafen wir viele Bürger, die ganz anders aussehen als die Tuwat-Leute. Sie haben dicke Bäuche, die die Hemden spannen und über den Gürteln der tiefsitzenden Trevira-Hosen hervorquellen. Sie haben zurückgekämmte Haare und Koteletten. Sie essen oft Würstchen und trinken viel Bier. Etliche von ihnen arbeiten bei der BVG, dem Verkehrsbetrieb der Stadt. Ihre Frauen (es sind *ihre* Frauen) haben häufig zu enge Hosen an und kneifende Oberteile. Auch sind sie stolz auf ihre Stadt. Daß sie nicht lebensfähig wäre, wenn nicht mehr als die Hälfte ihres Etats von den Steuerzahlern aus dem 200 Kilometer weiter westlich liegenden Staat aufgebracht würde, hören sie nicht gern.
Zur wirtschaftlichen Unterstützung der Stadt werden dort auch regelmäßig Messen und Kongresse veranstaltet. Hierfür wurde ein weiteres großes, sehr gewaltiges „Internationales Congress Centrum" errichtet. Es wurde etwa zu dem Zeitpunkt fertig, als die andere Kongreßhalle einstürzte. Mit den Baukosten für das ICC könnte die Ruine 625 Jahre lang gestützt werden. Die will man allerdings wieder aufbauen.
Aber in der Stadt gibt es auch wichtige Probleme. Zum Beispiel suchen 80 000 ihrer Einwohner eine Wohnung. Dagegen stehen 10 000 Wohnungen leer, obwohl sie bewohnbar sind. Aber entweder sind die Mieten zu hoch, oder die ehemaligen Mieter wurden vertrieben, weil die Eigentümer die Mieten erhöhen wollen. Also sind junge Leute in viele dieser leerstehenden Wohnungen eingezogen, oft ohne Miete zu bezahlen. Dafür renovieren sie die Häuser. Die Ordnungskräfte halten dies für rechtswidrig.
Eine Kneipe in einem solchen Haus heißt „Zum stinkenden Bier". Andere Besetzer-Lokale heißen zum Beispiel „Café Knüppel" oder „Sumpf-Café". In den besetzten Häusern gibt es auch Kinos, Anwaltskanzleien und Arztpraxen. Die Gegner der Polizei haben einen eigenen Sanitäter-Trupp. Auf ihren Armbinden steht im roten Kreuz „Putz braucht Schutz". Die Sanitäter begleiteten auch den Demonstrationszug mit den Nackten. Glücklicherweise bekamen sie nichts zu tun. Zwar rief am Straßenrand ein Bürger mit dikkem Bauch, Trevira-Hose und Koteletten: „Knalltse ab, die Hunde, knalltse ab!" – aber seit 1967 wurde in dieser Stadt kein Demonstrant mehr erschossen.

Foto: Wolfgang Krolow

Der Senat soll beschlossen haben, die am Lehrter Bahnhof verrottenden Kohlenberge (für „Krisenzeiten" gestapelt) für die Bevölkerung freizugeben. Das Vorratsgebirge wird den Alpinen Vereinen als Übungsgelände zur Verfügung gestellt. Die Erstbesteigung hat bereits stattgefunden.
Foto: Jürgen Henschel

Angela Frank

Für alle Fälle bevorratet

Gut erinnere ich mich an breite Holzregale im Hause meiner Großmutter. Dort standen, sorgfältig geordnet und beziffert, lauter begehrenswerte Dinge: Erdbeermarmelade vom vorletzten Sommer, Stachelbeeren in Einmachgläsern, Leberwurst in Dosen. Die Generation der Großmütter, den Kohlrübenwinter anno 1916 im Gedächtnis, pflegte die Vorratshaltung in Küchen und Kellern in weiser Voraussicht auf schlechte Zeiten. Immer rechtzeitig vor dem ersten Schimmelpilz wurden die Vorräte verbraucht, durch neue ergänzt. Wer erinnert sich nicht – dann kam das Eingemachte zum Vanille-Pudding auf den Tisch.

Der Berliner Senat, stellvertretendes Familienoberhaupt der krisengefährdeten Frontstadt, die Rosinenbomber anno 1948 im Gedächtnis, pflegt ähnliches. Im größeren Stil natürlich, eine Abteilung des Senats für Wirtschaft und Verkehr ist eigens zuständig für die „Bevorratung", wie es im bewährt umständlichen Amtsdeutsch heißt.

Seit dem Ende der Blockade 1948/49 hat das Amt für Bevorratung damit begonnen, Vorräte zu horten und zu verwalten. Die Luftbrücke noch frisch in Erinnerung, die Mauer noch kein selbstverständlicher Anblick, von Ost-West-Entspannung noch keine Rede, war die Planung für den Fall der Fälle das dringende Gebot der Stunde. Alle wichtigen Güter, die der Stadt im Falle möglicher Pressionen das Leben sichern sollen, sind in die große Vorratskammer aufgenommen. Nahrungsmittel vom Dosengulasch bis zur Trockenmilch, feste und flüssige Brennstoffe von der Kohle bis zum Sprit, Medikamente und Verbandszeug, Fahrräder (die Zeiten des Eisernen Gustav sind wohl doch endgültig passé) und Baby-Windeln. Wer jedoch präzisere Auskünfte haben will und sich vorwitzig nach Details erkundigt, der wird vom zuständigen Senatsrat an die Schutzmächte der letzten freiheitlichen Frontstadt des

Westens verwiesen, wo er ebenfalls keine Auskunft erhält. Es geht immerhin um ein Überlebensprogramm für den Ernstfall. Den Feind in Sichtweite, pochen bundesdeutsche wie alliierte Behörden auf Geheimhaltung, der genaue Umfang der „Bevorratung" und ihre Lagerung sind „Verschlußsache".

Auch über vorrätige Einzelposten wird keine Auskunft erteilt – ob und wieviel Holz oder Honig, Hülsenfrüchte oder Himbeergeist, man weiß es nicht. Auch ist nicht bekannt, ob sich der Senat den zeit- und szenespezifischen Bedürfnissen angepaßt hat und dementsprechende Mengen an Müsli und bio-dynamischen Fruchtsäften in seine Bevorratungs-Planung einbezogen hat.

Nun sind, aller offiziellen Geheimhaltung zum Trotz, die über 700 Lagerstätten, die quer über die Stadt verteilt liegen, dem wachsamen Auge schwer zu verbergen. Die unzähligen Kohlehalden zumindest sind ohnehin unübersehbar. Manchmal bringt's auch der Zufall an den Tag: Als Hausbesetzer im vergangenen Jahr eine Neuköllner Villa zum Objekt ihrer Begierde auserkoren, waren sie auf das senatseigene Depot für Toilettenpapier und Pampers gestoßen. Die Villa, bis zum Dach vollgestopft mit den im Ernstfall so dringend benötigten Rollen, ist eines der ganz leuchtenden Beispiele zukunftsorientierter Senatspolitik. Anläßlich einer Verkaufsaktion von 45 000 Fahrrädern im letzten September wurde auch deren Lagerstätte bekannt. Die Räder, alles leicht altmodische, aber fabrikneue Modelle, saubere Wertarbeit made in Germany und ohne jedes Plastik, fristeten ihr Dasein 20 Jahre lang im kargen Lagergelaß der „BEHALA", der Berliner Hafen- und Lagerhaus Betriebe in der Kreuzberger Oranienstraße.

Nun sollten derlei Verkaufsaktionen keineswegs zu der irrigen Annahme verleiten, die Krisengefahr sei gebannt. Doch im Hinblick auf Fahrräder etwa war der Senat der Ansicht, die Bevölkerung sei hinreichend eingedeckt. Wenn die Bürger im Ernstfall zumindest ihr Klapprad aus dem Kofferraum holen können, ist ein städtischer Vorrat nicht mehr vonnöten. Die „Bevorratung" wird stets dem Stand der Dinge angepaßt, das Eingemachte von Zeit zu Zeit aussortiert. Das großmütterliche Prinzip der Vorratshaltung, Altes zu verbrauchen und Neues zu ergänzen, ist den städtischen Beamten nicht unbekannt, so wird ständig modernisiert, ergänzt, verbraucht.

Vorzugsweise Nahrungsmittel und Textilien werden immer wieder aussortiert, auch Kohlebestände werden von Zeit zu Zeit abgestoßen. In den Kaufhäusern und Supermärkten ist hin und wieder konserviertes Rind- oder Schmalzfleisch in senatseigenen Dosen im Angebot, auch Butter gibt's manchmal billiger.

Der Verkauf von preiswerten Schuhen allerdings wurde bedauerlicherweise bereits vor Jahren aufgegeben, dabei fänden die spitzen Herren-Modelle im 50er-Jahre-Stil gerade jetzt einen reißenden Absatz. Doch vom Senat zu verlangen, er solle sich an den Mode-Eskapaden der Subkultur orientieren, ginge ja wohl zu weit. Für weibliche 50er- Jahre-Fans besteht ohnehin kein Grund zur Betrübnis, da die angebotenen Damen-Modelle eher orthopädischen denn modischen Ansprüchen gerecht würden. Schließlich muß alles im Rahmen bleiben, der letzte vorapokalyptische Blues wird nicht auf hohen Hacken getanzt.

Polizei kaufte bei Besetzern ein

Sie betreten den besetzten Teil Ber-
lins" wurden am letzten Sonnabend
Besucher der „Regenbogenfabrik" mit
einem Transparent gewarnt. Trotzdem
kamen Hunderte Berliner auf das be-
setzte Gelände, um sich „senatseigene
Fahrräder" abzuholen, die dort der
Verein SO 36 verkaufte.

Gleich 1300 Vorbestellungen waren
in den letzten Wochen eingegangen,
und kassiert wurde im voraus. 150
Mark pro Rad, alle noch original ver-
packt, so wie sie vor 20 Jahren eingela-
gert wurden. Damals, gleich nach dem
Mauerbau, hatte der Senat Fahrräder
„bevorratet", damit die Berliner auch
bei einer neuen Blockade beweglich
bleiben konnten, insgesamt an die
80 000 Stück.

Nun werden die Senatslager ge-
räumt, und bei dieser Art Räumung

machten auch die Besetzer mit. Die Re-
genbogenfabrik hatte Platz genug, die
Leute vom „Kerngehäuse" aus der
Cuvrystraße machten 23 Fuhren mit
ihrem kleinen Lkw, und der Verein SO
36 organisierte, erhielt einen Mengen-
rabatt von Senatsseite, kaufte für 120
Mark ein. Die Überschüsse gehen an
Selbsthilfe-Projekte in Kreuzberg.

Für die Berliner war das immer noch
ein gutes Geschäft, und es kamen bei-
leibe nicht nur Leute aus der „Scene".
Kollegen der Bewag hatten gleich 90
Stück bestellt, Mitarbeiter des Bundes-
gesundheitsamtes holten acht und der
Verein Solidarnosc fünf. Auch die Poli-
zei war dabei. Die Ordnungshüter
kauften neun Räder. „Mir ist das ein
bißchen unangenehm", sagte einer. Er
hat sonst mit Besetzern nur bei Demon-
strationen zu tun. „Aber besser die, als
wenn Firmen damit ihren Profit ma-
chen", sagte er, „so kommen die Din-
ger wenigstens billig zu den Berli-
nern".

Um keinen falschen Eindruck zu er-
wecken, waren die Polizisten natürlich
in Zivil gekommen und den Lkw hat-
ten sie weit weg geparkt. Sie nahmen
auch einen richtigen Regenbogen-Ulk
gelassen. Da stand auf einem großen
Schild: „Hier verkauft die Firma Pedale
& Randale senatseigene Fahrräder."
Die Besetzer boten auch gleich Service.
Einer älteren Frau bastelten sie das zer-
legte Rad zusammen; für 14 Mark
konnte man eine Abschließkette kau-
fen, Katzenaugen gab's für zwei Mark,
Ständer für acht.

Wenig Echo bekamen sie allerdings
auf ihre Aufforderung, „einzusteigen"
bei den Besetzern.

Paul Glaser

Typische Berliner?

Foto: Paul Glaser

Paul Glaser

Hacker

Andreas, genannt ‚Hacker', ist ein Punk aus Kreuzberg. Dort wurde er geboren vor 20 Jahren, hat immer dort gelebt. ‚Hier bleib ick ooch', sagt Hacker mit dem Irokesen-Schnitt, Lederjacke mit Nieten, Schnürschuhen. ‚Klar will ick provozieren', sagt Hacker, er liegt eben quer in der Welt. Wär er sonst Punk, wa?!

‚Klar bin ick arbeitslos', erklärt er, seit zwei Jahren kriegt er Stütze, und ‚wenn ick det richtig überleg', hat er noch nie im Leben für längere Zeit gearbeitet. Mal hier 'n bißchen, mal dort, meist gar nicht. ‚Muß ja nicht sein, wa!' Nicht daß er was gegen Arbeit hätte, ‚allet mit Handwerk' macht ihm sogar Spaß. ‚Uff'n Bau isset nich schlecht', sagt er, ‚da isset menschlich', da ist es egal wie er aussieht. Man kann da einen zischen mit den Kumpels, mit den Händen arbeiten. ‚Wenn's wärmer wird, geh ick uff'n Bau', sagt Hacker. ‚Na, denn mal Prost', sagen die Kumpels und nehmen nen Schluck Schultheiß aus der Büchse.

Es ist ein schöner Nachmittag hier am Landwehrkanal, so mit den Kumpels, die auch arbeitslos sind, und auf der anderen Seite fährt die Feuerwehr Verletzte ins Urban-Krankenhaus . . . Oder sind das Tote? Hacker kam vor vier Jahren aus der Sonderschule. Da haben sie ihn hingeschickt, ‚weil ick angeblich zu blöd war zum Lesen und Schreiben, det nennen se Legastheniker', sagt Hacker, hält das aber für Quatsch, denn später hat er ‚det in een Monat nachgeholt', hat sogar Spaß gemacht, aber da mußte er auch nicht schreiben: ‚Wie erzieh ick mein' Hund?', da ging's um richtige Sachen, da war er bei 'ner Elektrobude. ‚Hat Spaß gemacht', bis er ‚dem Chef was uffs Maul gehaun' hat, ‚konnt ick gleich gehen, die Papiere holen'. Warum hat er denn überhaupt dem Chef aufs Maul gehauen? ‚Wart ma', det war doch wegen diesem Auto oder war er besoffen . . . ? Naja, sei's drum!'

Diese ‚praktische' Art liegt in der Familie. Wie oft hat er nicht die Geschichte gehört, ‚wie Opa mit sein Holzbein 'ne ganze Kneipe zusammengedroschen hat, war'n Typ, der Opa', sagt Hacker. Er selbst ist wegen Körperverletzung vorbestraft, und das kam so: ‚Da hab ick so'n Typ mit'n Kopp zwischen die Türen gehalten. So – hab ick ihn gehalten, siehste? Und platsch – gingen die Türen von der U-Bahn zu. Der wollte nen Fahrschein sehen, war so'n Kontrolleur oder sowas.' Zwei Jahre auf Bewährung.

Na, denn ma Prost, sagen die Kumpels.

Auch Hackers Brüder haben es mit dem ‚Praktischen', einige von ihnen sitzen im Knast, ‚quer durchs Strafgesetzbuch', und Mutter hat auch was davon – auf ihre Art.

Zehn uneheliche Kinder hat sie, Hacker ist eins davon. ‚War eben 'ne temperamentvolle Frau', sagt er, und ‚denn hat se doch noch richtig geheirat'', und noch mal elf Kinder gekriegt. Sie ist jetzt 53 und Hackers ‚jetziger Vater' ist 29. ‚Een starker Typ', sagt Hacker, ‚komm ick gut mit aus', sagt er, ‚wenn ick dem eine haue, drückt der mir durch die nächste Wand. Een starker Typ', sagt Hacker. Nach Hause geht er selten, denn er hat eine eigene Wohnung im Kiez, Toilette auf der Treppe, aber drin eine 180-Watt-Anlage. ‚Wenn ick da die ‚Sex Pistols' durchjage, denn fliegt denen oben der Heino vom Teller.' Sogar mit der Kunst hat er Ärger, man kann doch wirklich nichts machen im Leben, ohne daß es Ärger gibt!

Meist schaut er Fernsehen, Video, meist Kriegsfilme, echt stark – so mit Bomben und so. ‚Wenn ick een Maschinengewehr hätte, würd ick uff die Türken halten. Ick hasse Türken', sagt er. Warum? ‚Ick hasse die eben!' Und wenn er schon mal beim Rumspinnen ist, eine Münch-Mammoth hätte er gerne, das einzige Motorrad mit ner 1300er-Maschine, kostet 25 000. Aber dafür arbeiten? ‚Det isset nich wert', sagt Hacker. Er hat nicht mal ein Moped, ‚muß ja nich sein!' Genau wie arbeiten, muß auch nicht sein. ‚Prost', sagen die Kumpels. Hacker hat sonst keine Ansprüche ans Leben. Er war noch nie im Urlaub, noch nie im Konzert, nur so mit Punk-Musik, ‚noch nie mit Geigen und so', war noch nie im Theater, ‚hab ick genug', sagt er. ‚Neulich, da gab's Zoff mit so Typen, Teds oder so, mannomann, war det een Theater', sagt Hacker. Er liest auch nicht, auch keine Zeitungen. ‚Muß ja nicht sein, oder?' Aber Bier trinkt er, wenn er welches hat, auch Wein, auch Schnaps, ‚muß aber nich sein'. Die Kumpels sagen ‚Prost', einer knutscht mit seinem Mädchen. Es ist ein schöner Nachmittag am Landwehrkanal. ‚Wenn's wärmer wird, geh ick uff'n Bau', sagt Hacker. Mutter drängelt. ‚Es iss nich gut ohne Arbeit', sagt Mutter. Auf Muttern läßt er nichts kommen.

Foto: Paul Glaser

Stefan Reisner

Ohne Hunde kein Wauwau
Berliner Tierwelt

Ausländer, die nach Berlin kommen, sind immer wieder erstaunt über die vielen Bäume in den Straßen. In wenigen europäischen Großstädten gibt es so viele grüne Straßenzüge, auch grüne Lunge genannt; tatsächlich kann man vom Bahnhof Zoo immer am Wasser entlang und unter Bäumen bis nach Ruhleben wandern und muß nicht einmal eine Straße überqueren. Rudolf Virchow, der nicht nur Arzt, sondern auch Stadtverordneter im Berliner Rathaus war, wollte die Bäume in den Straßen aus lufthygienischen Gründen; die Bekämpfung der Tuberkulose war im 19. Jahrhundert ein großes Problem. Es gibt aber noch einen anderen Grund: Die Bäume werden gebraucht von den vielen Hunden. Es sind rund einhunderttausend Hunde, die von sich behaupten können, sie seien Berliner. West-Berliner. Auf 19,3 Westberliner entfällt statistisch ein Hund – jedenfalls nach Mitteilung der Finanzdirektion, die Dunkelziffer der schwarz gehaltenen Hunde ohne Steuermarke nicht mitgerechnet. Das muß man sich mal vor Augen halten: Jeder dieser Hunde legt, wie es in der Amtssprache heißt, durchschnittlich 500 Gramm Kot pro Tag ab. Das macht bei 100 000 Hunden 50 000 000 Gramm täglich, also 50 000 Kilo. Das sind fünfzig Tonnen.

Ich verstehe nicht, warum sich manche Leute über die überall über die Gehwege verteilten Hundehaufen beschweren: Man muß sich einmal vorstellen, diese Haufen müßten zentral – etwa in bezirklichen Hundetoiletten – abgesetzt werden; ganz Berlin wäre in Kürze ein einziger Scheißhaufen. Schließlich gibt es im Jahr 18 000 Tonnen Hundekot. Da ist eine gleichmäßige Verteilung schon besser.

Übrigens wurde das Berliner Straßenpflaster angelegt, um gerade die Reinigung von Hundekot zu vereinfachen. 1830 erhielten die Berliner Hausbesitzer die königliche Order, vor ihren Häusern Steinplatten auszulegen – und als die Hausbesitzer daraufhin klagten, sie verdienten nicht genug an ihren Häusern, wenn sie auch noch Straßenpflaster und Reinigung bezahlen müßten, wurde die Hundesteuer eingeführt. Die Hundehalter Berlins haben also Berlins Straßen bezahlt!

Seltsamerweise hat es nie eine Katzensteuer gegeben, obwohl alle Berliner, die keine Hundefreunde sind, zu den

Auf dem Tierfriedhof in Lankwitz. Foto: Paul Glaser

Hunde in Berlin haben kaum natürliche Feinde — es sei denn, sie machen sich staatsuntergrabender Umtriebe schuldig. Dieser Hund beispielsweise hielt sich am 18. Mai 1981 in einem besetzten Haus am Fraenkelufer in Kreuzberg auf und wurde im Rahmen einer Durchsuchungsaktion vorübergehend festgenommen. Seinem Verhalten nach scheint er der militanten Besetzerfraktion anzugehören.
Foto: Ralph Rieth (Foto oben: Paul Glaser)

Katzenliebhabern zählen. Da Katzen umsonst leben, tut der Staat für sie auch viel weniger. So weigert sich die Feuerwehr seit einiger Zeit, Katzen, die sich verklettert haben, von den Bäumen zu holen. Empörte Katzenfreunde behaupten, die Feuerwehrleute säßen nur in den Wachen herum und strickten Pullover – das stimmt aber nicht, meistens reparieren sie Autos.
Natürliche Feinde haben Hunde und Katzen in Berlin kaum. Kein vernünftiger Mensch wird es wagen, im Bus oder in der U-Bahn einen Hund anzubrüllen. Er hätte sämtliche Fahrgäste gegen sich. Wirkliche Feinde sind die Förster. Hunde, die ohne ihre Halter an der Leine im Wald angetroffen werden, riskieren es, abgeschossen zu werden. Und dann gibt es noch den Hundefang. Ein eingefangener Hund geht einem traurigen Schicksal entgegen. Wird er nicht ausgelöst – die Unterkunft kostet 80 Mark pro Tag –, wird er getötet oder an die Wissenschaft verkauft.
Tote Hunde kommen, wenn sie eine pietätvolle menschliche Verwandtschaft haben, auf den Tierfriedhof in Lankwitz. Oder sie kommen in Ruhleben in die Tierverwertungsanstalt. Es ist streng verboten, tote Tiere in die Mülltonnen zu werfen.
Natürlich gibt es in Berlin, wie in jeder Großstadt, auch Liebhaber exotischer Tiere, die etwa in Dahlem einen Löwen im Garten oder in Heiligensee einen Tiger in der Garage halten. Schlangenfreunde werden regelmäßig in der Presse erwähnt, immer dann nämlich, wenn sie wieder einmal gebissen und vom Rettungsdienst nach Westend gefahren werden, wo Schlangenserum aufbewahrt wird. Halter exotischer wilder Tiere profitieren von einer Gesetzeslücke: Es ist vom Gesetzgeber merkwürdigerweise nicht verboten, Raubtiere in Wohngebieten zu halten. Wer sich gegen einen Gepard im Nachbargarten wehren will, kann dies nur tun, indem er sich auf die Lärmschutzverordnung beruft. Mit Schlangen ist das schwierig, da die nicht bellen.
Der normale Berliner geht in den Zoo. Dies ist normalerweise ungefährlich, gewarnt wird nur vor Taschendieben im Nachttierhaus, und neulich ist einem Fotografen, der die Pandas beim Mittagsmenü gestört hat, ein Finger abgebissen worden.

Der Berliner Zoo entstand im 18. Jahrhundert auf der Pfaueninsel. Damals war es Mode der Herrscher, sich Menagerien anzulegen – heute noch befindet sich ein Bärenkäfig im Unterholz auf der Insel. Später dann wurde der Tierpark näher an die Innenstadt verlegt, nämlich vor das Charlottenburger Tor im damaligen Berliner Westen, der nun zur City Westberlins geworden ist. Im Krieg wurde der Zoo fast vollständig zerstört, es gibt heroische Berichte über die letzten Kriegsgefechte zwischen den Affenkäfigen. Ich erinnere mich, daß wir nach Kriegsende einen Kamelhöcker aufaßen, den mein Vater nach langem Fußmarsch vom Zoo mitgebracht hatte. Leider war der Höcker ziemlich wässrig und schrumpelte auf der Pfanne stark zusammen. So hat der Zoo nach Kriegsende noch viele Berliner ernährt, so wie die Bäume des Tiergarten, die sämtlich abgeholzt wurden, halb Berlin beheizt haben.
Übrigens wurden die Bäume des Tiergarten während der Luftbrücke als Setzlinge nach Westberlin eingeflogen. Der Tiergarten war eine Sandwüste nach dem kalten Winter 1947 und mußte vollständig aufgeforstet werden.
Held und Symbol des Überlebenswillens der Berliner wurde das Flußpferd „Knautschke". Die letzten Kriegstage überstand das tonnenschwere Tier untergetaucht, und in der

Das alte Hauptportal des Zoologischen Gartens, auch Elefantentor genannt, um 1902 am Kurfürstendamm (heute Budapester Straße). Die Straßenbahnlinie ging nach Kreuzberg, zum Görlitzer Bahnhof. Im Hintergrund die Kaiser-Wilhelm-Gedächtniskirche.
Foto: Landesbildstelle

Zeit des Wiederaufbaus lag es stillvergnügt in der Brühe und ließ sich auffüttern.
Natürlich gibt es in Berlin auch eine landwirtschaftliche Viehnutzung, wobei an erster Stelle die Pferde stehen (2570), gefolgt von 702 Rindviechern, denen allerdings 3694 Berliner Schweine folgen (die Minischweine der Universitätslabors nicht mitgerechnet). Auf 167 Schafe kommen 18 Böcke – es werden allerdings jedes Jahr mehr, seit im Düppeler Museumsdorf eine Herde steht, die auch dazu dient, Ur-Schafe zu züchten.
So etwas ähnliches wie Ur-Schafe läuft in Berlins Wäldern zuhauf herum, nämlich Mufflons, die in großen Herden anzutreffen sind (wochentags bei Einbruch der Dämmerung in Nikolskoe). Berlins Wälder sind ja außerordentlich wildreich, es gab vor einigen Jahren so etwas wie eine Wildschwein-Überbevölkerung, die Fachleute sprachen gar von einer „Wildschwein-Explosion". Die normalen Spaziergänger bekommen diese Tiere selten zu sehen, da in Berlin die Ausflügler die Angewohnheit haben, sich nur entlang der Uferstreifen zu bewegen. Das Innere des Berliner Waldes ist gewöhnlich selbst an Sonntagen menschenleer und wildschweinvoll. Ich habe einmal 40 Wildschweine nahe dem Roseneck in der Bernadottestraße gesehen, wo sie sich zwischen parkenden Autos hindurchdrängelten.
Auch Rotwild ist reichlich vorhanden; einige Hirsche sollen unmittelbar hinter dem Kontrollpunkt Dreilinden stehen. Sie haben sich an den Lärm des nahen Schießplatzes gewöhnt.
Jedenfalls führt Berlin jährlich 799,4 Tonnen Wildfleisch aus – seltsamerweise geht alles nach Hessen, wo wahrscheinlich die Berliner die Rehrücken und Wildschweinkeulen als Souvenir einkaufen und mit zurück nach Berlin nehmen. Das Jagdrecht haben die Alliierten, die alljährlich Entenjagden veranstalten, und die Förster. Ziemlich häufig auch fallen Berlins Wildschweine der S-Bahn zum Opfer. Besonders häufig werden die Schwarzröcke auf der Strecke nach Frohnau angefahren.
Liest man die Statistik, dann sind Berlins Seen auch noch voll mit Fischen; es werden von den Berufsfischern Aale, Barsche, Bleie, Hechte, Karauschen, Karpfen, Plötzen, Rapfen, Schlei, Wels und Zander gefangen – zusammen 56 921 Kilo jährlich. Es empfiehlt sich allerdings, keine Fische in der Nähe von Dampferanlegestellen zu fangen.

„Kinderbauernhof Kreuzberg". Foto: Ralph Rieth

Sie schmecken nach Diesel.
Die Fischbestände sind allerdings gefährdet, weil es immer weniger Schilf gibt, immer weniger Wiesen, die überschwemmen.
Der wahre Tierreichtum einer Landschaft mißt sich nicht nur an den verwertbaren und eßbaren Tieren – die Vielfalt der natürlichen Population ist entscheidend. Und da haben Berlins Tiere nur noch Chancen in verwilderten ungenutzten Grundstücken in der Stadt, im Innern der Wälder und im unzugänglichen Grenzbereich, solange dort keine Unkrautvernichter versprüht werden. So hat sich im Schatten der Mauer eine eigene Tierbevölkerung entwickelt. Am Teltow-Kanal in Albrechts Teerofen beispielsweise gibt es Waschbären, die von den Vogelfreunden allerdings nicht gern gesehen werden, da sie äußerst gefräßig sind und nicht nur den Inhalt von Mülltonnen fressen, sondern auch die Gelege von Vögeln. Und hier, in dem Zipfel Niemandsland, gibt es dank der Bemühungen eines geradezu fanatischen Vogelliebhabers wieder Fasanen, die unbeschwert zwischen Ost und West hin und her pendeln.
An einigen Gewässern ist auch der sehr seltene Eisvogel gesichtet worden, am Tegeler Fließ und am Teltow-Kanal. An der Glienicker Brücke nisten einige Reiherpärchen, Graureiher, die im Schilf der Pfaueninsel und auf der Bäkewiese ihr Futter suchen. Die Vogelwelt ist überhaupt noch recht vielfältig. Käuzchen und Nachtigallen sind häufig im Grunewald, ganz zu schweigen von den Schwarzspechten. Berlin ist auch regelmäßig Durchgangsstation für Vogelzüge, im Herbst und Frühjahr sieht man keilförmig die Nordlandvögel vorüberziehen. Als besonders beliebter Rastplatz ist dabei wohl der Zoo bekannt, an dessen Teichen regelmäßig durchfliegende Vogelgäste Station machen. Störche gibt es in unmittelbarer Nähe Berlins, auf den Sumpfwiesen bei Potsdam.
Zum Schutz der Berliner Vogelwelt werden viele Tausend Nistkästen aus Beton in den Wäldern aufgehängt. Es gibt auch viele Berliner, die im Winter Vogelfutter in den Wald streuen oder Meisenbälle in die Zweige hängen. Ich selbst habe in einer Futtermittelhandlung gearbeitet und mich gewundert, wie viele Zentner Vogelfutter von einsamen Rentnerinnen in die Wälder getragen werden.

Foto: Junker-Rösch

Berliner Tierhalter

Fotos: Peter Hebler, Wolfgang Krolow, Udo Schneider/Entenpool

Gerald Mackenthun

Schutzmacht oder Besatzer? Alliierte in West-Berlin

Berlin-Spandau, Gatower Straße, 29. März 1977. Es ist kurz vor Mitternacht. Plötzlich Befehlsrufe und Kettenrasseln auf der Straße. Es klingelt an den Wohnungstüren. Verärgerte Spandauer fragen über Lautsprecheranlage, was los sei. Sie werden in gebrochenem Deutsch aufgefordert, ihre Autos vom Mieterparkplatz wegzufahren, weil das Grundstück für ein Manöver britischer Soldaten benötigt werde. Der weitere Verlauf der Geschehnisse ist nicht genau rekonstruierbar. Jedenfalls haben die Besatzungen mehrerer Funkstreifen und die britische Militärpolizei alle Mühe, eine Schlägerei zwischen Anwohnern und britischen Soldaten zu verhindern. Ein Einzelfall? Wie leben die Berliner mit ihrer „Schutzmacht“?

Präsenz

Am 12. September 1944 unterzeichneten die USA, Großbritannien und die Sowjetunion (Frankreich kam später hinzu) das „Londoner Protokoll“, in dem Deutschland in Besatzungszonen unterteilt wurde. Das „besondere Berliner Gebiet“ wurde einer „interalliierten Regierungsbehörde“ (der Kommandatura, mit russischem „a“) unterstellt. Der „Alliierte Kontrollrat“, zuständig für Deutschland als Ganzes, nahm nach der Berfreiung seinen Sitz ebenfalls in Berlin. Nur knapp drei Jahre lang arbeiteten die vier Alliierten in der Kommandatura (Thielallee, Berlin-Dahlem) und dem Kontrollrat (Potsdamer Straße, Schöneberg) zusammen, bevor die Vertreter der UdSSR wegen unüberbrückbarer Gegensätze die Gremien verließen.

Im Haus an der Potsdamer Straße ist wieder das Berliner Kammergericht eingezogen. In einem Teil des fast 70 Jahre alten ehemaligen Gerichtsgebäudes, in dem während des Faschismus der Volksgerichtshof seine Schauprozesse hielt, ist heute noch die Alliierte Luftsicherheitszentrale untergebracht. Von hier aus kontrollieren alle vier Alliierten den Luftverkehr der drei Westberliner Flughäfen und des Ostberliner Flughafens Schönefeld. Die Zentrale ist neben dem Kriegsverbrechergefängnis Spandau eine der beiden Einrichtungen, in der die vier Alliierten noch zusammenarbeiten.

Der Kontakt zwischen den westlichen Alliierten und der Bevölkerung ist meist problemlos, weil wenig intensiv. Mit ihren eigenen Kinos, eigenen Wohnsiedlungen, eigenen Sendern und eigenen Einkaufsstätten tragen die Besatzungsmächte dazu bei, sich von der Bevölkerung abzuschotten. Zur Aufbesserung der dünnen Kontakte werden jährlich große „Freundschaftsfeste“ in Form des üblichen Jahrmarktrummels und „Tage der offenen Tür“ auf dem Tempelhofer Flugfeld veranstaltet. Aber die jungen Soldaten bleiben meist nicht lang genug, um die deutsche Sprache zu lernen.

Die Franzosen sind dafür bekannt, ganz besonders penibel auf den Bestand ihrer Besatzerrechte zu pochen. Einmal verhafteten sie am Flugplatz Tegel einen Studienreferendar, der es versäumt hatte, während des Hissens der Trikolore die Hände aus der Manteltasche zu nehmen.

Mit den Sowjets haben die Westberliner so gut wie nichts zu tun. Täglich mehrmals fahren sowjetische Offiziere durch Westberlin in Ladas, Wolgas oder Kleinbussen. Umgekehrt durchstreifen die Westalliierten den Ostteil. Alle alliierten Streitkräfte haben jederzeit Zugang zum Besatzungsgebiet von Groß-Berlin. US-Präsident Reagan hätte bei seinem Besuch Westberlins im Juni 1982 ohne weiteres den Ostteil besichtigen können. Die Patrouillen signalisieren dem jeweils anderen, daß man auf diesem alliierten Recht besteht, machen aber sonst keinen praktischen Sinn.

Politik

Auf einigen speziellen Belangen hat die Alliierte Kommandatura noch ihren Daumen. Beispielsweise sind Radarwarngeräte laut Anordnung aus dem Jahre 1947, betreffend die genehmigungspflichtige Gruppe der „Suchgeräte aller Art", verboten. Beschränkungen auch für die Westberliner Schützenvereine. Ende 1980 wurde die Höchstmenge beispielsweise für Kleinkalibergewehre auf 1000 erhöht. Demgegenüber verwarfen die Alliierten ungerührt einen Antrag auf Genehmigung von Vorderladern, die mit Schwarzpulver geschossen werden. Verboten sind auch die in Westdeutschland üblichen Schützenaufmärsche mit geschulterten Waffen. Was die Westalliierten nicht hindert, jährlich ihre eigene Waffenschau jeweils Mitte Mai auf der Straße des 17. Juni einem größtenteils begeisterten Berliner Publikum vorzuführen.

Die gewerkschaftlichen Rechte der bei den Alliierten beschäftigten Deutschen wurden erst 1981 geregelt, erstmals wurde ein Betriebsrat gewählt. Das Streikrecht bleibt weiterhin eingeschränkt bzw. verboten.

Noch komplizierter wird es im internationalen Bereich. Am 30. August 1978 entführte der 22 Jahre alte DDR-Bürger Detlev Tiede eine polnische Linienmaschine nach West-Berlin. Der Berliner Senat steckte im Dilemma: Auf der einen Seite hatte sich die Bundesregierung vor den Vereinten Nationen wiederholt für die Auslieferung von Luftpiraten eingesetzt, andererseits gelten DDR-Flüchtlinge als Deutsche, die nicht an das Ausland ausgeliefert werden dürfen. Widerwillig übernahmen die amerikanischen Behörden das Verfahren, wobei ein Gericht aktiviert werden mußte, das seit 1957 nur auf dem Papier stand: der „United States Court for Berlin". Ein US-Bundesrichter, Herbert Stern,

Foto: Kristina Erikson

Bei der Militärübung der US-Streitkräfte im September 1976 im U-Bahnhof Schloßstraße und im U-Bahnschacht unter dem Steglitzer Kreisel waren nicht alle Soldaten so „rücksichtsvoll" wie diese Herren und warnten die U-Bahnfahrgäste vor. Ohne Ankündigung robbten Soldaten aus den Gleisschächten, rannten mit vorgehaltenen Maschinenpistolen über den Bahnsteig und krochen in den nächsten Schacht — ohne zuvor einen Fahrtausweis entwertet zu haben. Foto: Landesbildstelle

Bild rechte Seite: Die Alliierten üben Straßenkampf: Hier amerikanische GIs in ihrer Geisterstadt in Lichterfelde. Foto: Jürgen Henschel

wurde eingeflogen, der zum allgemeinen Erstaunen gemäß dem amerikanischen Prozeßrecht vorging und 12 Geschworene bestellte. Das Urteil erging nach deutschem Strafrecht: Der Ostberliner wurde wegen Geiselnahme mit der neunmonatigen Untersuchungshaft bestraft.
Der entmilitarisierte Status West-Berlins bedeutet für einen jungen Mann, der hier gemeldet ist, daß für ihn keine Wehrpflicht und auch keine Pflicht zum Ersatzdienst besteht. Ein nicht unerheblicher Teil zum Beispiel der Westberliner Studenten gehört zu jenen, die durch einen Umzug der entwürdigenden „Gewissensprüfung" entgingen.
Auch wesentliche Entscheidungen, die West-Berliner Polizei betreffend, behalten sich die Alliierten vor. Der Polizeipräsident zum Beispiel kann nur mit ihrer Zustimmung berufen werden. Die Polizei ist den Alliierten direkt unterstellt.

Panzer

Militärisch ist Berlin nicht zu verteidigen. Auch die Sicherheit West-Berlins muß politisch erstritten werden. „Die Stadt wäre . . . ein Brocken, an dem sich eine (hypothetische) sowjetische Begierde verschlucken würde" (Frieden mit anderen Waffen, 1982), weil Berlin – obwohl kein Teil der NATO – seit 1949 unter die Schutzklausel des Nordatlantik-Vertrages gestellt ist. Zu wirklich gefährlichen Lagen ist es außer während der Blockade 1948/49, beim Chruschtschow-Ultimatum 1958 (die UdSSR verlangte den Abzug aller Westalliierten) und beim Mauerbau 1961 in 34 Jahren Wachdienst nicht gekommen. Damals standen sich die Panzer auf 20 Meter gegenüber.
Heute gibt es rund 12 000 Soldaten in der Stadt, 5700 Amerikaner, 3600 Briten und 2800 Franzosen. Hinzu kommt noch einmal soviel an Botschaftspersonal, Verwaltungskräften und Familienangehörigen. Jährlich demonstrieren die Alliierten ihre Präsenz in einer Truppenparade auf der Straße des 17. Juni. In den Jahren 1973 bis 1976 hatte es lediglich ein kleines militärisches Zeremoniell vor dem Schloß Charlottenburg gegeben. Seitdem wird wieder geklotzt. 1981 marschierten 3900 Soldaten mit 64 Panzern. Die Polizei zählte 55 000 Zuschauer, 1977 waren es noch 20 000. Wie üblich war das Paradegebiet zur Sperrzone erklärt worden. Gleichzeitig demonstrierten etwa 1000 Personen am S-Bahnhof Tiergarten und vor der Gedächtniskirche gegen die militärische Waffenschau. Auf Transparenten wurde z. B. „Abrüstung in Ost und West" sowie „Alliierte raus aus ganz Berlin" gefordert. Eine Reihe von Demonstranten wurde verhaftet.

Protest

Im allgemeinen gehen die Alliierten behutsam mit ihrem Besatzerrecht um. Aber wenn es sein muß, haben sie immer noch die uneingeschränkte Macht. Alliierte Erlasse sind in der Praxis immer noch juristisch unanfechtbar. Theoretisch kann jede Zeitung verboten und jeder Passant auf der

Amerikanische Soldaten in Westberlin: in Zivil beim „Tag der Offenen Tür" der US-Streitkräfte ...
Foto: Christian Irrgang/Entenpool

... und in Kampfausrüstung im März 1980 in Kreuzberg. Es wurde Häuserkampf geprobt.
Fotos: Paul Glaser

Straße verhaftet werden, ohne richterlichen Beschluß.
Auch die Möglichkeit der Alliierten, die Todesstrafe in einem Land zu verhängen, das diese kraft Verfassung abgeschafft hat, ist eine der vielen Absonderlichkeiten im besetzten West-Berlin. Grundlage der Kuriosa sind das NATO-Truppenstatut von 1951 und das Zusatzabkommen von 1959. Zwar sind die direkten Eingriffe der Alliierten in die Berliner Stadtpolitik äußerst selten geworden, theoretisch könnten sie jedoch – von deutschen Gerichten nicht kontrollierbar – uneingeschränkt Besatzungsrecht ausüben.
Was dieses juristische Vakuum bedeutet, konnten die Berliner am Vorabend des Reagan-Besuchs in West-Berlin deutlich erfahren: Die deutsche Polizei beschlagnahmte Hunderte von Bettlaken mit Anti-Reagan-Parolen, die aus den Fenstern besetzter Häuser gehängt wurden, übermalte Dutzende von Hauswandparolen und kratzte ebenso viele Anti-Reagan-Plaketten von Autoscheiben. Die Polizei berief sich dabei auf eine alliierte Anordnung aus den frühen fünfziger Jahren, die den Schutz des Ansehens der Alliierten zum Inhalt hat. Den Alliierten selbst war der polizeiliche Übereifer eher peinlich: Sie hatten keine Anweisung gegeben.
Bundesorgane dürfen West-Berlin grundsätzlich nicht regieren. Das Bundesverfassungsgericht ist für West-Berlin nicht zuständig. Das bedeutet beispielsweise, daß das KPD-Urteil von 1956 hier nicht gilt und folglich kommunistische Parteien immer zugelassen waren und die Mitgliedschaft in ihnen nicht strafbar ist. Das hat ihre Mitglieder allerdings nicht vor Berufsverboten (d. h. Nichteinstellung in den öffentlichen Dienst) bewahrt. Umgekehrt sind die NPD und alle neonazistischen Organisationen kraft alliierter Entscheidung gemäß dem Potsdamer Abkommen verboten, ein Umstand, den Innensenator Heinrich Lummer (CDU) öfters öffentlich bedauert hat.
In den vergangenen Jahren formierte sich Widerstand gegen alliierte Entscheidungen. Einmal entzündete sich der Ärger am Bau von 250 Wohnungen für US-amerikanische Militärangehörige im Landschaftsschutzgebiet Düppeler Forst, ein anderes Mal ging es um die Rodung von 20 000 Bäumen in der Einflugschneise des wenig genutzten britischen Militärflughafens Gatow, auch hier in einem der wenigen Landschaftsschutzgebiete Berlins. Dann folgten Beschwerden über Straßenkampfübungen der US-Armee in den dichtbesiedelten Wohnvierteln von Kreuzberg, Neukölln und Wedding. Neuerdings konzentriert sich der Widerstand auf die jährliche Militärparade, die als unnötige Machtdemonstration angesehen wird.
Betrachten wir zwei Kontroversen näher: Noch im Verlauf des kuriosen Verfahrens gegen den Flugzeugentführer Tiede vor dem „United States Court for Berlin" verlagerte sich das Interesse auf einen Streit zwischen US-Richter Stern und amerikanischen Bundesbehörden. Stern wurde mit dem Protest Düppeler Bürger konfrontiert. Im Sommer 1978 hatte

nämlich die amerikanische Behörde der saumseligen Zehlendorfer Verwaltung befohlen, auf dem Düppeler Feld Wohnungen für US-Soldaten zu bauen, was im Winter 1979 auch geschah.
Richter Stern beschwerte sich noch im Verfahren gegen Tiede dagegen, daß „34 Jahre, nachdem die Waffen schweigen", in Berlin immer noch quasi Kriegsrecht exekutiert werde, und war geneigt, den Düppeler Fall gleich anschließend zu verhandeln. Die US-Behörden aber vertraten die Meinung, das amerikanische Sondergericht sei nur für Kriminalfälle zuständig, und versuchten in aller Öffentlichkeit, Stern Vorschriften zu machen. Stern wurde dann vom damaligen Botschafter Stoessel kurzerhand gefeuert, als er auf seine Unabhängigkeit pochte.
Düppel ist Bauland besonderer Art, nämlich rechtsfreier Raum. Das Berliner Verwaltungsgericht konnte nicht angerufen werden, da Berliner Behörden auf Anweisung der US-Besatzer tätig wurden, und das Distriktgericht in Washington fühlte sich nicht zuständig, da der Baugrund auf deutschem Boden liege und der Bau bis zur letzten Schraube mit deutschem Geld bezahlt wurde. So war also niemand zuständig. Gebaut wurde trotzdem.
Nicht nur die Amerikaner bekommen die Auswirkungen eines geschärften Bewußtseins für ökologische Fragen in der Bevölkerung zu spüren. Die Öko-Bewegung stieß mit dem Privileg der Besatzungsmächte zusammen, je einen Großflughafen im eigenen Sektor zu besitzen. Zum Privileg gehört es, den britischen Flughafen Gatow durch das Fällen von 20 000 Bäumen in der Einflugschneise zu sichern. Die Baumfällaktion wurde trotz des massiven Widerstands verschiedener Bürgerinitiativen unter dem Schutz der Berliner Polizei durchgezogen.
So gesehen können wir nur froh sein, daß nicht alle 51 Staaten der Anti-Hitler-Koalition an der Befreiung Berlins beteiligt waren.

Im November 1979 wurden für die Einflugschneise des britischen Flughafens Gatow 20 000 Bäume gefällt. Die Polizeibeamten, die die Rodungsaktion in der Gatower Heide vor Naturschützern schützten, bekamen zum Dank ein Scheibchen ab.
Foto: Michael Kipp

Peter Niggl

Cold as Ice

Das Ende der Reichshauptstadt

Noch in seiner Neujahrsbotschaft 1945 hatte Hitler seine deutschen Untertanen wissen lassen: „So wie Phoenix aus der Asche, so hat sich aus den Trümmern unserer deutschen Städte der deutsche Wille erst recht aufs neue erhoben." Fürwahr, es war der Asche wirklich genug, aber es erhob sich dennoch nichts, auch nicht genug der Köpfe, den Tyrannen hinwegzufegen. Die Front verlief zu Beginn dieses letzten Kriegsjahres im Osten noch an der Weichsel. Aber der Untergang des braunen Dritten Reiches war längst eine besiegelte Sache.
Schmetternde Durchhalteparolen wie die im „Panzerbär" hatten die ausgemergelten Gerippe auch nicht mehr zur entscheidenden Schlacht, zu einer Wende in diesem verlorenen Krieg hochreißen können. Der Glaube an eine Zukunft war so zertrümmert wie die Reichshauptstadt.
Im Morgengrauen des 16. April 1945 begann die Rote Armee im Oderbruch, rund 50 Kilometer vor Berlin, mit einer gewaltigen Artillerievorbereitung aus 40 000 Geschützen den entscheidenden Sturm auf diese letzte Festung des Hitlerreiches. Die Rote Armee verlor allein in dem zweiwöchigen Kampf gegen die zur Verteidigung Berlins abgestellten, rund eine Million Mann starken faschistischen deutschen Streitkräfte 102 000 Mann an Gefallenen und rund 200 000 Verwundete. Das sind etwa ein Drittel der Verluste, die die USA während des gesamten zweiten Weltkrieges zu beklagen hatten.

Am 30. April 1945 wehte als Symbol des Sieges über der ausgebrannten Ruine des Reichstages die rote Fahne mit Hammer und Sichel. Nur wenige Meter davon entfernt hatte sich der ‚größte Feldherr aller Zeiten', Adolf Hitler, fast zur selben Stunde im Führerbunker durch Selbstmord aus der Verantwortung gestohlen. Zwei Tage später schwiegen in der ganzen Stadt die Waffen. Am frühen Morgen des 2. Mai 1945 unterzeichnete der Befehlshaber des Verteidigungsbereiches Berlin, Helmuth Weidling, die Kapitulationsurkunde für die Stadt.
Die Rote Armee hatte die deutsche Reichshauptstadt allein eingenommen. Die westlichen Alliierten standen bei Kriegsende mit ihren Truppen noch an der Elbe.
Die Stadt war am Ende: 1944 hatte die Berliner U-Bahn 325 Millionen Fahrgäste befördert; nun war die Stunde gekommen, da sich kein Rad mehr drehte. Die Lebensmittelvorräte waren aufgebraucht, von der hungernden Bevölkerung geplündert oder, wie z. B. am Gesundbrunnen, von SS-Horden in Brand gesteckt. Die Feuerwehr hatte sich noch am 22. April 1945 mit 1400 Fahrzeugen aus der brennenden Stadt abgesetzt. 75 Millionen Kubikmeter Schutt lagen herum. Viele Berliner mußten ihr Quartier mit Ratten teilen. „Von etwa 1 562 000 Wohnungen, über die Berlin in der Vorkriegszeit verfügte, konnten nach dem Zusammenbruch nur noch 370 000 nach normalen Begriffen als unbeschädigt und bewohnbar bezeichnet werden", konstatierte der erste Nachkriegs-Magistrat ein halbes Jahr später in seinem Bericht. 1939 hatte es in der Stadt 193 Betriebe mit über 1000 Beschäftigten gegeben, Mitte 1945 waren es noch ganze neun. Die Strafarbeit des griechischen Sagenkönigs Sisyphus erschien als Kinderspiel verglichen mit dem, was die Menschen erwartete, die den Wiederaufbau der Stadt in Angriff nehmen sollten. Der Schutt auf den Straßen war riesig, der in den Köpfen nicht minder.

Bild links oben: 1945. Berliner schließen Bekanntschaft mit sowjetischen Gulaschkanonen. Die SS hatte die letzten Lebensmittelvorräte vernichtet, in einer Stadt mit 2,8 Millionen Einwohnern.
Foto: APN
Links unten: Sowjetische Panzer in Kreuzberg, Yorkstraße / Ecke Mehringdamm. Foto: Yevgeni Khaldei

Neubeginn

Um das öffentliche Leben möglichst schnell wieder in Gang zu bringen, setzen die sowjetischen Militärbehörden die erste Stadtverwaltung kommissarisch ein. Der zu diesem Zeitpunkt noch für die gesamte Stadt zuständige sowjetische Kommandant Bersarin führt am 19. Mai 1945 den ersten Berliner Nachkriegsmagistrat in seine Funktion ein. Zum Oberbürgermeister wird der parteilose Dr. Arthur Werner berufen.

Schon gibt die Stadt wieder eigene Herztöne von sich. Josef Orlopp, Sozialdemokrat und Mitglied des ersten Magistrats, beschreibt die bescheidenen Anfänge: „Am 13. Mai 1945 fuhren bereits wieder die ersten Autobusse, am nächsten Tage die ersten U-Bahn-Züge und am 20. Mai die ersten Straßenbahnen. Durch Befehl vom 15. Mai 1945 des Stadtkommandanten wurde die Bewegungsfreiheit der Berliner neu geregelt und der öffentliche Verkehr auf Straßen und Plätzen von 5 bis 22.30 Uhr freigegeben."

Aus den Vorräten der Roten Armee wurden zur Versorgung der Berliner Bevölkerung 105 000 Tonnen Getreide, 18 000 Tonnen Fleisch und Wurstwaren, 4500 Tonnen Fett, 6000 Tonnen Zucker und 50 000 Tonnen Kartoffeln für einen Fünfmonatebedarf sowie 4000 Tonnen Salz und 350 Tonnen Kaffee für einen Monat bereitgestellt. Außerdem wurden der städtischen Verwaltung 5000 Milchkühe für die Versorgung der Kinder übergeben.

Am 10. Juni 1945 – während in den von den Westalliierten besetzten Zonen des ehemaligen Reiches das politische Leben noch auf besatzungsbehördlichem Eis liegt – erläßt in Berlin die Sowjetische Militäradministration ihren Befehl Nr. 2: Demokratische und antifaschistische Parteien können damit nach zwölfjähriger Illegalität und Verfolgung wieder auf die Bühne der Politik zurückkehren. Als erste tut dies die KPD mit einem Aktionsprogramm. Es ist der 11. Juni 1945. Vier Tage später, am 15. Juni 1945, folgt die SPD.

25 Pfg.

Berliner Verkehrsverbindungen.

Straßenbahn, U-Bahn, Omnibus, S-Bahn, Vorort- u. Fernverkehr

Ausgangsbeschränkung für Berlin: 23 Uhr bis 5 Uhr

BVG-Fahrpreise auf allen BVG-Verkehrsmitteln (ausschl. Schiffsverkehr) einheitlich 20 Pfennig für eine Fahrt ohne Umsteigeberechtigung. Auf der U-Bahn sind Sammelblock zu 1,— und 2,— RM. erhältlich. Sperrige Güter, Handwagen und Kinderwagen werden nicht befördert. Beginn des täglichen Verkehrs etwa um 7 Uhr, Ende etwa um 21 Uhr.

U-Bahn, Linie A
Pankow, Vinetastr. Klosterstr.
Märkisches Museum -- Potsdamer Platz
Züge halten nicht Kaiserhof und Hausvogteiplatz
Kurfürstenstr. Ruhleben
Deutsches Opernhaus -- Richard Wagner-Platz
Kurfürstenstr. Nürnberger Platz
Hohenzollernplatz Krumme Lanke

U-Bahn, Linie B
Bayerischer Platz Kurfürstenstr.
Prinzenstr. Schlesisches Tor
Kurfürstenstr. Uhlandstr.

U-Bahn, Linie C
Seestr. — Kochstr.
Hallesches Tor — Grenzallee
Hallesches Tor -- Tempelhof (Südring)

U-Bahn, Linie D
Gesundbrunnen -- Leinestr.

U-Bahn, Linie E
Friedrichsfelde — Alexanderplatz

BVG-Schiffsverkehr
ab Pichelsberg, Stößenseebrücke über Gatow, Kladow nach Wannsee 2-stündlich von 7-19 Uhr, um 20,30 Uhr nur bis Kladow. Ab Wannsee von 9-19 Uhr.

Straßenbahn
1 (als Omnibus) Hackescher Markt - Stettiner Bhf. - Anhalter Bhf.
4 (als Omnibus) Schlesisches Tor - Stettiner Bahnhof
5 (als Omnibus) Treptow, Elsenstr. - Neukölln, Hermannpl.
6 Neukölln, Rudower Str., Teltowkanal - Britz, Braunschweiger Ufer
8 (als Omnibus) Moabit, Waldstr. - Müller- Ecke Seestr.
21 Moabit, Wiebestr. Kriminalgericht
23 Rosental, Nordgraben - Bad- Ecke Pankstr.
24 Bad- Ecke Pankstr. - Buchholz, Kirche
25 Tegel, Alt Tegel - Togostr.
27 Buckow - Britz, Teltowkanal
28 Tegelort - Bad- Ecke Pankstr.
41 Tegel, Alt-Tegel - Gesundbrunnen, Ramlerstr.
47 Rudow - Neukölln, Rudower Str., Teltowkanal
54 Spandau Hauptbhf. - Charlottenburg, Königin Elisabeth Str., Ecke Kaiserdamm über Ruhleben
58 (als Omnibus) Pichelsberg, Stößenseebrücke - U-Bahnhof Neu-Westend
60 Weißensee, Rennbahnstr. - Jüdenstr., Alexanderplatz
64 (als Omnibus) Hohenschönhs., Degenerstr. - Alexanderplatz
69 Lichtenberg (Straßenbhf.) - Oberschöneweide, Königspl.
72 Weißensee, Rennbahnstr. - Jüdenstr., Alexanderplatz
73 Am Steinberg - Jüdenstr., Alexanderplatz
74 Lichterfelde, Händelplatz - Kurfürstenstr.
75 Spandau, Markt - Hakenfelde
76 Halensee, Hubertusallee - Zoo
77 (als Omnibus) Bhf. Zoologischer Garten - Kaiserplatz
83 Wendenschloß, Marienheim - Rathaus Köpenick

Für alle Fahrzeiten gilt die russische (Moskauer) Zeit

Am selben Tag wird auch der Grundstein für eine neue Einheitsgewerkschaft, den Freien Deutschen Gewerkschaftsbund (FDGB), gelegt. Am 26. Juni erscheint der Gründungsaufruf einer Partei, deren Name bis dahin in der politischen Landschaft unbekannt war – der CDU. Verstaatlichung der Bodenschätze, Unterwerfung der Monopolunternehmen unter die Staatsgewalt und andere demokratische Forderungen sind zu diesem Zeitpunkt ebenso selbstverständliche Teile dieses Aufrufs wie der anderen. Als letzte Partei in diesem politischen Spektrum tritt dann am 5. Juli 1945 die Liberaldemokratische Partei, die LDP, mit ihrer Gründung auf den Plan. Vertreter der Parteiführungen der vier Parteien beschließen am 14. Juli 1945 die enge Zusammenarbeit im „Antifaschistischen Block".

Alle diese Parteien und Organisationen errichten ihre Zentralen in Berlin in dem Bewußtsein, von der ehemaligen Reichshauptstadt aus für das gesamte Deutschland zu sprechen. Ihr Wirkungsbereich bleibt jedoch vorerst auf das von den Sowjets besetzte Gebiet des ehemaligen Reiches beschränkt.

Unterdessen rücken die westlichen Kriegsalliierten in der bis dahin von den Sowjets allein verwalteten Stadt ein. Am 6. Juli 1945 hissen die britischen Besatzungstruppen an der Siegessäule den Union Jack. Berlin wird in vier Sektoren aufgeteilt. Von hier aus soll, wie vertraglich vereinbart, das besiegte Deutschland verwaltet werden. Jeder Sektor bekommt von der jeweiligen Besatzungsmacht seinen eigenen Stadtkommandanten.

Noch einmal blickte in diesem Sommer die ganze Welt auf Berlin. Am 17. Juli 1945 um 17.10 Uhr setzten sich im Schloß Cäcilienhof zu Potsdam (da in Berlin geeignete Räume nicht zu finden waren) Stalin, Truman und Churchill an einen großen runden Verhandlungstisch. Auf dieser „Konferenz von Berlin" – wie damals ihre amtliche Bezeichnung war – sollte die Entscheidung über die Nachkriegsordnung Europas, vor allem Deutschlands gefällt werden. Als die Konferenz am 2. August 1945 um 0.30 Uhr zu Ende ging, war man u.a. übereingekommen, in Deutschland „alle Mitglieder der nazistischen Partei, welche mehr als nominell an ihrer Tätigkeit teilgenommen haben, . . . von den verantwortlichen Posten in wichtigen Privatunternehmen zu entfernen" und die „Vernichtung der bestehenden übermäßigen Konzentration der Wirtschaftskraft, dargestellt insbesondere durch Kartelle, Syndikate, Trusts und andere Monopolvereinigungen" durchzusetzen. Deutschland sollte während der Besatzungszeit als wirtschaftliche Einheit betrachtet werden.

AUFRUF

des vorbereitenden Gewerkschaftsausschusses für Groß-Berlin

Die Tyrannei des Hitler-Faschismus ist durch die verbündeten Armeen zerschlagen. Millionen Toter und Verwundeter, zerstörte Städte, vernichtetes Eigentum, Witwen und Waisen klagen an. Furchtbar hat Hitler sein großsprecherisches Wort wahr gemacht, das er bei seiner Machtergreifung verkündete: „Gebt mir zehn Jahre Zeit, und ihr werdet Deutschland nicht mehr wiedererkennen." Durch seine barbarische Rassenlehre und den Vernichtungsfeldzug gegen andere Völker hat Hitler die eigene Nation geschändet.

Der Weg zum Abgrund begann schon vor 1933. Die demokratischen Kräfte waren gespalten und zu unentschlossen, um entscheidenden Widerstand zu leisten. Der 1. Mai 1933 war der schwärzeste Tag in der Geschichte der Arbeiterbewegung. Hitler kam zu ungehemmter Macht.

Mord und Versklavung im Innern war der Anfang. Zur ungehinderten Durchführung seiner verbrecherischen Pläne zerschlug er die Arbeiter- und Angestelltengewerkschaften. Aus dem geraubten Hab und Gut schufen die Faschisten die Deutsche Arbeitsfront, das Instrument zur Versklavung der Arbeiterschaft und zur Vorbereitung ihres Raubkrieges. Nutznießer der Volksnot und Abenteurer standen an der Spitze.

Dann begann der Eroberungskrieg, der Vernichtungsfeldzug gegen die anderen Völker. Rüstungsindustrielle, Großgrundbesitzer und sonstige Militaristen verbündeten sich mit Hitler und seiner verbrecherischen Clique und opferten kaltblütig das deutsche Volk ihrem Machthunger. Hitler befahl die Ausradierung fremder Städte: Warschau, Rotterdam, London und Stalingrad wurden zerstört. Das härteste Schicksal bereitete er den slawischen Völkern. Arbeiter und Arbeiterinnen anderer Völker wurden versklavt. Wohin immer die Horden seiner SS und Sonderkommandos kamen, hatten sie Blut und Tränen, Hunger und Tod im Gefolge. Und die deutsche Armee, von nur allzu vielen verantwortungslosen und ehrgeizigen Generalen geführt, war ebenso willenloses Werkzeug für Hitlers Schandtaten.

Nach Zerschlagung der deutschen Gewerkschaften fanden sich Männer zusammen, die aktiv am Kampf gegen den Hitler-Faschismus teilnahmen. Viele von ihnen sind den Henkern der Gestapo zum Opfer gefallen. Auch unter den Freiheitskämpfern des 20. Juli 1944, die das Hitlertum zu stürzen versuchten, waren verantwortliche Männer der früheren Gewerkschaften beteiligt. Nur wenige von ihnen entgingen dem Strang.

Dem Kampf der aktiven antifaschistischen Gruppen in Deutschland blieb der Erfolg versagt. So mußten die verbündeten Armeen den opferreichen Kampf für die Befreiung Deutschlands von der Herrschaft der faschistischen Kriegsbrandstifter mit ihren Kräften führen. Erst mit der Eroberung Berlins durch die Rote Armee fand Hitler sein schmachvolles Ende. Nun können wir uns selbst überzeugen, daß die Vereinten Nationen den Krieg nicht zur Vernichtung des deutschen Volkes geführt haben.

Nach dem Einzug der Roten Armee in Berlin wurde mit Genehmigung des Stadtkommandanten eine zivile Verwaltung auf der

Grundlage der Einheit aller antifaschistischen demokratischen Kräfte erreicht.

Die notwendigen Maßnahmen zur Sicherung der Versorgung der Bevölkerung und zur Wiederherstellung des normalen Lebens sind in Angriff genommen. Der Befehl des obersten Chefs der Sowjetischen Militärischen Administration gibt den Arbeitern und Angestellten das Recht zur Vereinigung in freien Gewerkschaften.

Damit ist der von den Arbeitern und Angestellten langersehnte Zeitpunkt gekommen, sich wieder gewerkschaftlich zu organisieren.

Die Unterzeichneten haben einen Ausschuß zum Wiederaufbau freier, demokratischer Gewerkschaften für Groß-Berlin gebildet. Wir sind überzeugt, dem Willen der Berliner Arbeiterschaft Ausdruck zu geben, wenn wir erklären:

Die neuen freien Gewerkschaften sollen unter Zusammenfassung aller früheren Richtungen in ihrer Arbeit eine

Kampfeinheit zur völligen Vernichtung des Faschismus und zur Schaffung eines neuen demokratischen Rechtes der Arbeiter und Angestellten

werden. Ihre Aufgabe ist vor allem, mitzuhelfen bei der Neugeburt unseres Volkes und bei der Heilung der Wunden, die der unselige Hitler-Krieg der Welt geschlagen hat. Die Arbeit der deutschen Gewerkschaften soll Gewähr sein für die Wiedererweckung des Vertrauens der Völker. Sie sollen mithelfen, ein demokratisches Deutschland, das in Frieden und Freundschaft mit den anderen Völkern leben will, zu schaffen. Durch ehrliche und angestrengte Arbeit am Wiederaufbau und zur Wiedergutmachung des in anderen Ländern Zerstörten wollen sie mitwirken, das Vertrauen der andern Völker wiederzugewinnen.

Der Ausschuß wird die gewerkschaftlichen Grundsätze ausarbeiten und sie mit dem internationalen Gewerkschaftskomitee in Uebereinstimmung bringen. Wir schlagen den Arbeitern und Angestellten Berlins vor, ihre Meinung zu folgenden

Erstaufgaben der freien Gewerkschaften zu äußern:

1. Entschlossener Kampf gegen die nazistische Ideologie und das Gift des deutschen Militarismus Darum Säuberung aller Posten in Stadtverwaltung und Betrieben von aktiven faschistischen Elementen.
2. Einsatz aller Arbeitskräfte, um die Versorgung der Bevölkerung zu sichern und Berlin durch angestrengte Arbeit wieder aufzubauen. Raschmöglichste Wiederingangsetzung der Versorgungsbetriebe und Werkstätten, der Energieversorgung und der Verkehrsmittel von Groß-Berlin.
3. Vertretung der Arbeiter und Angestellten im Rahmen der Bestimmungen der Besatzungsbehörden durch Abschlüsse von Tarifverträgen und Organisierung des Arbeitsschutzes und des Arbeitseinsatzes. Mitarbeit beim Wiederaufbau der Wirtschaft und der Sozialversicherung unter Sicherung des demokratischen Mitbestimmungsrechtes der Arbeiter und Angestellten.
4. Erziehung der Arbeiterschaft im Geiste des Antifaschismus, des demokratischen Fortschritts und zur Erkenntnis ihrer sozialen Lage. Pflege der Verbundenheit mit den Arbeitern der anderen Länder und Festigung der Freundschaft zu den anderen Völkern.

Arbeiter und Angestellte!

Die Nazi-Tyrannei ist tot! An uns liegt es jetzt, trotz aller Schwierigkeiten Hand anzulegen zum Neuaufbau. Wieder, wie nach 1918, liegt das Schicksal der Heimat in unserer Hand. Wir dürfen diesmal nicht versagen.

Beweisen wir der Welt, daß die geeinte Arbeiterschaft, durch die Vergangenheit belehrt, sich ihrer besten gewerkschaftlichen Tradition bewußt, gewillt ist, ein antifaschistisches Bollwerk zu schaffen; daß sie entschlossen ist, sich mit ganzer Kraft einzusetzen für die Schaffung eines demokratischen Deutschlands, für ein friedliches Zusammenleben mit anderen Völkern.

Berlin, den 15. Juni 1945.

Der vorbereitende Gewerkschaftsausschuß für Groß-Berlin

Otto Braß, Hermann Schlimme, Roman Chwalek, Jakob Kaiser
Bernhard Göring, Paul Walter, Ernst Lemmer, Hans Jendretzky

Gemeinsamkeiten über Parteigrenzen hinweg. Braß, Göring und Schlimme gehörten der SPD an, Chwalek, Jendretzky und Walter der KPD und Lemmer und Kaiser waren CDU-Mitglieder.

„Berliner Optimismus" strahlen für die „Berliner Illustrierte Zeitung" rückblickend die Trümmerfrauen ebenso aus wie die Reklame fürs Nachtleben am Kurfürstendamm . . .

„Tempelhof (Flughafen)"

Kampf um die Betriebe. Arbeiterforderungen am Borsig-Tor zum 1. Mai 1946. Die französische Besatzungsmacht jedoch erhob Einspruch und ließ die Losungen entfernen, offensichtlich deshalb, weil sie selbst — vermutlich im Zusammenhang mit Reparationsforderungen — Ansprüche auf den Betrieb geltend machte und gesellschaftliche Umgestaltungen nicht ihren Vorstellungen entsprachen.

Am Tage der Urabstimmung in Tempelhof und Wilmersdorf

Klassenkampf

Die einen hatten sich ihre Verbände noch nicht von den Kriegswunden genommen, da legten sich andere in der Stadt ihre Verbände schon wieder zu.
Am 23. August 1945 trafen sich in Schlachtensee etwa 60 ehemalige Vertreter der „Reichsgruppe Industrie". Ein Dr. Bernhard Skrodzki, der zu dieser Besprechung eingeladen hatte, referierte über die Möglichkeit, von seiten der Industrie die auf eine Demokratisierung der Wirtschaft zielenden Maßnahmen des Magistrats zu unterlaufen und die Mitbestimmung der Arbeiter in den Betrieben zu verhindern. Die Unternehmer begannen damit, Front zu machen gegen eine Umgestaltung der gesellschaftlichen und Eigentumsverhältnisse. Ihr Sprachrohr hofften sie in der neugegründeten CDU zu finden.
Mit Beginn des Jahres 1946 wurde deutlich, daß es auch in den Reihen der SPD Leute gab, die lieber an allem Unbewährtem festhielten, als die schwierigen Wege eines neuen Gesellschaftssystems zu beschreiten.
In Hannover hatte der Sozialdemokrat Kurt Schumacher ein Gegenzentrum zum Berliner Zentralausschuß der SPD – dem höchsten Gremium der Gesamtpartei zwischen den Parteitagen – aufgebaut. Sein Hauptanliegen war, keine Vereinigung der SPD mit der KPD zuzulassen, wie sie von beiden Parteien während des Faschismus beschlossen und auch im Gründungsaufruf der SPD bekräftigt worden war.
Am 14. Februar 1946 treffen sich im Hinterzimmer einer Wäscherei in der Berliner Straße 82, heute Tempelhofer Damm, auf Einladung des Wäschereibesitzers Curt Swolinzky Gegner der sich bereits abzeichnenden Vereinigung von SPD und KPD.
An einer zweiten Zusammenkunft am 23. Februar 1946 nimmt auch Kurt Schumacher teil. Die britische Besatzungsmacht stellt ihm in dieser für Reisen so beschwerlichen Zeit sogar ein Militärflugzeug für seinen Einsatz an der Spree zur Verfügung. An der Seite Schumachers reist der politische Berater der Briten und spätere englische Botschafter in Bonn, Sir Christopher Steel.
Einer Resolution der Reinickendorfer Kreisdelegiertenkonferenz folgend, die eine Urabstimmung innerhalb der SPD über die Frage der Vereinigung mit der KPD fordert, beschließt am 1.3.46 eine Funktionärskonferenz des Bezirksverbands Berlin mehrheitlich, diese Urabstimmung durchzuführen. Obwohl die Funktionärskonferenz zu einem solchen Beschluß nach dem SPD-Statut eigentlich nicht befugt ist, bildet sich ein Aktionsausschuß, der mehr oder weniger an den Parteigremien vorbei die Urabstimmung vorbereitet.
Unterdessen setzen sich innerhalb der SPD die heißen Diskussionen über Für und Wider der Vereinigung mit der KPD im allgemeinen und über die Urabstimmung im besonderen fort. Der Zentralausschuß der SPD – oberstes gewähltes Gremium der Partei – bleibt nach reiflichem Überlegen bei seinem Beschluß vom 11. Februar, die Frage der Vereinigung auf dem eigens zu diesem Punkt für April einberufenen Parteitag zur Abstimmung zu stellen.
Die Spaltung der Berliner SPD zeichnet sich immer deutlicher ab. Die SPD in den Westzonen unter der Führung von Kurt Schumacher fühlt sich bereits seit spätestens Januar 1946 nicht mehr der Parteiführung im Zentralausschuß verpflichtet.
In Vorbereitung zur Urabstimmung des Aktionsausschusses gehen die Wellen hoch. Die Einheitsgegner wehren sich in Flugblättern, Plakaten und großangelegten Zeitungskampa-

gnen – nicht zuletzt im frisch gegründeten „Tagesspiegel" – gegen eine „politische Ehe mit Doktrinären" und „jeden Versuch einer zentralistischen Parteidiktatur". Die Einheitsbefürworter – darunter der größte Teil der ‚alten Parteigarde' – werfen den Gegnern vor, die „wirtschaftliche, kulturelle und politische Einheit Deutschlands" aufs Spiel zu setzen und als „Handlanger der reaktionären Trusts, Konzerne und Großbanken" zu wirken (alle Zitate nach Sonderheft der „Berliner Stimme", 1977).

Unter den Berliner SPD-Mitgliedern ist das Gefühl für die Notwendigkeit der „Einheit der Arbeiterklasse" noch kaum erschüttert – unter diesem Leitgedanken hatte sich die SPD im Juni 1945 neu gegründet. Der Aktionsausschuß trägt dem Rechnung, indem er die Urabstimmung, die am 31.3. durchgeführt wird, in zwei Fragen aufteilt. 72 % der 32 547 SPD-Mitglieder in den Westsektoren beteiligen sich an der Urabstimmung; davon sprechen sich 82 % gegen die sofortige Vereinigung (Frage 1), aber nur 23 % gegen ein Bündnis mit der KPD (Frage 2) aus. Sowohl in der aktuellen Berichterstattung als auch in der SPD-internen Geschichtsschreibung wird der zweite Teil der Urabstimmung jedoch fast völlig unterschlagen. So kann Willy Brandt 1977 in der „Berliner Stimme" behaupten: „Von damals führt eine Linie bis zu unserer heutigen Position, die jede Aktionseinheit mit Kommunisten ablehnt."

Nach der Urabstimmung bildet sich am 7. April 1946 aus Teilen der Einheitsgegner auf einem separaten Parteitag in der Zehlendorfer Zinnowwald-Schule eine neue Berliner SPD, die sich der SPD in den Westzonen anschließt. Auf dem ordentlichen Parteitag des SPD-Bezirksverbandes Berlin am 13. April dagegen wird mehrheitlich die Vereinigung mit der KPD beschlossen, ebenso wie auf dem 40. Parteitag der Gesamt-SPD Berlins und der sowjetisch besetzten Zone am 19. und 20. April, der gleichzeitig mit dem Parteitag der KPD stattfindet. Beide Parteien beschließen ihre Auflösung in diesem Gebiet und vereinigen sich am 21. und 22. auf ihrem 1. Parteitag zur Sozialistischen Einheitspartei Deutschlands (SED), die große Teile des Gründungsprogramms der SPD in ihr Parteiprogramm aufnimmt.

Die SED hat ihren Wirkungsbereich in der sowjetischen Besatzungszone, einschließlich Groß-Berlin. Die abgespaltene SPD wird in allen vier Sektoren Berlins zugelassen. Am 25. August 1961, unmittelbar nach dem Bau der Mauer, löst der Landesvorstand der SPD in Berlin die Kreisorganisationen in Ostberlin mit sofortiger Wirkung auf, wie Herbert Wehner im RIAS mitteilt.

Auch dem FDGB bleibt, wenn auch erst später, die Spaltung nicht erspart. „Am 10. Februar 1948 wird die ‚Arbeitsgemeinschaft Gewerkschaftsopposition' in Berlin gebildet . . ., selbstverständlich wirkten auch das Betriebssekretariat der SPD in der Ziethenstraße und die Kreissekretariate als organisierende Faktoren mit", heißt es dazu in einer Schrift des DGB.

UGO, Unabhängige Gewerkschaftsopposition, nennt sich die Gruppe der antikommunistisch eingestellten Abgespaltenen. Am 26. Mai 1948 rufen sie die Berliner Gewerkschafter auf, an den FDGB keine Beiträge mehr abzuführen. Als im Juni 1948 die Westalliierten dem FDGB in den Westsektoren die Tätigkeit untersagen, übergeben sie der UGO zugleich die Unterlagen aus den FDGB-Büros. Seitdem ist der FDGB in Westberlin nur noch bei den unter DDR-Verwaltung stehenden Betrieben der Deutschen Reichsbahn zugelassen.

Nachdem sich am 8. Juli 1950 13 Gewerkschaftsverbände der UGO dem DGB der Bundesrepublik anschließen, wird

Mitgliederz. 257 URWAHL Charlottenbg.
Abgegeb. Stimm. 176 Abtlg. 52

SPD
BERLIN

Bist du für den sofortigen Zusammenschluß beider Arbeiterparteien?

Stimm. Enth. 7
Ung. Stimm. 2 Ja 19 | 148 Nein

Bist du für ein Bündnis beider Parteien, welches gemeinsame Arbeit sichert und Bruderkampf ausschließt?

Stimm. Enth. 37
Ung. Stimm. 1 Ja 88 | 50 Nein

Stimmzettel der Urabstimmung, hier mit den Ergebnissen der Abstimmung in der Abteilung 52 in Charlottenburg.

Ernst Scharnowski, einer der treibenden Köpfe der FDGB-Spaltung, erster DGB-Landesvorsitzender in Westberlin. Die beiden UGO-Verbände, die sich beim Kampf gegen den FDGB besonders hervorgetan hatten, die Gewerkschaft der kaufmännischen Büro- und Verwaltungsangestellten (GkB) und die Gewerkschaft der Techniker und Werkmeister (GTW) schließen sich der DAG an. Scharnowski, der 1960 vom Posten des DGB-Landesvorsitzenden zurücktreten mußte, erlebte seinen letzten politischen Auftritt Mitte der 70er Jahre als Vorsitzender des rechtsradikalen „Bundes Freies Deutschland".

Die Weichen werden gestellt

16 Monate politischer Betätigung lagen hinter den Parteien, als sich am 20. Oktober 1946 SED, SPD, CDU und LDP dem Votum der Berliner in allen 20 Bezirken stellten. Berlin hatte zu Beginn des zweiten Weltkrieges 4,3 Millionen Einwohner, zum Ende des Krieges waren es noch etwa 2,8 Millionen. Als am 20. Oktober 1946 die Berliner an die Wahlurnen gerufen wurden, war die Stadt wieder auf 3 150 640 Einwohner angewachsen, von denen 2 307 122 Personen als wahlberechtigt registriert waren.

Nicht zu übersehen war, daß alle Beteiligten diese Wahlen als ein Schlüsselereignis für den weiteren Weg der Stadt ansahen.

Nicht unwesentlich beteiligten sich z.B. auch die US-amerikanischen Militärbehörden an diesem Wahlkampf. „Die herannahenden ersten Wahlen zum Berliner Stadtparlament", schreibt der damalige US-Presseoffizier Peter de Mendelssohn, „veranlaßten die amerikanische Militärregierung, der bedrängten CDU publizistische Hilfestellung zu leisten, und die erste Nummer der Nachmittagszeitung ‚Der Abend' er-

Wie in den KZs und im Exil während des Faschismus beschlossen, richteten SPD und KPD nach dem Krieg gemeinsame Büros zur Vorbereitung einer Vereinigung der beiden Arbeiterparteien ein.

schien mit amerikanischer Lizenz ... am 10. Oktober 1946.“ Der mit den amerikanischen Besatzungstruppen nach Berlin gekommene Journalist Curt Riess weiß zu berichten: „Die Amerikaner beteiligten sich an diesem Kampf um die Berliner Stimmen mit einer Million Streichholzschachteln, 155 000 Paar Schuhen, 16 000 Fahrradreifen, 3 000 Automobilreifen, 19 000 Tonnen Zement, 1200 qm Fensterglas, 200 Tonnen Papier, 5 000 Tonnen Baustahl.“

Am 5. September 1946 hatte der „Rundfunk im amerikanischen Sektor (RIAS)“ sein Programm mit einer Sendeleistung von 800 Watt aufgenommen, nachdem er zuvor seit Februar ‘46 nur über das Berliner Telefonnetz zu empfangen gewesen war. Der RIAS untersteht bis heute ausschließlich der amerikanischen Besatzungsmacht. Sein Anteil an diesem Wahlkampf wie auch an späteren brisanten Ereignissen in der Stadt war recht bedeutsam.

Würde man das Ergebnis dieser Wahlen mit den Versprechungen der Parteien vergleichen, so hätten rund 90 Prozent der Berliner für den Sozialismus gestimmt. Nicht nur die SPD, die auf 48,7 Prozent der Stimmen kam, und die SED, die von 19,8 Prozent der Berliner gewählt wurde, bekannten sich zum Sozialismus, auch die CDU mit 22,2 Prozent der Stimmen hatte sich als Partei des Sozialismus aus „christlicher Verantwortung“ empfohlen.

Erster gewählter Oberbürgermeister Groß-Berlins nach dem Kriege wurde der Sozialdemokrat Dr. Otto Ostrowski aus Wilmersdorf.

Noch am 13. Februar 1947 stimmten CDU und SPD mit der SED in der Stadtverordnetenversammlung einem Gesetz zur Überführung von Konzernen und sonstigen wirtschaftlichen Unternehmen in Gemeineigentum zu.

Nachdem im Potsdamer Abkommen die Entmachtung der Wirtschaftsgewaltigen festgelegt worden war, hatte damit auch das erste gewählte Berliner Stadtparlament einen derartigen Beschluß gefaßt. In etwas abgeschwächter Form ist dieser heute noch auf dem Westberliner Verfassungspapier zu lesen. Da heißt es in § 16: „Jeder Mißbrauch wirtschaftlicher Macht ist widerrechtlich. Insbesondere stellen alle auf Produktions- und Marktbeherrschung gerichteten privaten Monopolorganisationen einen Mißbrauch wirtschaftlicher Macht dar und sind verboten.“

Als am 12. März 1947 der amerikanische Präsident Harry S. Truman seine Doktrin von den ‚amerikanischen Interessen‘, die es überall auf dem Globus zu ‚verteidigen‘ gelte, verkündete, drehten sich auch in Berlin die Zeichen immer deutlicher auf Sturm. US-Stadtkommandant Frank L. Howley zog die antikommunistischen Zügel noch straffer. Zu den Opfern dieses Kurses zählte auch der Oberbürgermeister Ostrowski, der Verhandlungen mit den Sowjets und den Selbstverwaltungsorganen der SBZ über die Versorgung Berlins mit Brennstoffen für den strengen Winter 1946/47 aufzunehmen geplant hatte.

Howleys Adjutant, Captain Ulrich E. Biel, überbrachte der SPD-Fraktion daraufhin die Instruktion, Oberbürgermeister Ostrowski vom Sessel zu holen. Er kommentiert später lapidar: „Der Mann mußte weg!“ Im Frühjahr 1947 mußte Ostrowski auf Druck der eigenen Fraktion gehen. Als sein Nachfolger wurde von den Amerikanern Ernst Reuter präsentiert. Aber noch funktionierte im Frühjahr 1947 die Alliierte Kommandantur. Reuter scheiterte aufgrund seines ausgeprägten Antikommunismus vorerst am Veto der Sowjets.

STADT BERLIN
Bezirksamt Schöneberg Friedenau
Abtl. für Personalfragen u. Verwaltung
Der Bezirksrat

Berlin-Schöneberg, den 27. [illegible] 1946
Rathaus Rudolph-Wilde-Platz
Tel.: 249291 Apparat 224 Zimmer 101
AV 0100 Ad/Sch.

An den
Magistrat der Stadt Berlin
Abtl.für Personalfragen u.Verwaltung

z.Hd. Herrn Stadtrat Schmidt,

Berlin C.2,
Parochialstr.1-3

Betr.: Verhaftungen in der Bezirksverwaltung Schöneberg/Friedenau.

Unter Bezugnahme auf den heutigen Besuch von Herrn Bezirksbürgermeister Wendland und dem Unterzeichneten bei Herrn Oberbürgermeister Maron und Ihnen bestätige ich, Ihnen folgende Mitteilungen gemacht zu haben.-

Nachdem am 18.ds.Mts. Herr Captain Kent, der amerikanische Verbindungsoffizier, in unserem Hause sämtlichen leitenden Angestellten in einer Ansprache persönlich mitgeteilt hatte, dass jegliche parteipolitische Tätigkeit innerhalb der Verwaltung zu unterbleiben hätte, haben die nachstehend genannten Angestellten diesen amerikanischen Befehl übertreten:

1) Erich Balke, geb.12.5.07
Berlin W.30, Goltzstr.37
Leiter der Abtl."Opfer des Faschismus"

2) Wilhelm Kammermeier, geb.11.3.89
Schöneberg, Goltzstr.40a
Leiter des Unterbezirk-Zentralbüros

3) Karl Kneifel, geb.17.11.82
Berlin-Schöneberg, Hohenfriedbergstr.11
Sekretär des Betriebsausschusses.

Der zu 1) genannte Angestellte Balke hat auf eine Anordnung des Hauptausschusses Opfer des Faschismus hin, eine Einladung zu einer Versammlung mit dem Thema " Die Einheitsfront der Arbeiterparteien" auf offiziellem Briefbogen der Bezirksverwaltung herausgehen lassen.

Die zu 2) und 3) genannten Angestellten Kammermeier und Kneifel haben parteipolitische Richtlinien der K.P.D. an einen bestimmten Personenkreis im Hause verteilt und in einer Besprechung in Diensträumen - allerdings ausserhalb der Dienstzeit - darüber referiert.-

Die Entlassungen für sämtliche 3 Angestellte sind ausgesprochen worden.

Ich bitte Sie höflichst, sich Ihrerseits bei der amerikanischen Militär-Behörde dafür zu verwenden, es bei der Entlassung bewenden zu lassen und von weiteren Strafmassnahmen Abstand zu nehmen.

Bezirksamt Schöneberg/Friedenau
Abtl.für Personalfragen u. Verwaltung

Schon Anfang 1946 beginnt die „Säuberung“ der westlichen Bezirksverwaltungen von aktiven Antifaschisten und Kommunisten – auf Veranlassung der amerikanischen Besatzungsmacht.

Auf diesem Bild stehen noch ein paar Bäume im Tiergarten. Im Winter 1946/47 wanderten sie bis auf den letzten Stumpf auf Wagen und Schlitten in die Öfen der Berliner. Die heutige Bepflanzung des Tiergartens stammt aus den fünfziger Jahren.
Bild oben rechts: Holzkohlenmeiler am Funkturm im Winter 1946.

Ergebnis der Stadtverordnetenwahl nach Parteien am 20. Oktober 1946

Verwaltungsbezirk (Wahlkreis) — Sektor	Liste 1 SPD: Stimmen	Liste 1 SPD: in vH der Stadtsumme	Liste 1 SPD: in vH der Bezirkssumme	Liste 2 SED: Stimmen	Liste 2 SED: in vH der Stadtsumme	Liste 2 SED: in vH der Bezirkssumme	Liste 3 CDU: Stimmen	Liste 3 CDU: in vH der Stadtsumme	Liste 3 CDU: in vH der Bezirkssumme	Liste 4 LDP: Stimmen	Liste 4 LDP: in vH der Stadtsumme	Liste 4 LDP: in vH der Bezirkssumme
	Abgegebene gültige Stimmen für											
1 Mitte	38 071	3.7	47.7	22 791	5.5	28.5	14 060	3.0	17.6	4 916	2.5	6.2
2 Tiergarten	38 616	3.8	53.4	10 012	2.4	13.8	17 725	3.8	24.5	5 984	3.1	8.3
3 Wedding	81 015	8.0	53.1	35 838	8.7	23.4	26 879	5.8	17.6	8 969	4.6	5.9
4 Prenzlauer Berg	76 298	7.5	45.3	51 458	12.4	30.6	28 877	6.2	17.1	11 763	6.0	7.0
5 Friedrichshain	60 975	6.0	46.1	41 031	9.9	31.0	21 904	4.7	16.6	8 351	4.3	6.3
6 Kreuzberg	75 988	7.5	56.4	20 212	4.9	15.0	28 473	6.2	21.1	10 172	5.2	7.5
7 Charlottenburg	66 067	6.5	48.0	14 370	3.5	10.4	39 974	8.7	29.1	17 158	8.9	12.5
8 Spandau	56 197	5.5	56.4	11 014	2.7	11.0	22 366	4.8	22.4	10 127	5.2	10.2
9 Wilmersdorf	38 704	3.8	46.6	5 255	1.3	6.3	26 024	5.6	31.3	13 150	6.8	15.8
10 Zehlendorf	19 025	1.9	41.2	3 148	0.8	6.8	17 954	3.9	38.9	6 077	3.1	13.1
11 Schöneberg	56 513	5.6	49.6	11 235	2.7	9.9	32 044	6.9	28.2	14 020	7.2	12.3
12 Steglitz	39 801	3.9	44.8	6 402	1.6	7.2	28 495	6.2	32.1	14 109	7.2	15.9
13 Tempelhof	37 092	3.7	51.8	6 642	1.6	9.3	19 239	4.2	26.9	8 605	4.4	12.0
14 Neukölln	103 410	10.2	56.4	33 283	8.1	18.1	32 193	7.0	17.6	14 407	7.4	7.9
15 Treptow	29 401	2.9	40.7	22 446	5.4	31.1	13 896	3.0	19.3	6 401	3,3	8.9
16 Köpenick	28 883	2.8	38.0	22 187	5.3	29.2	17 267	3.7	22.8	7 604	3.9	10.0
17 Lichtenberg	45 544	4.5	43.3	30 336	7.4	28.9	21 239	4.6	20.2	7 982	4.1	7.6
18 Weißensee	21 811	2.1	40.9	16 526	4.0	30.9	10 963	2.4	20.5	4 095	2.1	7.7
19 Pankow	40 417	4.0	42.4	26 683	6.5	28.0	18 014	3.9	18.9	10 177	5.2	10.7
20 Reinickendorf	61 781	6.1	51.9	21 713	5.3	18.2	24 839	5.4	20.9	10 655	5.5	9.0
Groß-Berlin	1 015 609	100.0	48.7	412 582	100.0	19.8	462 425	100.0	22.2	194 722	100.0	9.3
davon												
Sowjetischer Sektor	341 400	33.5	43.6	233 458	56.4	29.9	146 220	31.5	18.7	61 289	31.4	7.8
Amerikanischer Sektor	331 829	32.8	51.9	80 922	19.7	12.7	158 398	34.4	24.8	67 390	34.5	10.6
Britischer Sektor	199 584	19.6	50.8	40 651	9.9	10.4	106 089	22.9	27.0	46 419	24.0	11.8
Französischer Sektor	142 796	14.1	52.6	57 551	14.0	21.2	51 718	11.2	19.0	19 624	10.1	7.2

Spaltung

1948, Schicksalsjahr. Frank L. Howley, US-amerikanischer Stadtkommandant in jenen Jahren, umriß später einmal seine Vorstellungen von der Funktion der westlichen Besatzungsgebiete: „Westberlin und Westdeutschland könnten eine Rolle als Schutzgebiete für Partisanentätigkeit, für Sabotage, industrielle Produktionsverlangsamung, passiven Widerstand und Aufstand gegen die kommunistische Regierung Ostberlins und der Sowjetzone spielen." Um dieses Ziel zu erreichen, mußten die Berliner Westsektoren aus dem Gefüge Berlins und der sowjetischen Besatzungszone herausgelöst werden.

Anfang 1948 beginnt die Spaltung des FDGB, damit erfolgt eine entscheidende Lähmung der Kampfkraft der Berliner Arbeiter.

Am 23. Februar 1948 berufen die USA, Großbritannien und Frankreich eine Konferenz nach London ein unter Beteiligung der Beneluxstaaten, um unter Ausschluß der Sowjetunion Fragen des staatlichen Aufbaus Deutschlands, der Kontrolle des Ruhrgebiets, der Reparationen und der Einbeziehung der Westzonen in den Marshall-Plan zu beraten, Fragen, die ausnahmslos in den Kompetenzbereich aller vier Großmächte gehören. Im Kontrollrat der vier Alliierten – dem seit Kriegsende höchsten Entscheidungsgremium, in dem Beschlüsse über die Zukunft Deutschlands nach Vereinbarung nur einstimmig gefaßt werden durften –, in diesem Kontrollrat wird dem sowjetischen Vertreter Sokolowski nicht einmal über die Ergebnisse der Londoner Konferenz Auskunft gegeben. Die Grundlage einer gemeinsamen Verwaltung für Deutschland ist damit beseitigt. Die Sowjets ziehen die Konsequenzen und verlassen den Kontrollrat. Es ist der 20. März 1948. Am selben Tag verfügt der stellvertretende Chef der Sicherheitsabteilung bei der amerikanischen Militärverwaltung, Bond, daß die Polizei im amerikanischen Sektor fortan nicht mehr dem Polizeipräsidium von Groß-Berlin untersteht und in Zukunft nur noch die

Private Wechselstuben in den Westsektoren mit Schwindelkursen 1948

Befehle der amerikanischen Besatzungsmacht ausführen wird. Übrigens ist die Westberliner Polizei bis heute direkt den jeweiligen Kommandanten der Westsektoren unterstellt.

Im Juni 1948 spitzt sich die Situation in der Stadt weiter zu. Das Stichwort heißt Währungsreform.

Schon am 25. November 1947 waren mit dem Frachter „American Farmer" in Bremerhaven 4800 Kisten in den USA für Deutschland – d.h. für die Westzonen Deutsch-

		Verkauf	100 DM = 313,86 dkr
29	DKK		
Deutschland Bundesrepublik Deutschland 1) (M) Bonn Europa	Deutsche Mark (DM) (D-Mark) = 100 Deutsche Pfennig (Pf) DEM	Offizieller Kurs (amtlicher Devisenkurs an der Frankfurter Börse) für US-Dollar: Ankauf Verkauf	1 US-$ = 2,3869 DM 1 US-$ = 2,3949 DM
DDR 30	Mark der Deutschen Demokratischen Republik (Kurzbez.: Mark Abkürzung: M) = 100 Pfennig (Pf) DDM	Offizieller Kurs – nicht gültig im innerdeutschen Handel – für US-Dollar: An- und Verkauf	1 US-$ = 2,37 M
Dominica 1) (M) Roseau Amerika 31	East Caribbean dollar (EC$) Ostkaribischer Dollar = 100 Cents XCD	Offizieller Kurs für US-Dollar: Ankauf Verkauf	1 US-$ = 2,6882 EC$ 1 US-$ = 2,7169 EC$

Noch heute wird der Wechselkurs für Mark der DDR politisch festgelegt. In den „Statistischen Beiheften" der Deutschen Bundesbank vom August 1981 hatte der US-Dollar in DM und Mark der DDR fast denselben Wert. In den „Erläuterungen" am Ende des Hefts findet der überraschte Leser dann aber folgende Bemerkung: „Der Senator für Finanzen in Berlin hat den ‚Durchschnittskurs der Mark der Deutschen Demokratischen Republik' für den Monat Juni 1981 auf 100 Mark der DDR = 24,47 DM festgesetzt." So einfach ist das. Die Differenz zahlen die westdeutschen Steuerzahler.

lands – gedruckten Geldes eingetroffen. Das streng geheime Unternehmen unter dem Codewort „Operation Birddog" war langfristig geplant und vorbereitet. Am 18. Juni 1948 schlägt dann die entscheidende Stunde. In den Westzonen wird eine separate Währungsreform verkündet, die am 21. Juni wirksam werden soll. Das wertlos gewordene Geld kann nunmehr in die sowjetische Besatzungszone fließen, die auf eine derartige Aktion nicht vorbereitet ist, und droht dort zu einem wirtschaftlichen Chaos zu führen. Am 23. Juni 1948 schreibt der SPD-nahe „Telegraf": „Die Währungsreform wird sich noch hart auswirken für das deutsche Volk, und die Auseinandersetzungen zwischen Anhängern einer sozialistischen Planwirtschaft und den Kreisen, die an dem freien Spiel der kapitalistischen Wirtschaftsordnung festhalten, noch steigern." Der „Telegraf" spricht es aus: Es ist eine Systemfrage.

Die Behörden der sowjetischen Besatzungszone begegnen der Geldflut mit einer eigenen Währungsumstellung. Das alte Geld wird mit einem Aufkleber versehen und geht als ‚Tapetenmark' in die Geschichte ein. Am 24. Juni 1948 werden auf Anordnung der westlichen Stadtkommandanten auch die drei Berliner Westsektoren in die Währungsumstellung der Westzonen einbezogen. Die Wirtschafts- und Währungseinheit Deutschlands, die im Potsdamer Abkommen festgelegt worden ist, ist zerstört, ebenso die Berlins.

Luftbrücke

Die Westsektoren Berlins, in der gesamten Nachkriegszeit beliebter Tummelplatz für Spekulanten aller Größenordnungen, erhielten mit der Währungsreform eine besondere Bedeutung. Mangelwaren sollten nur noch gegen Westmark abgegeben werden, womit auch ein fantastischer Umtauschkurs gerechtfertigt wurde, und dafür konnte man dann einiges, besonders Grundnahrungsmittel, über die offene Grenze in und um Berlin für künstlich abgewertetes Ost-Geld aus der Ostzone herausholen.

Um dieser voraussehbaren und später eingetretenen Entwicklung vorzubeugen, untersagen am 24. Juni 1948 die Sowjets jeden Güter- und Personenverkehr auf den Land- und Wasserwegen zwischen den Westzonen und den Berliner Westsektoren – die „Blockade" beginnt. Die Sowjetische Militäradministration und die Deutsche Wirtschaftskommission der sowjetischen Besatzungszone bieten in diesem Zusammenhang die Versorgung der Westsektoren mit den wichtigsten Gütern an; der Westen lehnt ab. Statt dessen ordnet der amerikanische Militärgouverneur, General Lucius D. Clay, die ‚Luftbrücke' an. Die Westsektoren sollen aus der Luft versorgt werden. Der britische „Daily Mail" dazu: „Die Berliner haben, wenn sie die Lieferangebote der sowjetischen Behörden annehmen, die Macht, unsere Luftbrücke lächerlich und unsere Anwesenheit unnötig zu machen."

Eleanor Dulles, Schwester des späteren US-Außenministers John Foster Dulles und eifrige Berlin-Touristin im Kalten Krieg, meinte bei den Westberlinern eine „Zurückweisung kommunistischer Versuche, sie mit Lebensmitteln und anderen Angeboten zu verlocken", zu erkennen. Damit wiedersprach sie ebenfalls ungewollt der heute gern gebrauchten Version einer ‚Hungerblockade' durch die Sowjets. Tatsächlich war es eine Selbstblockade, und Westberliner, die Lebensmittel und Brennstoffe im Ostsektor einkauften, wurden oft genug bei der Rückkehr von der eigenen Polizei verprügelt oder festgenommen.

Wie John Foster Dulles die ‚Blockade' sah, zitiert der ehemalige leitende Mitarbeiter der US-Militärregierung in Deutschland G. S. Wheler: „Die gegenwärtige Lage ist für die USA aus propagandistischen Gründen sehr vorteilhaft. Dabei gewinnen wir das Ansehen, die Berliner Bevölkerung vor dem Hungertod bewahrt zu haben. Die Russen aber erhalten die ganze Schuld wegen ihrer Sperrmaßnahmen. Wenn wir uns in der Berliner Frage einigen, so müssen wir jedoch sofort auf einen russischen Vorschlag rechnen, der die Forderung nach einer Zurückziehung der Besatzungstruppen und eine Rückgabe Deutschlands an die Deutschen enthält."

Etwa alle drei Minuten landen während der Luftbrücke Militärmaschinen auf den Flugplätzen in Tempelhof und Gatow. Der heutige Zentralflughafen in Tegel entsteht im Laufe der Luftbrücke. Der Bürgermeister jener Tage, Friedensburg (CDU), meinte, daß „West-Berlin nach den früheren Verkehrsziffern eine tägliche Zufuhr von 25 000 t Gütern aller Art hätte erhalten müssen. Tatsächlich wurde in der ersten Zeit nur eine Tagesleistung von einigen hundert Tonnen erreicht . . ."

Im Mai 1949 wird die ‚Blockade' aufgehoben. Der Reise- und Güterverkehr kommt wieder ins Rollen.

Zweifellos war die ‚Blockade' eine harte Zeit für die Westberliner. Doch der Mythos, der um sie entstanden ist, hält einer historischen Prüfung nicht stand.

Kalter Krieg

Noch werden im Sommer 1948 alle Sektoren von einer gemeinsamen Groß-Berliner Stadtverwaltung regiert, die ihren Sitz im Bezirk Mitte im sowjetischen Sektor hat; nur einige Eisengeländer markieren auf den Straßen der Stadt die Grenze zwischen zwei verschiedenen Gesellschaftssystemen, die sich immer deutlicher abzeichnen.

Nachdem es am 6. September 1948 zu einem ‚Go-In' ins Stadthaus gegen die Politik der Stadtverordnetenversammlung kommt, nutzen die Fraktionsmitglieder der SPD, CDU und LDP die Gelegenheit, um ihre Plätze in diesem Stadtparlament zu verlassen und in das Studentenhaus (Taberna academica) in der Hardenbergstraße im Westsektor umzuziehen. Aus diesem Rumpfparlament geht dann 1950 das Westberliner Abgeordnetenhaus hervor.

Im Ostsektor wird als Konsequenz daraus die Stadtverordnetenversammlung reorganisiert. Friedrich Ebert (SED), Sohn des ersten Präsidenten der Weimarer Republik und vor 1933 Reichstagsabgeordneter der SPD, wird zum neuen Oberbürgermeister gewählt. Diese neue Stadtverwaltung versteht sich bewußt als nur für den sowjetischen Sektor zuständig. Im Westen besteht man allerdings weiterhin darauf, für ganz Berlin zu sprechen – bis heute.

Mit der Spaltung der Stadtverwaltung bekommt die Teilung der Stadt endgültigen Charakter.

Nach der Aufhebung der Blockade im Sommer 1949: vom ersten aus Westdeutschland eingetroffenen LKW herunter werden Apfelsinen verteilt.
Foto: Pressebilderdienst Kindermann

Schöneberg: Klöppel der Freiheitsglocke flog weg!

Ernst Reuter (29.7.1889–29.9.1953) trat 1912 der Sozialdemokratischen Partei bei, 1919 war er Gründungsmitglied der KPD, aus der er 1922 wegen fraktioneller Tätigkeit ausgeschlossen wurde. Anschließend wechselte er zur Unabhängigen Sozialdemokratischen Partei (USPD) und war Redakteur ihres Zentralorgans „Freiheit". Von 1926 bis Frühjahr 1931 hatte er den Posten eines Stadtrates für Verkehrswesen beim Berliner Magistrat inne; danach, bis März 1933, war er Oberbürgermeister von Magdeburg. 1935 emigrierte er über England in die Türkei. Kurz vor Kriegsende bietet Reuter den Amerikanern seine Dienste an und wird von diesen auch nach seiner Rückkehr 1946 nach Berlin unterstützt.
Im Dezember 1948 wird er nach der Spaltung der Stadt Oberbürgermeister, später bis zu seinem Tode, Regierender Bürgermeister Westberlins. Sein Appell „Schaut auf diese Stadt" ging ebenso um die Welt wie seine Einschätzung Westberlins als „billigste Atombombe". Ernst Reuter prägte entscheidend die Funktion Westberlins als „Pfahl im Fleisch der DDR". Bild: Ernst Reuter mit dem britischen Stadtkommandanten Geoffrey K. Bowne 1949 im Olympiastadion.

In den Jahren zwischen 1948 und 1950 wird Westberlin nun mehr und mehr zur Frontstadt.
Rund 80 Geheimdienste haben zu diesem Zeitpunkt ihren Sitz oder Filialen in Westberlin etabliert. Eine der berüchtigsten Einrichtungen wird die am 14. Dezember 1948 gegründete „Kampfgruppe gegen Unmenschlichkeit" (KgU). Unter ihrem Boß Rainer Hildebrandt mausert sich die Organisation zu einer gefährlichen Sabotagevereinigung. 1971 schrieb der „Spiegel" rückblickend dazu lakonisch: „In der Zone begann es zu krachen: KgU-Gruppen vernichteten Transparente der SED mit Phosphor, die Finow-Kanal-Brücke bei Zerpenschleuse wurde beschädigt, Eisenbahnschienen wurden gesprengt." Heute leitet Ex-KgU-Chef Hildebrandt eine „Arbeitsgemeinschaft 13. August", die sich vor allem im Bereich der kommerziellen Fluchthilfe betätigt. Dazu unterhält er am Grenzübergang Checkpoint

September 1948: Demonstration vor der Stadtverordnetenversammlung, die sich weigert, Westberlin in einem einheitlichen Währungssystem mit dem Umland – der sowjetisch besetzten Zone – zu belassen. Dies ist die letzte Sitzung des Magistrats und der Stadtverordnetenversammlung von Groß-Berlin. In Westberlin entsteht der Senat und das Abgeordnetenhaus, Ostberlin richtet eine eigene Verwaltung ein. Die Stadt ist endgültig gespalten.

Werbebroschüre von 1951 für das „European Recovery Program (ERP)", auch als „Marshall-Plan" bekannt geworden, das riesige finanzielle und materielle Zuwendungen vor allem der USA für den Ausbau Westdeutschlands und Westberlins als „Schaufenster des Westens" vorsah.

Charlie ein Museum mit präparierten Requisiten aus solchen Fluchtunternehmen.
Victor Marchetti und John D. Marks schreiben in ihren Enthüllungen über den US-Geheimdienst CIA: „Klassische Spionage wurde in den ersten Nachkriegsjahren mit besonderer Intensität in Westdeutschland betrieben – und zwar vor dem Mauerbau in Berlin. Berlin war ideal für die Bewegungsmöglichkeiten der Agenten in beide Richtungen, so daß ein erheblicher Strom an politischen und wirtschaftlichen Nachrichten (besonders aus Ostdeutschland) geliefert wurde."
Ernst Reuter, nach der Spaltung der Stadtverwaltung 1948 in Westberlin zum Regierenden Bürgermeister geworden, spricht Westberlin die Rolle der „billigsten Atombombe" zu. Die politische Atmosphäre in der Stadt ab Anfang der 50er Jahre ist hochexplosiv.

Der 17. Juni

Am 17. Juni 1953 zog von der Ostberliner Innenstadt her eine Menschenmenge Unter den Linden zum Brandenburger Tor. Kaufhäuser, Kioske und Büros in Ostberlin waren in Flammen aufgegangen. Die rote Fahne auf dem Brandenburger Tor wurde heruntergerissen und verbrannt. Die Menge sang „Deutschland, Deutschland, über alles . . ." und marschierte mit schwarz-rot-goldener Fahne weiter nach Westen, die Charlottenburger Chaussee entlang, die seitdem „Straße des 17. Juni" heißt.
Aufstand der Arbeiter in der DDR gegen ein kommunistisches Regime oder vom CIA inszenierter konterrevolutionärer Putschversuch gegen die Arbeiter- und Bauernmacht?

Begonnen hatte es am 16. Juni in der damaligen Stalinallee, heute Karl-Marx-Allee in Berlin/DDR. In den Mittagsstunden legten Bauarbeiter die Arbeit nieder und demonstrierten gegen neue Normerhöhungen, obwohl schon am 9. Juni ein Teil der administrativ heraufgesetzten Arbeitsnormen – später als fehlerhaft bezeichnet – zurückgenommen worden waren. Aber der Ausbruch von Unruhen war nicht mehr zu verhindern gewesen. Es hatte Probleme gegeben in der DDR: ein zu rasch angeschlagenes Tempo in der Wirtschaftspolitik, bei der Schaffung von Genossenschaften war nicht immer das Prinzip der Freiwilligkeit gewahrt worden, es gab Versorgungsengpässe bei Konsumgütern, weil alle Kraft auf den Aufbau der Schwerindustrie gelenkt werden mußte.
Die Protestaktionen richteten sich in erster Linie gegen die hohen Arbeitsnormen, wurden aber von manchem – und von interessierter Seite – mit einem Protest gegen die gesellschaftlichen Verhältnisse allgemein verbunden. Nach Angaben der SED kam es am 17. Juni 1953 in 272 von 10 000 Gemeinden zu Unruhen, 300 000 der 5,5 Millionen Beschäftigten streikten.
Noch am 17. Juni wurden die Arbeitsnormerhöhungen von der SED für unrichtig erklärt und die Überprüfung gemeinsam mit den Gewerkschaften gefordert. Alle Lohnrückstufungen wurden aufgehoben, die Normen auf den Stand vom April zurückgeschraubt, die Einfuhr von Konsumgütern erhöht, das Tempo bei der Schaffung von Genossenschaften verlangsamt, und es sollte Schluß gemacht werden mit kleinlicher und unfruchtbarer Bevormundung und Beengung von Kulturschaffenden.
In Westberlin hatte man auf die Möglichkeit, den Hebel gegen die Regierung in der DDR anzusetzen, schon seit

langem gewartet. Eine besondere Rolle spielte dabei wieder der Rundfunk der amerikanischen Besatzungsmacht RIAS. In einem Tätigkeitsbericht des RIAS heißt es: „In der Zeit vom 2. April bis zum 28. Mai 1953 nahm der RIAS in 21 Sendungen (‚Werktag der Zone‘) ausschließlich gegen die generelle Normenerhöhung . . . Stellung. . . . An Hand von Beispielen aus Betrieben der sowjetischen Besatzungszone konnte der RIAS Möglichkeiten eines Widerstandes gegen die generellen Normenerhöhungen zeigen.“ Der DGB-Landesvorsitzende Scharnowski, der es sonst tunlichst vermied, die Arbeiter zum Kampf aufzufordern, berichtet: „Dann bin ich noch um neun Uhr am 16. abends zu den Amerikanern, zum RIAS und habe gesagt: ‚Ich will eine Erklärung abgeben.‘ Dann habe ich eine Erklärung formuliert und die ging nach Washington, weil der Direktor abhängig war von Washington . . . und ich habe mich dort durchgesetzt, mit ein paar Konzessionen in der Formulierung und habe einen Aufruf gemacht, der dann gesendet wurde in der Form: ‚. . . geht morgen alle auf eure Straußberger Plätze‘ – das hieß also auf eure Demonstrationsplätze – das war das Stichwort. Die Amerikaner wollten das nicht so direkt sagen, da fand ich dann diese Umschreibung.“
Daß sich Westberliner unter die Demonstranten mischten, ist heute unbestritten. Schon am 18. Juni meldete der in Westberlin erscheinende „Kurier“: „Leider geben Westberliner Jugendliche der östlichen Propagandathese eine Bestätigung. Halbwüchsige auf Fahrrädern zertrümmerten mit Ziegelsteinen, Latten und Brechstangen das Haus Vaterland. Sie legten Feuer in das demolierte Haus . . . Der große Rundbau loderte in hellem Brand . . .“
Die Lage war zum Zerreißen gespannt. An den Sektorengrenzen, zum Beispiel am Potsdamer Platz, waren bereits amerikanische Panzer aufgefahren. Es fehlte nur noch der zündende Funke. Er fiel nicht.
Nach der Ausrufung des Kriegsrechtes für den Ostsektor in den Mittagsstunden des 17. Juni durch die Sowjetische Kommandantur dauerte es nur wenige Tage, bis sich die Lage in Berlin beruhigt hatte.

17. Juni 1953. Oben: Brand des Columbushauses. Mitte: Westberliner Polizei nimmt in der Potsdamer Straße ein SED-Mitglied in „Schutzhaft“. Fotos: Landesbildstelle Berlin

Um etwa die gleiche Zeit, da Gudrun Kasischke alias Goodie Cass solchen Gedanken nachhing, saßen der Genosse Quelle und ihr Fred auf einer Bank im Tiergarten, nahe der westlichen Seite des Brandenburger Tors, doch weit genug innerhalb des britischen Sektors, um von der brandenden Unruhe im Ostteil der Stadt nur ein gelegentliches Echo zu vernehmen. Das von den beiden geführte Gespräch verlief folgendermaßen:

GADEBUSCH: Jetzt haben wir den Salat. Ich hab getan, was ich konnte, ich hab mich aufgeopfert.
QUELLE: Sie haben ein Fanal gesetzt.
GADEBUSCH: Fanal. Ich hab ein Häuschen, draußen im Grünen. Für jemand wie Sie ist das vielleicht nichts, aber für unsereinen . . .
QUELLE: Einmal wird geschrieben stehen, daß Deutschlands ärmster Sohn auch sein treuester war.
GADEBUSCH: Ich scheiß was drauf, was geschrieben stehen wird. Die Sowjets sind da mit ihren Panzern, in ein paar Stunden wagt drüben kein Mensch mehr, seine Nase zu zeigen, und wo sind die Herren Amerikaner?
QUELLE: Ich habe Ihnen nie versprochen, daß die Amerikaner eingreifen werden, erinnern Sie sich. Darauf kommt es auch gar nicht an. Wichtig ist, daß Sie ihr Ziel erreicht und der Welt die Augen geöffnet haben. Daß Sie der Welt gezeigt haben, was da für eine Gesellschaft regiert, und mit welchen Mitteln, und wo das Volk steht und wo die Arbeiterklasse.
GADEBUSCH: Das Volk kneift den Schwanz ein und die Arbeiterklasse kriecht zurück in die Betriebe, wenn nicht bald was von hier aus passiert. Oder meinen Sie, die Russen genieren sich zu schießen?
QUELLE: Jede russische Granate, die auf friedlich demonstrierende deutsche Arbeiter und auf unschuldige Frauen und Kinder gefeuert wird, ist ein Schlag gegen den Kommunismus, das sehen Sie doch wohl selbst. Ich bin gewiß kein Unmensch; die Seele blutet mir bei dem Gedanken an die Opfer; aber dieser Kampf hat nicht heut erst begonnen und er endet nicht heute.
GADEBUSCH: Das ist ein feiner Trost. Ich bin durch halb Rußland gelaufen, immer auf der Flucht. Jetzt soll ich wieder laufen müssen?
QUELLE: Sie haben sich doch nicht exponiert. Ihr Kollege Kallmann, ja, der hat das Maul aufgerissen; aber Sie? Sie setzen sich in Ihr Häuschen, draußen im Grünen, und warten, bis die S-Bahn wieder fährt.
GADEBUSCH: Die Goodie war bei dem Witte. Die wissen dort alles.
QUELLE: Dafür können Sie mich kaum verantwortlich machen. Durch uns hat niemand erfahren, was Sie getan oder nicht getan haben.
GADEBUSCH: Das ist also der Lohn.
QUELLE: So dürfen Sie das auch wieder nicht auffassen. Wir sind jederzeit bereit, uns für unsre Freunde und Mitarbeiter einzusetzen. Ein Vorschlag zur Güte: Sie gehen jetzt zurück nach drüben, ich brauche Berichte. Sie wissen, wo Sie mich dann treffen können, und bei der Gelegenheit besprechen wir auch Ihre persönlichen Sorgen. Eine Nische für Sie wird sich dann sicher finden, vielleicht mit einer kleinen Entschädigung für den Verlust des Häuschens, wenn es denn sein muß.
GADEBUSCH: Gern tu ich's nicht.
QUELLE: Auch ich muß manches tun, was mir nicht liegt. Auch ich sähe es lieber, wir könnten die gepanzerte Faust zeigen, aber gerade das würde die Wirkung der ganzen Sache mindern.
GADEBUSCH: Na, dann bis später.
QUELLE: Machen Sie's gut.
GADEBUSCH: Was bleibt mir übrig.

Gadebusch stand auf und begab sich, mißmutig und voll innerer Zweifel, zum Brandenburger Tor, von wo sich unter den handgreiflichen Drohungen einer gemischten Menge die Grenzwachen und Zollbeamten der Ostberliner Regierung längst zurückgezogen hatten. Wie vor ihm schon Tausende westlicher Schlachtenbummler schritt auch er ungehindert und unkontrolliert zwischen den etwas zu stämmigen Säulen des von dem berühmten Schinkel entworfenen, triumphbogenartigen Baus hindurch in den Ostsektor der Stadt und gelangte auf die Straße Unter den Linden.
Auf dieser Straße bewegte sich um die Zeit, etwa 14.30 Uhr, eine Gruppe sowjetischer Panzer, dahinter Panzerwagen mit aufgesessener Infanterie, von der Friedrichstraße her auf das Brandenburger Tor zu. In einem der Panzer befand sich Oberstleutnant Nikolaj Nikolajewitsch Bjelin. Um die Ereignisse besser beobachten zu können und die Volksmenge abzuschätzen, die das Fortkommen der Fahrzeuge doch recht behinderte, stieg er auf das Trittbrett im Panzer und steckte erst den Kopf, dann den ganzen Oberkörper durch die geöffnete Luke; so, beide Fäuste auf den Lukenrand gestützt, fuhr er die Straße entlang, möglichen Wurfgeschossen ein bequemes Ziel.
Auf dem Mittelstreifen der Straße, wo nach dem Krieg zwei Reihen junger Linden als Ersatz für die prächtigen alten, auf Geheiß Hitlers niedergehackten Bäume gepflanzt worden waren, geriet Gadebusch, ebenfalls um diese Zeit, in die Nähe Goodies, erblickte sie und beschloß auf der Stelle, ihrer habhaft zu werden. Aber auch Goodie hatte ihn entdeckt und suchte vor ihm zu flüchten; allerdings kam sie in der Menschenmasse, die angesichts der herannahenden Panzer rückwärtsdrängte, kaum von der Stelle, während er, seine Ellbogen kräftig nutzend, sich ihr deutlich näherte. (. . .)
„Fred! – Nein, Fred, laß mich! – Du tust mir weh . . ."
„Der hätt mich noch beinah erwischt, der Panzer!"
„Laß mich, Fred!"
„Mit kommst du! Los!"
Zur selben Zeit standen mehrere junge Männer mitten im Gedränge auf dem Gehsteig der nördlichen Seite der Straße Unter den Linden und redeten erregt aufeinander ein. „Besser, wir hauen ab", sagte der eine mit einem Kopfnicken in Richtung der langsam vorrückenden sowjetischen Panzer, „die Show ist vorbei."
„Hah", widersprach ein zweiter, „glaubst du vielleicht. Jetzt geht es erst richtig los."
Der dritte, ein Schüler noch, erblickte Oberstleutnant Bjelin, der, einem beleibten Zentauren gleich, halb Soldat, halb Panzerfahrzeug, in nur etwa acht Metern Entfernung vorüberglitt.
„Mensch", rief er, „was 'ne Schießbudenfigur!" Ein Haufen Ziegelsteine, in freiwilligen Aufbauschichten einer nahebei stehenden Ruine entrissen und sauber aufgeschichtet, lag handlich. Der Schüler und ein vierter junger Mann fingen an, Bjelin zu bombardieren. Die Mehrzahl der Ziegel prallte am Stahl des Panzers ab; aber das Beispiel veranlaßte die andern in der Gruppe und weitere Jugendliche, die sowjetischen Fahrzeuge, und besonders Bjelins Panzer, ebenfalls mit Steinen zu bewerfen. Bjelin wurde getroffen. Einen Moment lang wurde ihm schwarz vor Augen, dann hob er die Hände, beschwichtigend; doch das fruchtete nichts, und er zog sich ins Innere des Panzers zurück. Der Schüler betrachtete das als Sieg, stürmte wild schreiend vor und suchte sich auf den Panzer hinaufzuschwingen, bevor Bjelin die Luke schließen konnte. Der MG-Schütze des Panzers gab eine Salve von Warnschüssen ab, gezielt schräg nach oben, hoch über die Köpfe der Menge.
Eines der Geschosse flog hinauf zur zweiten Etage der Ruine, prallte gegen die blecherne Jalousie vor einem nicht mehr existierenden Fenster, wurde im entsprechenden Winkel nach unten abgelenkt und schwirrte mit einem merkwürdigen Pfeifen zur Straße zurück. Es besaß noch die Kraft, Goodies rechte Schläfe zu durchbohren und ihr ins Gehirn zu dringen. Gadebusch bemerkte, daß Goodies Widerstand plötzlich nachließ, und vermutete zunächst, sie hätte sich ihrem Schicksal gefügt. Er packte sie fester und tat ein paar Schritte in Richtung Brandenburger Tor. Dann spürte er einen Tropfen warmer Flüssigkeit auf seinem Handrücken.
Er blieb stehen. Der Einschlag der Kugel war ein sehr sauberer; nur ein dünnes Rinnsal zeigte sich auf der Wange.
„Mensch, Goodie", sagte er, „Goodie!"
Er schlug sie mehrere Male leicht auf die Wange, die linke, unblutige, gleichsam als wollte er sie zu Bewußtsein bringen. Dann stöhnte er auf und ließ den leblosen Körper zu Boden gleiten. Nur weg, dachte er, weg; aber dann dachte er, ich kann sie doch nicht so liegen lassen, und er packte die Tote bei den Handgelenken und schleifte sie hastig hinter sich her in den Westen.
Eine Minute später erreichten die Panzer das Brandenburger Tor, schwärmten aus und sperrten die Grenze.

(Aus: Stefan Heym, 5 Tage im Juni, C. Bertelsmann Verlag 1974)

In die Straße eingelassene rotweiße Eisenbügel — das war in den fünfziger Jahren die Grenze um Westberlin. Zwischen Ost- und Westberlin war sie nur durch Schilder gekennzeichnet.

Eigene Wege

Seit dem 1. September 1950 besitzt das rund 480 Quadratkilometer große Westberlin eine eigene Verfassung. Aber den Initiatoren der Verfassung reichte es nicht, sich auf das ihnen zustehende Gebiet zu beschränken. Wie das bundesdeutsche Grundgesetz für Groß-Deutschland, erklärten sie die Westberliner Verfassung kurzerhand für das Gebiet von Groß-Berlin gültig und fügten, um jedem Mißverständnis vorzubeugen hinzu: „Berlin ist in 20 Bezirke eingeteilt." Westberlin besitzt jedoch lediglich 12 Bezirke. Aus ihren Gebietsansprüchen folgerten die Verfassungsverfasser: „Das Abgeordnetenhaus besteht aus mindestens 200 Abgeordneten." Daß heute im Westberliner Stadtparlament nur 132 Sitze von Abgeordneten besetzt sind, liegt ganz einfach daran, daß man den Westberliner Wahlberechtigten nur einen Anteil an einer längst zur Fiktion gewordenen Gesamtberliner Bevölkerung zugrunde legt.
Bis Westberlin einen völkerrechtlich geregelten Status erhielt, vergingen noch mehr als zwei Jahrzehnte. Die Zufahrtswege von und nach Westberlin waren ohne vertragliche Vereinbarungen. In Westberlin und in der Bundesrepublik Deutschland weigerte man sich, die DDR als souveränen Staat zur Kenntnis zu nehmen.
Zu Beginn der 50er Jahre war so ziemlich alles zerschla-

Foto: Lynn Millar

Foto: Landesbildstelle

gen, was einstmals auf eine gemeinsame Vergangenheit beider Teile Berlins hätte hindeuten können. Nur was auf dem Klo beim Spülen entschwindet, das geht noch heute, ob aus West oder Ost kommend, jede Grenze mißachtend gleiche Wege, wenngleich von getrennten Verwaltungen kontrolliert.

Amerikaner, Sowjets, Briten und Franzosen haben sich in der Zeit des Kalten Krieges einige wenige gemeinsame Einrichtungen in der Stadt erhalten. Dazu zählt das Kriegsverbrechergefängnis in der Spandauer Zitadelle und die Flugsicherheitszentrale „Berlin Air Safety Center (BASC)“, das im Gebäude des Alliierten Kontrollrats in der Potsdamer Straße in Schöneberg seinen Sitz hat.

Im November 1958 schlug die Regierung der UdSSR vor, „die Berliner Frage zu lösen, indem für Westberlin der Status einer entmilitarisierten Freien Stadt festgelegt wird, in deren Angelegenheiten sich kein Staat, auch keiner der beiden deutschen Staaten einmischen soll. Westberlin müßte seinerseits die Verpflichtung übernehmen, auf seinem Gebiet keinerlei feindliche und Wühltätigkeit gegen die DDR und andere Staaten zuzulassen.“ Bekannt wurde dieser Vorschlag als „Chruschtschow-Ultimatum“. Die Antwort aus dem Westen hieß: Nein. Westberlin als Stützpunkt inmitten eines anderen weltpolitischen Systems war immer noch von Wert.

Auch für die Westberliner Unternehmer waren die offene Berliner Frage und die offene Grenze vorteilhaft. Rund 80 000 Menschen aus dem Gebiet rund um Westberlin gingen in Westberlin einer Beschäftigung nach. Die jahrzehntelang durch Arbeit und Familie gewachsenen Beziehungen waren größtenteils noch intakt. Aufgrund eines besonderen Gesetzes wurde allerdings den sogenannten Grenzgängern nur ein Teil des Lohnes in Westmark ausgezahlt. Den Rest konnten die Unternehmer in Ostmark – die sie aufgrund der vom Westen frisierten phantastischen Wechselkurse zu günstigen Bedingungen eintauschten – auszahlen, damit hatten sie zusätzliche Gewinne. Ein Minus ergab sich dabei nur für die DDR, die billige Wohnungen, kostenloses Gesundheits- und Bildungswesen, subventionierte Grundnahrungsmittel und vieles mehr zur Verfügung stellte. Nachteile ergaben sich allerdings auch für die Westberliner Lohnabhängigen, deren Lohnniveau wegen dieser Ostberliner ‚Lohndrücker‘ weit unter dem der Bundesrepublik lag.

Als außerordentlich vorteilhaft erwies sich Westberlin für diejenigen, die die DDR verlassen wollten. Eine Statistik der Bonner Regierung besagt, daß von 1954 bis 1963 insgesamt „45 970 Angehörige der sogenannten Intelligenzberufe“ die DDR verlassen haben. Ein Großteil von ihnen nahm seinen Weg über Westberlin, um in der Bundesrepublik einen gut dotierten Arbeitsplatz anzunehmen.

Der 13. August 1961

Im Juni 1961, zu einer Zeit verschärfter internationaler Spannungen, trafen sich US-Präsident Kennedy und UdSSR-Ministerratspräsident Chruschtschow in Wien. Über Berlin, das zu den Verhandlungsgegenständen gehörte, erzielten sie jedoch keine Einigung. Dabei jagten sich die Meldungen und Warnungen vor einer sich zuspitzenden Lage an dieser offenen innerdeutschen Grenze. Die Springer-Presse überbot sich von Tag zu Tag mit Sensationsmeldungen über die Zahl der DDR-Flüchtlinge. Würde es wieder eine ‚Schlacht um Berlin‘ geben? Dazu kam es nicht.

Am Sonntag, dem 13. August 1961, um 1.11 Uhr meldete die Nachrichtenagentur ADN, daß die Regierung der DDR beschlossen habe, die Grenze zu Westberlin dichtzumachen. Die 164 Kilometer lange Grenze durch die Stadt und um Westberlin wurde mit provisorischen Sperren markiert. Erst in der Folgezeit wurden diese befestigt.

In Washington, London und Paris reagierte man einigermaßen gelassen auf die Maßnahmen der DDR. Kennedy blieb weiterhin auf seinem Segelboot, auf dem er seinen Urlaub verbrachte, Großbritanniens Premier Macmillan blies seine Gänsejagd in Schottland ebenfalls nicht ab.

Für die Menschen in Berlin war dieser Schritt ein einschneidendes Schockerlebnis.

Aber es war auch die entscheidende Voraussetzung für die Entwicklung neuer, gleichberechtigter Beziehungen.

U

Heinrich Albertz erinnert sich

„Der 13. August 1961. Die meisten, die darüber schreiben und reden werden, waren nicht dabei. Und wer jenen schwülen Sommer in Berlin nicht miterlebt hat, kann sich die unheimliche Spannung in den Wochen vor dem schwarzen Sonntag schwer vorstellen. Der große Exodus aus der DDR hatte ja begonnen. Die täglichen Flüchtlingszahlen stiegen in die Tausende, von den Springer-Zeitungen in fetten Überschriften auf der ersten Seite als Siegesmeldungen plaziert. Im Rathaus häuften sich die Bitten, doch durch ein Wort von Willy Brandt zum allgemeinen Aufbruch aufzurufen. Zwar hatte Walter Ulbricht auf die berühmte Frage einer Westberliner Journalistin die Absicht, eine Mauer durch Berlin zu bauen, bestritten. Aber jeder, der nur etwas nachdachte, konnte sich ausrechnen, daß das Regime in der DDR zu entscheiden haben würde, ob es ein Land ohne Volk haben wollte oder das Risiko eingehen könnte, die Grenzen hermetisch zu schließen.
Makaber war, daß gleichzeitig der westdeutsche Wahlkampf lief, der erste, in dem sich Brandt als Kanzlerkandidat den Wählern stellte. So waren wir in der Nacht vom 12. zum 13. August in Westberlin nur ein kleines Häuflein Verantwortlicher. Die Polizei verständigte bald nach Mitternacht den zur CDU gehörenden Bürgermeister Franz Amrehn, der mich als Chef der Senatskanzlei aus dem Schlaf klingelte. Ich fuhr mit einer Taxe durch die stillen Straßen in das leere Rathaus. Es war soweit. Der S-Bahnverkehr war unterbrochen. An der Sektoren- und Zonengrenze wurden die ersten Sperren mit Stacheldraht errichtet. Wir teilten uns die Arbeit: Herr Amrehn versuchte, Bonn zu wecken, ich die Alliierten und die Leute, die in Berlin zur Verfügung standen. Vor allem mußte ich Willy Brandt so schnell wie möglich erreichen. Er befand sich im Schlafwagen eines Zuges von Nürnberg nach Norddeutschland. Ich ließ ihn in Hannover aus dem Zug holen. Er war mit dem ersten Morgenflugzeug in der Stadt. Wir fuhren zum Potsdamer Platz. In einem Meter Abstand werkelten Soldaten und Arbeiter an den Sperren. Sie zerschnitten eine Stadt, schnitten ins lebendige Fleisch, ohne Narkose.
Die alliierten Offiziere, die ich erreichte, waren ohne jede Aufregung. Um elf Uhr kam schließlich die erste Begegnung mit den Stadtkommandanten zustande. Wir saßen in jenem berühmten Sitzungszimmer in Dahlem: An den Wänden die Bilder der vier Generale; auch das des sowjetischen. Auf deutscher Seite der Regierende Bürgermeister, der Bürgermeister und ich. Gegenüber die Uniformen der Sieger. Der verlorene Krieg Adolf Hitlers war noch einmal drastisch im Raum. Die Herren hatten keine Weisungen. Sie mußten ja ihrerseits ihre Regierungen wecken. Es ist bekannt, wie und wo sie die Mächtigen des Westens antrafen."

(aus: Blumen für Stukenbrock, Radius Verlag 1981).

Antwort auf einen „Offenen Brief" von Günter Grass/ Wolfdietrich Schnurre vom 17.8.1962

Stephan Hermlin

ANTWORT

Sie haben gestern, am 16. August 1961, einen offenen Brief an eine Reihe von Schriftstellern in der Deutschen Demokratischen Republik gerichtet. Da ich zu den von ihnen genannten Empfängern gehöre, erlaube ich mir, das Folgende zu bemerken:
Sie wünschen, ich möge „die Tragweite der plötzlichen militärischen Aktion vom 13. August bedenken". Ich könnte mit den Worten eines offiziellen Sprechers in Washington darauf erwidern, daß die Rechte der westlichen Besatzungsmächte in West-Berlin durch die Maßnahme der Deutschen Demokratischen Republik nicht angetastet wurden. Dies ist die Antwort die bereits aus dem Westen gekommen ist, soweit die Frage der Tragweite aufgeworfen wird. Ich will es mir aber nicht ganz einfach machen, zumal ich kein Sprecher der amerikanischen Regierung bin.
Sie schrieben: „Wenn westdeutsche Schriftsteller sich die Aufgabe stellen, gegen das Verbleiben eines Hans Globke zu schreiben; wenn westdeutsche Schriftsteller vor einem autoritären Klerikalismus in der Bundesrepublik warnen, dann haben Sie genauso die Pflicht, das Unrecht vom 13. August beim Namen zu nennen."
Ihr Argument, das bei früherer Gelegenheit bereits in ähnlicher Form auftauchte, resultiert aus einem Trugschluß. Wenn Sie, Schnurre und Grass, gegen Globke und Schröder auftreten, die Sie regieren, so bin ich keineswegs verpflichtet, gegen meine Regierung aufzutreten, die Globke und Schröder etwas nachdrücklicher bekämpft als Sie beide es tun – das sei bei allem Respekt vor Ihrer Zivilcourage gesagt. Vielmehr ist meine Regierung bei dieser ihrer Tätigkeit meiner Zustimmung sicher. Tatsächlich ist das, was Sie das Unrecht vom 13. August nennen, eine staatliche Aktion gegen die Globke-Schröder-Politik.
Das Unrecht vom 13. August? Von welchem Unrecht sprechen Sie? Wenn ich Ihre Zeitungen lese und Ihre Sender höre, könnte man glauben, es sei vor vier Tagen eine große Stadt durch eine Gewalttat in zwei Teile auseinandergefallen. Da ich aber ein ziemlich gutes Gedächtnis habe und seit vierzehn Jahren wieder in dieser Stadt lebe, erinnere ich mich, seit Mitte 1948 in einer gespaltenen Stadt gelebt zu haben, einer Stadt mit zwei Währungen, zwei Bürgermeistern, zwei Stadtverwaltungen, zweierlei Art von Polizei, zwei Gesellschaftssystemen, in einer Stadt, die beherrscht ist von zwei einander diametral entgegengesetzten Konzeptionen des Lebens.
Die Spaltung Berlins begann Mitte 1948 mit der bekannten Währungsreform. Was am 13. August erfolgte, war ein logischer Schritt in einer Entwicklung, die nicht von dieser Seite der Stadt eingeleitet wurde.
Ich habe meiner Regierung am 13. August kein Danktelegramm geschickt und ich würde meine innere Verfassung auch nicht als eine solche „freudige Zustimmung", wie manche sich auszudrücken belieben, definieren. Wer mich kennt, weiß, daß ich ein Anhänger des Miteinanderlebens bin, des freien Reisens, des ungehinderten Austausches auf allen Gebieten des menschlichen Lebens, besonders auf dem Gebiet der Kultur.
Aber ich gebe den Maßnahmen der Regierung der Deutschen Demokratischen Republik meine uneingeschränkte ernste Zustimmung. Sie hat mit diesen Maßnahmen, wie sich bereits zeigt, den Antiglobkestaat gefestigt, sie hat einen großen Schritt vorwärts getan zur Erreichung eines Friedensvertrages, der das dringendste Anliegen ist, weil er allein angetan ist, den gefährlichsten Staat der Welt, die Bundesrepublik, auf ihrem aggressiven Weg zu bremsen.
Ich erinnere mich noch sehr genau an das ekelerregende Schauspiel einer sogenannten nationalen Erhebung, das ich am 30. Januar 1933 als ganz junger Mensch am Brandenburger Tor erlebte. Zehntausende von Hysterikern teilten einander damals tränenüberströmt mit, Deutschland sei endlich von der Knechtschaft erlöst. Hätten damals am Brandenburger Tor rote Panzer gestanden, wäre der Marsch nach dem Osten nie angetreten worden, brauchten keine Eichmann-Prozesse stattzufinden und säßen wir heute zu dritt in einer unzerstörten, ungeteilten Stadt am Alex oder am Kurfürstendamm im Café.
In Ihrem Brief wird sehr deutlich an die Adressaten appelliert, sie mögen sich nicht vor einer Antwort drücken, es gäbe angesichts der heutigen Situation kein Schweigen, so wenig – wie Sie schreiben – wie gerade zwischen 1933 und 1945. Offenbar haben Sie doch nicht sehr genau überlegt, an wen Sie das geschrieben haben, denn Ihre Adressaten, zumindest die Mehrzahl von ihnen, schwiegen gerade zwischen 1933 und 1945 nicht, im Gegensatz zu so vielen patentierten Verteidigern der westlichen Freiheit des Jahres 1961.
Ich bin überzeugt, daß es meiner Antwort an Deutlichkeit nicht gebricht, und hoffe, daß wir uns bald in freundlicheren Stunden wiedersehen werden.

(17.8.1962. – Grass und Schnurre hatten ihren ‚Offenen Brief' an ‚Neues Deutschland', ‚Sonntag', ‚konkret', ‚Süddeutsche Zeitung', ‚Tagesspiegel' und ‚Welt' geschickt.)

Fotos: Will McBride

Mittwoch, 16. August 1961 · 15 Pf

10. Jahr · Nr. 189 · Druck in Berlin · C 8186 A ★★★ B

Bild ZEITUNG

UNABHÄNGIG · ÜBERPARTEILICH

Berliner illustrierte Nachtausgabe

Der Osten handelt – was tut der Westen?

Der Westen tut NICHTS!

US-Präsident Kennedy schweigt...

Macmillan geht auf die Jagd...

...und Adenauer schimpft auf Brandt

Lesen Sie die Berichte auf den Seiten 2, 3, 4 und 8

Der erste Volksarmist sprang in die Freiheit

Sehen Sie Seite 3 und 7

Enttäuscht

Der Osten hat gehandelt. Der Osten handelt noch.

Die Stacheldrahtverhaue in Berlin werden dichter.

... werden schärfer. Immer mehr ... Stadt.

... wird be... ...Fühlung ge... ...„schritte" vor. Man ...gen. Und inzwischen ...ndsleute am Stachel... ...ten die Köpfe blutig.

Was tun eigentlich die westlichen Staatsmänner?

Kennedy, der junge Präsident, schweigt.

Macmillan, der erfahrene Premier, schießt Schnepfen.

Adenauer, der greise Kanzler, spielt Wahlkampf.

In einer der schwersten Situationen deutscher Geschichte bringt es der Kanzler fertig, seinen politischen Gegner Brandt zu beleidigen.

Das ist nicht nur unfair. Das ist — man muß es leider sagen — das Eingeständnis, daß er im Augenblick nicht über den Schatten der engstirnigen Parteipolitik springen kann. Der Kanzler konnte es früher. Jetzt offenbar nicht.

Nicht der Wahlsieg einer Partei steht im Augenblick auf dem Spiel. Im Augenblick steht die deutsche Sache auf dem Spiel.

Am 13. August hat Ulbricht die Fluchtwege abgeriegelt und den Sowjetsektor in ein Militärlager verwandelt.

Erst drei Tage später hat sich die Bundesregierung zu einer Sondersitzung aufgerafft. Wie kläglich.

Und westliche Diplomaten sind sogar der Meinung, alliierte Rechte in Berlin seien nicht unmittelbar betroffen. Alliierte Rechte sind natürlich e i n d e u t i g verletzt worden.

Gerade deshalb ist das lange Schweigen, das hilflose Abwarten, das bedächtige Zögern für uns alle niederschmetternd.

Wir sind enttäuscht.

Wir sind in das westliche Bündnis gegangen, weil wir geglaubt haben, dies sei für Deutschland wie für den Westen die beste Lösung.

Die Mehrheit der Deutschen, die überwältigende Mehrheit sogar, ist auch heute noch davon überzeugt.

Nur wird diese Überzeugung nicht gerade gestärkt, wenn einige unserer Partner in dem Augenblick, in dem die deutsche Sache in größter Gefahr ist, kühl erklären: „Alliierte Rechte sind nicht betroffen."

Die deutsche Sache ist in größter Gefahr.

Seit drei Tagen. Und bisher ist nichts geschehen — außer einem Papierprotest der alliierten Kommandanten.

Wir sind enttäuscht.

Die erste Form der „Mauer": Mitglieder der Betriebskampfgruppen stehen stundenlang Schulter an Schulter, bis der erste provisorische Stacheldraht gelegt ist.

Auch nachdem die Grenze geschlossen worden war, versuchten noch DDR-Bürger ihr Land auf jedem nur erdenklichen Weg illegal zu verlassen. Der „Helfer" gab es genug. Anfang der sechziger Jahre war das Tunnelbuddeln „im Dienst der Freiheit" eine der Hauptaktivitäten der Studentenfunktionäre der Freien Universität – ganz im Gegensatz zu den späten sechziger Jahren. Heute noch verdienen sich professionelle „Fluchthelfer" mit dem Menschenhandel zwischen Ost und West goldene Nasen – ohne Rücksicht auf Verluste. Die Tragik einzelner Menschenschicksale bleibt bestehen, auch wenn manch ein „Republikflüchtling" im ersehnten Westen sehr schnell alle Träume zergehen sah.

Langsame Normalisierung

Weitgehend unbekannt ist heute, daß zwei Wochen nach den Absperrungen vom 13. August 1961 die DDR am 26. August 1961 auf den S-Bahnhöfen Zoologischer Garten und Westkreuz Passierscheinstellen einrichtete, an denen Visa für die Westberliner zum Betreten der DDR ausgegeben werden sollten. Die Stellen werden noch am selben Tag auf Anordnung der Westalliierten von der Westberliner Polizei geschlossen, damit sollen – wie begründet wird – hoheitliche Akte der DDR auf Westberliner Territorium unterbunden werden. Leidtragende sind die Westberliner, die keine Besuchsgenehmigung für die DDR erhalten. Erst im Dezember 1963 kommt es zur ersten kurzzeitigen Besuchsregelung. Aber genau ein Jahrzehnt bleibt das Verhältnis zwischen Westberlin und der DDR ohne jede vertragliche Basis und damit stets von politischen Konjunkturschwankungen abhängig. Das ändert sich erst mit dem „Vierseitigen Abkommen".

Am 3. September 1971 treffen sich im Alliierten Kontrollratsgebäude an der Potsdamer Straße die Botschafter der UdSSR, Abrassimow, der USA, Rush, Großbritanniens, Jackling, und Frankreichs, Sauvagnargues, zu einem historischen Akt: Das ‚Vierseitige Abkommen' wird unterzeichnet. Zum ersten Mal in der Nachkriegsgeschichte haben die vier Mächte eine Übereinkunft über Westberlin erzielt. Dabei stellen sie eindeutig klar, daß die „Verbindungen" bzw. „Bindungen"* zwischen den Westsektoren Berlins und der Bundesrepublik aufrechterhalten und entwickelt werden, wobei sie berücksichtigen, daß diese Sektoren so wie bisher kein Bestandteil der Bundesrepublik Deutschland sind und auch weiterhin nicht von ihr regiert werden." Mit anderen Worten haben, wie die „Washington Post" feststellt, „die vier Mächte die These Bonns über die Zugehörigkeit Westberlins zu Westdeutschland abgelehnt, die auf unsicherer juristischer Grundlage basierte."

Die Frontstadtpolitik war gescheitert. Westberlin war vor die Aufgabe gestellt, eine neue, positive Rolle in den internationalen Beziehungen zu spielen.

**Anmerkung: Der gültige Vertragstext wurde in Englisch, Französisch und Russisch beschlossen. In der BRD übersetzte man den betreffenden Ausdruck in diesen drei Sprachen der Alliierten als „Bindungen", in der DDR als „Verbindungen".*

Jens Brüning

„Was krächzt denn da?"

Radio und Fernsehen in Berlin

1931 wurde es eingeweiht: das „Haus des Rundfunks" an der Masurenallee in der Nähe des Theodor-Heuss-Platzes. In dem Gebäude mit dem herzförmigen Grundriß residiert heute der Sender Freies Berlin. Auf dieser Aufnahme zu Beginn der sechziger Jahre steht das SFB-Fernsehzentrum noch nicht.

Lokalpatrioten würden sagen: „Gäbe es Berlin nicht, gäbe es weder Rundfunk noch Fernsehen." Pessimisten könnten meinen: „Gäbe es Rundfunk und Fernsehen nicht, gäbe es Berlin nicht mehr." Wie immer ist an beidem etwas dran. In der Regierungszentrale der Weimarer Republik wurde 1923 die erste öffentliche Übertragung von Rundfunkdarbietungen vom Direktor der Berliner Funkstunde mit viel Pathos dem Publikum – das noch gar keine Empfangsgeräte hatte – mitgeteilt: „Hier Sendestelle Berlin, Vox-Haus, Welle 400! – Meine Damen und Herren, wir machen Ihnen davon Mitteilung, daß am heutigen Tage der Unterhaltungsrundfunkdienst mit Verbreitung von Musikvorführungen auf drahtlos-telefonischem Wege beginnt. Die Benutzung ist genehmigungspflichtig." Schon ein Jahr später öffnete die Lieblingsausstellung der Berliner zum ersten Mal ihre Pforten: Die Deutsche Funkausstellung von 1924 zeigte die ganze Palette der marktgängigen Geräte, die noch als Aktiengesellschaften organisierten Rundfunk-Veranstalter beschickten sie mit Programmen.

In der Regierungszentrale der Nazis wurde das erste Fernsehgerät vorgeführt, aus Kostengründen in eigens eingerichteten Fernsehstuben, in denen das Publikum gemeinsam den Darbietungen folgen konnte. Die Nazis verhalfen darüber hinaus dem Radio zu Popularität, indem sie den Volksempfänger erfanden, mit dessen Hilfe die ‚Volksgemeinschaft' propagandistisch zusammengeschmiedet wurde. Durch die Kriegsberichterstattung konnte die Übertragungstechnik bis an die Grenzen ihrer Strapazierbarkeit erprobt werden, die Grußsendungen von der Front in die

Das Vox-Haus in der Potsdamer Straße, von dem die ersten regelmäßigen Rundfunksendungen ausgestrahlt wurden. Die zeitgenössische Zeichnung legt einen Teil der Technik im Dachstuhl frei.

SA-Männer durchsuchen den Berliner „Arbeiter-Radio-Club" (1933)

Heimat und umgekehrt haben den Krieg überlebt: Jeden Sonntag ist immer noch Wunschkonzert.
Die Techniker der Reichsrundfunkgesellschaft in Berlin entwickelten während des Krieges auch das Magnetofongerät, heutzutage zur elektronischen Grundausstattung jeden Haushalts gehörend, 1938 eine geradezu revolutionäre Erfindung, die aus dem überwiegend live (direkt) sendenden Medium die Konservenverteilanstalt unserer Zeit machte.
Wie es sich für ein Medium gehört, war der Rundfunk von Beginn an Zankapfel. Die einen (die Braven, Staatstragenden, Nationalen) durften am Mikrofon sprechen, die anderen (die Wilden, Revolutionären, Liberalen, Kommunisten), durften mit Lautsprecherwagen Rundfunkersatz anbieten. In Berlin gab es eine vitale Arbeiterradiobewegung (anderswo auch), die auf dem Papier ihrer Funkzeitungen Alternativen zum behäbigen Unterhaltungsfunk ausarbeitete, immer wieder eigene Sendezeiten forderte, sich schließlich zerstritt und nur noch vereinzelt mit Störversuchen, beispielsweise bei Reichskanzlerreden, an die Öffentlichkeit trat.
Rundfunksprecher waren bald so populär wie die Filmstars der Roaring Twenties. Alfred Braun erfand die live-Reportage am Ort des Geschehens, war bekannt wie ein bunter Hund und wurde nach Gründung des Senders Freies Berlin 1954 dessen erster Intendant. Carl Wessel war der erste professionelle Nachrichtensprecher der Berliner Funkstunde. Zu seinem Begräbnis wallfahrteten Hunderttausende. Auch der Physiker Albert Einstein gelangte über den Rundfunk zu einer für Naturwissenschaftler ungewöhnlichen Popularität, weil er Radiovorträge hielt.

1945 hörte der „Kampfsender Berlin" auf zu existieren. Sowjetische Soldaten besetzten das Haus des Rundfunks an der Masurenallee und begannen bald darauf mit eigenen Sendungen. 1946 fingen auch die amerikanischen Besatzungstruppen mit Rundfunksendungen an: der DIAS (Drahtfunk im Amerikanischen Sektor), später RIAS erhob seine „freie Stimme der freien Welt" gegen kommunistische Infiltration. Der Krieg im Äther begann, wenn der RIAS auch manchmal mangels elektrischer Energie mit Hilfe eines amerikanischen Jeeps im Stile des dörflichen Marktschreiers von Platz zu Platz ziehen mußte, um unters Volk zu kommen.
Neben die Truppensender der alliierten Besatzungsmächte trat alsbald auch das Studio Berlin des Nordwestdeutschen Rundfunks, die Spaziergänge „Rund um die Berolina" begannen, heutige Fernsehzelebritäten wie Harald Karas und Hans Werner Kock lernten, wie man ein Mikrofon halten muß, und im Berliner Magistrat überlegte sich der Rundfunkbeauftragte Herbert Antoine, ob man nicht den gesamten NWDR nach Berlin verlegen solle, „um damit die Rundfunkposition Berlins entscheidend zu stärken". Otto Suhr, Präsident des Abgeordnetenhauses, schwärmte: „Die Freiheitsglocke liefert das Pausenzeichen, die Berliner den Text und die Musik." 1954 wurde aber bloß ein Sender Freies Berlin gegründet – der Name war Ergebnis eines Preisausschreibens –, und dieser Sender Freies Berlin bekam vom damaligen Leiter des Presse- und Informationsamtes, Egon Bahr, mit auf den Weg: „Die Aufgabe des SFB, Mittler zu sein zwischen den Menschen in beiden Teilen unseres Landes, ist besonders verantwortungsvoll."
1956 verzog der SFB von seinem kleinen Studio am Heidelberger Platz wieder ins Haus des Rundfunks, zwei Jahre später gab es auch Fernsehen aus Berlin, vor allem die „Berliner Abendschau", Frau und Herrn Berliners liebstes tägliches Glotzeereignis. Als 1961 die Mauer gebaut wurde, berichtete schon am 13. August ein ehemaliger Dresdner Adeliger alias Mathias Walden in einer mit heißer Schere zusammengeschnittenen Dokumentation über die Tagesereignisse. Und der Berliner Werbefunk, unter anderem auch im Fernsehen vertreten, wußte zu berichten: „Da wird soviel vom ‚Schaufenster der freien Welt' in bezug auf Berlin gesproche. Aber am 13. August 1961 haben die Kommunisten dieses Schaufenster zugemauert. Nur eines konnten sie nicht: sie konnten nicht verhindern, daß die westlichen Sender der Bevölkerung in Mitteldeutschland nach wie vor ein Bild vom Leben in der freien Welt vermitteln. Gehört dazu nicht auch ein Überblick über das gewaltige Angebot, das die soziale Marktwirtschaft ermöglicht und das die Kommunisten den Menschen in der Zone durch ihr Wirtschaftssystem vorenthalten?"

Warnschild vor dem Haus des Rundfunks, denn in dem Sender sitzen die bösen „Russen". Sie hatten noch am 1. Mai 1945 die Sendungen aus dem Haus wieder aufgenommen. Bis 1952 sendet der „Berliner Rundfunk" aus dem Gebäude, das unter sowjetischer Hoheit bleibt, nachdem es seit Herbst 1945 im britischen Sektor liegt. 1956 übergibt die Sowjetunion das Gebäude dem Senat, der 1957 den SFB einziehen läßt.

Im RIAS wurden dafür die Mittagsmagazine, Morgenmagazine und Abendmagazine erfunden, eine Funkform, mit der allen alles gesagt werden kann, und das innerhalb kürzester Zeit, verpackt in hübsche Melodien. In ihrer Wirksamkeit haben die SFB-Magazine inzwischen allerdings ihre Väter (Mütter sind beim Funk rar) überholt, geht doch der böse Schnack um: „Willst Du, daß ein Geheimnis ein Geheimnis bleibt, sende es im RIAS, den hört sowieso keiner."
Dabei ist der RIAS mit seinen Nachtprogrammen innerhalb des öffentlich-rechtlichen Rundfunksystems unbesiegbar. Während die ARD-Nachtversorgung nur den E-Musik-Freund wachzuhalten vermag, den U-Musik-Fan aber in Morpheus Arme dudelt, kommen RIAS-Hörer des nachts um ihre Träume: lange Nächte der Rockmusik, Wiederholungen kulturell interessanter Tagesprogramme und viel Jazz halten Augen und Ohren offen bis zum frühen Morgen.

Neben allem Routinekram, den öffentlich-rechtliches Radio und Fernsehen von Gesetz wegen verbreiten muß (wobei es auch da Rosinen gibt, die zu kosten es sich lohnt), bieten Rundfunk und Fernsehen in Berlin rund um die Uhr soviel, daß man sich gar nicht entscheiden mag, so bunt wie das alles ist. Allein schon die UKW-Skala gibt einen Geschmack von Vielfalt und Abenteuer.

Randi Warwel

Wir verlassen den alliierten Sektor

oder

Nicht nur der Ton macht die Musike

Berlin 1956. Summer in the city: Zoff ist angesagt. „Mambo-Rock – Hau Ruck“, „Rock 'n' Roll“ und „Pfui Teufel – Polizei“ dröhnt es durch die Straßen. Fast 500 „Halbstarke“ werden festgenommen. Schaut auf diese Stadt.

Die Alten ziehn sich nach getaner Arbeit das „Einmaleins des guten Tons“ durch. Die Töchter und Söhne bevorzugen andere Töne. Rund um die Uhr und gegen den Strich. Rock 'n' Roll ist cool. Die Mamas und Papas stehn mehr auf den „warmen Humor“ der Bertelsmann-Anstandsdame. Tausende pinkfarbene „Lehrbücher“: Mam träumt beglückt, wenn Papa vor dem Einschlafen aus dem Vorwort liest. Von den Wänden des im schlichten Blockadebarock gestylten Schlafzimmers hallt es leise wider: „Die Hebung des allgemeinen Lebensstandards in den letzten Jahren und die Besinnung auf Tradition in der öffentlichen und privaten Sphäre haben nach und nach auch den gesellschaftlichen Umgangsformen ihren Wert zurückgegeben.“

Doch was den Eltern als wert und heilig verkauft wird, ist den Kids scheißegal. Sie wollen ihre Träume nicht durch das Leibchen der Manieren geschnürt sehen. Die Bertelsmanndame empfiehlt: männliche Ritterlichkeit, und küssen erst wenn's dunkel ist. Rock 'n' Roll ist körperlich. Lust ist in

„Halbstarken-Krawalle" im Juli 1956 im Wedding. Original-Ullstein-Untertext: „Krawall am Wedding. Mitglieder der ‚Totenkopfbande' versuchen randalierende Jugendliche zur Ordnung zu rufen." ‚Bürgerwehren' haben offenbar in Berlin eine lange Tradition.
Fotos: Ullstein

den Fiftees nicht gefragt. Lebensstandard, Besinnung auf Traditionen, Werte? Sprüche.
1957 offenbart das Berliner Jugendamt in einer auch noch als Denkschrift betitelten Statistik, wer da, im Sommer '56, so gewaltig auf die Kacke gehauen hat. „Primitiv" sind über die Hälfte dieser „Scheinverbrecher". 52,4 % der Festgenommenen sind arbeitslos und ungelernt (1). Ihre Geburtsurkunde ist auf 1938 datiert. Glückliche Jugend.
„Was bin ich?" – das heitere Beruferaten, flimmert schon seit zwei Jahren über die Glotze. Ganz Paris träumt von der Liebe, und jenseits von Eden gehen immer noch zehn Mietparteien auf ein Klo. Berlin-Milljöh, schaut auf dieses Klo. Die Wiedereinführung der Wehrpflicht macht 1956 einen Bogen um Berlin. Bill Haley zwei Jahre später nicht. Daß der Chef der „Comets" nur 40 Minuten seines Programms zum besten geben darf, haben sich die Fans selber zuzuschreiben.
Zwei Tage vor der Wahl des Papstes, am 26. Oktober 1958, hackt der „Abend"-Chronist in seine Maschine: „Zu Berlins größtem Halbstarkenkrawall artete heute nacht der Versuch des amerikanischen Massenaufpeitschers Bill Haley aus, auf dem Sportpalast-Podium eine Kostprobe seiner Zuckungen, Schreie und Gitarrenschläge darzubieten." Und weiter: „Mr. Haley und seine Veitstanz-Instrumentalisten flohen Hals über Kopf zum Bühnenausgang hinaus." Brennholz für Kartoffelschalen. Die „Primitiven" und ihre niederen Instinkte. Der Sportpalast soll eine solche Rock-Randale bis zu seinem schmerzlichen Abriß nicht mehr erleben.
Doch „Anlässe, vor ihren Flittchen demonstrieren zu können, daß ihnen keiner kann", wie der Polizeimeister Seidensticker in dieser Zeit zum besten gibt, sollen die „Halbstarken" noch genug kriegen.
Drei Jahre nach Haley: „Marina", „Tschau, tschau bambina" und „Petit Fleur" dudeln im RIAS und anderswo. Chruschtschow trommelt 1960 in der UNO. Der Pauken-Neuss bringt seine Kellerkinder in die Berliner Kinos. John Lennon gründet die Beatles. Mutters Tochter promeniert mit dem Itsy-Bitsy-Teenie-Bikini am Ufer des Glienicker Sees. Ein Jahr bevor weiße Bojen gesetzt werden und ein festbetoniertes Schild auf eine Veränderung hinweist: Achtung, in 120 m endet West-Berlin.
In der „Dachluke" spielen die „Gloomys". Die rockende „Szene" starrt nach Hamburg, wie die Schlange auf das Kaninchen. Hier, im „Star-Club", wird auf der Bühne noch fremdsprachig gefachsimpelt. Pilzkopf-Fieber here and there and everywhere. Ausscheidungen auch bei uns. „Wir suchen die deutschen Beatles" ist das Motto des Kapellenwettbewerbs, der am Sonntag, dem 6. September 1964, im hansestädtischen „Star-Club" über die Bühne geht. Verkleidet mit Glocke und Fliege werden „The Lords" zum Sieger gekrönt. „Ich bin ein Börrliner" mal fünf. Die Schlagzeilen sind klar. Berlin-West hat den Anschluß gefunden. Die Flasche Fusel kostet noch 2,65 Mark. Der Budiker von der Ecke: „Det war doch echte Berlin-Hilfe, daß die uns damals die Alkohol-Steuer jeschenkt haben." Poor boyyoumustsayjeahjeah. Life is very hard to stayjeahjeah. „The Lords" werden systematisch aufgebaut. Die Stadt bleibt im Gespräch. Die „Rollicks" belegen Platz eins beim Beat-Weltrekord.
Auch das Jahr '65 ist nicht ohne. Daß in keiner anderen Stadt so intensiv und ausdauernd aus dem Fenster geguckt wird, wie in Berlin, ist unbestritten. Doch als Ende des Jahres einige Pennäler in das Fenster des Schlagersängers Drafi Deutscher starren und den Star ohne Textil gesehn haben wollen, wird Drafi, der am 1. November Platz eins der Hitparade erreicht, zum Fenstersturz freigegeben. Springers „Bild" schubst mit. Drafi muß gehen. „Bild" darf bleiben. Verkehrte Welt. „Marmor, Stein und Eisen bricht, aber unsere Liebe nicht." Das sitzt jahrelang.
Im gleichen Jahr: 26 Starfighter hinterlassen bei der Landung Löcher, Baugruben gleich. „It's not unusual" röhrt Tom Jones. Die Waldbühne wird nach dem Gig der Rolling Stones verwüstet wie ehedem der Sportpalast. I can't get no satisfaction. Ein Bravo-Konzert. Die Springer-Journaille hat diesen Abend mit vorbereitet. Mit militärischem Vokabular wurde die Hysterie geschürt. Fazit der Schlacht: Das idyllische Rund am Murellenweg wird für lange Zeit geschlossen. Von Beatles-Konzerten wird oft geflunkert. Stattfinden sie nie.
Es wird nervös in Westberlin. Ami go home. Das Ufer, das den Namen des Mannes trägt, der Drafi die Zeilen für seinen Ohrwurm geliefert hat, liegt noch im Schlummer. Vom Paul-Lincke-Ufer redet noch keiner. Wir lernen Vietnam buchstabieren. Paul Lincke und die Berliner Operette? Wen juckt's? In der City werden die agitatorischen high-lights gezündet. In Kreuzberg geht's immer an der Wand lang. Bis früh um fünfe, süße Maus. Das macht die Berliner Luft, Luft, Luft. Glühwürmchen, Glühwürmchen, schimmre, schimmre! Führe uns auf rechten Wegen, führe uns dem Glück entgegen . . . Ho, Ho, Ho chi Minh. Die Rebellen um Rabehl und Rudi läuten ein, was als APO hitzig beginnt.
Die Bildzeitung brennt. Auf den verkohlten Resten des holzhaltigen Papiers glimmt das Wort der vielbeschwore-

Ob Johnnie Ray oder Bill Haley, im Sportpalast ging es während und nach den Konzerten hoch her. Nicht nur einmal in den 50er wurde das Mobilar zertrümmert. Und nach dem Stones-Konzert am 15.9.65 in der Waldbühne „gingen die meisten brav nach Hause, aber ein harter Kern fing an, Kleinholz zu machen. Nach guter alter deutscher Art betrieben sie ihr Zerstörungswerk systematisch, wälzten sich von Block zu Block und zerknackten die Sitzreihen. Von oben hörte sich das an, als ob ein Wald brennt. Einer der schönsten Spielplätze ging in dieser Nacht K.O.", berichtet ein Augenzeuge. Die Waldbühne blieb daraufhin jahrelang geschlossen.
Fotos: Ullstein

nen schweigenden Mehrheit: „Gammler aller Altersgruppen, von denen man die Mehrzahl besser als Penner bezeichnen sollte, spielen eine Art Einkriegezeck mit der Polizei. Abgeführt! Stolz trägt dieser Gammler das Abzeichen der linksradikalen ‚Ostermarschierer'. Er ist nicht der einzige." Eine Bild-Unterschrift.

1967 geht das Foto des „Wahrheit"-Fotografen Jürgen Henschel um die Welt. Benno Ohnesorg ist tot. Der Schütze lebt. Drei Jahre später wird Andreas Baader aus dem Knast freigeschossen. Allende wird in Chile Präsident, und die RAF geistert nicht nur durch die Schlagzeilen. Wer nicht auf die Macht vertraut, die aus den Gewehrläufen kommt, geht zum Teach In, Sit In, Smoke In.

„Ton Steine Scherben" geben ihr Debüt. Agit-Pop-Band nennen sich die fünf. Ihre Gesänge sind zugänglich, politisch renitent, und man versteht jedes Wort. „Allein machen sie dich ein", „Macht kaputt, was euch kaputt macht", „Alles verändert sich" sind die Titel, die ab '70 nicht nur auf den Fahnen der Freaks flattern. Die Szene hat ihren Sound. Auch wenn „Tangerine Dream" und Klaus Schulze, Anfang der Siebziger, den Grundstein legen sollten, der Westberliner Elektronik-Rockern Ende der Siebziger weltweites Ansehen brachte, sind es „TSS", die lokal die wachsenden Aktionen und Proteste begleiten.

Wer „TSS" sagt, muß auch Georg von Rauch-Haus, muß auch RAF sagen. „Ton Steine Scherben" in einem Rückblick zum eigenen Selbstverständnis: „Wir wußten gar nicht mehr, wo uns der Kopf steht. Wir waren ja keine Politiker! Ob wir nun RAF-Propaganda weitermachen sollten oder KB oder KPD ... Frage: In welcher Form habt ihr RAF-Propaganda gemacht? In Konzerten haben wir von denen Texte verteilt ... Aber wir wurden immer unsicherer in der Beziehung, weil da so ein Druck auf uns ausgeübt wurde ... Wenn du so viel Kritik bekommst von allen Seiten, dann wird der Druck so stark, daß du nur noch sagst: Jetzt muß ich 'n klaren Kopf kriegen." (2) Die Agit-Popper pfeifen ab aufs Land. '74/'75 endet „TSS" inmitten satter, grüner norddeutscher Wiesen. Endstation Fresenhagen! Alles aussteigen!

Zur gleichen Zeit: Die Ehre der Katharina Blum bleibt spurlos verschwunden. Die Kommunisten nehmen Saigon ein. Ho-chi-Minh-Stadt, ein für allemal. Als selbiges Kapitel Zeitgeschichte geschrieben wird, ist die „Lokomotive Kreuzberg" schon drei Jahre am Dampfen. Die fünf Musiker, die sich im Mai '72 zur „Lok" zusammenschließen, entwickeln, beseelt vom Feeling des Rock, gesellschaftspolitische Schlußfolgerungen, die in ihren analytischen Eindeutigkeiten keine Zweideutigkeiten dulden.

Versuchten „TSS" einer allgemeinen Resignation vor den Übeln dieser Gesellschaft – Stichworte: überfunktionierter Alltag, immer raffiniertere Medienmanipulation, Außensteuerung der Bürger – durch den verbalen Aufruf zur Solidarität beizukommen, die „Lok" hakt da ein, wo das Übel seine Wurzeln hat, in der Arbeitswelt.

Die „Lokomotive Kreuzberg" eine Profi-Truppe mit wachsendem Basisecho, hängt 1977 den Tender ab.

Teile der alten Lok kommen kurze Zeit später wieder ins Gespräch. Aus dem Amiga-Sternchen Nina Hagen wird ein CBS-Star. Es klickt und blitzt. Kodak statt Orwo. Nina plus Lok-Teilchen lächelt ganzseitig und farbenfroh auf Illustriertenpapier. Widerborstig und professionell drücken sie auf die Tube.

Mit Nina H. hat eine Sängerin das Lager gewechselt, die in der DDR von der Pike auf gelernt hat, sich unterhaltungskünstlerisch in ihrer Muttersprache auszudrücken. Daß die – mittlerweile göttliche – Nina den Alltag rockend und johlend über die Stimmbänder massiert, bereichert die Szene ungemein. Daß die Plattenmenschen Wellen wittern, wen wundert's? Denn die Zeit ist nervös geworden.

In den Kellern suchen unzählige Kapellen nach eigenem Ausdruck, musikalisch und sprachlich. „Morgenrot", vier Typen aus dem „Milljöh", schaffen, aus einem der vielen Übungsbuchten am Kreuzberger Paul-Lincke-Ufer, den Sprung auf den Rücken des Plattenriesen, der auch die Hagen ertragen hat. Als Erben der legendären „Ton Steine

„Spliff". Foto: Günther Rakete

Oben: Jango Edwards und Nina Hagen 1978 im Kant-Kino, in dem seit Jahren die tollsten Live-Konzerte stattfinden. Foto: Günther Rakete
Unten: Nach dem „Fehlfarben"-Konzert im November '81 im SO 36 am Heinrich platz. Foto: Michael Kipp

Scherben“ will das vorwitzige PR-Management die vier anpreisen, doch nicht jede Erbschaft bringt Positive aufs Konto, und wieso eigentlich Erben. Daß „Morgenrot“ überrollt wird von den hektischen Ausläufern eines Punkhochs, welches von der britischen Insel zu uns hinübertreibt, sei's drum.
Der Sturm der britischen Punks, der dem Rock 'n' Roll mit radikaler Gewalt neues Leben einhauchen sollte, flaut ab.
„Keep Rock 'n' Roll dirty.“ Was in GB anmutet wie der Untergang des Kulturrock, ist das notwendige Freistrampeln aus den Zwängen von Perfektion, Gigantismus und Apathie. Was bei uns verkauft wird, als müßte das Abendland untergehn, bringt noch lange keine Neubauten zum Einstürzen. Wenn London glimmt, brennt Haselhorst noch lange nicht. Doch die vierte Generation des „Kraut-Rock“ ist mutiger geworden, hat durch den britischen Amoklauf dazugelernt. Englische lyrics sind today geradezu verpönt. Daß der harte Kern der Kreuzberger Anarcho-Punks sich in ätzendem Zynismus gefällt, der No Wave-Block in zynischen Manierismen, ist marginal. Neu ist, daß die neue deutsche Welle auch im BFBS dudelt. Der Kolonialstatus in Sachen Rock scheint endlich überwunden. Westberlin ist eines der Nester, in denen die neue „Tanzmusik“ aus dem Ei schlüpft.
Arbeitslosigkeit, Bigotterie, Wohnungsnot, Frust und das lustfeindliche Drumherum sind nicht nur britische Probleme. Schaut auf diese Stadt.
Artischocke, „Rock 'n' Roll Ausverkauf“: „Deutschland, mein Kaufhaus, Berlin in der Ecke / Grabbeltisch Feeling, ich bleib auf der Strecke / Die Plattenmenschen sagen, daß sie uns jetzt lieben / Und möchten uns gern ins Schaufenster schieben / Rock 'n' Roll Ausverkauf grad jetzt in Berlin.“
Ausverkauf? Beileibe nicht. Daß Nihilismus und apokalyptische Untergangsstimmung neben kurzweiligem Spaß und langweiligen Selbstbespiegelungen zu dem kommerziell favorisierten Strandgut gehören, welches diese widersprüchliche Stadt von unten absondert, kann nur die beunruhigen, die immer noch an die Rock-Revolution glauben.
Während in den Kellern in Kreuzberg und Moabit wieder Akkorde geschruppt werden, als gelte es, den Tag des letzten Gerüchts einzuläuten, blühen draußen an den Mauern die Graffitti. Aus der Spraydose zischt es auf die Brandmauer nieder: Wenn ich auf der Revolution nicht tanzen kann, dann komm ich nicht.
Wenn die bunten, widersprüchlichen Scheiben von Ideal, Interzone, Morgenrot, PVC, dem 1. Futurologischen Kongreß, Scala 3, Bel Ami, UKW, Foyer des Arts, Spliff, oder wie die Gruppen alle heißen, bei euch auf dem Plattenteller dudeln, gebt Stoff. Rock hat auch was mit dem Bauch zu tun. Rock ist cool und körperlich. Und das ist gut so.

1) H. H. Muchow, Sexualreife und Sozialstruktur der Jugend, Rowohlt Taschenbuch Verlag, rde 94, 1959. Gelesen in: Fans, Gangs, Bands. Ein Lesebuch der Rockjahre, rororo 1981
2) Zitiert nach: Steve B. Peinemann, „Die Wut, die du im Bauch hast“, rororo 1980

Fotos: Peter Hebler, Paul Glaser, Ralph Rieth

Gewerbehöfe in Kreuzberg: Handwerk (links, Zeughofstr. 21), Industrie (Elisabethhof am Erkelenzdamm, hier wurde dieses Buch gedruckt) und alternatives Leben (unten, Oranienstr. 7). Fotos: H.-J. Wuthenow

Rechts: Industrieanlagen im Berliner Süden. Foto: Paul Glaser

Angelika Nebel-Dampf

Was der feine Westen nicht zeigt

Westberlin als Industriestadt

Die Villen in Nikolassee hinter der Grenze, die Bäume des Grunewalds, der Größenwahn des Internationalen Kongreßzentrums am Autobahnkreuz und der parfümierte Charme des Kurfürstendamms zeigen das eine und falsche Fremdenverkehrsgesicht der Stadt.

Der Gast betritt heute die Stadt meist von Westen, und wie in Breiten mit Hauptwindrichtung „West" üblich, liegen dort die „besseren Viertel".

Im großbürgerlichen Westen kann der Besucher die Industriemetropole Westberlin nicht entdecken, denn die Wohlhabenden des späten 19. Jahrhunderts, die an den Seen und in den Wäldern im Havelland siedelten, wollten sich nicht den Qualm ihrer prosperierenden Industrien durch die geräumigen Wohnungen wehen lassen.

Und auch wenn der Gast in den folgenden Tagen die Straßen der „alten" Stadtviertel, wie Kreuzberg, Schöneberg und Tiergarten, durchstreift, wird er die Werkhallen und Maschinen auf den ersten Blick nicht finden, in denen das Herz der Industriestadt Berlin schlägt. Die liegen in den oft tief gestaffelten Gewerbehöfen der Quartiere versteckt, die nach außen die verwitterte oder restaurierte Fassade der Gründerjahre zeigen. Hier haben die traditionellen und spezialisierten Klein- und Mittelbetriebe ihre Fabrikationsstätten, Handwerker ihre Betriebe und manchmal auch noch größere Unternehmen einen Teil ihrer Produktion belassen.

Westberlin ist als Industriestadt immer noch größer als jede Stadt der Bundesrepublik, verfügt trotz Krieg, vertanen Chancen nach '45 und falscher Wirtschafts- und Gesellschaftspolitik über einen Reichtum an qualifizierten Men-

schen und industriellen Anlagen, der es möglich machen würde, eine gesicherte Zukunft aus eigener Kraft zu produzieren. Noch hat dieses einst wichtigste Wirtschaftszentrum zwischen Paris und Moskau genug eigene Potenzen dafür.
Man muß die Stadt nur in Nord-Süd-Richtung durchqueren, will man dieses Potential entdecken. An den Rändern der Stadt und den Verkehrswegen auf Wasser und Schiene bis ins Zentrum der Stadt hinein erstrecken sich Werke aller Industrien, Lagerhallen und andere Einrichtungen einer industriellen Infrastruktur.
Manchmal schon Museen ihrer eigenen großen Vergangenheit, immer noch Arbeitsplatz und Lebensmittelpunkt für Tausende, zeigen sie die Möglichkeiten des Industriestandorts Berlin. Zwischen den großen traditionellen Verkehrswegen Elbe und Oder und seit dem letzten Jahrhundert über Kanäle mit ihnen verbunden, im geographischen Herzen des europäischen Kontinents hat Westberlin viele Standortvorteile für industrielle Entwicklung und Handel.
1938 ging die Hälfte der überörtlichen Warenproduktion aus Berlin in das Gebiet der heutigen DDR, ein Viertel in die heutige BRD. In den Jahren des Kalten Krieges wurden diese alten Verbindungen gekappt und Westberlin zu einem Zentrum der Propaganda, Sabotage und Verführung durch den schönen Schein der Ware umfunktioniert. Auf Westberlin bezogen sagte die Statistik 1968: 4 % des Handels wurde mit der DDR, 90 % mit der BRD getätigt (DIW Wochenbericht 45/74). Seitdem wurde der Status Westberlins völkerrechtlich gesichert, die Verkehrswege wurden in Abkommen erweitert und verbessert, und im Alltag zeigten sich die Möglichkeiten einer praktikablen wirtschaftlichen Zusammenarbeit.

Subventionen – Zulagen – Förderungen

Der Standortnachteil, der von Westberliner und westdeutschen Politikern und Unternehmern so wortreich beklagt wird, wurde künstlich herbeigeführt und dient jetzt als Vorwand, um eine Praxis zu erhalten, an die sich diese Kreise gewöhnt haben: In Westberlin werden Subventionen für alles kassiert, was auch ohne sie getätigt und produziert würde: Rand- und Restproduktionen, Kapazitätsreserven, Bereiche, deren Stillegung noch nicht ansteht, deren Ausbau aber nicht mehr lohnt und die die Konzerne für die Zukunft sowieso nicht mehr ernst nehmen.
Kein Wunder, daß in solchen Industrien Löhne gezahlt werden, die unter dem Durchschnitt vergleichbarer Städte in der Bundesrepublik liegen. Mit der achtprozentigen Berlinzulage kommen die Westberliner Lohn- und Gehaltsempfänger immer noch nicht auf ein Nettoeinkommen, wie es Kollegen in gleichen Beschäftigungen in Stuttgart, München oder Hamburg haben. Dafür zahlen sie für den statistischen Warenkorb mehr als dort, ein Blick auf die Benzinzapfsäule und in das Lebensmittelregal verrät es dem Besucher.
Die Subventionen, Steuerersparnisse, Abschreibungen und kostspieligen staatlichen Vorinvestitionen wurden zur Ursache einer deformierten Wirtschaftsstruktur, die gerade noch Industrien anlockt, von denen kein Wachstumsimpuls ausgeht, weil durch Produktionstechnik, Beschäftigungszahl und Zukunftsorientierung kaum Industrien und Dienstleistungsunternehmen folgen.
Für die Standortentscheidungen jedes realistisch denkenden Unternehmers sind nicht in erster Linie Geldzahlungen entscheidend, sondern die möglichst langfristige Absicherung eines organischen und entwicklungsfähigen Produktionszusammenhangs, der die besten Wachstumsbedingungen bietet.
40 % der in der BRD gerauchten Zigaretten werden mit subventionierten Maschinen, die schnell abgeschrieben werden können, produziert; in Hallen, für die staatliche Vorleistungen gebracht wurden, aus Material, das man traditionell in den Hafenstädten, in denen es anlandet, weiterverarbeitet, von Arbeitnehmern, die mit staatlichen Zulagen auf das Lohnniveau der vergleichbaren BRD gehoben werden müssen; und im Falle von Mißwirtschaft und Kapitalentzug durch hohe Bürgschaften der öffentlichen Hand wieder auf die wackligen Beine gebracht.
Zwar sind die Zeiten vorbei, in denen tiefgefrorene Schweine über die Autobahn in die Stadt transportiert wurden, um dann, wenn sie in der Mitte durchgeteilt waren, als Hälften „veredelt“ mit etlichen Prozent „Berlinförderung“, die von der Steuer abzuziehen war, mit Sonderprofit weiterverkauft

Nr. 456 A 231 Morgen-Ausgabe

Berlin

Freitag, 27. September 1929

Vossische Zeitung

5 Pfennig

Berlinische Zeitung von Staats- und gelehrten Sachen

Verlag und Schriftleitung: Berlin SW 68, Kochstraße 22-26

Zehn-Millionen-Betrug an der Stadt Berlin

Drei Brüder Sklarek und ihr Sekretär verhaftet.

Dunkle Geschäfte der Berliner Stadtbank

Das neue Kabinett Schober

Ein Provisorium

Der Abend

Millionenpleite ist da

Bank kündigte Kredit für Garski – Berlin muß 120 Millionen zahlen

Jetzt ist es amtlich: Berlin hat den größten Bauskandal der Nachkriegszeit. Die Berliner Bank kündigte gestern der Firma „Bautechnik KG" einen Kredit in Höhe von 138 Millionen Mark. Damit ist das eingetreten, wovor Berlins Politiker seit Wochen zittern — die Stadt muß eine Bürgschaft von knapp 120 Millionen Mark zahlen, die sie für den alleinigen Firmeninhaber Dietrich Garski geleistet hatte.

Die Berliner Bank erstattete gegen Garski gleichzeitig Strafanzeige wegen des Verdachts des Kreditbetruges. Eine entsprechende Anzeige gegen den Firmeninhaber hatten bereits die Landeszentralbank, Finanzsenator Riebschläger und Wirtschaftssenator Lüder aufgegeben.

Der Wirtschaftssenator hat dazu offensichtlich allen Grund: Er befürwortete die Bürgschaft und deren Erhöhung um 25 Millionen Mark (der ABEND berichtete), als der Konkurs des Unternehmens bereits so gut wie feststand. So wurden die Bücher des Unternehmens — damals noch als „Bautechnik AG" firmierend — bereits seit 1978 von den Wirtschaftsprüfern nicht mehr abgezeichnet: Es fehlten in den Bilanzen 16 Millionen Mark, die angeblich als Verbindlichkeiten bei einer Firma „Bautechnik GmbH" lagen. Dort aber wurde den Fachleuten die Prüfung verweigert.

Schließlich entschied die „Aktionärsversammlung" über den Wahrheitsgehalt der Bücher — eine Farce, denn Alleinaktionär war Dietrich Garski. Der Kredit wurde zweckgebunden für ein Militär-Bauprojekt in Saudi-Arabien gegeben.

Ein der Berliner Bank vorgelegtes Konzept, die Firma zu retten, wurde gestern abgelehnt. Unter anderem hatten Garski 6,5 Millionen Mark „unantastbares Geld" für seine Frau verlangt. Außerdem soll er Straffreiheit gefordert haben.

Wie der Betriebsrat gestern mitteilte, werden die knapp 200 Mitarbeiter Anfang des kommenden Jahres ihren Arbeitsplatz verlieren. Sie können auch kein Gehalt oder einen Sozialplan mehr erwarten.

Ein parlamentarischer Untersuchungsausschuß soll sich Anfang des Jahres mit der Affaire beschäftigen. Nicht auszuschließen, daß dann auch politische Konsequenzen gezogen werden.

REINHARD GIELOFF

Kreditbetrug und betrügerische Pleiten scheinen in Berlin Tradition zu haben. Ging es aber 1929 „nur" um 10 Millionen, ist der gegenwärtige Westberliner Rekord die 120-Millionen-Pleite auf Kosten der Steuerzahler. In den Garski-Skandal – der 1981 maßgeblich zum Sturz des seit 30 Jahren regierenden SPD-Senats führte – waren ebenso wie in die früheren Abschreibungs- und Kreditskandale der besonderen Westberliner Art Politiker aller großen Parteien verwickelt; denn die Bedingungen, die solche Pleiten hier möglich machen, sind politischer Natur.

zu werden; aber auch wenn keine Hose wegen eines anzunähenden Knopfes und der deshalb abzuziehenden Förderung mehr nach Berlin muß, bleibt Westberlin ein Las Vegas für Spekulanten in einer – allerdings künstlichen – Wüste. Kein Wunder also, daß sich die Subventionsskandale häufen – insbesondere im Bauwesen –, kein Wunder auch, daß sie gleichzeitig immer politische Skandale sind. In dieser Stadt gibt es heute kaum einen hohen Politiker oder Verbandsfunktionär, der nicht als Privatperson im lukrativen Abschreibungskarussell mitfährt. Noch so viele mögen bereits dabei gestolpert sein – es kommen immer genug nach.

In den Wohnvierteln beginnt man sich gegen die Folgen einer solchen Politik zu wehren, in den großen Werken blieb es noch vergleichsweise ruhig. Westberlins Arbeiterinnen und Arbeiter scheinen das Kämpfen verlernt zu haben – mit Ausnahmen, wie der Druckerstreik 1978 bewies – oder immer zu spät vor die Fabriktore zu ziehen, wenn Stillegungen und Entlassungen nicht mehr zu verhindern sind. Die erpresserischen Drohungen der Untenrehmer – in den langen Jahren des Kalten Krieges von den Gewerkschaftsführungen fast stillschweigend hingenommen – wirken hier weitaus lähmender auf das Klassenbewußtsein als anderswo. Vor allem Facharbeiter verlassen die Stadt.
In dem ältesten Berliner Industriezentrum, an der Ackerstraße im Bezirk Wedding, wo einst Borsig und Siemens ihre ersten Vermögen erarbeiten ließen, verwaisen die Hallen.
Und auch den Stadtteilen, die von den Werken dieser Unternehmensgründer ihren Namen erhielten – Borsigwalde, Siemensstadt –, könnte dieses Schicksal bevorstehen.
Borsig ist längst zur Berliner Produktionsstätte eines internationalen Konzerns geschrumpft, der den Firmennamen um der Erinnerung willen erhält. Aus Borsigwalde gehen nur noch wenige in das nahe Werk.
Die Firma Siemens – in Siemensstadt an der Stadtautobahn Nord im Bezirk Spandau, einer wichtigen Industriegegend der Stadt gelegen – ist untrennbar verbunden mit dem Aufstieg Berlins zum führenden Platz der Elektroindustrie. Sie baute zwischen 1970 und 1978 sage und schreibe 17 500 Arbeitsplätze ab. Das sind 47 %.
Siemens verlagerte – unbeeindruckt von Senatsgeldern – Unternehmenshauptsitz, Forschung und Entwicklung sowie die medizinische Technik nach Westdeutschland.
Die Zukunftstechnologie Elektronik wurde hier gar nicht erst aufgebaut, das Zentrum der Datentechnik liegt in München-Perlach. Geblieben sind Abteilungen wie die Montage von Fernschreibern, für die die wichtigsten Einzelteile ebenfalls angeliefert werden.
Siemens, *das* Westberliner Unternehmen! Wie lange produziert es noch in der „Stadt", die seinen Namen trägt?

Las Vegas im Osten

Während die Unternehmer sich an das Gegebene halten und ihren Profit aus der künstlichen Fäulnis der Stadt ziehen, denken die Senatspolitiker über eine bessere Zukunft nach. Warum soll aus dem Eldorado der Subventionen und Abschreibungen nicht ein „Las Vegas im Osten" werden?
Einmalig, Westberlin hat keine Sperrstunde. Eine Spielbank hat es schon, weitere dürften folgen. Ein Reigen von Festivals bringt Amüsement auf hohem kulturellen Niveau, die Ebenen drunter werden private Anleger gewinnbringend ausfüllen. Wo eine immer noch einmalige geographische Lage weltoffenen Handel nach Ost und West ermöglicht, führt man Schulklassen und Touristen an die Mauer.
Auf welches Konto NATO und Bundesregierung ihre Investitionen für das entmilitarisierte Westberlin buchen, verrät ein Blick in das Weißbuch der Bundesregierung von 1970: „Die Bundesregierung rechnet in Übereinstimmung mit einem Beschluß des Deutschen Bundestages vom 15. Mai 1963 auch die Berlin-Hilfe zu den Verteidigungsausgaben, da sie der Verteidigung im Sinne der Sicherung unserer Freiheit nach außen dient. Die NATO erkennt zwar die Berlin-Hilfe nicht als Verteidigungsausgaben an, hat aber auf Wunsch der Bundesregierung am 12. September 1963 beschlossen, sie in die Zahlenübersichten der NATO mit der Fußnote ‚Ausgaben der Bundesrepublik Deutschland zur Sicherung der Lebensbedingungen im Interesse der freien Welt' aufnzunehmen."

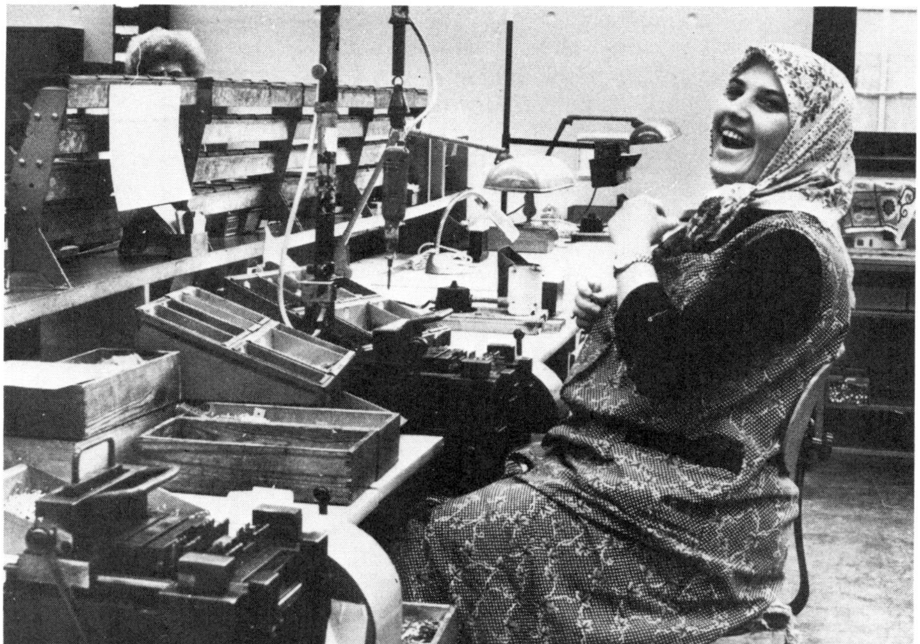

Wer kann da noch lachen: Immer mehr Werkhallen der ehemals größten Industrieunternehmen Deutschlands verwaisen in Westberlin, wie hier bei AEG in der Ackerstraße im Bezirk Wedding. Doch die Kollegen halten nicht still: Streiks und Protestaktionen haben in den letzten Jahren ständig zugenommen. Die Solidarität der deutschen und der ausländischen Arbeiter ist hierbei eine Selbstverständlichkeit.
Fotos: Paul Glaser

Typische Berliner?

Anton mit Kumpel. Foto: Paul Glaser

Paul Glaser

Anton

Anton ist 46 Jahre alt, der perfekte Arbeitslose und dazu noch ein gutes Beispiel für die Überwindung der Wachstumskrise unserer Wirtschaft.
Seit elf Jahren hat er nichts mehr getan für unser Brutto-Sozialprodukt, schon weil ihm nichts Sinnvolles einfällt, wofür er arbeiten könnte. Er hat keine Wohnung, kein Auto, nicht mal einen Koffer in Berlin, fühlt sich aber sehr wohl in der sozialen Marktwirtschaft, wenn er auch klagt über die Bürokratisierung des Lebens.
So zwingt ihn das Sozialamt Wedding, in der Pension Schilling zu wohnen. Die zahlen dafür, obwohl er schon seit Monaten nicht mehr da war, schon weil die Kumpels auf den Vierbett-Zimmern immer mitsaufen wollen, denn da wohnen viele Asoziale, die auch klauen. Anton schläft lieber in den Toiletten der U-Bahn. Besonders lieb ist ihm jene für Damen im Westend. Da ist es ruhig, warm, selten kommt Polizei. Für unsinnig hält er auch die Vorschrift, regelmäßig ‚um Arbeit nachzufragen', damit er Sozialunterstützung bekommt. So geht er jeden Tag zum Schnelldienst des Arbeitsamtes, ‚der Börse' am Fruchtmarkt. Schon um fünf Uhr morgens trifft er dort in der Baracke die Kumpels aus den Parks, den Toiletten, den anderen Pensionen. Es ist gemütlich, man kann plaudern, ein bißchen trinken, Arbeit gibt es selten. Das ist gut für die Bescheinigung, mit der man ‚Soze' bekommt. Nicht, daß Anton das nötig hätte. So hat er nun schon zwei Tage seine Rate nicht abgeholt. Er spart eben, denn wie soll unsere Wirtschaft investieren, wenn die Bürger das Geld gleich versaufen?!

Dabei hat Anton das Zeug zu einem Unternehmer. Neulich erst hat er ‚einen Rucksack voll Wurst' aus den Mülleimern des ‚Real-Discount' geholt, nur einen Tag über Verfallsdatum – eine wirklich gute Adresse! Für 180 Mark hat er das an ‚der Börse' verkauft; wenn man das mal umrechnet in Schnaps. Wenn er als Unternehmer in ein Konjunkturtief gerät, bleibt immer noch das soziale Netz.
‚In Berlin braucht keiner zu hungern', verteidigt Anton unser ‚System, ‚denn hier gibt's so viele Kirchen.' Früher, kann sich Anton erinnern, hat er regelmäßig gearbeitet, als Arbeit noch mehr war als Geldverdienen. Da hat er bei Hertha BSC nach den Spielen den Dreck aufgesammelt. Dafür durfte er in den 2. Halbzeiten umsonst rein. Doch seit die Mannschaft in die zweite Liga abgestiegen war, hatte das keinen Reiz mehr für ihn. Da sieht man mal wieder, wie wichtig der Sport ist für die Moral der arbeitenden Bevölkerung. Keine Subvention sollte uns da zu schade sein!
Rundum zufrieden ist Anton mit unserem Rechtsstaat, vor allem mit dem Konzept der Re-Sozialisierung. Da hat er neulich geklaut bei ALDI, nicht etwa um den Kapitalismus zu treffen, sondern weil er Appetit auf Käse hatte. ‚Nun ist die Bewährung hin', hat der Richter gesagt. Aber weil Anton nicht systemgefährdend ist, gleich alles zugegeben und damit die Pflege des Rechts erleichtert hatte, wollte der Richter ihn nicht einbuchten. Was er denn tun würde, hat er gefragt, wenn er trotzdem freikäme? Anton hat gesagt, zum Intershop würde er fahren, zwei Flaschen ‚Prestige' würde er kaufen und dann mit seinem Kumpel, der im Ottopark liegt, anstoßen auf den Richter. Der hat gelacht und Anton re-sozialisiert.
Auch auf unsere Polizei läßt er nichts kommen. Nun ja, sie schlagen ihn manchmal, aber es sind eben auch Menschen. Nur die Ausnüchterungszellen könnten bequemer sein.
Scharfe Kritik äußert Anton an unserem Steuersystem, da kann er die CDU nur unterstützen. So haben sie schon wieder die Spirituosen-Steuer erhöht. Anton sah sich gezwungen zu rationalisieren, um die Kosten aufzufangen. Er trinkt nur noch Schnaps, weil das mehr Rausch bringt pro Volumen, vor allem wenn er vorher nichts ißt. Doch die da in Bonn sollten daran denken, daß sowas den Leuten auf die Leber geht!
Anton sieht auch durchaus die Ungerechtigkeiten unseres Systems. So filzen sie ihn immer, wenn er mit der S-Bahn vom Intershop kommt, ‚aber die Asylanten lassen sie durch'. Richtig ausländerfeindlich könnte er werden . . . Denn für Anton hört die Toleranz beim Schnaps auf. Ein Angriff darauf ist für ihn ein Angriff auf die Werte unserer Gesellschaft. ‚Mir iss a Flaschn Schnaps liaba als a Frau im Bett', faßt er zusammen. Vor letzteren kann er nur warnen. ‚Wie viele Kumpels müssen denn hier an der Börse sich ausbeuten lassen, frag i di, nur weil sie auf der Flucht sind vor Alimenten?!'
Anton war nicht immer so zufrieden wie heute, auch er hat seine Fehler gemacht, aber wie soll so ein Junge seinen Weg finden in dieser Umwelt voll Leistungsdruck und sinnlosem Wachstumsdenken. So hat ihn sein Vater Tischler lernen lassen, und er hat als solcher auch gearbeitet, Geld verdient für Auto und Frau, Anzüge und Wohnung. Irgendwann aber kam ihm das dann alles so sinnlos vor, und er hat sich gesagt: Das muß doch wohl nicht sein! Das war vor elf Jahren, und seither hat es wirklich nicht sein gemußt. Da sieht man mal wieder, was der Mensch alles kann, wenn er einen festen Willen hat . . .

Westberlin, Güterbahnhof Yorckstraße heute – früher Hauptverkehrsstrang der Eisenbahnen zwischen Potsdamer und Anhalter Bahnhof. Foto: Ralph Rieth

Hans Dampf

... denn die Eisenbahn verbindet nicht nur Länder und Städte, sondern auch Menschen miteinander

Berlins Weg zur Industrie-, Arbeiter- und Weltstadt aus dem Waggonfester der Eisenbahn in zeitgenössischen Dokumenten, Anekdoten und Bildern gesehen und erzählt.

Die industrielle Revolution ereignete sich in Deutschland verspätet, im 2. Drittel des 19. Jahrhunderts. Wir kennen diese Verspätungen in unserem Land aus der Geschichte der politischen Revolutionen, die hierzulande nicht nur bei den Herrschenden unbeliebt sind, sondern auch beim Volk. Die Kleinstaaterei, Frucht der politischen Schlafmützigkeit, verzögerte die Umwälzung der Technik, in deren Verlauf „der Mensch neben den Produktionsprozeß (tritt), statt sein Hauptagent zu sein" (Marx). Der Einzug der Maschinen brachte Wind in das biedermeierliche Deutschland, produzierte eine neue Klasse, das Proletariat, und verwandelte das Gesicht und den Rhythmus der großen Städte. Berlin wurde aus einer preußischen Residenz zur politischen und ökonomischen Metropole des deutschen Industriekapitalismus. Bedeutende Manufakturstadt bereits um 1800, verfügte Berlin frühzeitig über Unternehmer, Kapitalien, gewerbliche Produzenten und Absatzmärkte.
Rückständig wie die politischen Bedingungen waren in Deutschland auch die Verkehrsverhältnisse. Es fehlte eine ausgedehnte Küstenschiffahrt, es fehlten regulierte Flüsse und Kanäle. Berlin hatte seine Standortnachteile schon vor der industriellen Revolution durch den Ausbau seines Wasserstraßennetzes ausgeglichen – neben den Gewerbetraditionen eine weitere wichtige Voraussetzung für die Teilnahme an den großen technischen Umwälzungen.
Eine entscheidende Verbesserung der Transportmöglichkeiten brachte schließlich der Eisenbahnbau. Fast 10 Jahre nach der ersten englischen Eisenbahn (Manchester-Liverpool) wurde 1838 die erste von Berlin ausgehende Strecke (nach Potsdam) eröffnet. Die Eisenbahn erleichterte die Rohstoffversorgung und den Handel, sie wurde darüber hinaus zum wichtigsten Industriezweig Berlins und hatte schließlich auch große militärische Bedeutung. Vor dieser funktionalen Triade kapitulierte schließlich der preußische Staat, der den Eisenbahnbau hartnäckig verzögert hatte, da er die Chausseegeldeinnahmen zu verringern drohte. Bereits Mitte der 40er Jahre verfügte Preußens Hauptstadt über ein umfangreicheres Bahnnetz als jede andere deutsche Stadt.

An der Zunahme der Eisenbahngleise läßt sich noch heute im Bild der Stadt das Wachstum seiner industriellen Kraft wie an den Jahresringen eines Baumes ablesen, und wenn Industrie und Technik einen Aufschwung nahmen, revolutionierte das auch die Berliner Eisenbahn.

Borsig – Die Eisenbahndynastie

August Borsigs Wirtschaftsimperium wuchs mit der Eisenbahn. Der Leiter der „Egell'schen Eisengießerei" ist das typischste Beispiel für die Karriere eines Berliner Kapitalisten.
Nicht mit eigener Hände Arbeit und eigenem Schweiß, sondern mit 40 000 vom „Hofkleidermacher" Freitag geborgten Talern Kapital konnte er die ersten 116 000 Schrauben für die Berlin-Potsdamer Eisenbahngesellschaft produzieren.
Borsig aus der Sicht der „Allgemeinen Deutschen Biografie", Leipzig 1875:

„Johann Karl Friedrich August B., einer der bedeutendsten deutschen Fabrikunternehmer, geb. 23. Juni 1804 zu Breslau, gestorben 6. Juli 1854 in Berlin. Er hatte das Zimmermannshandwerk zu seinem Berufe gewählt, besuchte die Baugewerbschule in Breslau, von 1825 an das königliche Gewerbinstitut in Berlin, bildete sich dann praktisch in der Maschinenfabrik von F. A. Egells zu Berlin und übernahm hierauf die Leitung der mit dieser Anstalt verbundenen neuen Berliner Eisengießerei, welche er bis 1836 besorgte. Als um diese Zeit der Bau von Eisenbahnen auch für Deutschland eine Lebensfrage geworden war, fand B. sich veranlaßt, selbst eine Maschinenbauanstalt in Berlin zu begründen, welche 1837 mit ungefähr 50 Arbeitern eröffnet wurde und einen so bedeutenden Aufschwung nahm, daß sie im Jahr 1847 bereits 1200 Arbeiter beschäftigte. Die Anstalt wendete sich vornehmlich dem Bau von Locomotiven zu, deren bis zum 25. März 1854 überhaupt 500 aus derselben hervorgingen, davon bis Mitte 1851 schon 330, im Jahr 1847 allein 67, d.h. mehr als zu jener Zeit je eine der größten Werkstätten Englands in Jahresfrist geliefert hatte. Der in Folge so umfassender Arbeiten eingetretene starke Verbrauch von Schmiedeeisen, das nur aus den größten und besten Eisenwerken Englands bezogen werden konnte, bestimmte B. zur Anlage eines eigenen Eisenwerkes, welches zu Moabit bei Berlin 1847 begonnen und 1850 in Betrieb gesetzt wurde. Im Herbst 1850 ging die in Moabit gelegene fürher der Seehandlungs-Societät gehörige Maschinenbauanstalt und Eisengießerei durch Kauf an B. über; zu Anfang des Jahres 1854 erwarb letzterer auf gleiche Weise Steinkohlenfelder bei Biscupitz in Oberschlesien, in deren unmittelbarer Nähe er ein Hochofenwerk anzulegen beabsichtigte. Der Tod hinderte ihn an der Verwirklichung dieses Gedankens, dessen Ausführung (1858–60) seinem Sohne und Geschäftsnachfolger August Julius Albert B. ebenso überlassen blieb, wie eine beträchtliche Erweiterung der früher begründeten Betriebszweige und die Verlegung des Eisenwalzwerks von Moabit nach Schlesien. Der Sohn konnte schon 1858 die Beendigung der 1000. Locomotive feiern."

Ein anonymer Artikel in der „Illustrierten Zeitung", Leipzig (NR. 242/4 vom 19. 2. – 14. 3. 1848), schildert den Industriealltag im Borsig-Werk wenige Tage vor Ausbruch der Märzrevolution:

Wie Locomotiven werden

Borsig's Eisengießerei und Maschinenbauanstalt in Berlin.

In den Straßen Berlins wird jetzt mit größter Beharrlichkeit der Hauptkampf der neuen Zeit überhaupt, der Kampf des Gewerbes mit dem Besitze, ausgestritten, und die Industrie ist der Bannerträger vor den Reihen der ersten Streiter.

Nach den bis heute errungenen Erfolgen kann man kaum zweifeln, auf wessen Seite sich die Schale des Sieges endlich senken werde; denn Schritt vor Schritt, von Haus zu Haus und von Straße zu Straße erringt die Industrie immer neue Stellungen, während die in ihrer Ruhe aufgeschreckte Aristokratie scheu den Rücken wendet und auf ihrer ängstlichen Flucht kaum noch in den ersten Etagen und in einigen Vorstadtstraßen sich sicher zu fühlen scheint, die Erdgeschosse jedoch dem ungestümen, zudringlichen Gegner als Beute überlassen muß. Immer seltener werden die stillen, verschlossenen Gebäude, die stolzen Paläste in den vornehmen Straßen, durch welche nur das dumpfe Gerassel schwerfälliger Karossen zu tönen pflegte und wo bei Tage nur die langweiligen Gesichter der Türsteher und die hochmütigen der Lakaien zu sehen waren; allgemach öffnen sich allüberall die verschlossenen Jalousien der unteren Stockwerke, es werden Läden ausgebrochen, hinter blanken, koketten Spiegelscheiben erblitzt das Kleingewehrfeuer der Gasflammen, und der Handel beginnt sein Vorpostenplänkeln im Dienste der Gewerbsamkeit. So zieht sich dieser Kampf, anscheinend ganz zufällig und doch von weltgeschichtlicher Bedeutung von Osten nach Westen durch die Stadt:

Denn nach Westen flüchtet die Geschichte
Und nach Westen wendet sich der Sieg.

v. Platen

Eisengießerei und Lokomotivenbauanstalt von Borsig vor dem Oranienburger Tor an der Chausseestraße.

Wo das alte, vermischte Besitzdasein weichen muß, ersprießt das neue, jugendfrische Gewerbeleben, die Bedientenröcke verschwinden mehr und mehr, und die Blousen nehmen ihre Stelle ein. Es ist die Zeit der rastlosen Arbeit, der angestrengten Tätigkeit für jeden gekommen, der nicht in den Wogen des Tages untersinken will; die Zeit des süßen Nichtstuns, sei's für wen es wolle, ist vorüber, und keinem wird mehr vergönnt, nur von dem Verdienste der Vorfahren zu zehren. (. . .)

Wir sagten oben: Berlin ist aus den Kleidern gewachsen; nun gut, vor dem Oranienburger Tore streckt sich aus dem engen Ärmel desselben seine kräftige, rußgeschwärzte Arbeitshand, in der als tiefe Furchen die Geleise der Stettiner und Hamburger Eisenbahn verlaufen und wo jeder Finger, jedes Glied eines Fingers eine Maschinenbauanstalt, eine Eisengießerei ist. Den Daumen bildet die Anstalt von Borsig. Auf einer Fläche von 120.000 QF erheben sich eine Reihe ein- und zweistöckiger Gebäude, durchgängig massiv, während ein fast viermal so großer Raum für die Aufstapelung des Rohmaterials und der Fabrikbedürfnisse bestimmt ist und über dem Ganzen weithin aus 3 turmhohen Schornsteinen die Siegesfahnen des Dampfes, die Rauchwolken flattern. Beim Eintritt in den innern Hof erblickt man zuerst einen schönen Ausgangs- und Endpunkt der ganzen Fabrikanlage, einen massiven Turm, welchem am entgegengesetzten Endpunkte ein anderer entspricht und in denen beiden 20 Fuß über den höchsten Maschinengebäuden Wasserbehälter aufgestellt sind, welche, durch in der Erde liegende Röhren verbunden, nach allen Teilen des ganzen Werkes im eintretenden Notfalle sogleich hinlänglichen Wasservorrat zu leiten vermögen. Damit das Schöne sich dem Nützlichen verbinde, hat der Besitzer von dem als vorzüglichsten Tiermodelleur hieselbst bekannten Bildhauer Wolff einen Löwen im Sprunge formen lassen und in seiner eigenen Fabrik gegossen, aus dessen Rachen sich in einem breiten Strahle das heiße Wasser der großen Dampfmaschine in ein steinernes Becken ergießt; über diesem Bassin ist in einem Durchbruche des Turmes die überlebensgroße Figur

Künstlerische Freiheit — August Borsig (links) legt selbst Hand an. Ausschnitt aus dem Sockel des Denkmals für Beuth, den Wegbereiter der Deutschen Industrienorm (DIN).

August Borsig als „Vollblutkapitalist" von einem Zeichner der „Leipziger Illustrierten Zeitung" 1848 karikiert.

eines Arbeiters aufgestellt, welches treffliche Bildwerk, von unserem berühmten Bläser modellirt, in seiner vollen Kräftigkeit einen ungemein erfreulichen Eindruck auf jeden Fremden, wie selbst, welche ungefähr in Kreuzesform gebaut sind, und zwar so, daß der obere Teil des Längenbalkens die Eisengießerei einnimmt, der Querbalken jedoch doppelt vorhanden ist und einmal aus dem Drehsaale, dann aus dem Schmiede- und dem Feilsaale besteht, an welchen letztern sich rechts das Zusammensetzungshaus für Locomotiven und Tender anschließt, von dessen Größe man sich einen ungefähren Begriff machen kann, wenn man bedenkt, daß zu gleicher Zeit 20 Locomotiven nebst den dazu gehörigen Tendern darin aufgestellt werden können. Mit zaghaftem Staunen, mit banger Verwunderung stehen wir in diesen, von der Riesenhaftigkeit menschlicher Fähigkeiten überall Zeugnis gebenden Räumen; und wenn wir uns einerseits geängstigt fühlen gegenüber den gewaltigen Vernichtung drohenden Kräften des Dampfes, des Feuers, so stärkt uns andrerseits doch um so mehr das Bewußtsein der Übermacht des deren Kräfte gleichsam spielend und sorglos benutzenden Menschengeistes, wie wir auf jedem Schritte, bei jedem Blicke davon die deutlichsten Beweise finden. Da strömt aus einer mehr denn fußweiten Öffnung dreier Schmelzöfen die weißglühende Eisenmasse mit blendendem Glanze; unter unseren Füßen raucht überall der Boden durch die ausgegossenen Formen, und von den rauchgeschwärzten Deckenbalken hängen fußdicke Eisenketten an kolossalen Winden, um die vollendeten oft viel Centner schweren Güsse aufzuheben.
Betäubt von dem dröhnenden Gestampfe der großen Dampfmaschine, von dem verwirrten Schnurren und Sausen, Rasseln und Schwirren mehrerer tausend Räder, bleiben wir auf der Schwelle des großen Drehsaales stehen. Wenn je der Mensch ein Recht hätte, sich selber anzubeten, hier wäre er zu entschuldigen; und wer nie den Begriff eines Organismus hat erfassen können, hier wird er ihn, trotz der Mechanik, verstehen lernen. Jedes Rad, jede Welle, jeder Arbeiter erfüllt genau nur seinen Zweck, scheint nur für sich tätig, und doch empfängt alles nur aus der Allbewegungskraft seine besondere; jedes Einzelne dient nur dem Ganzen, indem es für sich vollkommen ist; doch ist jeder abhängig, wie frei er auch für sich dastehen möge und wie wenig wir im Allgemeinen den das Ganze leitenden Plan, den beaufsichtigenden Geist zu erkennen im Stande sind. So oft wir die Borsig'sche Anstalt und immer wieder mit neuer Bewunderung, in Augenschein genommen haben, stets war uns dieser scheinbare Mangel jeglicher Überwachung auffallend, und daß gleichsam so alles von selbst sich zu machen schien. Nirgends und doch überall war ein deus ex machina sichtbar; alles war in Bewegung und doch jeder ruhig; der Lärm betäubte das Ohr, und doch herrschte lautloses Schweigen; wie der Geist Gottes über den Wassern, so schwebt über diesem Chaos der Geist seines Schöpfers: der Geist der Ordnung. Das Gras haben wir noch nicht wachsen hören, hier aber hörten wir Locomotiven werden und wachsen, was auch wunderbar ist; bei jedem Tactklopfen der Hämmer klopfte auch unser Herz stärker in dem Gefühle: „Solches vermag der Mensch", und wie der Dampf sich mächtig in den Kesseln drehte, hob sich auch unsere Brust bei dem Gedanken: Wir alle sind berufen, Menschen zu sein, und jeder Mensch kann mit Gott eine Welt aus sich selbst erschaffen. (. . .)

Borsig – „Bürger" oder „Kapitalist"

Borsigs Arbeiter kämpften in der Märzrevolution auf Berlins Barrikaden. In jenen Tagen stand ihr Fabrikherr noch an ihrer Seite. Ein Bericht in der Zeitschrift „Die Gegenwart", Leipzig 1849, beschreibt ihre Teilnahme am Zug, der den toten Märzgefallenen zum Friedrichshain folgt:
„In militärischer Haltung und Bewaffnung schritten ebenfalls die Mitglieder des Handwerkervereins einher und die Fabrikarbeiter, von letztern viele in dem Aufzuge, in dem sie auf den Barrikaden gefochten hatten. Manche den Arm in der Binde tragend oder mit verbundenem Kopf. Die tapfern Maschinenbauer, die sich vornehmlich ausgezeichnet, hatten ihren bekannten Fabrikherrn Borsig an der Spitze."

Zwei Jahre nach der Revolution, am 18.3.1850 beabsichtigten die Maschinenbauer das Andenken an die Revolution von 1848 durch Arbeitsruhe zu feiern.
Der „Bürger" Borsig war jetzt nur noch Kapitalist und hatte sich Preußens Reaktion, Adel und Militär, an die Brust geworfen. Eduard Bernstein berichtet in seiner „Geschichte der Berliner Arbeiterbewegung" (Berlin 1907, Teil 1, S. 31): „Da ließ derselbe Borsig, der 1848 mit zu denen gehört hatte, welche die im März gefallenen Arbeiter als heldenmütige Kämpfer für die Freiheit feierten, folgendes Plakat in seiner Fabrik anschlagen:

> „Es hat sich verlauten lassen, daß mehrere meiner Arbeiter am Montag, den 18. März, nicht arbeiten wollen. Ich mache hiermit auf die bestehende Ordnung aufmerksam, daß jeder, der am Montag nicht arbeiten will, den Urlaub bei seinen betreffenden Meistern nachsuchen muß.
>
> A. Borsig"

Darauf hielten die Arbeiter Werkstattbesprechungen ab und beschlossen in den einzelnen Abteilungen in Gegenwart der Werkführer – wir zitieren ihre Erklärung – „das Andenken ihrer am 18. März 1848 gefallenen Brüder ohne Demonstrationen ruhig in ihren Wohnungen zu feiern", und teilten dies gemäß dem Plakat den Meistern mit. Diese hatten aber schon Weisung erhalten, niemand Urlaub zu erteilen, und außerdem setzte ein Teil von ihnen eine Beeinflussung der Arbeiter in der Weise ins Werk, daß sie und von ihnen beauftragte Personen in die Wohnungen von Arbeitern gingen und sie in Gegenwart der Frauen unter Hinweis auf den sonst eintretenden Verlust des Broterwerbs zum Abstehen von der Arbeitsruhe bearbeiteten. Bei einer Anzahl mit Erfolg, rund 200 Arbeiter aber hielten das einander gegebene Wort und feierten. Sie wurden am 19., als sie sich wieder zur Arbeit meldeten, kurzweg entlassen, was nun auch eine Anzahl der Umgefallenen veranlaßte, empört mit ihnen die Werkstatt zu verlassen."

Eisenbahn – Scherz, Satire, tiefere Bedeutung

Die Eisenbahn war der sichtbare Ausdruck des Fortschritts. Wann immer eine der privaten Eisenbahngesellschaften eine neue Linie fertigstellte, ließen es sich die Majestäten nicht nehmen, diese höchstpersönlich zu eröffnen.
Ein zeitgenössischer Berichterstatter nutzte die Gelegenheit eines Berichts zu ironischen Anspielungen auf merkantiles Denken, die geistigen Fähigkeiten des Königs, die Pressezensur und die technische Unvollkommenheit dieser Errungenschaft:

Potsdamer Bahnhof, 1843, nach einer Zeichnung von J. Henning

„Am Morgen des 15. August (1843) wurde die Stettiner Eisenbahn eröffnet. Vor dem Bahnhofe waren flatternde Fahnen und ernste Gensdarmen gepflanzt; den Voigtländern lächelte die neue Morgenröte entgegen, die sie aus Fenstern und Dachstuben mit ihren Blicken aufzusuchen schienen.
Um 7 1/2 Uhr hatten sich die Fahrenden im Bahnhofe versammelt. Sie bestanden zunächst aus dem Könige und den Prinzen, deren Gegenwart schon den besten Beweis gab, welche Wichtigkeit sie dieser Eisenbahn beilegten, die unter den mühseligen Kämpfen entstanden. Ferner sah man den Kriegsminister, den Minister des Innern, den Oberpräsidenten der Provinz, Alexander von Humboldt, und andere Notabilitäten. Die übrigen Fahrgäste waren meist Verwandte, d.h. keine Blutsverwandte, sondern Actienverwandte, denn die Eisenbahn verbindet nicht nur Länder und Städte, sondern auch Menschen miteinander, und Actienverwandte halten viel fester zusammen als Blutsverwandte. (. . .)
Die Fahrt ging unter den glücklichen Auspicien um 7 3/4 Uhr vonstatten; kaum hatte jedoch die Locomotive einige 100 Schritte zurückgelegt, als sie mit Luther ausrief: hier stehe ich, ich kann nicht mehr?
Einige wollten behaupten, daß dies vor Entzücken bei dem Anblicke der reizenden Sandfläche des Wedding geschehen. Andere meinten, das Pumpwerk sei in Unordnung geraten. In einem civilisirten Staate kann man beim Pumpen nicht stehen bleiben, weshalb die erste Behauptung wahrscheinlicher ist. (. . .)
Die Wiesen bei Pankow waren keineswegs öde; hier promenirten mit vieler Seelenruhe die Genossen derer, welche einst Euklid bei der Erfindung seines berühmten Lehrsatzes geopfert. Bald erreichten wir Buch, welches jedoch nichts von Censurfreiheit weiß, da die Eisenbahn hier nur einen und nicht 21 Bogen macht. Bei Bernau bemerkten wir erst, daß sich der Wagen des Königs vor dem unsrigen befand, gewiß mit Unrecht, denn ein solcher geistreicher König ist uns noch nicht vorgekommen. (. . .)
Hoch und niedrig sind eigentlich Begriffe, welche den Eisenbahnen ganz fehlen, denn die Eisenbahnen sind ein democratisches Institut. Hier ist Freiheit und Gleichheit die Parole. Das Recht der Kaiser und Könige, mit sechs Pferden über die Chaussee zu fliegen und sich durch die Schnelligkeit die Entfernungen zu verkürzen, wenn auch der Postillion herunterpurzelt und die Pferde stürzen, ist durch die Eisenbahnen aufgehoben. Hier fährt der bevollmächtigte Gesandte gleich schnell mit dem bevollmächtigten Ellenreiter.
Jetzt beginnt der Kampf der Chaussee mit der Eisenbahn; alle Augenblicke kommt die eine der andern ins Gehege. Welch ein ungleicher Kampf – der gewaltige Schornstein der Locomotive und ein langweiliger Schlagbaum!
Gegen 1 Uhr langten wir an dem Endpunkte unserer Reise, in Stettin, an.
Wenn unsere Gattin den siebenten Knaben zur Welt bringt und man den König zum Paten einladen kann, wenn man aus dem Königsstädtschen Theater kommt, ohne sich ennuyirt zu haben, wenn man 10 Jahre in einem Hause wohnt, ohne daß der Wirt die Miete um das Doppelte er-

höht, wenn man unter den Linden bei Truchot gegessen und eine Stunde darauf keinen Hunger verspürt und wenn man mit einer Locomotive vier Stunden gefahren, ohne umgeworfen und verbrannt zu werden, muß man die Hände dankend zum Himmel erheben.

Ich schließe mit einem stillen Dankgebet."

(L. Weyl: Eröffnung der Berlin-Stettiner Eisenbahn, In: Die Stafette, 5. Jg./1843, Nr. 100 vom 24.8.1843)

Maschinenfabrik — Gemälde aus dem siebenteiligen Zyklus „Die Geschichte der Lokomotive", der in der Marmorhalle der Villa Borsig in Berlin-Moabit hing. Die Bilder wurden in Öl auf Kupfer (!) gemalt. Die Rahmen sind aus Gußeisen.

Die Eisenbahn, das Chaos und das Militär

In jenen Jahren entstanden die meisten der Berliner „Kopfbahnhöfe". Sie waren Endstationen von privaten Eisenbahngesellschaften, untereinander zunächst gar nicht, später nur durch ein kümmerliches Schmalspurbähnchen verbunden, dem zuletzt, 1870, die Personenbeförderung verboten wurde. Am anarchistischen Wuchs dieser Kopfbahnhöfe, die, zunächst am Rand der Stadt eröffnet, schon bald die Planung und den Verkehr störten, läßt sich das liberale „laissez faire" des Staates in dieser Phase der kapitalistischen Entwicklung ablesen.

Wie so oft in Preußen und Berlin, machten militärische Notwendigkeiten diesem Chaos ein Ende. Der Krieg 1866 gegen Österreich hatte die Bedeutung der Eisenbahn für Truppentransport und Nachschub erkennen lassen. Die Kopfbahnhöfe mußten miteinander verbunden werden. 1866 wurde mit dem Bau einer Umgehungsbahn für Güter außerhalb der bebauten Zone, der spätere E-Bahn-Nord- und Südring, begonnen. Der Krieg zwang den Staat, in die Wirtschaft einzugreifen.

In den achtziger Jahren legte man die acht Haupteisenbahnlinien auf Bahndämme, so daß die Straßen auf Brükken überquert wurden. Noch heute überqueren die Linien zum Potsdamer Bahnhof (nach Magdeburg), Anhalter Bahnhof (nach Dessau in Sachsen-Anhalt) und der Wannseebahn die Großgörschen-/Yorckstraße auf 31 Brücken.

Großbürgerliche Familienidylle der Gründerzeit in Berlin. In dem im Kreis seiner Familie dargestellten Bethel Henry Strousberg (1823—1884) personifiziert sich diese Ära, die durch die Milliarden französischer Reparationen aus dem Krieg 1870/71 hervorgerufen wurde. Allein 1872 wurden in das Berliner Handelsregister 174 Aktiengesellschaften eingetragen. Die meisten überlebten das kurze Fieber dieser Jahre nicht. Strousberg ging 1875 in Konkurs.
Gemälde von Ludwig Knaus aus dem Jahre 1870.

Der „Europäische Eisenbahnkönig"

Der Krieg gegen Frankreich brachte 5 Milliarden Reichsmark Reparationen nach Deutschland. Sie flossen vor allem in die neue Reichshauptstadt und führten hier zum Fieber der „Gründerjahre" und endeten später im berühmten Gründerkrach. Spekuliert wurde vor allem in Eisenbahnaktien.

Bethel Henry Strousberg (sein Geburtsname lautete Barthel Heinrich Straußberg) war einer ihrer typischen Vertreter. Zunächst für eine englische Finanzgruppe, dann auf eigne Rechnung, spekulierte, kaufte, gründete und baute er — vor allem Eisenbahnlinien in „Generalentreprise" und vorwiegend im Interesse der Großgrundbesitzer — in den noch wenig erschlossenen preußischen Ostgebieten, aber auch in Frankreich, Belgien, Ungarn, schließlich in Rumänien. Damit wurde er reichster deutscher Unternehmer, millionenschwerer Besitzer von Rittergütern, Eisenhütten, Kohlengruben und der „europäische Eisenbahnkönig".

Strousberg schreibt in seinen Erinnerungen:

„. . . die Zeiten waren gut und mußten — so glaubte man — noch viel besser werden. Es folgte, daß jeder Kaufmann, der ein Lager führte, jeder Fabrikant, der Rohprodukte brauchte, jeder, der überhaupt Bedürfnisse hatte, sich überstürzte und seine Bestellungen gab, um noch beizeiten und zu verhältnismäßig billigen Preisen zu kaufen. Selbstverständlich wurden die Produzenten ebenfalls angeregt, und die Preise stiegen verhältnismäßig mit den Rohprodukten. Eine solche Prosperität spannte natürlich bestehende Einrichtungen auf das äußerste an, und jeder dachte und ging daran, diese zu vergrößern und seine Anlagen auszudehnen. Damit stieg der Bedarf naturgemäß weiter auf allen Gebieten . . . Profite, wie sonst unerhört, wurden realisiert, und alle Welt glaubte, daß dies nur der Anfang einer großen anhaltenden guten Zeit sein werde."

(Dr. Strousberg und sein Wirken, von ihm selbst geschildert, Berlin 1876, S. 57)

Strousberg endete später als Bankrotteur, wanderte aus und starb verarmt.
Bei aller Spekulation hinterließ das Fieber der Gründerjahre aber eine Infrastruktur, Verkehrsanlagen, erschlossene Wohn- und Industriegebiete. Und vor allem eine angewachsene Arbeiterklasse.
Ihre Partei, die SPD, wurde seit 1878 mit den Bismarckschen Sozialistengesetzen verfolgt.

Ein neues Symbol für unaufhaltsame Kraft – der Zug des Sozialismus überrollt unter Volldampf den „Bullen" Kapitalismus. Aus: Der Wahre Jacob 1892

Verabschiedung Paul Singers, des Führers der Berliner Arbeiterklasse zur Zeit des Sozialistengesetzes, auf dem Schlesischen Bahnhof (heute Ostbahnhof in Berlin/DDR).

Mit der Bahnsteigkarte in die Revolution

Neben dem Verbot der Arbeiterpresse und der Einziehung sozialdemokratischen Besitzes sollte sie durch die Ausweisung ihrer Mitglieder aus ihren Wohnorten zerschlagen werden.
Es wird den Deutschen zwar nachgesagt, im Falle einer Revolution würden sie sich erst eine Bahnsteigkarte kaufen und dann erst den Bahnhof besetzen, aber was macht die Staatsmacht, wenn die Revolutionäre diese Karte ordnungsgemäß erworben haben?
Paul Singer, der Führer der Berliner Arbeiterklasse und Abgeordnete des Reichstages im IV. Berliner Wahlbezirk, wurde wegen Verstoßes gegen das Gesetz „Wider die gemeingefährlichen Bestrebungen der Sozialdemokratie" am 3. Juli 1886 aus Berlin ausgewiesen.
Eduard Bernstein beschreibt, wie die Berliner Arbeiterklasse das Demonstrationsverbot durchbrach:
„Für den Tag der Abreise Singers traf man jedoch die weitestgehenden Vorkehrungen, um eine sozialistische Demonstration zu verhindern. Denn in welche Stimmung die Ausweisungen sowie der Verlauf der ersten Etappen des Ihring-Mahlow-Prozesses die Berliner Sozialdemokratie versetzt hatte, war der Polizei selbstverständlich nicht verborgen geblieben. Es wurde also verfügt, daß auf dem Schlesischen Bahnhof, von dem aus Singer seine Reise antrat, zur angegebenen Zeit das Betreten des Bahnsteigs nur gegen Vorzeigung einer Fahrkarte im Werte der Fahrt zweiter

Kopfbahnhöfe auf dem Gebiet des heutigen Westberlin

„Anhalter Bahnhof" am Askanischen Platz in den zwanziger Jahren. Von hier gingen die Züge über Dessau in Sachsen-Anhalt weiter nach Mitteldeutschland. Die Ruine des Bahnhofs wurde in den fünfziger Jahren gesprengt. Das Portal der Haupthalle blieb bis heute stehen.

„Potsdamer Bahnhof" am Potsdamer Platz, erster Bahnhof Berlins. Von hier gingen die Züge nach Magdeburg und in den Harz. Neben dem Potsdamer Bahnhof lag früher noch ein besonderer, allein militärischen Personen vorbehaltener Bahnhof.

Der „Lehrter Bahnhof" an der Invalidenstraße. Im Vordergrund die Spree. Seit 1871 ging von hier der Zugverkehr nach Lehrte (bei Hannover), ab 1884, nach Schließung des Hamburger Bahnhofs in der Nachbarschaft, auch in die Hansestädte. Der „Fliegende Hamburger" benötigte für die 287 Kilometer nach Hamburg 1932 nur 2 Stunden und 22 Minuten.

„Görlitzer Bahnhof" aus der Luft 1960. Im Krieg kaum beschädigt wurde trotzdem 1951 der Personenverkehr eingestellt. Ein Zugverkehr von Westberlin in das ehemalige Schlesien war wirtschaftlich nicht mehr sinnvoll. 1962 wurde das Bahngebäude gesprengt.

Klasse nach Spandau – 1 Mk. 60 Pf. – gestattet wurde. Eine weise Maßregel, kraft deren und eines massenhaften Polizeiaufgebotes am genannten Bahnhof es in der Tat erreicht wurde, daß die Zahl der Begleiter Singers sich dort auf 50 beschränkte und die Polizei sich die Hände reiben konnte. Nur konnte sie nicht lange reiben. Denn kaum haben Singer und seine Freunde den Bahnsteig betreten, so fährt plötzlich ein Zug vom Westen her in den Schlesischen Bahnhof ein, der bis auf den letzten Platz überfüllt ist, alle Fenster sind dicht belagert, und wie er hält, ertönt von ihm her ein dröhnendes anhaltendes Hoch auf Singer. Es waren Parteigenossen des Ausgewiesenen, die auf einer westlichen Station aufgestiegen waren und nun Singer auf diese Weise ihren Abschiedsgruß darbrachten, den Singer mit Schwenken des Hutes beantwortet. Das war aber nur erst der Anfang. Kaum hat der betreffende Zug den Schlesischen Bahnhof wieder verlassen und es fährt ein zweiter Zug ein, so wiederholt sich auch schon das eindrucksvolle Schauspiel.
Und so noch eine ganze Weile: immer wieder kommen Züge vom Westen, und immer wieder sind sie mit demonstrierenden Sozialdemokraten gefüllt. Endlich kommt die Zeit, wo Singers Zug selbst abfährt, und man sollte meinen, jetzt habe die Sache ein Ende. Aber siehe da, am nächsten Bahnhof der Stadtbahn wiederholt sich die Szene, und dann geht es die ganze Fahrt so fort, bis zum Bahnhof Zoologischer Garten. Alle an Singers Zug vorbeifahrenden Züge, Stadtbahnzüge, Ringbahnzüge, Vorortzüge, waren überfüllt, aus allen ertönten beim Vorbeifahren die dröhnenden Hochs.

Die Natur holt sich zurück, was sie an die Stadt verlor. Überwuchernde und verrottende Eisenbahnanlagen zwischen Gleisdreieck und Yorckbrücken.
Auf diesem Gelände, das der Senat von der „Deutschen Reichsbahn" der DDR eintauschte, sollen Wohnanlagen und das „Verkehrsmuseum" entstehen. Stellwerke, Wasserturm, Lokomotivschuppen und das Kühlhaus des ehemaligen Güterbahnhofs sollen als Freilichtmuseum erhalten bleiben. Auf dem Areal befindet sich ein noch intakter Bahnhof: Der Postbahnhof mit posteigenen Bahnanlagen und Loks.
Fotos: Wolfgang Krolow

Während des Straßenbahnerstreiks 1920 überlasteter Vorortzug des Berliner Stadtbahnsystems.

Es war eine imposante Demonstration, und die Polizei, die ihre Leute auf allen Bahnhöfen in starker Zahl votiert hatte, war ihr gegenüber machtlos. Wieder hatte sich der Witz der Sozialdemokraten ihr überlegen gezeigt. In der Koppenstraße, wo die Bahn die Straße überbrückt, hatte sich außerdem eine tausendköpfige Menschenmenge angesammelt, die so lange wartete, bis Singer im vorbeifahrenden Zuge sich grüßend am Fenster zeigte, um dann gleichfalls ihm ein schallendes Hoch als Abschiedsgruß auszubringen. Auf der Station Zoologischer Garten fand die Demonstration ihren Abschluß. Hier sammelten sich die Fahrgäste aus einer ganzen Reihe von Zügen und brachten dem scheidenden Parteiführer eine stürmische Ovation. Mit diesem großartigen Abschied, wie er seinesgleichen vordem nicht erlebt worden war, und der Singer bissige Angriffe von der Polizeipresse darüber eintrug, daß er nicht am Bahnhof Friedrichstraße, sondern offenbar zum Zweck der Demonstration draußen am Schlesischen Bahnhof eingestiegen sei, hatte die Sache indes noch nicht ihr Ende. Selbstverständlich lag für Singer nicht der geringste Anlaß vor, seinen Parteigenossen den gewünschten Abschied zu verweigern, und außerdem lag zur Abreise vom Schlesischen Bahnhof aus für ihn als Vertreter des vierten Wahlkreises, in dem der Bahnhof liegt, ein sehr triftiger Grund vor. An seine Wähler und Genossen in Berlin richtete nun Singer seinerseits einen Abschiedsgruß, und dieser wurde am 8. Juli in Form eines Flugblattes in 20 000 Exemplaren mit einer vorher unerreichten Präzision verbreitet. „Alles, die Vorbereitungen, der Druck und die Verteilung", schrieb die „Vossische Zeitung", „blieb der Polizei unbekannt; obgleich sich alles am hellen Tage vollzog, wurde auch nicht ein einziger Verteiler behördlich sistiert." Es blieb der Polizei nur das Nachsehen und die Genugtuung – wenn man es einmal so nennen will –, den Abschiedsgruß nachträglich auf Grund des „Gesetzes gegen die gemeingefährlichen Bestrebungen der Sozialdemokratie" zu verbieten.

1910: die großen Eisenbahnlinien sind gebaut. Borsig, Siemens und auch die AEG – die „Allgemeine Elektrizitäts-Gesellschaft" – haben neue Geschäfte mit der Elektrifizierung der Stadtbahn, dem Ausbau der Straßenbahn und der Entstehung eines U-Bahnnetzes gemacht.
Ihr Interesse verlagert sich immer mehr von der Eisenbahn auf das Verkehrsmobil der Zukunft – das Automobil.
Was der ungezügelte und ungeplante Wuchs der Gründerjahre übrigließ, für die großen Konzerne unattraktive Kleinprofite und spezielle Dienstleistungen, sind die Geschäftsgrundlage für die Aufsteiger der folgenden Generation.

Wenige Stunden vor der Kapitulation der „Festung Berlin" am 2. Mai 1945 sprengte die SS die Tunneldecke der unterirdisch verlaufenden S-Bahnstrecke der „Nordsüdbahn" am Landwehrkanal. In den als Schutzräume dienenden Bahnhöfen dieser Strecke ertranken Tausende Berliner. Inspektionsfahrt auf dem gefluteten Stettiner S-Bahnhof.

Kinder . . .

Foto: Udo Schneider/Entenpool

Foto: Bernd Markowsky

Foto: Bernd Markowsky

Gerhard Heß

Wohnungsnot – Spekulantenbrot

Wohnungsnot in Westberlin? Die's wissen müßten, sind anderer Meinung. Bausenator Rastemborski (CDU): „Man kann sich sogar zu der Behauptung versteigen, Berlin hat quantitativ die beste Wohnraumversorgung." So kam's am 15.10.81 über den Sender Freies Berlin, und Dr. Peters, Direktor der Wohnungsbaukreditanstalt, verkündete in der gleichen Sendung: „Ich kann das ganz einfach sagen, der Altbau ist generell zu billig in Berlin, generell zu billig. Alles drängt in diese relativ billigen Wohnungen. Ich bemängele, daß wir seit Jahrzehnten keinen freien Markt im Wohnungsbau haben . . ."
Schauen wir einmal in die Zeitung. Mietgesuche:

DER TAGESSPIEGEL

SONNTAG, 6. JUNI 1982

Wohnungen, Mietgesuche

1000 DM — **Buchhalterin (30)** bietet 1000,- DM für erfolgreiche Vermittlung einer ruhigen 2½-3 Zimmerwohnung, Miete bis 700,-. Telefon: 31 67 79 nach 19 00 Uhr

3000 DM — **3000,- DM** Belohnung für Vermittlung 2½ Zimmerwohnung (Zentralheizung), Charlottenburg, Wilmersdorf, Schöneberg, Orba Baubetreuung, ab Montag 4 33 80 82

4000 DM — **Akademiker** im öffentlichen Dienst, verheiratet, bietet 4000,- DM für Vermittlung von 4-Zimmer-Altbauwohnung. Warmmiete unter 1000,- DM in 10. 12. 15. 19. 31. Telefon 8 31 40 58

5000 DM — **5000,- DM** Belohnung für Vermittlung von 2½-3 Zimmerwohnungen, Citybereich, Orba Baubetreuung, ab Montag 4 33 80 82

6000 DM — **6000,- DM** für Vermittlung, 2½-5 Zimmerwohnung, auch Ofenheizung. 8 81 90 52

Wer bietet mehr?
Eine Menge Leute suchen angestrengt nach einer Wohnung in dieser Stadt. Wie viele es sind? Alles ist hier statistisch erfaßt, nur die Zahl der Wohnungssuchenden nicht. Offenbar nicht so wichtig. Registriert werden beim Wohnungsamt nur die 60 000, die eine Wohnung im Sozialen Wohnungsbau suchen – doch weil Sozialwohnungen so unsozial teuer sind, kommt für die meisten nur der Altbau in Frage, der noch relativ billig ist (falls er nicht schon ‚modernisiert' wurde). Wer so eine rare Altbauwohnung sucht, versucht's mit Zettelanschlägen, straßenweise („500 DM in bar für einen guten Tip! Beamtenehepaar, kinderlos, ruhig, bietet 1000 DM für Vermittlung einer 3-Zimmer-Wohnung. Wer hilft?"), oder steht Sonnabend abends Schlange am Bahnhof Zoo, um als erster die Sonntagszeitung zu ergattern. Dabei gibt es doch Wohnungsangebote in Springers „Mottenpost":

Dr. Walter Huth Immobilien, RDM, 1-15, Kurfürstendamm 214, Telefon 8 81 93 53

1. 1 Zimmerwohnung Neukölln, 38 m² im 4. Obergeschoß eines modernisierten Altbaues, Küche, Kachelbad, Zentralheizung. Warmmiete 465,- DM per 1. 12. 81, Telefon 8 81 93 53

2. 2 Zimmerwohnung Steglitz, 75 m² im Erdgeschoß eines Neubaues Nähe Stadtpark, Einbauküche, Kachelbad, Diele, Balkon, Zentralheizung, Warmmiete: 1400,- DM per sofort, 8 81 93 53

3. 2 Zimmer-Neubauwohnung Reinickendorf, 62 m² im 3. Obergeschoß, Einbauküche, Kachelbad, Flur, Balkon, Zentralheizung, Keller, Kaltmiete 740,- DM per sofort. 8 81 93 53

4. 3 Zimmer-Neubauwohnung Lichterfelde, 75 m². Einbauküche, Kachelbad, Flur, Loggia, Abstellkammer, Zentralheizung, Kaltmiete 1050,- DM per 1. 10. 81, Telefon 8 81 93 53

5. 3 Zimmer-Komfortwohnung Grunewald, 84 m² im 1. Obergeschoß einer modernisierten Altbauvilla, Küche, Kachelbad, Diele, Auslegeware, Zentralheizung, Kaltmiete 1500,- DM, in Kürze frei. 8 81 93 53

6. 3 Zimmer-Luxuswohnung Zehlendorf, 106 m² Maisonettewohnung/Neubau, große Terrasse mit Kamin, Einbauküche, Kachelbad, Gäste-WC mit Dusche, Auslegeware, Zentralheizung. 8 81 93 53

Bei Luxuswohnungen fragt man nicht nach dem Preis

In die Autobahnüberbauung will keiner gern einziehen – die ist nämlich aufSand gebaut, oder besser: in den Sumpf, den westberliner Spekulantensumpf

Achtung, Wohnungsuchende!
Die letzten 8 Wohnungen!
In der Schlangenbader Straße, Wilmersdorf, Nähe Breitenbachplatz (nicht Autobahnüberbauung), werden sofort vermietet:
1-Zi.-Whg. 41 m² = 564,- Warmmiete
2-Zi.-Whg. 49 m² = 665,- Warmmiete
2-Zi.-Whg. 57 m² = 763,- Warmmiete
Es handelt sich um Neubauwohnungen mit Einbauküchen (Kochnischen), Kachelbädern, Balkon Zentralheizung (Fernheizung), Müllschlucker, Pkw-Stellplatz. Annuitätsschein erforderlich.
Besichtigung Di., Do., 16-17 Uhr
Alleinvermittlung durch
DOMIZIL KG. Wohnungsvermittlung
Bismarckstraße 24, 1000 Berlin 12
3422041/3419091

Solche Annuitätswohnungen werden nur mit Mietverträgen über 5 oder 10 Jahre vergeben, damit die Mieter nicht so schnell wieder ausziehen können, wenn sie merken, daß sie bei den jährlichen Mieterhöhungen nicht mehr mithalten können!

Oder wie wär's mit einer Eigentumswohnung?

Erstaunlich wenig kostet eine Eigentumswohnung!

2½ Zimmer DM 147 000,- Eigengeld nur DM 14 800,-

1½ Zimmer DM 98 000,- Eigengeld nur DM 10 400,-

WIR HELFEN IHNEN, DAMIT AUCH SIE BALD DEN GRUNDSTEIN ZUR BEKÄMPFUNG DER STEIGENDEN INFLATION SOWIE DER MIETKOSTENERHÖHUNGEN GELEGT HABEN!

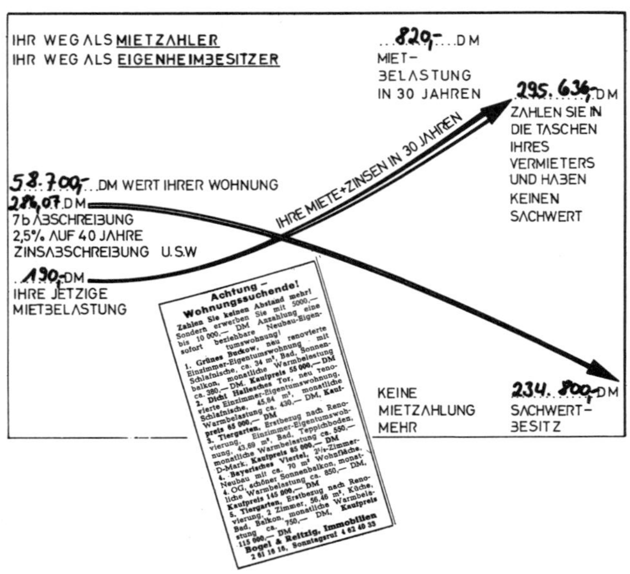

Sogar für Studenten ist gesorgt:

Ist Ihnen das alles zu teuer? Keine Sorge – Springer hilft, und der ist mächtig in dieser Stadt:

Bauen für Berlin – Wer zahlt die Rechnung?

Damit alles noch toller wird in Rest-Berlin, werden laufend Investoren gesucht, das heißt Leute, die sparen wollen – Steuern sparen:

Wie das Steuersparen funktioniert? Ganz einfach, vorausgesetzt, Sie gehören zu den Großverdienern!
Angenommen, Sie haben ein zu versteuerndes Einkommen von 500 000 DM im Jahr. Dann müßten Sie eigentlich den Höchststeuersatz von 56 % zahlen, also 280 000 DM . . . Eine Ungerechtigkeit, nicht wahr? Aber gottseidank – vielmehr: dem Kalten Krieg sei dank – es gibt das Berlinförderungsgesetz. Und das wirkt Wunder: Sie beteiligen sich z.B. mit 100 000 DM an einer Abschreibungsgesellschaft in Westberlin, am besten an einer sogenannten ‚Bauherrengemeinschaft', das ist die neueste Masche. Diese Gesellschaft baut einen neuen Kreisel oder eine Autobahnüberbauung oder irgendein anderes Monstrum – doch was sie baut, ist gar nicht wichtig, denn die Gesellschaft ist vor allem dazu da, Verluste zu produzieren. Verluste? Haben Sie keine Angst um Ihr Geld, die Verluste stehen nur auf dem Papier, es sind reine ‚Buchverluste' – und die zahlen sich sogar mächtig aus, wie Sie gleich sehen werden! Sie bekommen von der Gesellschaft alsbald einen Verlust von 375 % zugewiesen, und dieser Verlust bewirkt leibhaftige Wunder: Die 100 000 DM, die Sie investiert haben, verwandeln sich in sage und schreibe 375 000 DM!
Zuerst freilich nur auf dem Papier, buchmäßig, aber die Verwandlung geht weiter: Sie spazieren nunmehr zum Finanzamt und lassen sich Ihr großherziges Berlinengagement in bar honorieren, indem Sie die 375 000 DM von

Durch Kahlschlagsanierung und Abriß sterben nicht nur Häuser und Gesicht eines Wohnviertels, sondern auch urbanes Leben im Stadtteil.
Foto oben: Bernd Markowsky, unten: Junker-Rösch

ihren 500 000 DM Einkommen absetzen, und siehe da, Sie haben nunmehr nur noch 125 000 DM zu versteuern!
Das phantastische Ergebnis: Statt 280 000 DM müssen Sie nur noch 70 000 DM Steuern abführen. Sie haben dem Staat 210 000 DM abgeluchst (wer Steuern zahlt, ist dumm, und die Kleinen sind immer die Dummen)! Zugleich aber sind Sie Miteigentümer von irgendeinem Renommierbau in Westberlin geworden und haben Ihre Steuern in Grundbesitz verwandelt! Anrüchiger Grundbesitz? Nein! Ganz legal erworben und obendrein staatlich gefördert und staatlich verbürgt . . .
Freilich: viele dieser Abschreibungsgesellschaften haben unrühmliche Schlagzeilen gemacht. „Mosch baut für Berlin", tönte es jahrelang, und Mosch war der Abschreibungskönig, doch 1974 ging er plötzlich pleite. Und seitdem hat Westberlin viele Baupleiten erlebt.

Aber es waren immer gesunde Pleiten – für die Berlinspekulanten. Denn was blieb den Politikern übrig, als die Steuerruinen mit Steuergeldern wieder hochzupäppeln? Wenn man einmal auflistet, was nur fünf der bekanntesten Sumpfblüten die Steuerzahler (die wirklichen, die dummen) gekostet haben, so ergibt sich eine stattliche Summe:

Steglitzer Kreisel:	bis 1976 60 Millionen
	danach jährlich mindestens weitere 9 Mio. DM
Ku'damm-Karree:	bis heute mindestens 50 Mio DM
Excelsior-Hochhaus:	mindestens 20 Mio. DM
Neues Kreuzberger Zentrum:	mindestens 50 Mio. DM

Gesamtverlust
für den Senatshaushalt bis 1982:
mindestens 230 Mio. DM

Doch diese Summe nimmt sich bescheiden aus gegen die gigantischen Summen, die der Soziale Wohnungsbau in Westberlin verschlingt. Denn das Berlinförderungsgesetz animiert die Steuersparer auch zu Investitionen im Sozialen Wohnungsbau, und dank ihrem Engagement ist die sogenannte ‚Kostenmiete' in Westberlin im Jahre 1982 auf die stolze Höhe von 30 DM geklettert – nicht für ein Zimmer, sondern für einen Quadratmeter! Damit kann keine bundesdeutsche Stadt konkurrieren.
Diese Kostenmiete besteht übrigens zu 70 bis 90 % aus reinen Kreditkosten – kein Wunder, denn die Steuersparer investieren ja keinen Pfennig bares Geld! Berechnungen von Wissenschaftlern haben ergeben, daß sich Westberlin den vermutlich teuersten Wohnungsbau der Welt leistet: Der Senat steckt in jede Neubauwohnung fast doppelt soviel Subventionen, wie die tatsächlichen Baukosten ausmachen; das heißt, ohne die Steuerspekulanten könnten für das gleiche Geld doppelt so viele Wohnungen gebaut werden.
Die Folge: Im Sozialen Wohnungsbau tickt eine Zeitbombe. Die Schere zwischen der ‚Kostenmiete' und der ‚Bewilligungsmiete', d.h. zwischen den Erstellungskosten und der Zahlungsfähigkeit der Mieter, wird immer größer, so daß der Senat die Mieten immer stärker subventionieren muß. Eine Aussicht, daß sich das ändert, gibt es kaum, denn selbst wenn es gelänge, die Kostenmieten bei 30 DM einzufrieren, wer könnte jemals 2100 DM für eine 70 qm-Wohnung zahlen? Der Senat aber schiebt jetzt schon eine gewaltige Schuldenlawine vor sich her. Seine Gesamtverpflichtungen für das Heruntersubventionieren des Sozialen Wohnungsbaus betragen bereits jetzt über 22 Milliarden DM, das ist mehr als der gesamte Senatshaushalt für 1982!

Die letzte Bastion

Doch Westberlin ist nicht nur ein Spekulanten-Eldorado, es hat auch echte Errungenschaften aufzuweisen und zu verteidigen: z.B. die Mietpreisbindung im Altbau, deren Erhalt es zu verdanken ist, daß Altbauwohnungen noch immer relativ billig und die Altbauviertel lebendig geblieben sind.
Die Mietpreisbindung ist eine Errungenschaft der zwanziger Jahre. Damals, nach der Novemberrevolution, war es der Arbeiterbewegung gelungen, nicht nur in den Betrieben, sondern auch in den Wohngebieten demokratische Rechte zu erkämpfen, insbesondere das Mieterschutzgesetz sowie die Vergabe des Wohnraums durch staatliche Wohnungsämter und die Mietpreisbindung, also die Begrenzung der Mietpreise durch gesetzliche Regelungen.
Diese Mieterrechte wurden von den Hausbesitzern in ganz Deutschland von Anfang an als ‚Wohnungszwangswirtschaft' tituliert und erbittert bekämpft. Doch zum Zuge kamen sie erst seit 1959, als der CDU-Wohnungsbauminister Lücke das „Gesetz über den Abbau der Wohnungszwangswirtschaft und über ein soziales Miet- und Wohnrecht" vorlegte, mit dem er den Wohnungsbestand schrittweise in die freie Marktwirtschaft überführen wollte: Stadt für Stadt in der Bundesrepublik wurde in den folgenden Jahren zum ‚Weißen Kreis' erklärt, sobald die Statistiker auf dem Papier für diesen Stadtkreis ein ‚ausgewogenes Verhältnis' von Wohnungsangebot und -nachfrage errechnet hatten. Man verfuhr also nach dem Motto: Die größte Wohnungsnot ist beseitigt, höchste Zeit, für eine neue Wohnungsnot zu sorgen! Und tatsächlich: Als 1977 Hamburg und München als letzte Städte im Bundesgebiet ‚weiß' wurden, da pfiffen die Spatzen die neue Wohnungsnot schon von den Dächern . . .
In Westberlin mußte man die Mietpreisbindung wohl oder übel immer wieder verlängern: Den ersten Aufschub erreichten die Mieter 1966. Beim zweiten Termin, 1968, versuchte die BZ vergeblich, den ‚Weißen Kreis' mit einer Prophezeiung schmackhaft zu machen:

Beim dritten Anlauf, 1970, kam die APO dazwischen, und die Berliner Mietergemeinschaft rief zum Volksbegehren auf – die Mietpreisbindung blieb, doch die bezirklichen Wohnungsämter wurden abgeschafft.

Preis durch Mitgliedsbeitrag abgegolten A 4727 F

Der Mieter

Organ der Berliner Mietergemeinschaft e. V.
1 Berlin 41, Postschließfach 45 Ruf: 698 38 60 Postscheck: Berlin West 830 71

18. Jahrgang: Juni 1968 Nr. 118

Aufruf zum Volksbegehren

gegen weitere Mietsteigerungen, gegen den „Weißen Kreis"
für ein neues Berliner Mietengesetz

Auch der vierte Versuch, 1973, war kein Erfolg, und beim fünten, 1976, entstand erstmals eine breite Mieterprotestbewegung, die die Mietpreisbindung erneut retten, nicht aber die Abschaffung des Mieterschutzgesetzes verhindern konnte. Auch der nächste Termin, Januar 1981, hatte angesichts einer erstarkten Mieterbewegung und der Unterstützung der Gewerkschaften keine Chancen; der Senat orientierte deshalb auf einen Stufenplan, der die schrittweise Einführung des ‚Weißen Kreises' bis 1985 vorsah, und Westberlins Spekulantenkönig Bendzko lockte schon in großen Anzeigen neue Berlininvestoren an: „Die Preisbindung wird – daran zweifelt heute niemand mehr – Ende 1984 fallen, mehrere Mieterhöhungen bis 1984 sind bereits beschlossen. Nach Freiwerden der Wohnung kann bereits ab 1982 die Miete frei vereinbart werden. Die Mieten werden dann in die Höhe schnellen und sich bei der Vergleichsmiete einpendeln. Eine Verdoppelung der heutigen Mieteinkünfte gilt als sicher, die Rendite und damit natürlich auch die Wiederverkäuflichkeit steigen noch weiter" (DIE WELT, Anzeige vom 26. 5. 79).

Doch Bendzko hatte sich zu früh gefreut: Im Frühjahr 1982 unterschrieben eine Viertelmillion Mieter ein Bürgerbegehren mit der Forderung nach Beibehaltung der Mietpreisbindung, und die Mietpreisbindung mußte erneut verlängert werden, diesmal bis 1988/90. Aber: Erkauft wurden alle Verlängerungen stets mit einem weiteren Abbau der Mieterrechte sowie mit alljährlichen Mieterhöhungen in Alt- und Neubau.

Das Bürgerbegehren für die Mietpreisbindung hat ein unübersehbares Stoppsignal gesetzt: Die Wohnung ist keine Ware, deren Preis man unbesorgt immer höher schrauben kann. Und in diesem Punkt sind sich Mieterbewegung und Instandbesetzerbewegung einig: Häuser sind zum Leben da – und nicht zum Spekulieren!

Wohnraumvernichtung. Hier läßt ein Hausbesitzer die Wohnung frisch umgraben, um sein Eigentum vor Besetzern zu schützen! Foto: Peter Hebler

Gerhard Seyfried

Foto: Udo Schneider/Entenpool

Benny Härlin

Lummerland ist abgebrannt . . .

Häuserkampf

I) Vorsicht: Nacherzählung

Hinterher, heißt es, sei man klüger. Das ist zu bezweifeln. Nicht zu bezweifeln ist dagegen, daß es Ereignisse und Erlebnisse gibt, die aus der Distanz dessen, der weitergegangen ist und sie verarbeitet hat, unmöglich authentisch zu beschreiben sind. Hierzu gehört das Verlieben ebenso wie die Rebellion. Sie taugen nur dem als Objekt der Geschichtsschreibung, der sie mißbrauchen will als Belege für seine spezielle Moral von der Geschicht. So will ich mich also hüten, als Verweser dessen aufzutreten, was findige Medienarbeiter mit dem Firmenschild „Bewegung 81" versehen haben, und doch dem Leser zusätzlich eine gesunde Portion Mißtrauen dem Autor gegenüber empfehlen.

II) Leerstand und Leerlauf

Instand(be)setzungen, so die damalige Wortkreation, begannen im Frühjhar '79 in Kreuzberg. Die erste derartige Aktion wurde von der Bürgerinitiative SO 36 durchgeführt, als „letztes Mittel", um dem seit Jahren kritisierten und mit Behördeneingaben, Klagen und Öffentlichkeitsarbeit vergeblich bekämpften systematischen Leerstand von Wohnungen und ganzen Häusern im Kiez Einhalt zu gebieten. Mit Pressekonferenz und -material wurden mehrere Wohnungen, die seit langem leerstanden, exemplarisch besetzt und in kurzer Zeit wieder bewohnbar gemacht. Gefordert wurde die Wiedervermietung durch die städtische Wohnungsbaugesellschaft, der der Leerstand dazu diente, die Haussubstanz derart verkommen zu lassen, daß sie entweder mit Abriß und Neubau oder neubauähnlicher „durchgreifender Modernisierung" die billigen Altbauwohnungen in teure Sozialbauwohnungen verwandeln konnte.
Die Aktion war erfolgreich: Über 40 Wohnungen wurden daraufhin wieder vermietet. Ein Klacks freilich im Vergleich zu den 10 000 Wohnungen, deren Leerstand im Verlauf der weiteren Auseinandersetzungen vom Senat zugegeben wurde. Die Öffentlichkeit nahm das ganze als eine weitere Demonstrationsform von Bürgerinitiativen mit gedämpftem Interesse zur Kenntnis. Als die BI SO 36 in einer der ersten

Null-Nummern der „Tageszeitung“ erklärte, sie wolle das Instandbesetzen zu einer Massenbewegung machen, lächelten Freund und Feind mitleidig. Noch weniger öffentliche Resonanz fand eine zweite Besetzung kurz danach, die die Besetzer in einem Flugblatt so erklärten: „. . . wir saßen mal wieder in der Kneipe und haben uns vor Langeweile angeschissen, da kamen wir auf die Idee, ein Haus zu besetzen . . .“

Die – gleiche – Wohnungsbaugesellschaft reagierte kulant. Da sie den Abriß des Hauses ohnehin erst in einiger Zeit plante, überging sie den Frontalangriff auf den Rechtsstaat und ihr Eigentum schlicht, in der stillen Hoffnung, die Besetzer würden zum Verfall des Hauses einen ähnlichen Beitrag wie der Leerstand leisten. Mittlerweile ist das Haus freilich von der Abrißliste gestrichen, und die Besetzer haben es weitgehend instandgesetzt. Aber das war eine lange Geschichte.

Diese beiden, durchaus unterschiedlichen sozialen und politischen Ansätze bilden die zwei Grundkomponenten einer „Kreuzberger Mischung“, die sich im Laufe der kommenden beiden Jahre als äußerst explosiv erweisen sollte. Im Laufe des Jahres 1980 wurden allenthalben im „hinteren Kreuzberg“ Häuser besetzt. Aber unruhig wurden beide Seiten dieses Spieles nur langsam. Der sozialdemokratische Senat hoffte, daß diese „Modeerscheinung“ sich schon wieder legen würde. Die Scene war vornehmlich mit Anti-AKW-Ausflügen nach Brokdorf, Bonn und Gorleben beschäftigt oder auch mit grundsätzlichen wie taktischen Auseinandersetzungen um die Gründung einer „Alternativen Liste“ und den Einstieg ins parlamentarische Geschäft. Als „Zweite Kultur“ ließen sich „die Alternativen“ vom sozialdemokratischen Dialogstrategen Peter Glotz bauchpinseln, um sich zugleich neckisch zu verweigern.

Neidvoll und ein wenig schuldbewußt blickte man auf die brennenden Barrikaden in Zürich und Amsterdam, die dem traditionellen Avantgarde-Selbstbewußtsein der Berliner Scene schwer zu schaffen machten. Warum um alles in der Welt blieb es hier immer noch ruhig?

Erst im Herbst 1980, nachdem der Senat kurz vor den Wahlen mit Räumungen gedroht hatte und die eine oder andere Besetzung polizeilich verhindert wurde, kam langsam action in die Bewegung. Die damals neun besetzten Häuser bildeten einen „Besetzerrat“, Demos wurden organisiert und die Reibereien mit der Polizei dabei heftiger.

Auch dem Senat wurde langsam klar, daß der Spuk wohl nicht von selbst wieder verschwinden würde. Er entwickelte das, was später als „Berliner Linie“ (im Unterschied zur „Nürnberger“, wo 149 Jugendliche auf einen Schlag verhaftet wurden) zum Konsens der Vernunft der Herrschenden werden sollte. Außerdem bot er Verhandlungen an und wollte das Besetzervölkchen nun durch Anerkennung statt des nicht mehr möglichen Totschweigens in den Griff bekommen. Dies nicht nur aus pädagogischen Überlegungen, sondern vor allem deshalb, weil die Bau- und Wohnungspolitik ihm auch anderweitig schwer zu schaffen machte. Da waren die Mieterorganisationen, die gegen die geplante Aufhebung der Mietpreisbindung breite Front machten. Da waren aber auch die sich häufenden Skandale um Filz und Subventionsbetrug. Der größte Skandal, um einen gewissen Herrn Garski, der 120 Millionen Steuermark in den Wüstensand von Saudi-Arabien gesetzt hatte, wurde im Dezember 1980 ruchbar.

Foto: Paul Glaser

Foto: Bernd Markowsky

Harter Besetzeralltag: Nach dem Renovieren Agitprop-Einsatz. Die Berliner Bevölkerung wie immer aufgeschlossen und interessiert.

III) Der Zwölftezwölfte

Der Anlaß war, wie meistens in solchen Fällen, eine lächerliche Panne. Als in der Nacht auf den 12. 12. knapp 30 Jugendliche mit einem Bus voll Möbeln, Schlafsäcken und Werkzeug am Fraenkelufer/Ecke Admiralstraße in Kreuzberg vorfuhren und die Tür des leerstehenden Hauses aufbrachen, waren sie im Begriff, das 13. Haus in Berlin zu besetzen. Nichts Außergewöhnliches. Doch um die Ecke stand ein Polizeitrupp mit einem delikaten Auftrag. Er sollte in der Nebenstraße ein ebenfalls leerstehendes Haus bewachen. Der Senat plante, dieses Haus den Besetzern bei Verhandlungen, die er am kommenden Tage eröffnen wollte, als „Tauschobjekt" anzubieten, und hatte deshalb keine Lust, es sich vor der Nase weg besetzen zu lassen. Derartige Feinheiten waren dem diensthabenden Einsatzleiter freilich zu hoch. Er sah eine „widerrechtliche Besetzung", wenn auch nicht „seines" Objekts, und verhinderte sie, indem er die Besetzer kurzerhand festnehmen ließ. Als dies die Besetzer eines anliegenden Hauses sahen, schlugen sie Alarm. Die Szene rückte aus, und innerhalb kürzester Zeit war rund um das Kottbusser Tor eine Straßenschlacht im Gange, wie sie Berlin seit über zehn Jahren nicht mehr erlebt hatte. In den engen Straßen des Kiezes war die Hölle los. Die Polizei knüppelte und schoß mit Tränengas. Doch zu ihrer traumatischen Überraschung war den aufgebrachten Demonstranten damit nicht beizukommen.

Im Gegenteil, Steine flogen nicht nur in sämtliche Geschäfte und Banken der Gegend, sondern auch auf die siegesgewohnten Knüppeltruppen selbst. „Es gibt nix Schöneres, als Bullen rennen zu sehen!" berichtete am Tag danach einer der Beteiligten. Geschäfte werden – mit tatkräftiger Unterstützung vieler Anwohner – geplündert. Es gab Sekt, Schokolade, Schuhe und kastenweise Bier zum Nulltarif. „Das ist die Anarchie, das ist das Chaos!" wiederholte ein völlig konsternierter Ladenbesitzer immer wieder, während er linke und rechte Damen- und Herrenschuhe, die auf der Straße verstreut waren, zu retten versuchte.

Es gibt an diesem Abend freilich auch mehrere Schwerverletzte, einem jungen Holzarbeiter werden die Beine von einer „Wanne" zerquetscht, auf dem Pflaster haben sich teilweise regelrechte Blutlachen gebildet. Und es gibt seit dieser Nacht „Gefangene der Bewegung", für deren Freilassung gekämpft wird.

In den folgenden beiden Nächten setzt sich die Randale in Kreuzberg und am Ku-Damm fort. „Chaoten legten Ku-Damm in Schutt und Asche!" brüllt Springer. Ein spontan gebildeter Ermittlungsausschuß legt Zahlen und Berichte

Foto: Volker Schutsch

Festschmaus bei Familie B. Setzt.

über sinnlose und brutale Polizeiübergriffe vor. Die sogenannte Öffentlichkeit ist geschockt. Was ist passiert? Die Akteure bleiben die Antwort schuldig. Zum einen sind sie selbst ebenfalls überwältigt von der eigenen, plötzlich freigesetzten Energie. Zum anderen ist da auch niemand, der das Wort ergreift, um im Namen aller zu sprechen. Auch Springer und die CDU lassen schnell die These von den kommunistischen, gar vom Osten bezahlten Drahtziehern fallen: Es gibt keine Rädels- und keine Wortführer. Der Begriff von der „Sprachlosigkeit" macht die Runde. Aber es gibt (die Subjekte des Geschehens nehmen den Begriff von den nach Schubladen ringenden Medien auf) seit diesem denkwürdigen Wochenende „Die Bewegung".

IV) Keine Atempause – Geschichte wird gemacht, es geht voran

Was diese Bewegung fordert, ist einfach: Freilassung der Gefangenen. Vorher wird sie nicht mit dem Senat, der nun vehementes Interesse zeigt, verhandeln und verspricht, daß zu Weihnachten „nicht nur die Bäume brennen werden", falls die zu diesem Zeitpunkt 17 Inhaftierten bis dahin nicht frei sind.

Mehr als 20 000 demonstrieren eine Woche später ihre Solidarität mit den Besetzern. Tatsächlich werden 13 in kurzer Zeit wieder freigelassen. Doch dies sind, wenn man Symbolen überhaupt eine solche Bedeutung beimessen darf, vier zu wenig. Die Fronten sind gesteckt, Vermittler werden abgelehnt, nichts geht mehr.

Die Berliner stehen dabei keineswegs unverbrüchlich auf der Seite des „Rechtsstaates". Trotz allgemeiner Ablehnung der Gewalt, ist – nach Umfragen – die Mehrheit der Ansicht, daß die Instandbesetzer durchaus im Recht sind. Schließlich ist es offensichtlich eine Sauerei, wenn Häuser leerstehen, obwohl jedermann weiß, wie schwer und unter welch unwürdigen Umständen in dieser Stadt eine Wohnung zu bekommen ist. Und wenn die jungen Leute auch noch in freiwilliger Selbsthilfe die Häuser instandsetzen, die andere haben verkommen lassen, um daran zu verdienen, sollte man ihnen dabei lieber helfen, anstatt sie zu verprügeln. Aber das ist nicht alles. Manch einer gönnt dem verfilzten und verlotterten SPD-Senat auch von Herzen den Ärger, den ihm die Besetzer machen.

Und dem Senat geht es wirklich gar nicht gut. Der Garski-Skandal führt nach den Weihnachtsferien zu ersten Rücktritten. Die seit Kriegsende regierende Sozialdemokratie reagiert auf die Belastungsprobe mit Futterneid und Klün-

Die Barrikaden stehen schon, aber Pflastersteine werden noch gelegt, im Auftrag des Tiefbauamtes Schöneberg.
Foto oben: Paul Glaser, unten: Michael Kipp

gelwirtschaft im eigenen Lager. Ein Senatskopf nach dem anderen rollt unter unwürdigen Umständen, bis schließlich der interne Heckmeck im Sturz des Bürgermeisters Dietrich Stobbe endet.
Derart mit sich selbst beschäftigt, läßt der Staatsapparat um des lieben Friedens willen die Zügel schleifen. Und die Bewegung läßt die Puppen tanzen. Innerhalb von drei Monaten werden mehr als hundert leerstehende Häuser besetzt. Was vor kurzem noch ein Wagnis für Beherzte war, wird zum allgemeinen Volkssport der jüngeren Generation. Längst sind die Besetzungen aus Kreuzberg nach Schöneberg, Moabit, Charlottenburg, Wedding und Neukölln geschwappt. Selbst im feinen Zehlendorf hängt plötzlich aus der einen oder anderen Villa ein Transparent.
Nachbarn stiften alte Möbel und stecken Geld in Spendenbüchsen. Langsam wird das Angebot an besetzbaren Häusern knapp. Teilweise von den verbliebenen, sanierungsbedrohten Mietern selbst geholt, werden auch noch halb bewohnte Häuser besetzt. Die Polizei verhindert eher zufällig ab und an eine Neubesetzung. Wenn die Transparente erst mal aus dem Fenster hängen, beschränkt sie sich darauf, das „Objekt“ in ihre immer länger werdende Liste einzutragen. Nur in unmittelbarer Nachbarschaft der Moabiter Gerichts- und Gefängnisburg versteht sie keinen Spaß. Im „Sicherheitsbereich“ wird grundsätzlich geräumt. Die dortigen Richter und Staatsanwälte verstehen sich als letztes Bollwerk gegen das Chaos und verhängen drakonische Urteile wegen „schweren Landfriedensbruches“. Die Scene reagiert darauf erneut mit Steinen. Die Forderung nach Amnestie wird auch von Linksliberalen erhoben. Doch die reaktionäre Moabiter Richter- und Staatsanwaltschaft bleibt stur. Sie strengt im Gegenteil Verfahren gegen mehrere Senatoren und den Polizeipräsidenten an, da diese ihrer Meinung nach durch politische Weigerungen, Häuser räumen bzw. durchsuchen zu lassen, sich der „Strafvereitelung im Amt“ schuldig gemacht hatten.
Springer und die CDU jammern und hetzen lauthals mit über die „kriminellen Chaoten“ und spöttischen Verächter des Rechtsstaates, gegen die gleichwohl kein Kraut gewachsen ist.

V) Rechtsfreie Räume – Schönheit & Stolz

Während die Obrigkeit also uneins und die Polizei ratlos ist und die Öffentlichkeit sich mehr oder weniger wohlwollend an die Besetzer zu gewöhnen beginnt, entwickeln diese eine neue politische und soziale Kultur in den dank des Machtvakuums eroberten „rechtsfreien Räumen“. „Legal, illegal, scheißegal!“ heißt die Programmatik und „Macht aus dem Staat Gurkensalat“. Nicht wenige halten dies aufgrund der offensichtlichen Erfolge und im wohligen Gefühl dessen, der im Mittelpunkt des Interesses steht, durchaus für machbar – wie, das wird man schon noch sehen. „Vor einem Jahr hätte auch keiner geglaubt, daß wir 130 Häuser besetzen können“, erklärte mir damals ein Besetzer, „warum sollen die Arbeiter denn nicht anfangen, die Fabriken zu besetzen und die Schüler ihre eigene Schule machen oder am besten gar keine? Es geht doch, wie man sieht.“ Allerdings sofort und alles! Denn die Perspektive, wenn du unbedingt fragen mußt, ist „no future“ und „Deutschland, Deutschland, alles ist vorbei!“ – Ist doch klar, daß hier demnächst die Pershings losgehen oder sonst das Plastik- und Beton-System sich selbst verseuchen, vergiften und uns alle dabei vernichten wird.
Der kompromißlose Kampf gegen das „Schweinesystem“ wird nicht für eine bessere Zukunft geführt, schon gar nicht zwecks Eroberung der Macht und Etablierung einer anderen, besseren Gesellschaftsform. Ja, „Anarchie ist machbar, Frau Nachbar!“, aber nur hier und jetzt, im Kampf, in dem wir lieben und leben und hassen mit „Gefühl & Härte“.
Was verspräche mehr Glück und Freiheit als die Intensität der action, der lauthals lachende Sieg der Frechheit, der Stolz des Fighters in dem Moment, in dem sich die Angst in Triumph verwandelt?
Was sprechen sie von Farben, die Realpolitiker und Sozialtechniker? Sie müssen blind sein. Die Realität ist grau und die Zukunft schwarz. Nur in unseren Träumen des Glückes und der Wut aber schillern alle Farben des Regenbogens, wenn das Licht sich darin bricht.

Foto: Peter Hebler

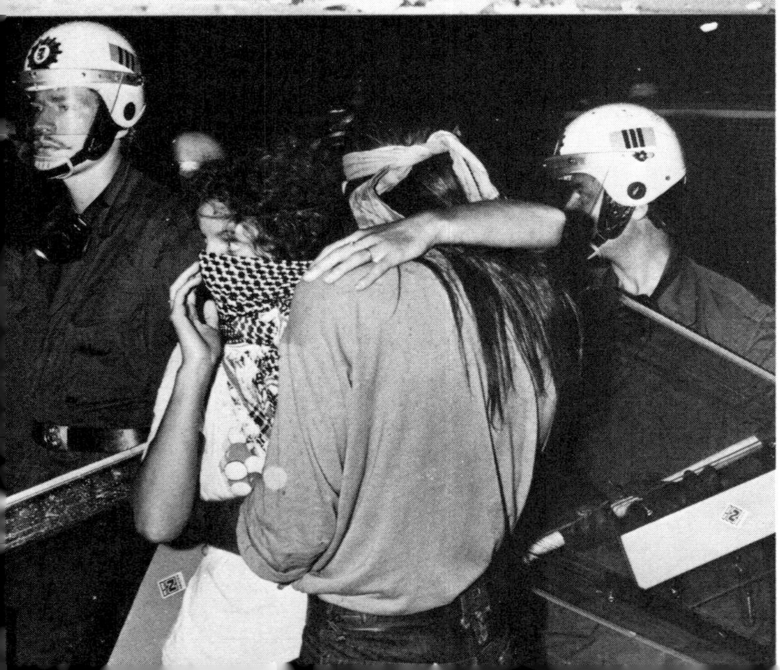

VI) Der 22. September

Solch eine Bewegung hat keine „längerfristige Perspektive" in diesem Land und in dieser Zeit. Auch die Welle des öffentlichen Interesses und der Sympathie ist ein windiger Bündnispartner. Auf die Dauer setzt nicht Power, sondern Gewohnheit sich durch. Wer die Macht im Staate hat – das war eine von Bürgerangst an die Macht gehievte CDU sich schuldig – zeigt der neue Innensenator Lummer den Besetzern und ihren Unterstützern am 22. September '81. Aus acht besetzten Häusern läßt er insgesamt mehr als 1200 Personen von der Polizei als Hausfriedensbrecher abtransportieren: Besetzer, liberale Professoren, linke Post-, Bank- und Senatsangestellte, solidarische Arbeiter, Krankenschwestern, Pfarrer, Lehrer und Eltern, die zu ihren besetzenden Kindern gehalten hatten. Denn nach dem „Wechsel" hat die gesamte links-liberale Szene der Stadt zum Schutze der Besetzer sogenannte „Patenschaften" für besetzte Häuser übernommen, um sie gegen die erwartete „große Abräume" der Reaktion in Schutz zu nehmen.

Sie alle können die Räumungen nicht verhindern.

Als Innensenator Lummer in einem frisch geräumten Haus in Siegerpose eine Pressekonferenz abhält, brüllen die angesichts der Übermacht eher friedlichen Demonstranten vor dem Haus in ohnmächtiger Wut. Sie werden mit Knüppeln und Hunden die Straße hinunter gejagt. Einer von ihnen wird dabei in einen BVG-Bus getrieben und stirbt unter den Rädern. Die Polizei räumt mit Wasserwerfern und Tränengas die Todesstelle, Stiefel zertreten die Blumen, die auf die Blutlache gelegt wurden. Am Abend demonstrieren über 20 000, und in der unvermeidlichen, brutalen Schlacht nehmen viele zum ersten Mal seit '68 wieder einen Stein in die Hand. Das allgemeine Erschrecken in den Tagen danach, die Betroffenheit, Krisensitzung zum Erhalt des inneren Friedens, schwere Vorwürfe gegen den „blutigen Innensenator" können letztlich nicht darüber hinwegtäuschen, daß dieser Tag eine entscheidende Niederlage für die Bewegung ist. Ein Mythos ist gebrochen, der 12. 12. hat seine grausame staatliche Revance erlebt, der Aufbruchsstimmung folgt unwiderruflich das Roll-back, und zwischen den Fronten liegt ein Toter: Klaus-Jürgen Rattay.

VII) Abgesang?

Der zwingenden Logik der Staatsräson kann sich freilich auch der CDU-Senat nicht entziehen. Und die Staatsräson gebietet nicht den totalen Krieg gegen die Bewegung, sondern ihre Integration, zumindest teilweise. Räumungen verursachen unnötige Kosten: Der leeren Staatskasse kommt die Instandsetzung in Selbsthilfe sehr entgegen. Die sozialen Kosten, die „frustrierte" und aus ihren selbstgeschaffenen Zusammenhängen gerissene Jugendliche verursachen, denen man in der Krise ohnehin kaum eine Perspektive bieten kann, wären immens. Nach dem Paukenschlag verzichtet der Senat auf weitere Spektakel, räumt, um kein Oberwasser aufkommen zu lassen, zuweilen ein Haus, bemüht sich aber gleichzeitig um Verhandlungen und Legalisierung besetzter Häuser. Die Strategie lautet: abwarten und spalten.

Tatsächlich ist es kein Pappenstiel, nun schon fast zwei Jahre unter ungesicherten Verhältnissen in Baustellen, teilweise auch Ruinen zu wohnen, das neue Zusammenleben zu orga-

Fotos: Peter Hebler, Michael Kipp, Paul Glaser

nisieren und dazu das nötige Kleingeld. Manches Haus wurde klammheimlich wieder verlassen. Doch die Mehrheit der Besetzer hält durch, schlägt Wurzeln, richtet sich ein. Jeder nach seinen Bedürfnissen. Und die sind nicht identisch bei einem 17jährigen Punk und einem 30jährigen Alternativler. Auch die politischen Perspektiven sind nicht die gleichen. Die einen wollen absichern, Verträge machen und „Pfähle einschlagen", auf denen weitergebaut werden kann. Die anderen wollen „Keinen Dialog mit der Macht", wissen, daß jeder Kompromiß auch ein Stück der einmal geschmeckten, vielleicht erst erahnten Freiheit kosten wird: ein Stück von dir selbst. Lieber nicht verhandeln und geräumt werden, als selber die eigene Autonomie beschneiden. Die Herrschenden können hoffen, reden viel von „Gutwilligen" und „kriminellen Chaoten". Die Solidarität, im Erfolg geboren und nicht lange nachgefragt, bleibt in der Defensive und auf Dauer nicht so schön.

Und trotzdem kriegen die da oben uns nicht klein. Trotz Hunderten von Verurteilten und Tausenden von Ermittlungsverfahren, trotz der Unterschiede, die sich dennoch nicht gegeneinander aufhetzen ließen, und trotz Zweifeln, Ratlosigkeit und Katerstimmung, die uns zuweilen plagt. Es sind Zusammenhänge gewachsen, Räume erobert, Träume geträumt worden, die selbst der, der sie verleugnen mag, nicht mehr loswird.

Wenn es an der Oberfläche ruhiger wird, heißt das nur, daß wir warten.

Am 22.9.1981 starb Klaus-Jürgen Rattay im Verlauf der Polizeiaktionen nach der Räumung des Hauses Bülowstraße 89. An der Todesstelle Potsdamer Str./Ecke Bülowstraße wurde tagelang Totenwache gehalten. Heute erinnert ein in das Pflaster des Bürgersteiges eingelassener Gedenkstein an seinen gewaltsamen Tod.
Foto: Bernd Markowsky
unten: Präsentkorb im Arbeitszimmer von Innensenator Heinrich Lummer. Foto: Paul Glaser

Die Barrikade in der Breiten Straße am 18./19. März. Gemälde von Eduard Gaertner

Hermann-Joseph Pölking

Die Bürger kommen

Märzrevolution 1848 in Berlin

„Es fehlt in unserer Stadt wie in keiner anderen Deutschlands bei der großen Bevölkerung an einer Durchbildung der politischen Begriffe, wie überhaupt an solchen, aber dafür ist auf der andern Seite hier stets ein gefährlicher Zündstoff zu Krawallen und Volkstumulten da, die, wenn sie auch einen ganz eigentümlichen Stil haben, doch in einer gewissen Regelmäßigkeit und wie instinktartig mit den größern Weltbegebenheiten zusammenzutreffen pflegen" (Zeitungsbericht aus Berlin vom 7. März 1848).

Die Maschine macht den Bürgern Dampf

Erst langsam war die neue Zeit, die industrielle Revolution auch nach Berlin gelangt. Ab 1815 wurde auch in Berlin die Dampfmaschine gebaut. Als die erste Eisenbahn 1838 ihre Waggons von Berlin nach Potsdam zog, war aus der Residenzstadt Berlin bereits ein Industriezentrum geworden.

Maschinen und technischer Fortschritt hatten die Stadt verändert. Die Bürger jedoch, biedermeierlich wohlgenährt und behaglich eingerichtet, waren zwar die Klasse der Stunde, jedoch durch Zensur und politische Unterdrückung entmündigte Untertanen einer Majestät „von Gottes Gnaden".

Die Stadt Berlin zwängte sich noch in mittelalterlichen Grenzen. Eine Stadtmauer, die keinen Feind mehr aufhalten konnte, drängte die Bevölkerung auf zu engem Raum zusammen.

1840 fielen die Mauern zwar nicht, wurden aber bis zu den neuen Toren im heutigen südöstlichen Kreuzberg, dem Wassertor (heute Erkelenzdamm/Ecke Skalitzer Straße), dem Kottbusser, Köpenicker (Lausitzer Platz) und Schlesischen Tor, vorgezogen.

Hier wurden auch die ersten dreistöckigen Mietshäuser mit Hinterhöfen gebaut. Im Norden, vor dem Oranienburger Tor im heutigen Wedding, siedelte sich ab 1820 die Schwerindustrie an. Es entstanden die Werke von Egells, Borsig, Schwarzkopf und anderen. Die Zahl der Fabriken in Berlin stieg von 1819 (102) bis 1847 (634) um 600 %. Die Bevölkerung wuchs mit. Lebten 1810 noch 153 000 Menschen in Berlin, waren es schon über 410 000 im Jahre 1847. Da aber nur 30 % mehr Wohnhäuser gebaut wurden, nahm die Wohnungsnot zu. In der zum Teil noch mittelalterlichen Altstadt entstanden Slums.

Mit den neuen Industrien bildete sich eine neue Klasse: die Arbeiterklasse. Ende der vierziger Jahre des vergangenen Jahrhunderts umfaßte sie bereits 100 000 Männer und Frauen in Berlin.

Die Fabrikarbeiter machten etwa ein Viertel dieser Klasse aus. Etwa 17 000 Berliner waren Tagelöhner, Erd- und Eisenbahnarbeiter, es gab 22 000 männliche und weibliche Dienstboten, 20 000 bis 25 000 kaufmännische Gehilfen, Gesellen und Lehrlinge des Handwerks. 17 000 weitere Lohnarbeiter, unter ihnen 7000 Weber, bildeten die elendste Stufe des wachsenden Proletariats, das immer noch besser dran war als die ungezählten Bettler, von denen die Polizei 1839 allein 1000 ergriff, als die Kranken und die Sie-

chen und die Prostituierten, die in jener Zeit auf fast 20 000 geschätzt wurden.
Die Arbeiterklasse dürfte damals schon den größten Teil der Berliner Bevölkerung ausgemacht haben. Daneben gab es in Berlin die kleine Schicht des herrschenden Adels, der in der Residenz lebte, die Hofschranzen, -beamten und -lieferanten (eine korrupte Clique, der Kern der späteren bürgerlichen Reaktion), über 15 000 Angehörige des Militärs und ein Bürgertum, das in zwei Teile zerfiel: das aufstrebende Bürgertum der neuen Industrien und des wachsenden Handels, das seinen Aufstieg weniger seinem Fleiß und Einfallsreichtum als schon vorhandenem Kapital verdankte, und die durch die Konkurrenz der industriellen Produktion immer mehr proletarisierten ca. 27 000 selbständigen Handwerker, die sich allerdings weiter als „Bürger", ausgestattet mit historischen „Bürgerrechten", verstanden. Nicht vergessen darf man die über 2000 Studenten der 1810 gegründeten Universität und die an Akademien, Theatern und Schulen Tätigen, Intellektuelle, Künstler und Lehrer, sowie die niedere Beamtenschaft.
Eine oft gebildete, aufgeklärte Schicht traf sich in Lesekabinetten, in denen in- und ausländische Zeitungen auslagen, in Kaffeehäusern und Salons, diskutierte und beklagte die Verhältnisse, auf die sie keinen Einfluß hatten. Ein halbes Jahrhundert bürgerlicher Emanzipation hatte man verschlafen.

Wer weiß, was daraus wird!

Die Nachricht vom Ausbruch der Revolution in Paris erreichte am 26. Februar 1848 Berlin. Am 27. erfuhr der erschreckte Hof, daß der „Bürgerkönig" Louis Philipp nach 18 Jahren Herrschaft abgedankt hatte. Die Berliner erfuhren es nur wenig später. Wie üblich traf man sich auch in diesen Tagen auf dem Boulevard ‚Unter den Linden', doch man bummelte nicht: „Dieser gemütliche Schlendrian hatte trotz des schönen Wetters am 28. Februar 1848 plötzlich aufgehört. Freilich waren heute, wie sonst, viele Menschen unter den Linden und auf dem Opernplatze, aber Spaziergänger waren es nicht. Überall sah man kleine Gruppen gebildet von Menschen, welche die Köpfe zusammensteckten und über ungeheuerliche Dinge sprachen. Ging ein Gensdarm vorüber, so stoben sie wohl etwas auseinander oder sprachen ganz-ganz leise; aber gleich darauf war eine neue Gesellschaft da, die dasselbe Gespräch fortführte, und von Stunde zu Stunde mehrte sich die Zahl derjenigen, die Neues erfahren oder mitteilen wollten. Das Neue, alle Bewegende war: ‚In Paris ist eine Republik proklamiert, Louis Philipp ist fortgejagt; wer weiß, was daraus wird! . . .' " (Angerstein, Die Berliner Märzereignisse 1848).
Bespitzelt, unter den Augen der Gendarmen und des schon bald verstärkten Militärs, war die Straße nicht der richtige Ort, die Konsequenzen der Revolution in Frankreich zu diskutieren. Lesehallen und Cafés, in denen die europäischen Zeitungen auslagen, die immer aufregendere Nachrichten Von Aufständen in Italien, Unruhen in Österreich und Ungarn und seit Anfang März von revolutionären Veränderungen in Baden, Hessen, Nassau und Sachsen brachten, wurden jetzt zu Debattierclubs und Versammlungslokalen, bald schon zu klein für die durch diese Ereignisse Ermutigten, die auch in Berlin die neue Zeit bürgerlicher Freiheit anbrechen lassen wollten.
In der Stadt fand sich kein ausreichend großer Versammlungsraum. Aber im Tiergarten, damals noch außerhalb der Stadt und so dem Zugriff der Stadtpolizei entzogen, an der Spree, östlich des Schlosses Bellevue, ungefähr dort, wo heute die eingestürzte Kongreßhalle steht, lagen die „Zelte", große, seit Jahrzehnten schon feste Saalbetriebe. Sie wurden der Ort, von dem in Berlin die Revolutionsereignisse ihren Ausgang nahmen.
Am Montag, dem 6. März 1848, kam es dort zur ersten Versammlung: „Eine nicht allzu große Zahl junger Menschen war zugegen; man kam darin überein, eine in ihren Wünschen sich an den damals in verschiedenen Ländern gestellten ‚Forderungen' anschließende Adresse zu verfassen, diese vorzugsweise als eine ‚Adresse der Jugend' zu bezeichnen, und so . . . eine Manifestation des in Berlin herrschenden Geistes dem König gegenüber abzugeben. . . .
Am nächsten Abende, dem 7ten, fand an jenem Orte wiederum eine Versammlung statt, die jedoch stärker als die erste besucht war. Fünf- bis sechshundert Männer mochten zugegen sein; auch die Physiognomie der Versammlung war eine veränderte. Nicht bloß die ‚Jugend', auch gereifte Männer, feine Leute aus dem Kaufmanns-, Handwerker- und

Versammlung in den „Zelten" im Tiergarten. An dieser Stelle steht heute die Ruine der Kongreßhalle.

Arbeiterstande wohnten ihr bei. Der letztere Umstand bestimmte die Versammlung, von dem ursprünglichen Plane, eine ‚Adresse der Jugend‘ an den König zu richten, abzugehen und eine allgemeine Adresse dem Könige zu überreichen“ (Die Berliner Märzrevolution, Hg. von Mitkämpfern und Augenzeugen, Berlin 1848).

Eine Deputation von zehn aus der Versammlung Gewählten sollte sie dem König persönlich überreichen. Die Petition forderte Presse- und Redefreiheit, Amnestie aller politischen Gefangenen, Versammlungs- und Vereinigungsrecht, Geschworenengerichte, Verminderung des stehenden Heeres, Volksbewaffnung, eine allgemeine deutsche Volksvertretung und die Einberufung des Vereinigten Landtages, der nach Ständen gegliederten Vertretung der preußischen Provinzen. Im ganzen zurückhaltende und ‚königstreue‘ Forderungen, für Preußens König aber zu radikal. Der Polizeipräsident verbot die Übergabe.

Überhaupt nahm der König keine Eingaben entgegen, nicht die Bitte der sich immer aktiver beteiligenden Arbeiter um Errichtung eines „Arbeitsministeriums“ und auch nicht die Eingabe einer Abordnung der Stadtverordneten. Der König verstärkte lieber das Militär, besetzte das Schloß, das Zeughaus (wo Waffen lagerten) und andere öffentliche Gebäude mit Truppen. Kanonen wurden vorsorglich herangeholt, und Kavallerie patrouillierte in den Straßen. Die Zensur wurde verschärft.

Die Berliner aber zogen in immer größeren Massen zu den ‚Zelten‘ und demonstrierten so, daß auch sie an den revolutionären Veränderungen, die überall in Europa vor sich gingen, teilhaben wollten. Am 13. März löste die Polizei eine dieser Versammlungen in den Zelten auf. Noch friedlich strebten die Beteiligten durch das Brandenburger Tor in die Stadt zurück. Ein Korrespondent des ‚Frankfurter Journals‘ beschreibt, was dann geschah:

„Gegen Abend zogen diese Leute nach der Stadt zurück und blieben unter den Linden, im Lustgarten und auf dem Schloßplatz in Gruppen verteilt stehen, welche zwischen acht und neun Uhr durch die von der Arbeit kommenden Handwerker und Arbeiter vermehrt wurden, ohne jedoch irgendeine Demonstration, irgendeine Drohung oder einen Act der Gewalt zu begehen . . . Plötzlich erscheinen gewaltige Massen Militair, das Schloß wird von mehreren tausend Mann besetzt, als wenn ein Angriff auf dasselbe bevorstände. Die Truppen . . . verdichten den Menschenknäul, welcher ihnen ausweicht, bald aber sich nur mühsam fortbewegen kann. Kein politisches Geschrei ertönt, nur das Halloh der Gassenbuben, kein Stein wird aufgehoben, kein Schimpfwort gegen das vorhandene Militair fällt. –

Da bricht mit einem Male Cavallerie auf den Schloßplatz unter die Menge in gesprengtem Galopp ein, ohne daß eine warnende Aufforderung ertönte, und haut mit blanken Klingen scharf unter die Menge. Klinge und Pferdehufe fordern ihre Opfer. Entsetzen, Verwirrung, Flucht, verzweifeltes Geschrei ergreift alles. Um 10 Uhr waren die Schreckensszenen im Centrum der Stadt vorüber; doch auch in andern Gegenden wurde scharf eingehauen . . .“ (zitiert bei Wolff, Berliner Revolutionschronik, Bd. 1).

Am 13. März lernten die Berliner ihre Lektion: „Der Anblick der Fallenden erweckte eine unbeschreibliche Erbitterung – erst nach diesen Szenen vor dem Schloß wurde der Gedanke an Widerstand beim niedern Volke rege“ (Frankfurter Journal).

Täglich stieg die Erbitterung. Täglich kam es zu Zusammenstößen. Am 15. März erfährt die Stadt von der Revolution in Wien, vom Sturz des überall in Europa verhaßten Fürsten Metternich. Am 16. März ließ der König zum erstenmal auf seine „lieben Berliner“ schießen. Täglich gab es unter den Bürgern Tote und Verwundete.

Alle Versammlungen auf Straßen und Plätzen wurden jetzt verboten. Am 17. traf man sich deshalb in verschiedenen Versammlungslokalen. Vor die gemäßigten demokratischen Forderungen trat jetzt eine weitere: Rückzug des Militärs.

Königstreue Bürger wollten einer Revolution vorbeugen und riefen für den Nachmittag des 18. März zu einer friedlichen Demonstration vor dem Schloß auf, die indes der Hof nicht wollte. Auch die treuen Bürger waren dort bereits gefürchtet.

„Wer diesen – übrigens ganz ruhig vorübergehenden Tag in Berlin verlebt hat, wird gewiß zugeben, daß Niemand an dem Ausbruch eines großen Aufstandes zweifelte. Er lag gleichsam in der gewitterschwülen moralischen Atmosphäre,

Bekanntmachung.

Die Ereignisse der letzten Tage machen es nothwendig, daß der freie Verkehr auf den Straßen nirgends gehemmt werde.

Das Durchziehen der Straßen in Trupps und das Versammeln der Menschen auf den Plätzen und in den Straßen ist deshalb nicht gestattet.

Wird der Aufforderung zum Auseinandergehen nicht augenblicklich Folge geleistet oder Widerstand versucht, so werden die Widerspenstigen gewaltsam auseinander getrieben oder verhaftet.

Die Hausbesitzer werden wiederholt aufgefordert, ihre Häuser bei einem entstehenden Auflauf sogleich und überhaupt um 8 Uhr Abends zu schließen.

Berlin, den 16. März 1848.

Königliches Gouvernement. v. Pfuel.

Königliches Polizei-Präsidium. v. Minutoli.

Vom Polizeipräsidenten und dem Garnisonskommandeur unterschriebenes Versammlungsverbot vom 16. März 1848.

Ein Comic-Strip aus dem Jahre 1848 zu der Revolutionsnacht vom 18. auf den 19. März.

nur über das Früher oder Später konnten abweichende Ansichten stattfinden“ (Die Berliner Märztage – Vom militairischen Standpunkte aus geschildert, Berlin 1850).

Ohne Militär kein Krawall

Ein Aufstand war nicht zu verhindern. Das wußte am 18. März auch der Hof. In der Nacht vom 17. auf den 18. März noch ließ der König die Pressefreiheit verkünden und den Landtag einberufen. Mittags konnten die Bürger, die zum Schlosse gezogen waren, diese königlichen Konzessionen auf Anschlägen lesen. Jubel brach aus. Man wollte den König sehen. Er erschien, wurde mit Beifall und Lebehochs empfangen. Wegen des Lärms waren seine Rede und die Worte des ihn begleitenden Ministers, der eine Verfassung und die deutsche Einigung ankündigte, nicht zu verstehen. Immer mehr Menschen drängten heran, diskutierten den vermeintlich kampflos errungenen Sieg. 10 000 waren es jetzt. Sie wurden von den nachrückenden Massen gegen die Eingänge des Schlosses gedrängt. In den Schloßhöfen sahen sie Militär aufgestellt. Die Erinnerung an die blutigen Zusammenstöße der vergangenen Tage ernüchterte die eben noch Jubelnden.

„Nicht eher glaubten die Berliner Bürger sich sicher, nicht eher meinten sie den Verheißungen der Regierung trauen zu dürfen, als bis die Soldaten zurückgezogen wären.

Der Ruf: ‚Die Soldaten fort! das Militär zurück!‘ verbreitete sich von einem Ende des Platzes zum andern; mit jedem Augenblicke wurde es lauter und stürmischer. . . . Es mochte wohl denen, welche es in den Königlichen Gemächern oben im Schlosse hörten, bedrohlich genug erscheinen.

Statt des Jubels, der anfangs die Gewährungen des Königs begrüßt hatte, erschallte jetzt jener vieltausendstimmige Ruf. Die Volksmasse drängte sich in die Schloßportale. Beabsichtigte sie vielleicht einen Angriff?“ (Adolf Steckfuss, 500 Jahre Berliner Geschichte, Bd. 2, 4. Aufl., Berlin 1886).

Der König war entnervt, beleidigt und wohl auch besorgt. Das Volk hatte gefälligst dankbar zu sein, wenn er in seiner gottgefälligen Gnade ihm etwas zuteil werden ließ, und nicht noch Forderungen wie ‚Militär zurück!‘ aufzustellen.

Friedrich Wilhelm IV. wechselte den Oberbefehlshaber General von Pfuel gegen den General-Lieutnant von Prittwitz aus, von dem härteres Durchgreifen erwartet wurde. Der ließ das Militär ausrücken. „Während noch auf der einen Seite des Platzes unter dem Hüteschwenken und Hurrarufen der Menge das Placat vorgelesen wurde, zeigte sich auf der anderen Seite an der Stechbahn das Gardedragonerregiment, dem ebenfalls zugerufen wurde: Militair fort! Als das Regiment darauf einige Schwenkungen machte, erscholl ein lauter Beifallsruf aus der Masse, weil man glaubte, diese Truppen wollten in der Tat jetzt abmarschieren. Dies erschien den Commandeur des Regiments erbittert zu haben, er ließ jetzt Front machen, und die Cavallerie rückte im Trabe und mit blanker Waffe gegen die Menge los. In demselben Augenblick trat auch aus dem mittleren Portal des Schlosses ein Bataillon des Kaiser-Franzregiments heraus und marschierte zuerst bis in die Mitte des Schloßplatzes vor, worauf es mit gefälltem Bajonett nach der Langen Brücke zu abschwenkte, während es die schon im Zurückweichen begriffene Menge unter dem Wirbel der Trommeln vor sich hertrieb. In diesem Augenblick gingen aus den Reihen der Soldaten zwei Schüsse los, über deren Ursprung nachher soviel gestritten worden ist und die, wie nachher behauptet wurde, durch das zufällige Entladen zweier Gewehre fielen. Mit Entsetzen und Rachegeschrei stob das Volk auseinander und in die angrenzenden Straßen hinein“ (Adolf Steckfuss).

An meine lieben Berliner!

Durch mein Einberufungs-Patent vom heutigen Tage habt Ihr das Pfand der treuen Gesinnung Eures Königs zu Euch und zum gesammten teutschen Vaterlande empfangen. Noch war der Jubel mit dem unzählige treue Herzen mich begrüßt hatten nicht verhallt, so mischte ein Haufe Ruhestörer aufrührische und freche Forderungen ein und vergrößerte sich in dem Maaße als die Wohlgesinnten sich entfernten. Da ihr ungestühmes Vordringen bis in's Portal des Schlosses mit Recht arge Absichten befürchten ließ und Beleidigungen wider meine tapfern und treuen Soldaten ausgestoßen wurden, mußte der Platz durch Cavallerie **im Schritt** und mit **eingesteckter Waffe** gesäubert werden und 2 Gewehre der Infanterie entluden sich von selbst, Gottlob! ohne irgend Jemand zu treffen. Eine Rotte von Bösewichtern, meist aus Fremden bestehend, die sich seit einer Woche, obgleich aufgesucht, doch zu verbergen gewußt hatten, haben diesen Umstand im Sinne ihrer argen Pläne, durch augenscheinliche Lüge verdreht und die erhitzten Gemüther von Vielen meiner treuen und lieben Berliner mit Rache-Gedanken um vermeintlich vergossenes Blut! erfüllt und sind so die gräulichen Urheber von Blutvergießen geworden. Meine Truppen, Eure Brüder und Landsleute haben erst dann von der Waffe Gebrauch gemacht als sie durch viele Schüsse aus der Königsstraße dazu gezwungen wurden. Das siegreiche Vordringen der Truppen war die nothwendige Folge davon.

An Euch, Einwohner meiner geliebten Vaterstadt ist es jetzt, größerem Unheil vorzubeugen. Erkennt, Euer König und treuster Freund beschwört Euch darum, bei Allem was Euch heilig ist, den unseeligen Irrthum! kehrt zum Frieden zurück, räumt die Barricaden die noch stehen hinweg, und entsendet an mich Männer, voll des ächten alten Berliner Geistes mit Worten wie sie sich Eurem Könige gegenüber geziemen, und ich gebe Euch mein Königliches Wort, daß alle Straßen und Plätze sogleich von den Truppen geräumt werden sollen und die militairische Besetzung nur auf die nothwendigen Gebäude, des Schlosses, des Zeughauses und weniger anderer, und auch da nur auf kurze Zeit beschränkt werden wird. Hört die väterliche Stimme Eures Königs, Bewohner meines treuen und schönen Berlins und vergesset das Geschehene, wie ich es vergessen will und werde in meinem Herzen, um der großen Zukunft Willen, die unter dem Friedens-Seegen Gottes, für Preußen und durch Preußen für Teutschland anbrechen wird.

Eure liebreiche Königinn und wahrhaft treue Mutter und Freundinn, die sehr leidend darnieder liegt, vereint ihre innigen, thränenreichen Bitten mit den Meinigen. — Geschrieben in der Nacht vom 18—19. März 1848.

Gedruckt in der Deckerschen Geheimen Ober-Hofbuchdruckerei.

Friedrich Wilhelm.

Der Aufruf „An meine lieben Berliner“, unter den in der Nacht vom 18. auf den 19. März der König seinen „Friedrich Wilhelm“ setzte. Von der „Rotte von Bösewichtern“, „meist aus Fremden bestehend“ wußten die Berliner allerdings nichts. Noch heute sind in Berlin immer die Fremden schuld, wenn es Randale gibt.

Die Bürger kommen

Diese Schüsse fielen am 18. März, mittags gegen zwei Uhr. In Berlin hatte die Revolution begonnen.

„Ich befand mich im Gasthofe zum Kronprinzen, inmitten der Königstraße zu Tische. . . . Es wird 3/4 auf 3 Uhr. Da tönt wüstes Geschrei von der Kurfürstenstraße herab. Haufen flüchten durch die Königstraße; Bürger kommen, aufgeregt bis zur rasenden Wut, knirschend, bleich, atemlos. Sie rufen: man hat auf dem Schloßplatze soeben auf uns geschossen. Wut und Rachegeschrei erhebt sich durch die Königstraße, durch die ganze Stadt. Als ob sich die Erde öffnete, brauste es durch die Stadt; das Straßenpflaster wird aufgerissen, die Waffenläden werden geplündert, die Häuser sind erstürmt, Beile, Äxte werden herbeigeholt. 12 Barrikaden erheben sich im Nu in der Königstraße, aus Droschken, aus Omnibuswagen, aus Wollsäcken, aus Balken, aus umgestürzten Brunnengehäusen bestehend, tüchtige, musterhaft gebaute Barrikaden. Haus an Haus werden die Dächer abgedeckt. Oben am schwindelnden Rand stehen die Menschen, mit Ziegeln in der Hand die Soldaten erwartend. . . . alles ist bewaffnet, mit Mistgabeln, mit Schwertern, mit Lanzen, mit Pistolen, mit Planken; die Knaben dringen in die Häuser, um große Körbe mit Steinen auf die Dächer zu tragen“ (A. Wolff, Berliner Revolutionschronik I).

„Leute jeden Alters, Geschlechts und Standes waren bei diesen Zurüstungen mit gleichem Eifer tätig, und nur beim Heranrücken des Militärs entfernten sich Frauen, Kinder, Greise in die Häuser, um von dort aus durch Fenster und von den Dächern alles Bereitgehaltene herabzuschleudern, den Männern aber die Verteidigung der Barrikaden zu überlassen.“

Vor dem Schloß war an diesem Samstagmittag, einem Arbeitstag, vor allem Bürgertum versammelt. In den Fabriken im Norden Berlins wurde gearbeitet:

„Gegen 4 Uhr Nachmittags (gestern) drang die Kunde von dem auf das Volk geschehenen Angriffe in die Universitätsgebäude, wo eben eine allgemeine Versammlung der Studenten ... unter Vorsitz eines Professors stattfand. Ein allgemeines Entsetzen, gemischt mit Erbitterung über die fehlgeschlagenen Hoffnungen, ergriff die jungen Gemüther. Schon Tags vorher hatten einige Studenten sich bewaffnet. Jetzt erfolgte Bewaffnung allgemein, und dreifarbige Kokarden (Schwarz, Roth, Gold) wurden an Hüte und Mützen gesteckt" (Vossische Zeitung vom 20. März 1848).

„Einige Studenten, welche sich zu Pferde geschwungen hatten, galloppierten zum Oranienburger Tor hinaus, hielten vor allen Maschinen-Werkstätten still und feuerten die Arbeiter an, in die Stadt zu kommen und an einem Kampf sich zu beteiligen, der in der Freiheit aller auch das Los der Arbeiter zu einem günstigeren wenden werde. Die Arbeiter der Borsig'schen Fabrik gingen namentlich in großer Zahl auf diese Aufforderung ein, und bis gegen 6 Uhr abends waren wohl an 900 von ihnen in die Stadt gezogen" (1).

„Die Arbeiter ergriffen das erste beste Stück Eisen als Waffe, mancher Bursche schleppte schwere Stücke mit sich, die er weder zum Werfen noch zum Schlagen brauchen konnte, andere wieder zu leichte. ... Die Besonnensten hatten sich mit Hämmern versehen" (Berlin im März 1848, in: Die Gegenwart, Leipzig 1849).

Arbeiter und Handwerker bauten die festesten Barrikaden, um die sich die heftigsten Kämpfe entwickelten.

Zwischen vier und fünf Uhr nachmittags wurden Kanonen in die Stadt gebracht. Das Militär begann mit ihrer Hilfe den Angriff auf die Barrikaden. „Kartätschen"schüsse (statt einer Kugel werden Eisenstücke geladen) zerrissen die schwachen Barrikaden. Der Beschießung folgte Infanterie im Sturm. Wo Straßen noch passierbar oder von der Infanterie geräumt waren, greift Kavallerie an.

15 000 bestens ausgerüstete und ausgebildete Soldaten standen den Berlinern gegenüber. Von außen war die Stadt von weiteren Truppen abgeriegelt. Einige dieser Einheiten drangen durch die Tore in die Stadt ein und gelangten im Laufe der Kämpfe bis ins Zentrum. Der heftigste Kampf entwikkelte sich an der Barrikade am Cöllnischen Rathause unweit des Schlosses. Sie wurde ab neun Uhr abends von vier Kompanien angegriffen. Gut befestigt bot sie ihren Verteidigern bis nach Mitternacht Schutz vor Kartätschenladungen und Kanonen. Deckung und Hilfe erhielten die Verteidiger von Bewohnern anliegender Häuser und Schützen, die sich gut postiert in diesen verschanzt hatten.

Barrikade in der Kronen-/Ecke Friedrichstraße. Während die Männer das Pflaster aufreißen und auf den Barrikaden stehen, bringen die Frauen bleigefaßte Fenster, aus denen von Jungen hinter der Barrikade das Blei heraus- und zu Kugeln geschmolzen wird. Zeitgenössische Lithografie

Bürger mit Zylinder und Gehrock und Arbeiter in ihren typischen Blusen kämpfen gemeinsam auf der Barrikade.
Holzstich nach einer Zeichnung von C. Becker

Fünfmal rannte das Militär vergebens an. Erst als jedes anliegende Haus einzeln erbrochen, die darin aufgefundenen, ob am Kampf Beteiligte oder Bewohner, niedergemacht worden waren – wobei die meisten Aufständischen planlos auf die Dachböden geflohen waren und dort zur leichten Beute der Soldateska wurden –, gelang gegen Mitternacht die Einnahme dieser Barrikade, die dem Schloß gegenüberlag und den dort Versammelten die Heftigkeit der Kämpfe und die Entschlossenheit der Barrikadenkämpfer vorführte.
Die Kämpfe in der Stadt gingen weiter.
Ein Artillerieoffizier, Prinz Hohenlohe-Ingelfingen, beschreibt in seinen Memoiren den Eindruck dieser Nacht: „Der Lärm war an diesem Abend entsetzlich. Das heisere Geschrei der Kämpfenden, das ununterbrochene Rollen des Infanteriefeuers, dazu der Baß, den die Kanonen brummten, ... das fortwährende Sturmleuten mit allen Glocken der im Bereich der Aufständischen befindlichen Kirchen, die Dunkelheit und die daraus sich abhebenden großen Feuersbrünste machten den Abend zu einem grauenerregenden. Der Lärm der Schlachten ist zwar weit größer ... – aber der Straßenkampf im eigenen Lande, mitten im Frieden, hat etwas unbeschreiblich Unheimliches, etwa wie das Toben eines Erdbebens. Man weiß nicht, wer und wo der Feind ist."
Das alles war auch im Schloß zu hören und zu sehen. Seine Majestät war verzweifelt, obwohl gegen Mitternacht das Zentrum in der Hand seiner Truppen war. Denn auch ein Regent in schweren Zeiten braucht Liebe: „In der Nacht vom 18. auf den 19. war der König nicht dazu zu bringen, einen Befehl zu geben; er lag mit dem Gesicht in den Händen, fuhr bei jedem Schuß auf: ‚Nein, es kann nicht sein, mein Volk liebt mich!' Die Königin flehte ihn fußfällig an, dem Kampf ein Ende zu machen" (nach den Aufzeichnungen von Clemens Theodor Perthes).
Während in der Stadt noch heftig gekämpft wurde – die Weber in der Großen Frankfurter Straße im Osten der Stadt behinderten mit Steinen, siedendem Wasser, Werkzeugen und sogar ihren Webstühlen das Vorrücken von Infanterie gegen die oft als wohl uneinnehmbar bezeichnete Barrikade am Alexanderplatz –, schreibt der König selbst die berühmte Proklamation „An meine lieben Berliner", in der er, wohl in Verkennung der Situation, den Berlinern „Vergessen der Ereignisse" anbietet, wenn sie die Barrikaden räumen.
Im Schloß entsteht eine heftige Auseinandersetzung um das weitere Vorgehen. Die Truppen rücken vor, haben weniger Verluste als die Zivilbevölkerung, aber können 15 000 Mann eine geschlossen sich bis zum äußersten verteidigende Bevölkerung niederhalten?
Theodor Fontane war – wenig erfolgreich, wie er zugab – an dem Aufstand beteiligt. Er, der in dieser Nacht viel Feigheit bei den „Bürgern" gesehen hatte und Mut nur bei „Männern aus dem Volke", glaubte jahrzehntelang an die Unbesiegbarkeit einer wohlorganisierten Truppe durch einen Volksaufstand. Als er später in den Memoiren des Leopold von Gerlach, der sich als führender Reaktionär in dieser Nacht im Schloß aufhielt, die Aussage von Prittwitz' gegenüber dem König: „Heut und morgen und auch noch einen Tag glaube er die Sache noch sehr gut halten zu können, sollte sich der Aufruhr länger hinziehen, so wäre er der Meinung: mit dem König und den Truppen die Stadt verlassen und sich außerhalb derselben blockierend aufzustellen", zitiert findet, kommt der skeptische preußische Bürger Fontane zu der Erkenntnis:
„‚Ja, wie verlaufen denn diese Dinge *überhaupt*?' Und meine Antwort auf diese mir selbst gestellte Frage ging dahin: Sie müssen ... jedesmal mit dem Siege der Revolution enden, weil ein aufständisches Volk, und wenn es nichts hat als seine nackten Hände, schließlich doch noch notwendig stärker ist, als die wahrhafteste geordnete Macht. ... Wie gestalten sich solche Kämpfe? Das Volk hat von Moment zu Moment das Spiel in der Hand, hat Aktionsfreiheit; es kann sich dem Feuer aussetzen, es kann sich ihm auch entziehen; es kann nach Hause gehen, um in Bequemlichkeit auszuschlafen und kann am anderen Morgen wieder mit frischen Kräften in den Kampf eintreten. Der arme Soldat dagegen muß frieren, hungern, dursten und was er von Schlaf hat – wenn überhaupt – wird ihn wenig erquicken, da man in den von ihm besetzten Häusern ihm widerwillig gesonnen ist. ... Eine Zeitlang hält eine gute Truppe trotz aller dieser Schwierigkeiten aus, zuletzt aber sind's Menschen, und von dem beständigen Abhetzen matt und müde geworden, versagt zuletzt die beste Kraft und der treuste Wille. Dazu kommt noch, daß auch Schlagwörter, plötzlich heraufbeschworene Vorstellungen, Imponderabilien, über die hinterher leicht lachen ist, mit einemmal eine halb unerklärliche Macht gewinnen. So weiß ich oder glaub' ich zu wissen, daß für bestimmte kleinere Truppenteile mit einemmal der Schreckensruf da war: ‚Die Bürger kommen.'"
(Theodor Fontane, Die Berliner Märztage 1848).

Ein kaum bekannter Mythos deutscher Revolutionsgeschichte. Der Schlossergeselle Wilhelm Glasewald und der Schlosserlehrling Ernst Zinna verteidigten die Barrikade Friedrichstraße/Ecke Jägerstraße.
Wolff schildert in seiner dreibändigen Berliner Revolutionschronik den Kampf der beiden:
„Die Barrikade an der Jägerstraße, als zu schwach und unhaltbar erkannt, wurde alsbald von ihrer Besatzung verlassen. Nur zwei junge Leute in Handwerkertracht erwarteten furchtlos, über die Brustwehr gelehnt, den herannahenden Feind. Der eine, größere und kräftigere, hält ein altes Schußgewehr in Bereitschaft. Der zweite, ein Knabe von anscheinend 15 oder 16 Jahren, war mit einem krummen und verrosteten Säbel bewaffnet. Das Bataillon rückte näher. Der ältere der beiden Schanzenverteidiger, der 19jährige Schlossergeselle Glasewald, feuerte sofort seine Büchse auf die Andrängenden los, erhielt aber fast unverzüglich einen Schuß, der ihm den linken Arm zerschmetterte und ihm die Fortsetzung des ungleichen Kampfes unmöglich machte. Die Barrikade hatte jetzt nur einen Verteidiger, den Schlosserlehrling Ernst Zinna, in Berlin am 8. September 1830 geboren. Bei dem Heranrücken des Militärs stürzte der Knabe plötzlich aus der Barrikade hervor und blindlings auf einen der voranmarschierenden Offiziere los, dem er, alle seine Kräfte zusammenraffend, mit seiner Waffe einen mächtigen Hieb in den Hals versetzte, so daß der unerwartend Angegriffene, von so viel Kühnheit überrascht, anscheinend verwundet zurückstürzt. Sogleich aber entladen sich sechs bis acht Gewehre auf den kühnen Knaben, welcher indessen, sich gewandt bückend, dem fast unvermeidlichen Tode wunderbar glücklich entgeht. Er rafft nun in der Eile drei große Pflastersteine auf und schleudert sie, den einen nach dem anderen, den nach der Taubenstraße vordringenden Soldaten in offener Front entgegen. Ein behendes Ausweichen, das er nun versucht, mißlang, von den vielen Kugeln, die man auf ihn abfeuerte, hatte ihn eine erreicht. Er bedeckte die blutende Wunde des Unterleibs mit seinen beiden Händen und flüchtete sich in eine geöffnete Haustür, unerschrocken, kein Zeichen des physischen Schmerzes in seinen Zügen. Bald darauf verschied er."

Berlin nimmt nur die Mütze

Am Morgen befiehlt der König, der schon in der Nacht die Truppen nicht weiter angreifen ließ, eine sechsstündige Waffenruhe. Verhandlungen beginnen. Der Hof fordert die Räumung der Barrikaden, dann will er das Militär abziehen. Die Barrikadenkämpfer, die noch 3/5 der Stadt halten, trauen ihm nicht: Erst soll das Militär abziehen, dann will das Volk die Barrikaden räumen. Um 11.00 Uhr muß der König, von den wohlhabenden Bürgern in Deputationen bestürmt, nachgeben. Das Militär wird aus Berlin zurückgezogen. Der König bewaffnet die wohlhabenden Bürger – nicht die Arbeiter, Gesellen und Tagelöhner, die den Kampf vor allem führten –, und begibt sich in den Schutz der somit gegründeten „Bürgerwehr".
Die Berliner holen die Leichen der Gefallenen aus den Häusern und Kirchen, in denen sie aufgebahrt waren: „Fortwährend wurden Tote auf Brettern, Tragbahren, Handwagen in das Schloß geschafft. Bald von wild aussehenden, bald von bleichen und schluchzenden Männern umgeben. Alle nahmen dann Hüte und Mützen ab, eine Gasse bildete sich, die Ergriffensten stimmten einen Choral an. In den Hof, wo sich die Schloßwache befindet, ihr gegenüber, bettete man die Leichen, ein Wagen aber mit sechs oder sieben furchtbar entstellten Leichen war in den innern Schloßplatz gelangt. Die Wut und der Schmerz des Volkes waren bei diesem Anblick unermeßlich. Alle schrien nach dem König. Er erschien in der innern Galerie über der Wendeltreppe. Unter dem Anstimmen des Liedes: ‚Jesus, meine

Verzeichniß der in dem Freiheitskampfe am 18ten und 19ten März gefallenen und am 22sten März beerdigten 150 Brüder, welche von ihren Angehörigen recognoscirt worden sind.

v. Lensky, Gust., Reg.-Referendarius.
von Holtzendorff, Herrm., stud. jur., aus Jagow b. Prenlau
von Skoczynsky, Florian, Kaufmann, aus Fraustadt.
Dressler, Ernst, Bildhauer.
Franke, Ludwig Wilhelm, Buchhalter, Kochstraße 58.
Weiß, Levin, Student, aus Danzig.
Behmer, Aug. pension. Grenz-Aufseher, Blumenstr. 50 a.
Bernstein, Mag. us, Buchdrucker, aus Eürich.
Gebbardt, Friedr., Müllergeselle, Wallstr. 11.
Börcharding, Carl, Tischlerges., Schillingsgasse 32 a.
Trost, Joh. Andr., Schuhmachermstr., Waßmannsstr. 18.
Müller, Carl Fr. Bäckergeselle
Happeter, Jul., Buchbindergeſ., Kurstr. 48.
Hagenhausen, Maschinenbauer, Alexandrinenstraße 55.
Anders, Gottl., Arbeitsm., neue Königsstr 33.
Bärtenfeld, Arbeitsm. Prenzlauer Str. 19.
Mengel, Buchbinderges., große Hamburger Str. 8
Hoffmann, Chr., Weber, Weberstr. 5.
Herrmann, Zimmergeselle.
Hahn, Tischlergeselle aus Dresden.
Graf, C H G, Seidenwirkerges., kl. Frankfurter. Str. 8.
Maton, Tischler, Niederwallstr.
Dill, Friedr., Arbeitsm., kleine Frankfurter Str. 11.
Girn, Fr. Hausknecht, Friedrichsstr. 115.
Schultz, Raschmacher vor dem neuen Königsthore
Hartmann, Carl, Arbeitsm., Rosenthaler Gasse 14.
Kohn, Mor., Handlungsd., Spandauer Str. bei Bock.
Sabatier, Louis, Buchhalter.
Clauß, Carl, Schlossergeselle, Jüdenstraße.
Schönensack, Carl, Arbeitsmann, Weberstr. 35
Moll, Malergehülfe, Kurstraße 43.
Heuscher, Maschinenmeister, neue Friedrichsstr. 24.
Bumcke, Wilh., Schiffer, Wassergasse 22.
Unterluft, Arbeitsmann, im Frankfurterthor-Bezirk.
Rudolph, Fr., Schlossergeselle, v. d. Oranienburger Thor.
Rumbold, Arbeitsmann
Schlansky, Carl Dav, Seidenwirkerges., Büschingsstr. 13.
Voß, Maschinenbauer. Linienstr. 116.
Mudlhoff, Carl, Schlossergeselle, Mauerstr. 12.
Fehrmann, Aug., Malerlehrling beim Maler Talmatry,
Hohendorff, Hausdiener, Gollnowstr. 24.
Aliekopf Arbeitsmann aus Charlottenburg.
Braun, Wilhelm, Eisenbahn Inspektor, Wilhelmsstr.
Brüggemann, Tapezier.
Erdmann, Friedr. Ed., Tischlergeselle, Schützenstr. 3:
Freund, Tischlergeselle. aus Berlin
Hoffmann, Schuhmacher, aus Leipzig.
Hinz, Benno, Schneider, aus Königsberg i. Pr.
Heissler, M., Sattlergeselle, aus Berlin.
Koch, Schlosser.
Korting. Schuhmachergeselle, aus Halberstadt.
Kalinsky, Tischlergeselle, Köpnicker Straße 51.
Knickeberg, Tischlergeselle, Stallschreiberstraße 9.
Klerr, Speisewirth, Fischerstraße 23.
Nosser, Sämedergeselle, Mehnerstr.
Mailand, Carl Gottl. Heinr., Schlosser, Schützenstr. 3.
Mizelsky, Schneider, neue Königsstr. 13.
Priebe, Schneidergeselle, aus Neu-Stettin.
Hahmann, Carl, Schmiedelehrling, Auguststraße 37.
Riemer, Wilh., aus Dammsgarten bei Wollin.
Richter, F. W. A., Lederwaarenfabrikant, Ritterstraße.
Rupprecht, Conditor, Werderstr. 3.
Schröder, Carl, Schuhmacher, Wollanksstr. 23.
Steinau, Tischlergeselle, aus Leipzig.
Specht, Tapezier. Linkstr. 18.
Schulz, Louis, Riemerlehrl., Spandauer Str., Ecke d. Königstr.
Vogt, unbekannt.
Würdig, Daniel Fr., Kattundrucker.
Wirlein, Tischlergeselle, aus Berlin
Wegener, Tischlergeselle, Stralauer Straße 5.
Deichmann, Zimmergeselle, Linksstr. 23.
Hawar, Tischlergeselle, Blumenstr 35.
Behnert, a. Berlin, Schneidergeselle, Jerusalemsstr. 53.
Werner, Carl, Kleidermacher, Charlottenstr. 32.
Lamprecht, Ferd. Maschinenbauer, gr. Frankfurter Str. 71.
Matthes, Gust. Ad., Dresdner Str. 87.
Wehrlein, Tischlergeselle
Hesse, Heinr., Hausknecht b. Kaufmann Eckert
Linkford, Ad. Wilh., Kanngießer, alte Jakobstr. 30.
Klein, Arbeitsmann, Friedrichsfelde.
Engel, Büchsenmacherges., Elisabethstr. 17.
Müller, Rud., Tischlerges.
Werpel, Maurerges., Kochstr. 34
Pätzel, Casimir, Arbeiter bei Wöhlert, Brunnenstr. 19.
Freund, Tischlerges., Mauerstr. 2
Gieseler, Franz, Maurerges., Elisabethstr. 11.
Frankenberg, Schlosserges. b. Borsig, Artilleriestr. 25.
Jungmann, Zeugschmied.
Tutschke, Christ. Fr. Wilh., Knecht in Wilmersdorf.
Kemnitz, Zeugschmiedeges. b. Mstr. Wöhlert.
Seiffert, Seidenwirkerges.
Hering, Schneiderges.
Thiemann, Ad., Schneiderges., Stral. Mauer b. Puhlmann
Sprotte, Casp., Tischlerges., Stallschreiberstr. 46.
Puls, unbek.
Junge, Arbeitsmann, Spittelmarktstr. b. Hennig
Rudolph, Joh., Schlosserges., Gartenstr. 2.
Lemcke, Karl Friedr. Herrm., Korbmacherlehrl., Ackerstr. 4.
Bonn, Jean, Buchbinderges., unbek.
Stahlberg, Fried., Zimmerges.
Thämler, Joh. Friedr., Colorist, Lichtenberger Kietz.
Mauer, Seidenwirkerges.
Heintze, Carl Fr., Schuhmacherges., Golnowstr. 40.
Schubach, George, Weberges., Roseng. 33 a.
Zinna, Ernst Fr. Rud. Schlosserlehrling, Jägerstr. 4.
Waldschliched, Friedr., Töpferges., Auguststr. 34.
Kirchner, Möbelpol., Roseng. 16.
Schmidt, Chr. Ast., Schlächterges.
Kruger, Joh. Kupferschmied.
Schultz, Friedr., Tischlerges.
Reichstein, Schneiderges., Krausenstr.
Arnold, männl. Leiche. Siebert, männl. Leiche.
Häger, Tischlergeselle Invalidenstr. 50.
Bauerfeld, Arbeitsmann, Gr. Hamburger Str. 30.
Zimmermann, Schneider, unbekannt.
Bürtner, Ferd., Tischlerges., unbekannt.
Graubaum, Tischlerges., Wallstr. 17.
Bremer, Vergoldergehülfe, unbekannt.
Kloß, Wilh., Tischlerges., Mehnerstr. 1.
Hintze, Wilh., Tischlerges., Elisabethstr. 5—9.
Behm, Buchbinderges. aus Bromberg.
Behnert, Schneiderges., Splitgerbergasse 1.
Brunn, Leop., Kattundrucker, Stralauer Platz 21.
Riebe, Friedr. Christian, Kattundrucker, Rosengasse 33.
Würdig, Wilh., Kattundrucker, Mühlenstr. 65.
Blumenthal, Privat-Sekretair, große Hamburger Str. 16.
Rand, Ludwig, Maurergeselle, Brunnenstraße.
Schmidt, Franz August Gottlieb. Tischlermstr., Brunnenstr. 41
Gehrke, George, Schmiedegeselle, Mohrenstr. 56.
Rahmig, Maurerpolier, unter den Frankfurter Linden.
Seiffert, Franz Isaac, Handlungsdiener, Kürassierstr. 15.
Flügge, Tischlermeister, alte Jakobstr. 102.
Lillack, Schlosser aus Sorau, neue Königstr. 39.
Jungmann, Zeugschmied, Chausseestr. 75.
Fuchs, Seidenwirker, große Frankfurter Straße.
Anclam, Schuhmacherges., Friedrichsgracht.
Wendt, Tischlermeister, Markgrafenstr. 82.
Wackerhagen, Vergolder, Jerusalemsstr. 45.
Studir, Ludw., Kattundr., Weberstr. 31.
Ohm, Tischlerges., Anhalt. Komm. 13
Die Namen der übrigen Gefallenen sind nicht zu ermitteln.
Eben, Carl Wilh. Joh., Knabe, Gartenstr. 51.
Kuhn, Carl Ludw., Knabe, 12 Jahr alt, Linienstr. 27.
Leitzke, Albert, Knabe, taubstumm, Krausenstr. 3.
Behm, Adelaide, geb. Neumann, Arbeitsfrau, große Frankfurter Str. 11.
Wentzel, Auguste, unverehl., Klosterstr. 81.
Dambach, Frl. Charl., Ob.-Steuerinsp.-Tocht., Jerusalemsstr. 20
Kleinfeld, Caroline, Oberwallstr. 12 u. 13. b. Friedheim.
Wegemann, Christine, aus Christianstadt.
Rosenfeld, Helene, geb. Eichelmann, Arbeitsfrau, Friedrichsstraße 167.
33 Leichen sind nicht recognoscirt.

Zuversicht!' wurden ihm und der Königin an seinem Arm die Leichen entgegengehalten" (K. Frenzel, Die Berliner Märztage).

„Als er hinaustrat und die blutigen entstellten Leichen sah, zeigte er sich schmerzlich bewegt, die Königin bebte erschreckt vor dem entsetzlichen Anblick zurück. Der Ruf: ‚Hut ab!' erschallte. Der König zuckte beleidigt zusammen, aber er zollte den Toten seine Achtung, indem er das Haupt entblößte" (Adolf Steckfuss).

„Daß er baarhaupt stand, genügte –
Frankreich nahm in gleicher Lage
seinem Könige den Kopf ab –
Deutschland nimmt ihm nur – die Mütze"
(Alfred Meissner, 1850).

Am 22. März wurden die Gefallenen – während der Märztage sind in Berlin ca. 300 Aufständische gefallen, wovon bis auf 50 alle Arbeiter, Gesellen oder Dienstboten waren, unter ihnen sieben Frauen und drei Kinder (das Militär hatte nur 20 Tote) – im Friedrichshain, Berlins erstem Park, bestattet. Der Maler Adolf von Menzel schrieb am 23. März an C. H. Arnold in Kassel:

„Das war ein traurig feierlicher Tag, dergleichen in Berlin zu erleben, man nicht gedacht hätte. Am Morgen waren die Särge an der Freitreppe der Neuen Kirche auf dem Gens d'Armes-Markte an der Seite der Taubenstrasse auf einem grossen Trauergerüste ausgestellt. Ueber den Verlauf des grossartigen Leichenbegräbnisses sehen Sie die Berliner Zeitungen nach. Ich kann Ihnen bloß sagen, dass die langsamen Züge *Aller* Gewerke und *Aller* Körperschaften mit ihren Musikchören (theils Trauermärsche, theils geist: Lieder), ihren Fahnen, Insignien und Särgen, von den Genossen getragen; dazu die *durchweg* ernste und schweigende Haltung der Volksmassen einen furchtbar mächtigen Eindruck machten. Ich habe den Trauerzug nacheinander von verschiedenen Orten aus beobachtet, und namentlich auch lange dem Schloss gegenüber. Auf dem Balkon standen ein Adjutant mit einer Trauerfahne, ihm gegenüber ein Bürgeroffizier mit einer schwarz roth gelben Fahne, und noch 2-3 schwarze Herren, die nicht zu erkennen waren. So oft nun ein neuer Zug Särge vorbeikamen, trat der König baarhaupt heraus, und blieb stehen, bis die Särge vorüber waren. Sein Kopf leuchtete von fern wie ein weisser Flecken. Es mag wohl der fürchterlichste Tag seines Lebens gewesen sein. – Die Züge waren endlos. Ich machte einen weitläufigen Gang durch umliegende Strassen, kam wieder auf den Schloßplatz, und noch immer bewegten sich neue Fahnen, neue Särge, tönte neue Musik von der Schlossfreiheit herauf. Ich komme jetzt eben von draussen, und hab die Gräber gesehen."

1 *Berlin im März 1848. In: Die Gegenwart, Leipzig 1849, zitiert nach Geist/Kürvers, Das Berliner Mietshaus 1740–1862, S. 354.*

„Aufbahrung der Märzgefallenen auf den Stufen des Deutschen Doms." Unvollendet wie die bürgerliche Revolution von 1848 blieb dieses Bild Adolph Menzels aus dem gleichen Jahr.
Öl auf Leinwand. Das Bild hängt in der Hamburger Kunsthalle.

Klaus Hartung

Zur Dialektik von Pflasterstein und Torte

Heimweh nach dem Kurfürstendamm

Berlin und die Studentenbewegung, das scheint eine feste historische Größe zu sein. Die Vorstellung, daß in Berlin irgendwann eine Studentenbewegung, das heißt eine Bewegung von und für Studenten, begann und dann irgendwann auch wieder zu Ende war, wird gemeinhin dadurch zementiert, daß man sie chronologisch beschreibt. Ich habe dazu wenig Lust.

Gewiß, es begann an der FU. Der Kampf um das politische Mandat der Studentenschaft war aber schon ein Kampf um das Recht auf allgemeine Politik. Bevor noch die studentischen Belange entdeckt wurden, bevor man anfing, die hierarchische Massenuniversität anzugreifen, mobilisierte die Solidarität mit der Dritten Welt. Mit der Tschombé-Demonstration 1964 betrat die „Protestgeneration" die Straße. Die Straße? Auch ‚die Straße' gab es vorher nicht, sie mußte erst in den 60er Jahren wieder entdeckt werden. Die Demonstrationen der nächsten Jahre haben etwas zu tun mit dem spielerischen Entdecken der eigenen Kräfte. Erst der 2. Juni '67, der Tag, an dem Benno Ohnesorg vor der Deutschen Oper ermordet wurde, während der Schah die „Zauberflöte" hörte, wendete die Situation schlagartig. Wir sollten mit Polizeigewalt in die Universität zurückgetrieben werden. Der Staat verordnete uns gewissermaßen die Studentenbewegung. Damit war aber auch klar, wie weit wir uns von den studentischen Belangen entfernt hatten. Dieser eine Tag erhellte abrupt die geschichtliche Alternative: zurück in die Geschichtslosigkeit der 50er Jahre, das heißt weiter in die „formierte Gesellschaft" Erhards, in den Notstandsstaat, in den Staat der Großen Koalition, oder mit aller Kraft die winzige Chance, ‚Geschichte zu machen', die Gesellschaft zu verändern, zu ergreifen und die „Straße" weiter zu erobern.

Genaugenommen war die Freie Universität ein Sammlungspunkt für alle die gewesen, die vor den 50er Jahren geflohen waren; ein Ghetto also, aus dem wir dann ausbrachen. Und diese Dialektik von Sammlung im linken Ghetto und Ausbruch in die Stadt, in die Gesellschaft hat sich wiederholt, bis zu den Kreuzberger Hausbesetzern. Vielleicht läßt sich mit dieser Dialektik der lange Atem der linken Bewegung erklären. In Italien und Frankreich sind die 68er längst von von der Szene verschwunden.

Aber was hat das mit Berlin zu tun, warum war gerade diese schräge Frontstadt der Geburtsort der deutschen Linken? Greifen wir einen Aspekt heraus: den Kudamm, als Übergangspunkt zwischen Ghetto und Gesellschaft.

*

1968. Wasserwerfer vor dem Schöneberger Rathaus. Foto: Günter Zint

Die Ur-Demo. Am 18. Dez. 1964 besuchte der damalige kongolesische Ministerpräsident Moisé Tschombé Stadt und Mauer. 600 deutsche und afrikanische Studenten durchbrachen die Bannmeile des Schöneberger Rathauses, um dem Gast die Qualitäten der einheimischen Tomaten zu demonstrieren.
Im Bild der Empfang am Flughafen Tempelhof. Foto: Günter Zint

Man stelle sich vor, man könne irgendeine Metropole eines europäischen Staates aufsuchen und es gäbe dort mit hoher Wahrscheinlichkeit die Chance, sich per Augenschein über den Stand der revolutionären Dinge zu informieren. Ich betone: per Augenschein. Unmittelbar, aber unbeteiligt, nur getrennt durch eine Caféhausscheibe, kann der westdeutsche Kleinbürger und Berlintourist sich mit den Erregungszuständen des revolutionären Subjekts beschäftigen. Die Aufmerksamkeit den Straßenkämpfen zugewandt, aber entschlossen, die einmal bezahlte Torte auch aufzuessen, nun, das passiert auch in anderen europäischen Großstädten ab und an. In Berlin aber ist es eine politische Struktur, etwas, das sich wiederholt oder auf Wiederholung angelegt ist. Berlin, „Schaufenster der Geschichte" also?

Ich halte das für einen wenig erhellenden und darüber hinaus auch belasteten Begriff: Berlin hatte ja schon einmal eine Schaufensterfunktion. Allerdings stellte sich sehr bald heraus, daß die Ware Freiheit im Berliner Schaufenster nichts anderes war als die Freiheit der Waren.

So scheint mir sinnvoller zu sein, die eben angedeutete Szene, die sich nun seit fast fünfzehn Jahren wiederholt, genauer zu betrachten. Rigide Politästhetiker neigen dazu, von der Torte auf den Kudammdemonstranten zu schließen. Ihre Einwände gegen das Café Möhring lassen sie auf die Demonstration vis-à-vis abfärben. Schauspiel für Westdeutsche, ritualisierte Straßenkämpfe, bedenklich nahe an der Berlinwerbung, wenden sie ein. Aber diese Kritik ist eigentlich schon historisch abgetan.

Die Beschwörer der reinen revolutionären Moral haben die Kudammszene, das Ineinander von Straßenkampf und Kaffeetrinken, von Protest und Kopfschütteln, von revolutionärer Wut und touristischer Neugier überhaupt nicht begriffen. Sie konnten es auch nicht begreifen, weil sie zu ihrem Schaden darauf verzichteten, den westdeutschen Kleinbürger wahrzunehmen. Er war keinen Gedanken wert. Für die Linke war er – und ist er noch – ein Begriff, gemischt mit einem unangenehmen Erscheinungsbild. Doch damit wurde nicht nur dem Kleinbürger unrecht getan. Vertan wurde auch die Chance, einen Blick in das paradoxe Räderwerk geschichtlicher Prozesse zu werfen.

*

Wasser für den Fisch war die Berliner Bevölkerung nie. Allein der hartnäckige Berlintourist, der sich mitten im Tumult nichts entgehen lassen will, suggerierte die Vorstellung vom Wasser. Das heißt aber auch, daß die sich wiederholenden Kudammauseinandersetzungen eine politische Struktur schufen, an der drei Gruppen beteiligt waren: die Berliner Staatsgewalt, die zum großen Teil aus Westdeutschland stammende Linke und die westdeutschen Kleinbürger. Ich behaupte nun, daß diese Struktur nicht nur die Rolle Berlins in der jüngsten Geschichte Deutschlands bestimmt, sondern auch die Form darstellt, wie Geschichte wieder in Deutschland auftauchte, Geschichte als Dimension änderbarer Verhältnisse, als Ort der Wünsche, der eigenen Utopien, als Teil des eigenen Lebens.

*

Als der Regierende Bürgermeister Schütz auf der Kundgebung der Pro-Amerika-Demonstration (sie wurde '68 organisiert, um dem Vietnamkongreß etwas entgegensetzen zu können) den schönen Satz prägte: „Wir lassen es nicht zu, daß man unserer amerikanischen Schutzmacht auf die Stiefel spuckt", da schien allen Linken klar, was Opportunismus sei – die Zärtlichkeit, die diese Stiefel blank erhält. Aber was der Berliner Kleinbürger für die Linke in Berlin repräsentierte, war durchaus kein Opportunismus, sondern ein seit den Rosinenbombern antrainierter bedingter Reflex.

Ihn für Opportunismus zu halten, paßte zwar durchaus zu einer Revolutionstheorie, die es auf Helden anlegte. Mit dieser elitären Einstellung war man natürlich blind für das wirkliche Problem: Der westdeutsche Kleinbürger war gar nicht bis zu einer opportunistischen Betrachtung der Geschichte vorgedrungen. In der gehässigen Enge zwischen den Generationen, wo die eine Generation, die Jugend, nach dem Faschismus fragte und die andere, die der Eltern, mit dem Eigenheimbau antwortete, stumpften sich Wut und Rechtfertigung gegenseitig ab. Wo sollten sich die Generationen auseinandersetzen? Die öffentlichen Räume, Straßen und Plätze, hatte man dem Verkehr geopfert. So blieb übrig der mörderische Kampfplatz geschichtlicher Verstrikkung im Wirtschaftswunderdeutschland: der Familientisch. Es fehlte also der Raum, die Distanz. Der öffentliche und geschichtliche Raum zur Entfaltung dieses Widerspruchs, das war die Inselstadt Berlin. In südlichen Ländern gibt es dafür die Einrichtung der ‚piazza'. Ich glaube, daß der Kudamm eine solche Einrichtung ist, eine piazza der BRD, die zudem den Vorteil hat, daß sie regelmäßig die Ereignisse mitliefert, über die man dann räsonieren, schimpfen und meckern kann.

*

Die Linken zieht's zum Kudamm, in der vagen Vorstellung, daß da Öffentlichkeit ist; die Touristen in der präzisen Vorstellung, daß da mehr los ist. Beide meinen wahrscheinlich dasselbe. Man sollte allerdings – um dem Phänomen gerecht zu werden – bedenken, daß dieser Berlintourismus nicht als Urlaub der Kleinbürger verstanden werden darf. Urlaub der Kleinbürger würde heißen, an der Costa Brava genau dort weiter machen, wo man vor zwei Tagen in Kaiserslautern aufgehört hat. Nein, es ist vielmehr der Kleinbürger auf Urlaub, der in Berlin nun nicht sein Eigenheim, sein Auto zu verteidigen hat und also den Flirt mit der Geschichte wagen kann.

Die Linken haben dieses Phänomen nicht begriffen, die Rechten schon gar nicht. Nichts lachhafter als die unvermeidlichen Gewaltdebatten im Abgeordnetenhaus, die die

Der Kurfürstendamm gewinnt für einen Augenblick seine historische Funktion zurück: Reitweg. Auch das Kostüm der Reiter ist bereits historisch: Nach der „Schlacht am Tegeler Weg", bei der die Polizei in die Flucht geschlagen wurde, ersetzten Plastikhelme mit Schutzscheibe die traditionsreichen Tschakos.
Fotos: Günter Zint

3. Februar 1968: Protest gegen die griechische Militärjunta. Im Café Wien: Die Zuschauer auf den guten Plätzen. Foto: Michael Ruetz

Tätigkeit der Glaserinnung regelmäßig zu begleiten pflegten. Die Gewaltdebatte war nie etwas anderes als das feierliche Ende der Krawalle, und niemand macht sich klar, daß Berlin auf die Krawalle gar nicht verzichten kann. Nur so hat der Besuch dieser Stadt, für deren Selbstbewußtsein es unverzichtbar ist, daß der jährliche Zahnarztkongreß auch hierorts stattfindet, einen Reiz. Weshalb sollten die Zahnärzte sonst kommen? Wegen der Bordelle, wegen der Sehnsucht nach der „Domina", die sich in der BZ anbietet? Ach, eine Domina läßt sich auch in Hannover finden.

*

Ich bin mir bewußt, daß das, was ich hier als historisch bemerkenswertes Phänomen beschreibe, wie ein Spiel wirken muß. Und das Spiel wurde in den ersten Theorien und Vorstellungen der (späteren) linken Bewegung mitgedacht. Da gab es die Spaziergängerdemonstration, die Büßerdemonstration. Einschränkungen des Demonstrationsrechts, Demonstrationsauflagen wurden so buchstabengetreu erfüllt, daß die Berliner Staatsgewalt hilflos und lächerlich zugleich dastand. Eine Demonstration bestand z. B. aus Blöcken von 100 Ordnern, und dann folgte 1 Demonstrant.
Und vor allem gab es die „Viva Maria"-Gruppe. Penible Soziologen der Linken erwähnen diese Gruppe, erwähnen unter Umständen auch die Teilnehmer (Rudi Dutschke gehörte zu ihnen), aber so recht aufgeklärt wird die verwirrte Nachwelt nicht, wiewohl der Viva-Maria-Geist neuerdings wieder mächtig spukt. „Viva Maria" ist ein Film vom Louis Malle. Rudi Dutschke hat ihn siebenmal angeschaut, wie man hörte. Die Story in Kürze: Ein Zirkusunternehmen bereist ein Land der 3. Welt. Die Hauptakteurinnen, die beiden Marias, gespielt von der Moreau und der Bardot, geraten irgendwie mit einer Handvoll Revolutionären ins Gefängnis. Sie brechen aus, und im Ausbruch werden nun alle zirzensischen Fähigkeiten entfaltet. Und dann beginnt der Zirkus Revolution zu spielen, ohne Massenbasis, ohne Parteipresse, ohne die 12 Hauptforderungen, ohne Strategie und Politbüro. Aus dem Spiel mit der Revolution wird Revolution. Das war die Theorie der antiautoritären Bewegung, entwickelt in der Arena Berlin. Natürlich haben wir das nicht verraten, als alle Welt und die Zeitungen aufgeregt fragten: „Was wollen die Studenten?"
Das Viva-Maria-Spiel der Revolution wird gegenwärtig von dem sattsam bekannten Berliner Ensemble gespielt. Auch in dieser Saison treten auf: 68er Opas, Friedensfreunde, ALer, Hausbesetzer, Turnschuhfraktion, der Verein „Gefühl & Härte", Ökos und andere mehr. Wie sind nun die nach Berlin gekommen? Nun, die sind nach Berlin gekommen, weil andere vor ihnen schon da waren. Aber jene, warum haben die sich gerade Berlin ausgesucht? Rüde Menschen könnten meinen, daß es in dieser ruinierten Stadt eh' nicht mehr darauf ankam. Mit anderen Worten: es gab von Anfang an Freiräume, mehr Freiräume als in der Wirtschaftswunderstickluft Westdeutschlands.
Aber das erklärt noch gar nichts. Wenn diese Freiräume bloß Leerstellen gewesen wären, was wäre dann anziehend gewesen? Was war in dem Freiraum? Worin bestand seine spezifische Färbung? Mit anderen Worten, warum zog eine Jugend auf der Suche nach einer Zukunft in die Stadt ohne Zukunft? Warum zog sie ausgerechnet in die von allen guten Geistern und der Industrie verlassene Frontstadtinsel?

Ich ging 1962 nach Berlin. Ich hatte bis dato in Bonn erfolgreich studiert, war ein (Operettenton:) junger Mann mit Zukunft. Seitdem sind alle Züge abgefahren, und auch meine Eltern haben die Hoffnung aufgegeben. Wenn ich mich meiner ersten ‚Berlin'-Gefühle erinnere, müßte ich sie so umschreiben: jener Topos von science-fiction-Romanen, wo nach der Katastrophe die Utopie auftaucht. Die wenigen Überlebenden entdecken die Metropole. Sie gehört ihnen. Die Geschichte ist vorbei, aber anwesend: in jeder Ruine. Jetzt erst lebt man auf der Höhe der Zeit, wenn man aus dem Schutt die Vorkriegskonserven wühlt. Dazwischen das wohl beeindruckendste Symbol des post-histoire: die Massenverkehrsmittel ohne Massen. Nach der Katastrophe ist man unter sich. Zur Kapitalverwertung fehlt das Kapital, es ist zu überflüssigen Geldhaufen verkommen.

In Berlin rattert durch die Hülse der einstigen Reichshauptstadt die S-Bahn. Ein wahrhaft nachapokalyptischer Zug. Sie sollte so, wie sie ist, von der UNO erhalten werden! Während in Westdeutschland mit Eternit, Beton und Kachelwänden die Geschichte liquidiert wurde, während die 50er Jahre den Faschismus mit Verkehrsplanung ausradierten, raubten sie den Menschen etwas Entscheidendes: die Vergangenheit.

Westdeutschland begann sich zu einer Gesellschaft für Rentner umzuorganisieren. Das heißt nicht, daß es da etwa den Rentnern besonders gut ging. Vielmehr sind alle Arbeitenden Noch-nicht-Rentner. Paradoxerweise wurde also aus der Rentnerstadt Berlin die Stadt der Jugend, zum Ärger der Berliner Rentner. Warum? Nicht nur, weil man der Bundeswehr entgehen konnte. (Dann wäre es ja die Stadt der männlichen Jugend geworden.) Auch deswegen, so meine ich, weil in Berlin die 50er Jahre gescheitert sind. Sie haben es nicht geschafft, die Geschichte auszutreiben. Daß in Deutschland Krieg gewesen ist, das sieht man in Berlin. Die Nachkriegszeit ist hier immer noch nicht zu Ende, die Stadt hat Lücken, Ruinen, tote Gleise, überwachsene Winkel, Schutthalden, Spuren über Spuren. So liegt ein utopischer Zug im Stadtbild. Angesichts der Ruinen werden die Ideen provoziert: Man sollte, man müßte doch einmal . . . Gefühle, die in den westdeutschen Fußgängerzonen nie einziehen werden. Und die Utopie der Ruine geht weit übers Ästhetische hinaus. Als Ruine wurde beispielsweise die großbürgerliche Familie überliefert, und zwar in den großen 5- bis 8-Zimmer-Wohnungen: Entfaltungsraum für die Wohngemeinschaften und Kommunen. Kinderläden sind ein anderes Beispiel. Ausländer fragen sich oft vergebens, was in Kinderläden denn verkauft werde.

Ruine war auch das Stadtviertel, der Kiez. Heute spricht selbst die CDU vom erhaltenswerten Zusammenhang des Kiezes. Die Kieznachbarschaft, woher kommt sie? Vom linken Ghetto, das sich in den zerstörten Vierteln breitgemacht hat. Die Linke, die die Geschichte entdeckte, entdeckte im selben Zug die Stadt. Von der Dritten Welt zum Aufbau der Organisation der Arbeiterklasse, vom Kudamm zum proletarischen Viertel und zurück. Dann und wann muß man sich wieder auf dem Kudamm treffen, um zu sehen, wie der aktuelle Stand der Kräfte ist.

*

Geschichte als Exportgut der Stadt, neben Rock und Schaubühne? Nein, die Ware läßt sich nicht gut ausführen. Man muß sich schon herbemühen. Hier jedenfalls gibt es eine grundsätzliche Übereinstimmung zwischen Senatspolitik und der Linken.

Gegenwärtig hat Berlin eine neue aufregende Attraktion zu bieten (ein Jahr vor Hamburg!): „die Unregierbarkeit". Ohne die Linke geht nichts mehr, mit ihr schon gar nichts. Da helfen nur Drohungen und Subventionen, was die AL treuherzig als „Zuckerbrot und Peitsche" interpretiert. Der westdeutsche Kleinbürger wird sich auch die „Unregierbarkeit" anschauen. – Irgendwann einmal hat er genug geschaut, und Berlin wird wieder eine normale Stadt. Dafür wird es in Westdeutschland drunter- und drübergehen. Das jedenfalls sind so die Hoffnungen, die einem hier manchmal durch den Kopf gehen, bis endlich der duzende Kellnerfreak das alternative Frühstück bringt, elf Uhr vormittags, wenn andere Leute arbeiten.

Frühstück auf dem Kurfürstendamm. Durch Räumung ihres Hauses obdachlos gewordene Berliner trinken ihren Kaffee auf der Straße. Im Café Kranzler ist er sowieso zu teuer. *Foto: Ralph Rieth*

Heinrich Albertz

Eine schwierige Stadt – nicht ohne Hoffnung

Ich kenne Berlin seit etwa 1930. Was war das für eine Stadt! Eine herrliche Stadt. Eine große, eine offene, eine lebendige, eine witzige, ich glaube auch im Ganzen eine menschliche Stadt. Natürlich hat es hier auch schon damals Konflikte gegeben. Das waren ja die Jahre, in denen die Nazis anfingen, ihr Haupt zu erheben. Gleich als Anmerkung: Das haben sie hier in Berlin sehr schwer gehabt, und das ehrt die Berliner. Es hat bei den letzten freien Wahlen (oder halbwegs freien Wahlen) 1933 hier in dieser Stadt keine Mehrheit für die Nazis und ihre Helfershelfer gegeben, in den Arbeiterbezirken schon gar nicht.

Aber damals habe ich als junger Mensch diese Stadt wirklich als eine große Mitte des Lebens empfunden. Unvorstellbar, wenn man das heute in Kreuzberg ausspricht, wirklich von Spandau bis Köpenick, und von Zepernik oder Borsigwalde bis hinunter nach Zehlendorf ohne Grenzen in sich selbst und nicht eingemauert wie heute. Zehn Pfennig kostete damals für Schüler eine Fahrt in Berlin. Es gab noch einen Verkehrsverbund, und die S-Bahn war sein Rückgrat. S-Bahn zu fahren war übrigens viel vornehmer als mit anderen Verkehrsmitteln; dort gab's nämlich die 2. Klasse, das war das, was heute die 1. ist. Sogar die Bankiers fuhren mit der S-Bahn. Sie hatten dafür einen besonders schnellen Zug vom Wannsee zum Potsdamer Bahnhof.

Solche Dinge fallen einem ein. Und dann fragte niemand, woher man kam. Ein Bürgermeister von Berlin, der sich darüber aufregt, daß in bestimmten Häusern mehr Leute leben, die nicht in Berlin geboren sind, sondern von draußen kommen, wäre damals sicher nur wenige Tage im Amt gewesen. Und das war eine alte Tradition dieser Stadt, denn in ihren größten Zeiten war Berlin ja eine Ausländer-Stadt. Daß diese Stadt so geworden ist, haben wir zum Beispiel den Franzosen zu verdanken, den Hugenotten oder den Holländern oder den Salzburgern, und damals hatte man den Mut, diese Leute so leben zu lassen, wie sie wollten; man lernte sogar französisch. Stellt Euch vor, wir würden heute anfangen, türkisch zu reden!

Ich habe schon angemerkt: Als der Verbrecher Adolf Hitler die Macht übernahm, hat diese Stadt sich gewehrt, auch das gehört zu ihrer Geschichte. Wir noch etwas Älteren, wir leben auch in einer bestimmten Trauer, auch in Nostalgie, also sentimentaler Trauer über Verlorenes und Vergangenes, denn das, was dann passierte und was die Großväter- und Großmütter-Generation in dieser Stadt erlebt hat (und auch noch ein Teil der Väter, die damals jung waren, ganz jung, wann immer sie – wenn sie – heil aus dem Kriege zurückgekommen waren), das war, ganz ohne jeden Zweifel, eine Abfolge von Ereignissen, mit denen wir viel von dem erklären können, warum es heute so schwierig ist zwischen den Generationen. Bei uns ist das noch, wie übrigens auch alles andere, einen Zahn weiter gedreht, der Aggregatzustand, in dem wir uns befinden, noch ein bißchen schwieriger; daß die Aggressivitäten sich noch deutlicher äußern können, hat wohl etwas mit der Nachkriegsgeschichte dieser Stadt zu tun, von der die Jüngeren kaum noch etwas wissen, oft sogar Falsches hören, und was für sie nur Geschichte ist. Ich sag's jetzt mal ganz anders rum: Ich hab auch in meiner Amtszeit, in meiner staatlichen Amtszeit hier in der Stadt, oft gedacht, es ist ja eigentlich ein Wunder Gottes, daß diese Stadt nicht vollkommen verrückt geworden ist. Denn wenn man sich den Vorgang einmal ganz nüchtern vor Augen führt, der sich hier ereignet hat, dann ist neben allem anderen, was das deutsche Volk im Ganzen als Folge der Verbrechen Hitlers über sich hat kommen lassen – wobei ich jetzt gar nicht so sehr das Böse meine, sondern das viel zu schnelle Gute, was kam –, hier eine derartige Massierung von Anormalität zustande gekommen, wie sie nach meiner historischen Kenntnis in der Geschichte so, in dieser perfektionierten Form, kaum versucht wurde. Man teilt nicht nur ein Land, sondern man teilt dann noch einmal eine Stadt, und zu einem bestimmten Zeitpunkt teilt man diese Stadt so, daß nicht etwa nur der eine Teil des Landes damit abgesperrt und eingemauert wird, sondern dann natürlich auch noch einmal diese halbe Stadt. Man schneidet einen Organismus völlig von den normalen Zuflüssen menschlichen, ökonomischen, kulturellen Lebens ab, man schafft eine künstliche Insel, wie die Bohr-Inseln in der Nordsee oder sonstwo, und man schafft dadurch zweierlei: erstens eine immer stärker wirkende Treibhausatmosphäre, eine Naturschutzpark-Gesinnung, und eine sich immer wieder entladende Aggressivität bei jedem nur denkbaren Konflikt. Daß es noch so gut gegangen ist, wie wir es bisher erlebt haben, ist für mich keineswegs selbstverständlich. All die Dinge, die diese Generation erlebt hat: von den Jahren unmittelbar nach der fast völligen Zerstörung der Stadt über die Erkenntnis, daß man praktisch mit den Schutzmächten oder mit den Besatzungsmächten alleingelassen war und daß der Teil Deutschlands, der es konnte und der davon mit großen Worten redete, sich im wesentlichen der Last Westberlins damit entledigte, daß er möglichst viel Geld hierhergab. Das war ja die Adenauersche Politik mit Westberlin, übrigens auch sonst weitgehend gilt für Berlin: es ist ja fast alles mit Geld zu machen. Seitdem haben wir hier eine hypertrophe Subventionsmentalität und eine schlechthinnige Abhängigkeit, die dieses Stück Deutschland, dieses kleine Westberlin praktisch zu einer Kommune gemacht hat, in der kaum noch etwas selbst entschieden wird. Deswegen heißt zum Beispiel der Bürgermeister auch Regierender Bürgermeister; er ist der einzige Bürgermeister in Deutschland, der nicht regieren kann. Wir können nicht mal unseren Haushalt selbst aufstellen, da 55 % Alimente sind. Aus Westdeutschland. Von dem, was durch die oberste Verantwortung der Alliierten Mächte hier in dieser Stadt zu sagen ist, ganz zu schweigen.

Diese Künstlichkeit und die schweren Enttäuschungen über zusammengefallene Illusionen sind ein Grund dafür, daß wir es schwerer haben, hier in der Stadt miteinander zu leben, insbesondere was den Generationenkonflikt angeht. Ich bin doch noch hierhergekommen, ich bin überhaupt nur hierhergegangen, im Jahre 1955, weil ich glaubte, ich würde in Berlin der Mitte Deutschlands und insbesondere dem andern Teil Deutschlands näher sein. Ich käme in die heimliche Hauptstadt. Ich könnte hier in einer Gemeinschaft leben, die besser und anders als die damals schon langsam angestaubte Bundesrepublik Deutschland ein frisches demokratisches Leben hätte. Nun ja, ich will die Enttäuschung im einzelnen jetzt gar nicht schildern. Ich will nur sagen, daß kaum jemals im Ablauf von Entwicklungen auf einen Tag genau, sogar auf eine Stunde genau der Zusammenbruch der Illusionen festzuschreiben ist.

Am Potsdamer Platz sind längst alle Lichter aus. Wo vor dem Krieg das Zentrum Berlins war, wo der Verkehr pulsierte und das hektische Berliner Leben zuhaus war, wird heute auf dem Flohmarkt jeden Samstag und Sonntag mit den Relikten der Vergangenheit ein letztes Geschäft gemacht.

Foto: Kristina Eriksson

Foto rechts: Peter Hebler

Foto: Junker-Rösch

Das war die Nacht vom 12. zum 13. August 1961, als ich aus dem Bett geholt wurde von dem damaligen Polizeikommandeur mit der Bemerkung: „Es ist soweit." Jeder hatte das ja geahnt, daß es soweit kommen konnte, aber nun war mit der totalen Abschnürung des anderen Teils Deutschlands die Funktion, die illusionäre, die erhoffte, die ersehnte Funktion dieser Sonderstellung Berlins ein für allemal vorbei.
Als einer, der in der frühesten Stunde dieses Ganges Berliner Geschichte mit dabei war, nämlich, als wir versuchten, nun die Situation Westberlins vertraglich zu regeln, war uns das auch nicht klar: die Normalität, daß der Wegfall bestimmter Symptome des Kalten Krieges, daß der Ausgleich mit der Deutschen Demokratischen Republik in ganz bestimmten lebenswichtigen Fragen dieser Stadt nun eine zusätzliche Gefährdung sein könnte. Die der Langeweile. Die einer immer zunehmenden Provinzialität, die sich nur noch mit sich selber beschäftigt. Daß nicht nur die Alten unter uns, wie überall sonst, mal Rentner und Pensionäre werden. Sondern daß die Stadt Westberlin ins Rentendasein versetzt worden ist. Nur noch etwas gezahlt bekommt und immer weniger für die Gesamtheit leistet. Der Chruschtschow, dieser merkwürdige Vorgänger von Breschnew, der ja ein Mann aus dem Verein für deutliche Aussprache war, der hat die Zukunft der Stadt so prognostiziert: „Mit Westberlin brauchen wir uns gar nicht mehr zu beschäftigen. Das erledigt sich von selbst. Da werden eines Tages nur noch die alten Leute, ein müder Senat und die Besatzungsmächte übrig sein." Das hat er etwa 1960 gesagt, nach meiner Erinnerung. Und genau dies ist in Gefahr einzutreten. Wenn wir uns entweder in den aufgestauten Aggressivitäten, die wir heute von Neuem erleben, gegenseitig umbringen, oder indem wir an allen Fronten resignieren. Und dazu gehört natürlich auch, Konflikte unter den Teppich zu kehren. In diesen Zusammenhängen ist also die Frage zu stellen: Was ist hier Zukunft? Und nun wirklich nicht nur, weil ich etwa als Pastor dazu verpflichtet bin, daß meine Rede gut ausgeht, und weil am Schluß irgendwo Hoffnung stehen soll, sondern weil ich auch von dieser anderen Seite unserer Realität vor dem Hintergrund der Schwierigkeiten, die ich eben in aller Kürze und darum sicher fragwürdig dargestellt habe, ich bin auch davon überzeugt: Nach zwei Richtungen hin hat auch heute noch die Gemeinschaft, in der wir leben, eine Chance, also Zukunft. Nach außen, das kann ich jetzt ganz kurz machen, weil Westberlin das einzige Stück Deutschland ist, über das noch nicht endgültig verfügt wurde. Nun sage ich etwas für Sie sehr merkwürdiges: das winzige Stück Deutschland, das Gott sei Dank noch besetzt ist und in dem eben nicht die Illusion besteht, wir wären ein souveräner Staat, wie in der Bundesrepublik Deutschland und in der Deutschen Demokratischen Republik. Hier ist der verlorene Krieg noch präsent. Hier holt er uns jeden Tag ein. Hier kann jeder General sogar allein für sich und in seinem Sektor bestimmen, was er für richtig hält. Das kommt sehr selten vor, Gott sei Dank. Wenn es vorkommt, meistens hinter den Türen. Ich habe nicht die Absicht, darüber heute zu plaudern. Aber ich will positiv sagen, daß wir daraus auch die Courage ziehen können, bei aller vorhin geschilderten Abhängigkeit, bei aller von mir voll vertretenen Zugehörigkeit zur Bundesrepublik Deutschland nun nicht ganz zu vergessen, daß wir ein Stückchen etwas anderes sind als die anderen und daß wir diese Beweglichkeit vielleicht auch einmal ausnutzen können. Das ist fast Landesverrat, ich hab' das schon vor mehr als 10 Jahren vorgetragen, bin mit aus diesem Grunde auch aus diesem Rathaus herausgegangen. Heute sagen das Leute wie etwa Günter Gaus immer wieder und nicht nur vor SPD-Parteitagen. Nicht nur auf den Briefmarken, nicht nur bei unserem Personalausweis, da ist es ja so, jawohl, da steht heute noch, Gott sei Dank, behelfsmäßig drauf, das heißt, die Absurdität, in der wir leben, ist eine behelfsmäßige. Ich frage die deutschnationalen Leute in unserem Lande: Soll das eigentlich noch bei meinen Urenkeln so sein, wie wir jetzt hier leben? Dann sind wir bestimmt Fossile geworden. Nach außen kann und wird und – nach meiner Überzeugung – muß dieses Stückchen Westberlin ein Pfahl im Fleische für beide Teile Deutschlands sein, ich betone, für beide Teile Deutschlands.
Es ist doch kein Zufall, daß die Versuche neuer Lebensformen, neuer Betrachtungsweisen und damit natürlich auch immer neue Konflikte hier in Berlin ihren Anfang, ihre stärkste Ausprägung und dann auch gelegentlich negative Höhepunkte gefunden haben. Es ist doch kein Zufall, daß 1966/67 in *dieser* Stadt und nicht in Frankfurt oder München die Studentenrebellion begonnen hat, weil die Treibhaus-Atmosphäre, weil das Unglaubwürdige zwischen Gesagtem und Getanem hier besonders deutlich war. Und es ist auch heute kein Zufall, daß hier in dieser Stadt Westberlin Versuche deutlich werden, die nach meiner Überzeugung Zukunft haben. Das sind nicht die Dinge, die in den Glanzpapierprospekten des Verkehrsamtes der Stadt Berlin stehen. Ich glaube nicht, daß wir mit der verkommenen Kurfürstendammstraße oder mit einem Glitzerding wie dem KaDeWe oder mit leider auch nicht immer sehr interessanten staatlichen Theatern auf die Dauer über die Runden kommen werden. Aber was nach meiner Überzeugung immer interessanter wird, und was übrigens auch nach außen immer interessanter wird, sind zwei Dinge: daß in einer allgemeinen Selbstbemitleidung von jungen Leuten und in

Foto: Amelie Glienke *Foto rechts: Bernd Markowsky*

einem dauernden Warten auch noch auf den letzten Pfennig Staatsknete dagegen eigene Initiativen zum Zuge kommen. Manchmal schwebt mir vor, der Mehringhof zum Beispiel könnte ein zweites Rathaus von Westberlin werden. Ich glaube, es wäre im Augenblick sogar das interessantere. Was dort alles unter dem Dach ist! Wie die Vögel im Baume vor meinem Fenster in Schlachtensee. Viele, manche kennt man nicht, sie fliegen auch immer wieder weg, aber sie haben dort Leben im Baum. Ich will es nur an einem Beispiel deutlich machen, an dem mein Herz hängt. Für mich war es ein ganz großer Tag, als wir das Netzwerk Selbsthilfe gegründet haben. Und was sich daran alles angeschlossen hat! Für uns war es ein ganz großer Tag, als sich plötzlich neben den etablierten Zeitungen andere Presseorgane gründeten. Und nun da sind. Von der Schaubühne ganz zu schweigen; da darf man nur hoffen, daß sie in ihrem so stark subventionierten Theater am Kurfürstendamm nicht auch eingeht in die Gefilde der Seligen. Alles, was im Stattbuch (mit zwei ‚t') steht und was eine ganz andere, neue Realität in dieser Stadt darstellt als das, was man sonst vielleicht hier sucht, gibt mir Hoffnung. Ich möchte die Jüngeren bitten, daß sie sich diese Hoffnung von niemandem nehmen lassen, und die Älteren bitten, daß sie den Jüngeren in diesem Lebensraum ihre Versuche nicht schwerer, sondern leichter machen. Auch dafür gibt es eine Fülle von Beispielen. Ich bin aus gutem Grund nicht, wie mein großer und geliebter Freund Hellmut Gollwitzer, mit einer Matratze in eine instandbesetzte Wohnung gegangen, weil ich zu bequem und zu faul dafür bin. Aber was sich um das herum inzwischen getan hat an Verbindungen und Bindungen, und daran bin ich ja Gott sei Dank auch ein bißchen beteiligt, ist ein solches ermutigendes Beispiel. Was nicht eintreten darf, ist das, was Dieter Hildebrandt vorausgesagt hat: es komme eine Dritt-Teilung der Stadt zustande. Es bestehe ja eigentlich schon eine Mauer, eine zweite, unsichtbare zwischen Kreuzberg und Teilen von Schöneberg und Wedding und dem anderen Teil, dem, wo die ordentlichen Bürger wohnen, die Bischöfe und die früheren Bürgermeister. Da ist schon eine Mauer. Und, liebe Freunde, wir müssen furchtbar vorsichtig sein, daß das nicht eintritt, weil beide nicht überleben werden, wenn diese Mauer, diese nicht sichtbare Mauer, immer stärker wird.

Ich wollte gerne diese wenigen Anmerkungen zu Vergangenheit, Gegenwart und Zukunft unserer Stadt machen und zum Schluß nur noch einen letzten Satz anfügen: So sehr es richtig ist, daß wir hier heute beieinander sind und vom Frieden in dieser Stadt reden, so ist ebenso richtig – und bitte, vergeßt das keinen Augenblick bei irgendeiner Art von Berliner Nabelschau –: wir werden alle miteinander nur überleben, wenn wir den Wahnsinn des totalen Selbstmordes, der in unserer Rüstung drinsteckt, mit all ihren unübersehbaren Gefahren, gemeinsam begegnen. Ich möchte gerne, daß in diesem großen Zusammenhang, gerade wegen unserer Berliner Erfahrungen, Westberlin weiter ein Vorort auch in diesem ganz großen Kampfe bleibt und immer mehr wird.

(Rede in der Heilig-Kreuz-Kirche in Berlin-Kreuzberg am 20.11.1981)

GEFÜHL.
und
HÄRTE
interzone
yorkstr48
/ 23 uhr

Irene Lusk

„Was Strauß einst war für Wien, ist Lincke für Berlin"

„Frau Luna" im Apollo-Theater

Alle Kreuzberger kennen die Paul Lincke-Büste – benachbart von Trauerweiden, Dampfern auf dem Landwehrkanal und der Kneipe „Morgenrot" – an der Kottbusser Brücke/ Ecke (eben) Paul-Lincke-Ufer. Kein Gipskopf eines berühmten Mannes ist wohl so oft mit Symbolen verziert worden wie dieser. Ebenso oft haben Farben und Muster seiner Nase, Ohren, Lippen und seiner Glatze gewechselt. Kommt man auf Paul Linckes Büste zu, so ist man gespannt, wie Operetten-Paule denn nun heute wieder aussieht und enttäuscht, wenn er vom Bezirksamt gerade wieder einfarbig übertüncht worden ist.

So ziemlich allen Berlinern ist Paul Lincke als verantwortlich für das Entstehen der „Berliner Operette" und besonders für das von Ohrwürmern bekannt. Seine „unsterblichen" Lieder komponierte er für das Thalia-Theater, das Metropol-Theater in der Behrensstraße, hauptsächlich aber für das „Apollo". Die Texte schrieb fast immer sein Freund Heinrich Bolten-Baeckers, und die Show-Stars Berlins, Fritzi Massary und Ida Perry, Josef Giampietro, Karl Pfann, Martin Kettner und Guido Thielscher, sangen seine Kompositionen.

Unvergessen ist das Glühwürmchen-Idyll aus Linckes „Lysistrata":

„Glühwürmchen, Glühwürmchen flimm're, flimm're!
Glühwürmchen, Glühwürmchen schimm're, schimm're!
Führe uns auf rechten Wegen, führe uns dem Glück entgegen . . .
gib uns schützend dein Geleit zur Liebesseligkeit!"

Oder der treuherzige, hemdsärmelige Marsch aus der „Ausstattungs-Burleske" „Berliner Luft", der sozusagen zur Lokalhymne der Stadt wurde und von dem überliefert ist, daß er einschlug wie ein Blitz, die Zuschauer elektrisierte und von den Bänken riß:

„Das macht die Berliner Luft, Luft, Luft,
so mit ihrem holden Duft, Duft, Duft,
wo nur selten was verpufft, -pufft, -pufft,
in dem Duft, Duft, Duft
dieser Luft, Luft, Luft . . ."

Noch eine andere Musiknummer aus der „Berliner Luft" wurde ein bleibender Erfolg:

„Schenk mir doch ein kleines bißchen Liebe, Liebe!
Sei doch nicht so schlecht zu mir!
Fühlst du nicht die innig süßen Triebe, Triebe,
wie mein Herz verlangt nach dir!"

Paul Lincke erzählte später, für welches Publikum er 1905 „Bis früh um fünfe" komponierte:

„Damals gab es Vergnügungslokale in rauhen Mengen. Das Hauptamüsierviertel der damaligen Zeit war die Friedrichstraße zwischen Halleschem Tor und Stettiner Bahnhof, vor allem die Jägerstraße, die Behrensstraße, dann aber auch weiter die Dresdener Straße, die Kommandantenstraße. ‚Palais de Danse', ‚Amor-Säle', ‚à la Brady' und wie sie alle hießen. Wer Lust und Geld hatte, sich zu amüsieren, dem stand die ganze Nacht zur Verfügung:

‚Bis früh um fünfe, süße Maus,
da geh'n wir sicher nicht nach Haus!
Wenn auch der Hahn schon kräht,
die Sonn' am Himmel steht,
da machen wir uns gar nichts draus!'

(. . .) Und wenn sommers der Tag längst angebrochen war und die arbeitsame, solide Berliner Bevölkerung längst in Werk und Büro schuftete, dann konnte man noch manche Droschke ‚Erster Jüte' die Linden entlang tiergartenwärts zuckeln sehen oder durch die spalierbildenden Figuren der Siegesallee. . . . Da saß die ‚große Welt' einträchtig neben der ‚halben'."

Neben seinen Bühnenwerken komponierte Lincke auch kleine Liedchen, von denen eines besonders populär wurde:

„Hinterm Ofen sitzt 'ne Maus, die muß 'raus! Die muß 'raus!
Hört ihr, wie sie ziept? Hört ihr, wie sie piept?
Hinterm Ofen sitzt 'ne Maus, die muß 'raus! Die muß 'raus!
Ei, Schockschwerenot, schlagt das Biest doch tot!"

Ein Jahrzehnt lang, ungefähr von 1899 bis 1909, zwischen Jahrhundertwende und 1. Weltkrieg, wurde Paul Lincke von der Weltstadt bejubelt. Seine Melodien sang und pfiff jeder. Nach dem Sturz der Hohenzollernmonarchie durch die Novemberrevolution 1918 hatten die kaiserlichen Kronen auf Linckes Manschettenknöpfen, die er „mit sichtbarem Stolz zu tragen wußte", keine Bedeutung mehr.

Paul Linckes klassische Operette „Frau Luna" mit der Nummer „Schlösser, die im Monde liegen" wurde gerade im Theater des Westens in der Kantstraße wiederaufgeführt. Für die Neupremiere am 1. Juli 1982 verloste die „Berliner Mottenpost" 50 Freikarten als „Freiflüge zum fröhlichen Weltraumstart".

Eine andere Aktualisierung erfuhr jüngst Paul Linckes Operette „Prinzeß Rosine" (1905), in der zwei Berliner Rohrleger, die durch Rohre im Schlaraffenland landen, von zwei resoluten Berlinerinnen zurückgeholt werden, denn:

„Rosen, Tulpen, Nelken – alle Blumen welken,
Marmor, Stahl und Eisen bricht, aber treue Liebe nicht!"

Umfunktioniert wurde dieser Refrain von Demonstranten mit dem Aufkleber „Reagan go home" am 11. Juni 1982 vor dem Charlottenburger Schloß. „Marmor, Stein und Eisen bricht, aber unser Widerstand nicht", sangen sie, während der Cowboy-Darsteller in kugelsicherer Weste und bei Demonstrationsverbot im Schloßgarten hoffte, wenigstens einen Abklatsch von dem einstigen Jubel um Kennedy zu erhaschen.

Meister Paul Lincke
einst . . .
. . . und jetzt in Kreuzberg

Foto: Wolfgang Krolow

„Lunapark" am Halensee in den zwanziger Jahren. Der feste, ganzjährig geöffnete Rummel mit Schaubuden, Varietés und Fahrgeschäften war ein Ausflugstreff für Berliner aus allen Schichten. Besonderer Anziehungspunkt war das erste Hallenwellenschwimmbad Berlins. Der „Lunapark" wurde ein Opfer der Weltwirtschaftskrise von 1929 und Anfang der 30er Jahre abgerissen.

Typische Berliner?

Foto: Paul Glaser

Paul Glaser

Die Marktfrau

Seit 22 Jahren ist Dagmar Otto aktiv im Kreuzberger Kulturleben. So lange schon steht sie im Romanstand der Eisenbahn-Markthalle, inmitten hoher Stapel von Heften. Erika-, Lore- und Silvia-Romane, Adel, Heimatklänge und Supermann, dazu Dutzende von Ärzte-Serien. So an die 5000 dürften es schon sein, meint Frau Otto, und jeden Tag gehen ein paarhundert über den Tisch an die Kreuzberger. Das sind fast alles Stammkunden, kennt sie schon ewig, schließlich ist sie ‚gleich um die Ecke' geboren, vor 40 Jahren, ihre Familie lebt hier schon ‚wer weiß wie lange'.
Das gilt auch für die Hauptkunden, die alten Frauen. Sie waren hier noch Dienstboten, haben Kohlen geklaut während der Inflation. Sie lesen Schicksalsromane, ‚die sie zu Tränen rühren'. In denen sind die Großen gemein zu den Kleinen, aber deren echtes Gefühl setzt sich durch, wenn nicht – dann ist es Schicksal. Das Thema wird unendlich variiert. Fürsten-Romane, in denen die Welt der Stubenmädel auf den Adel prallt. Der ist verarmt, aber hochnäsig – bis das Gefühl zuschlägt.
Frau Otto mag das Wort ‚Kultur' nicht für ihren Job. Es gibt Wichtigeres als das gedruckte Zeugs zu sehen an der Markthalle. Fleisch und Kartoffeln, Blumen und ein Bier am Imbiß, dazu viele Gespräche, viele Bekannte und zum Schluß noch ein paar Hefte in die Einkaufstüte, für die Zeit, wenn man allein ist. Genau in dieser Reihenfolge sieht es Frau Otto.
Das zeigt sich auch in den allgemeinen Geschäftsbedingungen: zwei alte Hefte für ein neues, Namen zählen nicht. Thomas Mann im Taschenbuch kostet sechs Jerry Cotton, und wenn er zu zerlesen ist, geht er in den Müll.
Kultur? – Das ist was anderes. Die ist in den Kneipen, ist 'ne gepflegte Unterhaltung, ist ‚wenn ick alle kenne', sagt Paule. Er hat gerade ‚'n Pfund aus'm Automaten geholt', legt er an in Literatur. Liebe für Muttern, Comics für die Gören, er selber steht auf Porno. ‚Läuft nicht', sagt Frau Otto. Paule ist ein echter Kreuzberger, 38 Jahre alt, Bürobote beim Senat und weggezogen ins Märkische Viertel, ‚wegen die Ausländer', sagt er, und überhaupt: ‚allet kaputt hier', ‚die Hausbesitzer tun nischt'. Aber jedes Wochenende kommt er her, kauft ein, trinkt 'n paar, ‚weil ick hier alle kenne'. Er geht in irgendeine Kneipe und kennt alle – das ist Kultur.
Am nahen Imbißstand ist jetzt am Sonnabend was los. Zwei Besoffene unterhalten sich. ‚Du olle Sau', sagt der eine, und der andere: ‚Du dämlicher Ochse.' Sie verstehen sich eben.
Eine 54jährige Sozialhilfeempfängerin steht auf ‚Rote Laterne', Strichromane, ‚bei die man mal sehen kann, wie't die jungschen Dinger geht, wenn'se nich hören wollen'. Denen geht es schlechter als ihr, wenn sie nachher allein sitzt mit den beiden Katzen, und Zahnschmerzen hat sie auch. ‚Mann, tut det weh', sagt sie, und Frau Otto: ‚Wohl nich genug, sonst wärste schon letzte Woche zum Arzt.' Doch so einfach darf man es sich nicht machen, denn das ist das Schöne an Zahnschmerzen: Da hilft nur Wodka.
Jeder, der hier Romane kauft, hat einen guten Grund. Nehmen wir doch mal die ollen Omas mit den vielen Krankheiten. Die kennen ihre Fließbandärzte, die Stempelschwestern, waren letzte Woche beim Computer-Tomographen, ob's nicht doch Krebs ist. Nun holen sie Arzt-Romane. Dr. Stefan Frank ist menschlich. Pro Ausgabe verheddert er sich einmal im Gefühl, leidet mit, verliebt sich. So sollten doch wohl Ärzte sein. Dieser Markt ist sehr genau dosiert. Schwestern-Romane, der ‚Schiffsarzt', gleich mit Fernweh, die ‚Notärztin', ‚die noch wat tut für den anderen'.
Ein junges Paar bringt einen Karton voll mit Schicksal und Liebe. Alle vier Wochen kommen sie, denn sie müssen Oma im Altersheim versorgen und die ganze Station gleich mit, dazu noch drei Leserinnen im Haus in der Wiener Straße. ‚Müssen Se vorbeikommen', sagt Herr Fineske. Er ist dort Hausmeister und hat den Hinterhof hübschgemacht. Blumen in Bierfässern, alten Wannen, Toilettenbecken zwischen den Brandmauern, den Mietblöcken. Pferde hat er an die Schuppen gemalt, und der Kirschbaum hat letztes Jahr drei Kirschen getragen und dieses Jahr nicht eine einzige. Muß an dieser Chemie liegen in der Luft . . .
Am Stand haben sie nun den Weißen Kreis vor und die allgemeine Lage. ‚Wie soll det noch allet werden?' Sie rechnen sich die Mieten vor. ‚Schon jetzt muß 'ne Frau mitarbeiten', sagt Frau Otto. Viel bringt der Stand nicht, aber es reicht für ‚was extra' dann und wann. Der Mann ist Eloxierer, der Sohn lernt Schlosser, aber wenn der Weiße Kreis kommt . . .
Hallenleiter Höppner hat auch Sorgen. Nur noch 32 Stände in der Halle, sie mußten schon ALDI reinnehmen mit den automatischen Kassen. Ist doch nichts, so'n Einkauf – so ohne Quatschen. Und in der Muskauer Straße stehen schon neue Wohnungen leer, weil keiner die Miete zahlen kann. Die alten Kreuzberger sterben, ziehen weg. Das drückt den Umsatz. Was nachzieht, liest ja nicht, meint Frau Otto. Die Punker nicht, die Hausbesetzer, die Studenten mal einen Perry Rhodan. Eine alte Frau bleibt gelassen. ‚Sollen se sich die Miete aus'm Himmel holen', sagt sie.

Der Präsidenten-Korso am 26.6.63 in der Rheinstraße auf dem Weg zur Freien Universität in Dahlem. FU-Studenten standen stundenlang Schlange, um eine Eintrittskarte für den Universitätsempfang zu ergattern.
Foto: Landesbildstelle

Johann Legner

„Wir sind noch immer Berliner"

Die „größte Schau der Welt" soll's gewesen sein, ein Ereignis, das „alle altrömischen Triumphzüge" in den Schatten gestellt hat. Als Kennedy 1963 nach Berlin kam, hatte kein Zeitungsberichterstatter Hemmungen, peinliche und doch wieder präzise Vergleiche zu ziehen. Der junge, strahlend amerikanische Präsident war schließlich kein pensionierter Hollywood-Star, und niemand wäre auf die Idee gekommen, ihn mit blutrünstigen, oft wahnsinnigen Imperatoren des Altertums zu vergleichen. Berlin, seit zwei Jahren Halbstadt ohne Identität, brauchte einen Helden und fand ihn. Der Besuch wurde zum Mythos, zum Albtraum aller Kennedy-Nachfolger, die wußten, daß sie in dieser Stadt an ihm gemessen würden.
Die Erinnerung an die Zeit unmittelbar nach dem Mauerbau war 1963 noch frisch. Damals fühlten sich die Berliner alleingelassen, abgeschrieben. Niemand hatte auf die Mauer reagiert, auf dieses letzte und überzeugendste Symbol eines in Berlin angezettelten und verlorenen Krieges. Und da kam nun der „erste Mann der westlichen Welt" und polierte nicht nur das Selbstbewußtsein der Berliner wieder auf. Spätestens als vor dem Rathaus Schöneberg der vielzitierte Satz über die weltumspannende Berlinverbundenheit aller „Freunde der Freiheit" gefallen war, durften selbst die im dunkelsten Kreuzberger Hinterhof Vergessenen wieder hocherhobenen Hauptes nach Hause gehen: „Alle freien Menschen, wo immer sie leben, sind Bürger der Stadt Berlin, und deshalb bin ich stolz darauf, sagen zu können: Ich bin ein Berliner." Die Berliner dankten dieser Eintagsfliege von Volkstribun und Führerpersönlichkeit, die sie so lange vermißt zu haben schienen, mit einem für die Stadt wohl einmaligen Empfang. Hunderttausende säumten die Straßen, der „Berliner Witz" und spröde Charme, der den Bewohnern der Stadt zu eigen ist, machte die 53 Kilometer lange Fahrt im offenen Wagen für die meisten Beteiligten zu einem unvergeßlichen Erlebnis. Selbst heute gestandene Gestalten der Protestkulturen der Stadt, die damals dabei gewesen sind, erinnern sich an die Faszination dieses „umwerfenden Besuchs", an dieses Aufgehen in der jubelnden Menge. Wenigstens eine Hälfte der geteilten Stadt durfte sich für wenige Stunden noch einmal vereint fühlen.
Daß ausgerechnet zu dieser Zeit Kennedy schon dabei war, die ersten Amerikaner in den Dschungel von Vietnam zu schicken, wußte damals noch kaum einer. So jubelten dem Mann aus Washington nicht nur die Schulkinder, die frei bekommen hatten, und die Beschäftigten, die nicht arbeiten mußten, zu – auch die fast vollzählig in Dahlem angetretene Studentenschaft bereitete Kennedy einen stürmischen Empfang.

„Sicherheitsabstand" zur Rednertribüne vor dem Rathaus Schöneberg gab es 1963 nicht, obwohl sich die – damals noch nicht behelmten, sondern bemützten – Ordnungshüter nach Kräften darum bemühten.
Foto: Landesbildstelle

Die umfangreichen Sicherheitsvorkehrungen standen in seltsamem Kontrast zur allgemeinen Begeisterung. Da wurden schon Tage vor dem Besuch an die Berliner polizeiliche Flugblätter verteilt, die einen „würdigen und störungsfreien" Verlauf sichern sollten. „Auch in der Menschenmenge auf dem Gehsteig können sich Störenfriede befinden, melden Sie bitte Personen, die sich verdächtig verhalten", hieß es. Man sollte darauf achten, daß keine Blumensträuße aus dem Fenster geworfen würden, und vor allem durfte keinem Fremden Einlaß in die eigene Wohnung gewährt werden.

Tausende von Polizisten und Sicherheitsbeamten hatten die Wegstrecke und den Präsidenten zu bewachen. Die Zeitungen berichteten ausführlich über diese Orgie an Sicherheitsvorkehrungen. Dabei waren der einzige Protest gegen den Besuch ein paar vom S-Bahn-Gelände geworfene Flugblätter mit SED-Parolen. Die Polizei hatte ansonsten nur Probleme, die jubelnden Massen zurückzudrängen.

Fast zwei Jahrzehnte später, als dann Ronald Reagan, zum Präsidenten avanciert, die Stadt besuchte, stellte er zumindest in Punkto Sicherheit die Kennedy-Visite in den Schatten. Noch nicht einmal am Besuchstag selbst war klar, ob er wenigstens ein kleines Stück im Wagen zurücklegen würde oder die Stadt nur vom Hubschrauber aus zu Gesicht bekommen sollte. Als er dann doch in einer der beiden einander in jeder Einzelheit gleichenden Panzerlimousinen die knappen zwei Kilometer vom Flughafen zur Mauer fuhr, hatten sich – aus Mangel an Information? – nicht mal die Berliner an den Straßenrand gestellt, die noch immer einem amerikanischen Präsidenten mit ‚BZ'-Amerika-Fähnchen hätten zuwinken wollen. Und obwohl dort kein gewöhnlich Sterblicher näher als 200 Meter an Reagan herankam, trug er auch bei seinem Auftritt im Schloß Charlottenburg eine kugelsichere Weste. Die Springer-Gazetten hatten noch in letzter Minute versucht, die Berliner aus der Reserve zu locken. Wenn schon nicht alle direkt dabei sein konnten, sollten sie ihre Verbundenheit mit Amerika wenigstens durch Blumen- und Fahnenschmuck in den Fenstern und an den Balkonen ausdrücken. Ein Appell, der genauso ungehört verhallte wie die 4000 Sternenbanner, die der Senat kostenfrei zwecks Fassadenschmückung ausgeliehen hatte, mit bloßem Auge nicht auszumachen waren.

Ganz auf „Jubelberliner" wollte man bei Reagan allerdings nicht verzichten. Für den Schloßpark benötigt und schließlich gefunden wurden etwa 25 000 doppelt ausgesuchte

11. 6. 1982. Im Schloß Charlottenburg hatte die Präsidentenshow noch nicht begonnen, da war am Nollendorfplatz schon die Schlacht entbrannt. Die Polizei hatte einige tausend Demonstranten mit Stacheldraht eingekesselt. Im Steinhagel gelang jedoch der Ausbruch. Danach brannte es am Nollendorf- und Wittenbergplatz bis in den späten Nachmittag: Barrikaden, Autos und die Stilmöbel des Möbelhauses Roland. Foto: Peter Hebler

Kurz vor High Noon begrüßte der größte Repräsentant des freien Amerika die Sicherheitsüberprüften Berliner (meist „dienstverpflichtete" Freiwillige aus dem Öffentlichen Dienst), die nach Sicherheitsabstand, Ehrentribüne, ziviler Sicherheitskette, Journalistentribüne, Sicherheitskette in Zivil mit BZ-Amerika-Fähnchen Aufstellung genommen hatten. Die dezent plazierten Herren (mit Sonnenbrillen) sowie die Scharfschützen links auf den Balkon gehörten zum offiziellen Sicherheitsaufgebot.
Foto: Landesbildstelle

Personen: Die Werktätigen der Stadt wurden in der Hoffnung, in ihnen die gewünschte „Präsidentenmasse" zu haben, mobilisiert. Ein kompliziertes Verfahren stellte allerdings sicher, daß kein im Polizeicomputer Registrierter eine Karte aus seinem Betriebskontingent ergatterte.
Aber selbst nach diesen Kontrollen gelangten immer noch einige in den Park, die versuchten zu protestieren. Bei den Tausenden von in Zivil umherstreifenden Polizeiangehörigen gab es allerdings schon nach den erste Pfiffen Prügel.
Während im Park die ersten Bierleichen von Sanitätern abtransportiert wurden und Tausende frustriert über die schlechte Sicht auf den durch Pressetribünen versteckten Präsidenten die letzten noch heilgebliebenen Blumendekorationen zertrampelten, mußte auch Ronald Reagan seinen Tribut an den legendären Kennedy-Besuch zollen: „Wir in Amerika und im Westen sind noch immer Berliner und werden es auch immer bleiben", hieß es 1982 aus Präsidentenmunde.
Schon vor dem Schloß in kleinen, durchgesickerten Gruppen und erst recht in der Innenstadt manifestierte sich unterdessen der Protest gegen den Besuch.
Am Abend zuvor hatten an die hunderttausend Berliner auf einer Demonstration für den Frieden und gegen die Politik der Reagan-Administration protestiert. Für den Besuchstag selbst war jede Demonstration polizeilich und durch Gerichte bestätigt verboten. Die Alternative Liste und „Autonome Gruppen" wollten sich diesem Verbot nicht fügen. In Schöneberg entbrannte eine Straßenschlacht, die an Härte und Brutalität alles bisher Dagewesene übertraf.
Reagan hatte seine Rede in Berlin unter das Motto gestellt „Berlin bleibt doch Berlin". Als er – aus Sicherheitsgründen früher als vorher angegeben – die Stadt verließ, war allerdings eines offenkundig: Das Berlin von 1982 war mit dem von 1963 nicht mehr zu vergleichen.

Der Senat informiert

BERLIN

Der amerikanische Präsident besucht am 11. Juni Berlin. Darüber freuen wir uns von Herzen.

Der Grund dafür ist sehr einfach. Er liegt nicht darin, daß jeder Berliner mit jeder Ansicht der amerikanischen Regierung übereinstimmt. Da gibt es manchen Unterschied.
Aber es sind dieselben Grundüberzeugungen, die uns mit dem amerikanischen Volk verbinden. In unserem Teil der Stadt können wir frei wählen, was den Berlinern im anderen Teil der Stadt vorenthalten wird. Jeder bei uns kann seine Meinung frei äußern. Wir können unsere Konflikte friedlich untereinander austragen und in Freiheit über den besten Weg entscheiden.
Für den Schutz dieser Freiheit stehen die Amerikaner zusammen mit den Verbündeten ein, so wie sie uns schon in der Nachkriegszeit großzügig geholfen haben.
Dafür sind wir dankbar. Die Berliner vergessen ihre Freunde aus schwerer Zeit nicht. Und die Berliner sind wach. Sie wissen, wer ihre Freiheit schützt.
Der frei gewählte Präsident des amerikanisch... kommt nach Berlin, um uns näher ... soll spüren, daß er uns ...

Ronald Reagan

Frieden ...

Es war viel von Krieg die Rede, schon bevor Reagan da war. Wochen vor dem Besuch wogte beispielsweise der „Lappenkrieg": billiges Tuch vom Türkenmarkt mit präsidentenbeleidigenden Parolen — wie „Weine nicht wenn der Reagan fällt" oder „Reagan how up" und „Der reagt mir uff" — und subversive amerikafeindliche Äußerungen direkt auf dem Beton machten die Bildung einer Sonderkommission der Polizei nötig. Sonderkommandos in olivgrün, bewaffnet mit Knüppeln, Schildern, Leitern, Enterhaken, Farbeimern und Quasten, entfernten die Lappen und übertünchten die Parolen. Manchmal mehrmals am Tag an der gleichen Fassade (in jenem Juni auch „Bullenmalwand" genannt), insgesamt mehr als 700mal.
Fotos: Volker Schutsch

Typische Berliner?

Foto: Claudia Fester

Hermann-Joseph Pölking

Peter

Zu guter Letzt hatte ich doch noch den „typischen Berliner" gefunden.
Er heißt sehr typisch Peter, ist 23 Jahre alt, wohnt zusammen mit Freundin und Katze in Kreuzberg, geht einer regelmäßigen Arbeit nach, raucht, trinkt Bier, liest Zeitung, guckt Fernsehen und hält nichts von Westdeutschen.
Wo was los ist, geht er hin, und wo nichts los ist, bleibt er weg. Wenn ihn einer fragt, gibt er keine Antwort, sondern eine Geschichte zum besten. Wenn ihn keiner fragt, erzählt er eine Geschichte. Die sind immer für eine Lüge zu glaubhaft und für die Wahrheit zu unwahrscheinlich.
Peters Eltern wohnen in Steglitz. Die Mutter ist Hausfrau, der Vater bei der Polizei, aber sonst ganz in Ordnung. Elf Jahre war Peter auf der Schule, die – typisch Berlin – „Oberschule" heißt, weil sie nun einmal die unterste Schultype ist. Dann wollte er einen anständigen Beruf lernen, anständiger ging's nicht. Aber bei der Polizei ist er durch die Eignungsprüfung gefallen, was für ihn spricht. Er hat sich eine Lehrstelle bei Siemens besorgt. Nach der Lehre hat Peter gleich gekündigt. Betriebsschlosser war nichts fürs Leben.
Beim Arbeitsamt hat er sich einige Zeit das Geld geholt, was in Berlin auch des öfteren vorkommen soll. Als es kein Geld mehr gab und auch gleich darauf knapp wurde, suchte er sich einen Platz im „Sonnenschein". So heißt eine Berliner Batteriefabrik, weil in ihren Hallen keine Sonne durch die chemischen Dämpfe dringt. Das ging auf die Nerven, die Lunge und nicht lange so weiter.
Beim nächsten Job wäre er ja länger geblieben, wenn der neue Chef ihn nicht während der Weihnachtsfeier – Peter hatte noch Probezeit – in aller Offenheit nach seiner Meinung über ihn gefragt hätte. Peter war ehrlich und der Chef der Chef. Statt Weihnachtsgeld gab's die Papiere, aber die gehörten ihm sowieso.
Dann wollte er auch einmal 5000,– DM die Woche verdienen, wie es als Angebot in der „Morgenpost" stand. Axel Caesar Springer hieß der Mann, der angeblich auch ein Herz für Peter hatte. Aber es gab einen klitzekleinen Haken an der angebotenen Sache, an dem sie dann auch hängen blieb: In einer Stadt, die zu 80 Prozent Springerüberversorgt ist, konnte auch Peter mit allen fiesen Tricks, die man ihm beibringen wollte, bei alten Rentnerinnen keine 5000,– DM Zeitschriftenwerbeprämie machen.
Solch ein Verdienst war schon eher auf dem Trödelmarkt möglich. Auf Pfand- und Nachlaßversteigerungen gehen, die Vollprofis knapp überbieten und von den „Westdeutschen" auf dem Trödel das Dreifache des Erstehungspreises verlangen, bringt hinreichende Erträge ohne große Anstrengung und eine schlechte Meinung über Westdeutsche.
Als der Winter kam, versuchte Peter etwas Neues. Seitdem vertreibt er in einem linken Betrieb linke Bücher. Das bringt zwar keinen besonderen Lustgewinn, aber zusätzliche Verpflichtungen. Eines Nachts um fünf haben seine neuen Kollegen bei ihm angerufen und dringend und umgehend um einen Besuch gebeten. Dort angekommen, waren schon reichlich Besucher da; einige vermummt. Sie sahen aus wie die, bei denen er vor Jahren durch die Eignungsprüfung gefallen war. Obwohl er nicht wissen konnte, daß sein Besuch ungesetzlich war, haben sie ihn wegen Hausfriedensbruch in einem besetzten Haus „vorbeugend" in Haft genommen. So kann's in Berlin kommen, wenn man zur unpassenden Zeit Freunde und Kollegen besucht.
Die Herren vom Erkennungsdienst gaben zu Protokoll, Peter sei eine „hinreichend gepflegte Erscheinung". Das hatte seine Mutter seit Jahren nicht von ihm gesagt. Noch heute weiß er nicht, was er davon halten soll, denn eigentlich sieht er eher aus wie jemand, der nicht möchte, daß die Polizei ihn für „hinreichend gepflegt" hält: struppige, unnatürlich schwarze Haare und jede Menge sinnloser Reißverschlüsse. Manche würden ihn einen Punk nennen, er selbst führt keinen Titel.

Erfinder, Produzenten, Vorführer der eigenen Werke – die Brüder Skladanowsky. Rechts: Szenenfoto aus einer Filmposse von verblüffender Aktualität. Kommandeuse Rumski meldet: „Herr Bürgermeister, sechs Asylbewerber zum Fegen angetreten!"

Wer meint, der Gebrauchsmusterschutz für die heutigen „Kinos mit Getränkeservice" läge bei Familie Rotermund (Blue Movies = Sexkinos) oder Ernest Dichter Limited (Motivationsforschungsbetrieb, der das vor zwölf Jahren erfolgreich wieder anregte), der irrt.
Alles schon mal dagewesen! – Kino Anno dunnemals, mit Restaurationsbetrieb. Wohl bekommen sie, die Abnormitäten! In Otto Ritzkows Biograph-Theater, Munzstraße (1908).
Foto: Deutsche Kinemathek

Til Radevagen

Ganz Berlin ist ein Film ...

Nur noch dreizehn Jahre und ein paar Tage bis zur hundertsten Wiederkehr des Tages, an dem es begann: Die erste öffentliche Vorführung bewegter Bilder auf Filmstreifen durch Max Skladanowsky im Berliner Wintergarten, Friedrichstraße/Ecke Dorotheenstraße, am 1. November 1895. Einige bangen, andere frohlocken, daß es nichts mehr zu feiern und zum Jubilieren geben wird. Ach was, Berlin und Film, Kino und Berlin und Film gehören zusammen, auch wenn es dem Stadtbummler manchesmal anders scheint: Hier war doch 'mal ein Kino!? Karl-Marx-Straße, Neukölln, an der Ecke Hermannstraße. „Rollkrug", eines der ältesten der Stadt. Discount und ein türkisches Lokal – aber wenigstens mit Gesang und Bauchtanz. Und so geht es weiter bis zum S-Bahnhof Neukölln, wo aus dem riesigen Metro ein SB-Kaufhaus wurde. Dazwischen Kinoarchäologie, Reste der Neonreklame oben an der Hausfassade, hier sind noch die Schaukästen geblieben, da die gekachelte Front, dort die Stufen zum Eingang hinauf. „Passage", „Filmeck", „Kino im Wintergarten" – traditionsbewußt war er, der Besitzer. Praktisch an jeder Magistrale – ob Potsdamer/Haupt-/Rhein-/Schloßstraße, Mehring-/Tempelhofer/Mariendorfer Damm oder Müllerstraße bis hinauf zur Residenzstraße in Reinickendorf bzw. zur Berliner Straße in Tegel –, im Dutzend konnte man die Kinos zählen. Heute hat nur noch eine Straße der Stadt diese Kinodichte: der Kurfürstendamm, Berlins gute Stube oder Reeperbahn.

Das ist ja auch ein Stück Stadt-, Bau- und Kulturgeschichte, Berlin und seine Kinos. Vom Rummelplatzvergnügen zu den ersten festen Häusern. Das waren „Ladenkinos"! Schmale Schläuche, dunkel und mit knarrenden Fußböden. „Flohkisten" nannte sie der Volksmund. Man saß in der „Rasierloge" – ganz vorne, wo man den Kopf weit in den Nacken legen mußte, um zur Leinwand aufzusehen. Dann kamen die stucküberladenen Paläste, reinste Tropfsteinhöhlen, mit Wasserorgel und Orchester. Danach die neue sachliche Architektur, und, merkwürdig, immer paßten auch die Filme stilistisch zum Aufführungsort – Historienschinken in den einen, die Montagefilme Ruttmanns und Siodmaks in den anderen. Heute haben wir den Stand der Ladenkinos fast wieder erreicht, Polsterklasse, klima- und automatisiert zwar, aber kein Vorführer sieht mehr das Zeichen . . .

Filmfestspiele in Berlin West. Das Festspielhaus 1951 war das „Marmorhaus" am Kurfürstendamm, den „Zoo-Palast" in heutiger Gestalt gab es noch nicht. „Die Vier im Jeep" von Leopold Lindtberg, das sind ein Brite, ein Franzose, ein Sowjetrusse, last not least ein US-Amerikaner – in Wien.
Fotos: Deutsche Kinemathek

Szene aus der S-Bahn 1948. Man beachte den Habitus der beiden Herren. Aus: „Berliner Ballade" von R. A. Stemmle

Kinos unter-, über- und nebeneinander, badetuchgroße Leinwände, da ist – räumlich – die Terrasse am Penthaus des Produzenten dreimal größer. Hier, am Ku-Damm, gibt es keinen Kinogenuß. Die Fans treffen sich in den Seitenstraßen, Off-Ku-Damm, in wiedererblühten Bezirkskinos. Da sehen sie ihre Kultfilme, in denen die Handlung emotioneller Auslöser ist. Stimmung, Atmosphäre, lauter kleine Bogarts, Connies und Peters, Rocky Horror-Impersonatoren – in der „Alhambra" im Wedding, im „Kant", im „Filmkunst 66" Bleibtreustraße, im „Das Lebende Bild" Kottbusser Damm, im „Off" Neukölln. Der Kreis schließt sich. Noch nicht ganz, da blühen seltsame Spielstätten aus der Kinowüste, unkommerziell, manchesmal improvisiert – „KuKuck" Anhalter Straße, „BesezzaKino", „Ufer-Palast" in der „Ufa-Fabrik", „Apocalypso" in der Beusselstraße.

Nicht nur bunt, auch vielsprachig ist die Berliner Kinoszene. Selbstredend, es gibt türkische Kinos – „Kent" Dresdener Straße, „Maksim" im Wedding. Arabische Filme – leider nur für Araber – noch einmal „Filmkunst 66", indische Filme gab es – zur Zeit leider nicht – im „Eva" Blissestraße. Weniger exotisch, aber auch mit Zugangshindernissen, alliiertes Kino: amerikanisches am Columbiadamm und an der Clayallee, britisches im Summit-House, französisches im „L'Aiglon" Schumacher Damm, aber Originalfilme mit oder ohne Untertitel gibt es öfter als anderswo im „Arsenal" Welserstraße, das demnächst in „KinoEkstase" umbenannt wird.

Die Penthausterrasse des Produzenten – als ein fiktives Größenmaß. Als alles anfing, da waren auch die Studios, die Ateliers nicht größer. Der Pionier-Produzent war Erfinder, Kameramann, Regisseur. In Schuppen, Fabrikremisen, Hinterhausetagen fing es an. Bald wurden sie zu klein – und man wurde gigantisch. Bis schließlich ein ganzer Stadtteil die „Ufa-Stadt" wurde – Neu-Babelsberg, wo heute die DEFA-Filme entstehen.

Reste der Universum Film AG, kurz UFA, geistern noch in mancher Gestalt in dieser Stadt: als Fernsehproduktionsgesellschaft (zu Bertelsmann gehörig), als Super-8-Film oder Video-Cassetten-Marke, als Kinopalast am Kurfürstendamm, als Star-Villa am Wannsee, als voluminöser Nachlaß Zarah Leanders im Auktionshaus. Nichts Geisterhaftes tut sich jedoch in den ehemaligen UFA-Ateliers in Tempelhof. In der „UFA-Fabrik" sprießt neues Leben in alten Hallen – Kultur, Handwerk und Sport. Es werden keine Träume alten Stils mehr fabriziert, aber wach auf eine bessere Zukunft vorgreifen – ist das nicht traumhaft? Auf zu neuen Ufern im UFA-Palast!

Heutiges Produktionszentrum in der Stadt sind die CCC-Studios von „Atze" Brauner auf Eiswerder, Spandau.

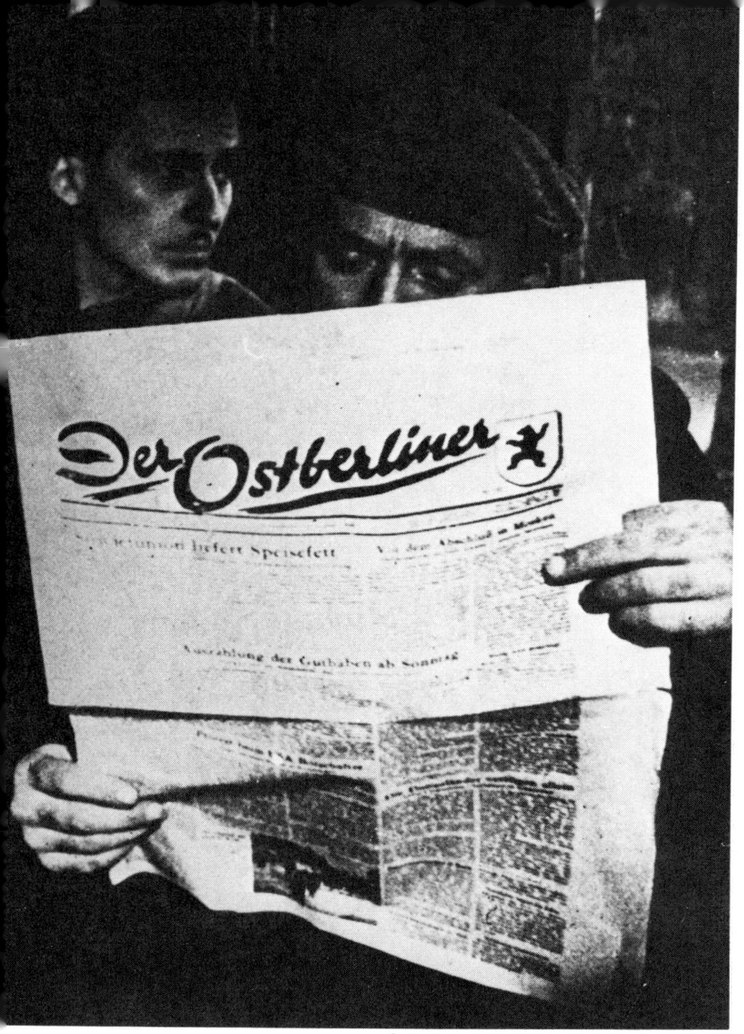

Meistgebautes Bauwerk in Agentenfilmen? Na? Die Berliner Mauer. James Bond – Agent 007 war erst kürzlich hier, Präsident Reagan auch, offenbar ein Muß für jeden ernsthaften Darsteller. Unvergessen: Richard Burton als britischer „Spion, der aus der Kälte kam" von Martin Ritt, 1965. Der Film „diene mehr der Unterhaltung als notwendiger Reflexion der politischen Wirklichkeit", meinte der Katholische Film-Dienst.

Doch, wie schön für die Berliner, der Film verließ auch die Hallen. Und das nicht nur zu filmfestlichen Gelegenheiten oder bei der Berlinale, wo der Berliner, umsonst und draußen, seine Treue zu Film und Kino unter Beweis stellt. Der Film selber geht auf die Straßen und die Plätze, moderne Bild- und Tonaufnahmetechnik machen es möglich. Was früher nur mit Holz-, Papp- und Leinwanddekoration ging, als Kulisse, als Nachbau, kommt heute „echt" aufs Bild – und so wurde und wird ganz Berlin zum Film, zum flachen oder tiefen, verschwommenen oder scharfen Hintergrund. Das ist ein gar nicht zu unterschätzender Reiz von Filmen, die Berlin zeigen. Der Film entdeckt die Stadt, alle möglichen und unmöglichen Winkel, Ecken, Plätze zu allen Tages- und Nachtzeiten, im Sommer und im Winter auf Zelluloid, wahre Geschichten und verlogene. Vielleicht oft ungewollt, aber es zieht sich hinter den Darstellern im Vordergrund eine zweite Ebene ein, die wirklich ist, oft wahrer als eine dumme, belanglose Geschichte. Für den eingeborenen Zuschauer ist das ein ungeheures Moment der Identifikation, er kann sich hineinversetzen: „Mensch, kenn' ich, die Ecke, da war ick ooch schon!" Ebenso kann es Irritation sein: „Wo is det bloß aufgenommen?"

Filmfotografen und Kameramänner sollten darauf achten, Motive der Stadt ins Bild zu bringen, sie reizen dazu, sich einen Film mit anderen Augen anzusehen, seine Stadt aus anderen Perspektiven zu entdecken, Perspektiven, die auch der doppelstöckige BVG-Bus vom Oberdeck nicht bietet, aus der Kransicht, wie eine fliegende Fensterloge, wo Berlinerin und Berliner mit den bestickten Sofakissen unter dem Brustkasten die Welt erfahren.

Nähme man alle Bilder mit „berlinspezifischen" Motiven von Anfang bis heute, eine Subgeschichte der Stadt und des Films käme heraus, mit unterschiedlichen Gewichten zu verschiedenen Zeiten, natürlich, aber insgesamt doch ein getreuliches Abbild der Zeit. Falls aber einer meint, bei vielem um ihn herum, was er erlebt, das sei Kino, das sei Film, der bitte seinen Nächsten: „Zwick mich mal, ich glaub' sonst, ich bin im Kino!"

Nigel Williams

Kreuzberger Gartenbau

KLASSEN FEIND – Eine Schule in Berlin-Kreuzberg. Sechs Jugendliche warten auf den Lehrer, der nicht kommt. Jeder gibt eine eigene Unterrichtsstunde.

Kebab: Hey, Pickel, mach mal Unterricht. Was gibt 'n das?
Vollmond: Nun mal ran, Kleiner.
Pickel: Gartenbau.
Fetzer: Gartenbau? *Gartenbau?* Hast du 'nen Sprung in der Schüssel, Männeken? Was glaubst du, wo du hier bist? Fuck! Vielleicht im Grunewald? Charlottenburger Schloß? Willste 'nen Fernsehgärtner mimen? Hier is Kreuzberg, Junge. Das Land, das Gott vergessen hat, wo Stadtsanierung, Abrißbirne und Spekulantentum regiern. Das Loch, Junge, der Arsch von Westberlin.
Kebab: Am letzten Tag, mit 'm letzten Geld, schuf Gott Berlin, am Arsch der Welt.
Fetzer: Was bringt uns da Gartenbau? Von Gartenbau haben wir nichts.
Koloß: Jedenfalls mehr wie Sex.
Angel: Sex und Gartenbau, das wär ein Thema.
Pickel: Gartenbau. Ich will Gartenbau unterrichten.
Vollmond: Schieß los. Unterrichte.
Pickel: Nun mal langsam. Vollmond. Blumenkästen.
Fetzer: Wow!
Pickel: Blumenkästen sind eine Zierde und nette Bereicherung für jede Wohnung und jedes Heim. Es wird euch überraschen, liebe Freunde, wie sehr ihr damit eure Umwelt verändern könnt. Habt ihr nich mal Bock, aktiv zu sein? Mal einen Abend der Versuchung widerstehen und nicht vor der Kneipe rumhängen, Bierpullen zerkloppen und alten Omas auflauern. Warum nicht wenigstens dieses eine Mal verzichten auf eure öde, tägliche Beschäftigung, von wegen Autofenster einschlagen und Koferräume knacken. Wahrlich, ich sage euch: Laßt es sein und sprüht nicht immer eure Namen auf die Wände und daneben ‚Wichser' in großen roten Buchstaben. Das Große ist im Kleinen verborgen. Als erstes kauft ihr euch 'nen Blumenkasten.
Koloß: Wo?
Pickel: Gartencenter oder selber baun.
Vollmond: Selber baun? Hast du 'nen Schaden?
Pickel: Mein Alter baut sie selbst.
Angel: Der hat wohl 'den Arsch offen.
Kebab: Das is schwer, was?
Pickel: Ein paar Sperrholzstücke, bißchen Farbe. Kloppste sie zusammen, wenn du willst.
Fetzer: Ich denke, das is jetzt Gartenbau und nich tischlern.
Vollmond: Jaa? Laß ihn in Ruhe.
Koloß: Ach du liebes Göttchen. Das is ja schlimmer wie mit 'nem Pauker hier.
Pickel: BITTE! LEUTE! BITTE! MEINE HERRSCHAFTEN! Ich sprach gerade über die Kunst, wie man Blumenkästen herstellt und benutzt. Von der altehrwürdigen Kunst, mit 'n paar Holzstücken und Scheiß Samentüten von Bilka rumzuficken. Also, wenn ihr den Kasten fertig habt, düst ihr los und besorgt 'n bißchen Erde.
Koloß: Erde, Erde? Wo willste denn Erde herkriegen?
Fetzer: Sprich, mein Freund. Antworte.
Koloß: Dumme Futt. Wo kriegt der denn Erde her? Sag schon! Kommt man ja gar nicht ran hier.
Pickel: Gehste in 'n Gartencenter, oder aus der Hasenheide, oder von 'ner Baustelle. Nimmste 'ne Handvoll und haust sie in den Kasten. Dann kaufste 'ne Tüte Samen. Bißchen Wasser dazu. Und im Frühling, eines Morgens im Frühling, latscht du zum Fenster, um die Notarztwagen vorbeizischen zu sehn, oder mal gucken, wer grad unten auf 'm Bürgersteig aufgeschlitzt wird, und guck mal an: 'ne Geranie. Eine Hortensie. 'Ne Lilie, 'ne Lilie, 'ne Rose. Ein kleines Blümelein blinzelt dich an und macht seinen ersten Diener vor der großen, weiten, bösen Welt in 1 Berlin 36. „Hallo, kleine Blume", sagst du, und plötzlich is der ganze Tag verwandelt. Natur erhebt ihr Haupt und legt dir ihre kleine Hand auf die Schulter. Und dir wird klar: es ist doch nicht alles umsonst. Also: Waschsalon hat zu, U-Bahn fährt nich mehr, hast Lokalverbot gekriegt oder sie haben dir die Fresse poliert, letzte Nacht – trotzdem: in deinem Blumenkasten wächst da immer noch die Scheiß Geranie.
Alles nich so schlimm, verstehste?
Koloß: Das is vielleicht ein Wichser!
Fetzer: Ich muß feststellen, Pickel, bis jetzt hast du mich nicht überzeugt.
Koloß: Siehste, Wichser, genau wie Fetzer sagt, du . . .
Fetzer: Fresse halten. Pickel, bis jetzt fehlt mir da noch was.
Angel: Was sollen wir denn nun mit der Geranie anfangen?
Vollmond: Angucken.
Pickel: Angucken.
Fetzer: Angucken, angucken. Bist du beknackt, ey? Was soll 'n das nutzen, so 'ne Scheiß Geranie anzugucken?
Vollmond: Wer hat denn hier was von Nutzen gesagt?
Koloß: Scheiß Blumenkästen. Total zum Kotzen, ey.
Fetzer: Fresse halten, Koloß.

Foto: Marie Sander

Foto: Volker Schutsch

Koloß: Laß uns doch in Ruhe, Fetzer, ich . . .
Pickel: Also, mein Oller . . .
Angel: Da – da – dada!
Pickel: Mein Alter. Wohnt Nähe Herrmannplatz. Ein Zimmer. Meine Alte hat sich ja mit so 'm Ficker aus Westdeutschland abgesetzt. Is ja egal. Da wohnt er nun. Ein Scheiß Zimmer über 'm Tabakladen. Da sitzt er nun. Mit seinem Blumenkasten. Marke Eigenbau. Wie er ihn fertig hat, knallt er ihn raus vor's Fenster, mit Erde und Samen und allem drum und dran, regelrechter kleiner Garten. Was passiert? Kommen die Katzen drüber. Die Katzen pissen rein, scheißen rein, wichsen rein, ficken rein; singen drauf, tanzen drauf, große Oper, volles Orchester – jede Nacht. Wie sie fertig waren mit dem Blumenkasten von meinem Alten, sah der aus wie 'ne Sickergrube.
Hat er sich unterkriegen lassen? Denkste! Geht los, kauf sich 'nen neuen. Haut ihn mit Erde voll, knallt den Samen rein und raus vor's Fenster. Nur diesmal boxt er clever, diesmal wichst er Stacheldraht drum rum und 'nen Haufen Glassplitter und weiß der Geier was noch alles. Also diese Geranie, ey, war die am schärfsten bewachte Geranie in der ganzen Geschichte Berlins. Was passiert? Die Katzen, frag mich nich wie, aber die Katzen sind trotzdem rein. Die müssen Schutzanzüge getragen haben. Jedenfalls sind sie rein, durch den Stacheldraht, und haben gepißt und geschissen, haben da echt voll starke Orgien abgezogen, wie das alle Katzen auf der großen weiten Welt so machen. Mein Alter, hat er sich unterkriegen lassen? Nichts da. Hat 'ne tierisch große Glasschüssel über den Stacheldraht und die Glassplitter gestülpt, und dann auf die Kugel drauf noch 'nen tierisch schweren Ziegelstein, damit die Katzen nich mit ihren kleinen Pfoten drunter und sie nich runterhebeln können.
Wenn du bei meinem Alten vorbei gehst, und das würde ich keinem raten, und du guckst rauf zu seinem Fenster, kannste das Ding da sehn. Sieht aus wie 'n Scheiß Bunker. Wie 'n Panzerfriedhof. Und irgendwo unten, kilometerweit unten, Lichtjahre weit unten, Scheiß unsicht-, unfühl-, unriech-, unerreichbar hockt da seine Geranie.
Das ist sein Garten, verstehste.

Fetzer: Leck mich.
Vollmond: Warum killt er nich die Katzen?
Pickel: Tierfreund.
Kebab: Eu, eu.
Fetzer: SO 'N ARSCHLOCH! Das soll Wissen sein, Pickel? Die totale Katastrophe, was du uns da verscherbelst. Das is ja noch schlimmer als das, womit uns die Schlaffsäcke an dieser Schule seit Jahren verscheißern.
Deinen Unterricht finden wir die letzte Kacke, Pickel. Leider is das so.
Vollmond: Wer is wir?
Fetzer: Du bestimmst nich, Fettsack.
Pickel: Also, will sich niemand 'nen Garten anlegen? Niemand? Keiner von euch? Mann, stellt euch doch mal vor: wenn im Winter die Schneeflocken durch die Skalitzer wirbeln und die kleinen Spatzen am Eingang Görlitzer Bahnhof rumhängen, sagt doch mal, möchte da keiner von euch 'nen Garten haben? Der Schnee liegt tief und knirschig auf euerm Blumenkasten, die ganzen vierzig Quadratzentimeter voll, so weit der Kasten reicht. Oder im Frühling, wenn dann eure Knospen knospen; oder erst mal im Sommer, wenn alles ein Blütenmeer geworden ist; oder im Herbst, wenn alles groggy aussieht, voll abschlafft und runter segelt. Stellt euch mal vor: die Jahreszeiten! Irrer Programmwechsel. Und stellt euch mal vor: mein Alter, jetzt, wo ihm seine Alte abgehauen is, hockt vor seinem Blumenkasten, der es nich bringt, in seinem Anzug aus 'm An- und Verkauf; und er und ich, wir glotzen uns an, und dabei denken wir: Das war es nun. Scheiße. Das war's dann. Fick mich.
Fetzer: In zwei Minuten fängt er an zu weinen.
Pickel: Schnauze, Fetzer.
Fetzer: Selbstmitleid, Pickel?
Pickel: Bin jedenfalls fertig.
Fetzer: Man könnte glauben, das war Antike Tragödie, wie du das abgezogen hast. Oder was soll das für 'ne Nummer gewesen sein?
Vollmond: Laß ihn zufrieden.
Fetzer: Was is los, Pickel, haben sie dir dein Teddy geklaut?
Pickel: Stell's ab, Fetzer.
Fetzer: Is doch alles halb so wild, nich Pickel? Oder? Is doch nur Kreuzberg und nicht Scheiß El Salvador oder Kambodscha oder so.

(Szene aus „KLASSEN FEIND“ von Nigel Williams. Deutsche Bearbeitung von Jürgen Kruse und Peter Stein für die Aufführung der Schaubühne Berlin. ©Felix Bloch Erben, Verlag für Bühne, Film und Funk, Berlin.

Fotos links: Roman Sprenger und Paul Glaser

Peter Ott

Die größte Mietskasernenstadt der Welt

Wohnungselend um die Jahrhundertwende

Wollte man heute die Westberliner nach den bevorzugten Wohngebieten der Stadt befragen, müßte man wohl mit den unterschiedlichsten, ja den widersprüchlichsten Antworten rechnen.
Vielleicht könnten die meisten noch den grünen Villenbezirken am Grunewald oder nahe den Seen und Wäldern im Norden einiges abgewinnen. Aber sind da die Bürgersteige nicht schon morgens um sieben hochgeklappt? – Spätestens bei der Entscheidung zwischen Kreuzberg und der Gropiusstadt jedoch würden die Meinungen hart aufeinanderprallen. „Vergammelt und dreckig, ist doch nur was für Chaoten und Türken", meinen die einen, „Kleinbürger in Betonsilos – tote Hose", die anderen. Sicher spielen, stärker als Vorurteile, die Lebensumstände der Befragten eine Rolle. Ob Arbeiterfamilie oder Student, Beamtenehepaar oder alleinstehende Rentnerin, offensichtlich gibt's da sehr unterschiedliche Bedürfnisse und Ansprüche.
Doch fehlen in keinem Westberliner Altbaugebiet Bürgerinitiativen, die sich gegen die Kahlschlagsanierung und für den Erhalt ihres Kiezes einsetzen. Und es sind nicht wenige, die, nachdem sie etwa aus einem Weddinger Sanierungsgebiet ins Märkische Viertel – endlich eine Neubauwohnung! – gezogen sind, sehr schnell die gewohnte Umgebung, die Nachbarschaft und den Laden um die Ecke, vielleicht die Kneipen, aber auf jeden Fall die weniger anonyme Atmosphäre von früher vermissen.
Die Folgen der Sanierung in den letzten Jahrzehnten haben die Wertschätzung von Altbaugebieten bei der Bevölkerung und bei den Stadtplanern steigen lassen. Es sind nicht nur die wesentlich höheren Mieten im Neubau (solange die Mietpreisbindung im Altbau noch gilt): Kein Bewohner der unüberschaubaren Trabantenstädte braucht Statistiken über Jugendkriminalität oder Selbstmordraten zu lesen, um zu wissen, daß eine pflegeleichte Sozialbauwohnung allein noch nicht Schönerwohnen bedeutet. Fehlende Infrastruktureinrichtungen machen sich noch stärker bemerkbar, wenn Nachbarschaft nur noch aus einer langen Reihe von Namensschildern und riesigen Parkplätzen besteht. Galten vor hundert Jahren die damaligen Mietskasernen mit ihren Hinterhäusern als Inbegriff des Wohnungselends, so hat es die moderne Baupolitik geschafft, das Alte erhaltenswert zu machen.
Die wohnungspolitischen Schlagworte dieser Diskussion sind heute Allgemeingut. Weniger bekannt ist aber die Geschichte der Berliner Bebauung. Wie sind die berühmten Mietskasernen entstanden, in denen heute noch ein großer Teil der Westberliner Bevölkerung wohnt, die heute abgerissen oder teuer modernisiert werden, verfallen oder instandbesetzt sind?

Vom provinziellen Residenzstädtchen zum Millionendorf

Die Bauern- und Handelsstädtchen Berlin und Cölln wurden zwischen 1227 und 1238 beidseitig der Spreesümpfe gegründet – zu einer Zeit, als etwa Paris schon auf eine tausendjährige Tradition als blühende Kulturstadt zurückblikken konnte. Als gegen Ende des 17. Jahrhunderts die Bevölkerungszahlen von Paris und London über 500 000 kletterten, war Berlin ein hinterwäldlerisches Residenzstädtchen der Hohenzollern.
Die ersten zweihundert Jahre nach seiner Gründung konnte sich Berlin-Cölln ungestört entwickeln, günstig gelegen an den Ausläufern einer Hügelkette zwischen den Havelseen und einem Spreeübergang – der heutige Kreuzberg ist ein Teil davon – an der Kreuzung wichtiger Handelswege. Berlin erwarb weitgehende Rechte als selbständige Stadt, wurde Mitglied der Hanse und stand einem märkischen Städtebund vor. In den folgenden Jahrhunderten bis zur Ausrufung der Republik 1918 war das Schicksal Berlins eng verknüpft mit den machtpolitischen Anmaßungen und Eskapaden der Hohenzollernfürsten, die den neu erworbenen Reichtum der Stadt verteidigen sollten, statt dessen aber den Berlinern die Selbstverwaltungsrechte nahmen und sie durch den märkischen Landadel mit Steuern ausspreßten. Künftig spielten militärische Ereignisse für die Bevölkerungsentwicklung und die Stadterweiterung eine einschneidende Rolle. Nicht, daß Berlin von den zahlreichen Kriegen der Hohenzollern besonders in Mitleidenschaft gezogen worden wäre. Aber die Militärausgaben verschlangen notwendige Mittel zur Stadterweiterung. Die zwangseinquartierten friderizianischen Heeresangehörigen machten lange Zeit ein Drittel der Gesamtbevölkerung aus. Mit der Zwangseinquartierung der Soldaten und der damals hauptsächlich böhmischen Einwanderer begann das hundert Jahre später weitverbreitete *Schlafgängerwesen* sich zu entwikkeln. Mitte des 18. Jahrhunderts ließ Friedrich II. mit drastischen Methoden kleine Häuser im alten Stadtgebiet einreißen und an ihre Stelle drei- bis vierstöckige Mietshäuser bauen. Damit wurde kurzfristig die Wohnungsnot gelindert, langfristig aber das Steigen der Bodenpreise in Gang gebracht.

Gründerjahre

Nach dem Tod Friedrich Wilhelms IV. wurde Bismarck 1862 Reichskanzler. Er begann eine aggressive Außenpolitik, mit dem Ziel einer deutschen Reichsgründung unter der Führung Preußens. Ein rasanter wirtschaftlicher Aufschwung durch verstärkte Industrialisierung und den Wegfall von Marktgrenzen sowie eine schnell anwachsende Bevölkerung waren Kennzeichen der folgenden Entwicklung, die 1871 nach dem gewonnenen Krieg gegen Frankreich mit den nach Deutschland fließenden Reparationsmilliarden in der Reichsgründung und dem Boom der „Gründerjahre" gipfelte.
Mit den französischen Milliarden baute die preußische Regierung ihre Staatsverschuldung teilweise ab, wodurch riesige Summen privaten Kapitals frei wurden. Zu deren bevorzugter Anlagesphäre entwickelte sich schnell die Boden- und „Baustellenspekulation". Allein zu diesem Zweck entstanden 1871–72 in Berlin über vierzig Baubanken und ähnlich viele Bauaktiengesellschaften. Diese sahen ihre vor-

Baracken der Obdachlosen vor dem Kottbusser Tor.

Wohnungsrevolte in Berlin 1872

Drei Tage lang war Berlin fast ohne Unterbrechung im Zustande der Revolte, die bald hier, bald dort in den einzelnen Stadtvierteln sich geltend machte. Am Donnerstag ward ein armer Tischler in der Blumenstraße exmittiert, und es entstand ein Auflauf, der bis tief in die Nacht hinein andauerte. Nach 7 Uhr sammelten sich besonders zahlreiche Scharen vor dem betreffenden Hause 51 c. Einige Steinwürfe gegen die Fenster der Kellerwohnung sowie die Schutzleute bedrohende Rufe gaben in der neunten Stunde das Signal zu einer gewaltsamen Säuberung der Straße bis nach der Krautstraße zu, welche durch berittene und Schutzleute zu Fuß bewirkt wurde. In den angrenzenden Straßen, der Straußberger und Frankfurter Straße, wurden jetzt auf die in der Verfolgung begriffenen Schutzleute Steine geworfen. Mehrfache Verhaftungen erfolgten, doch erst gegen drei Uhr morgens hatten sich die Massen nach und nach zerstreut.
Am Freitag war es ruhig, bis der Bismarcksche Polizeiapparat in Aktion trat. Das Erscheinen zahlreicher Polizeikommandos erregte die revoltierenden Arbeiter. Die Empörung wurde durch einen weiteren Umstand aufs höchste gesteigert. An demselben Morgen (27. Juli) begann die Polizei, vor dem Frankfurter Tor die dort errichteten Baracken der Obdachlosen niederzureißen. Unter welchen Umständen die Arbeiter weiterexistieren sollten, war der herrschenden Klasse gleichgültig.
Der Jammer dieser Unglücklichen brachte das ganze Stadtviertel in Aufruhr. Der Krawall dehnte sich hierbei über die Blumenstraße, Frankfurter Straße, Weberstraße und deren Querstraßen aus; sein Zentrum befand sich an der Ecke der Blumen- und Krautstraße. Die Masse warf überall die Gaslaternen ein, hob die Rinnsteinbohlen aus und bildete aus denselben Barrikaden, die noch durch Haufen von Pflastersteinen befestigt wurden, welche bei der Hand waren, da in der Nähe gerade an einigen Stellen der Straßendamm repariert wurde. Es sprengte nun die ganze berittene Abteilung der Schutzmannschaft auf den Schauplatz der Unruhen, während gleichzeitig mehrere hundert Mann zu Fuß anrückten. Der Polizei wurde heftiger Widerstand entgegengesetzt, aus vielen Häusern wurde mit Steinen, Flaschen und dergleichen auf sie geworfen. Aus den Fenstern eines Schanklokals der Krautstraße wurde ein Steinbombardement auf die anrückenden Beamten eröffnet, die, um sich dort Eingang zu verschaffen, die verschlossene Haustür aufsprengten und mit Gewalt durch die Küchentür eindrangen. Aus einem anderen Haus der Krautstraße, wo selbst ein großer Droschkenhof befindlich, kam ein wahrer Steinregen auf die Schutzmannschaft und wurde dies Haus und Hof durch letztere gestürmt, wobei es viele Verwundungen gab.

(Aus: Neuer Social-Demokrat, 31. Juli 1872)

nehmste Beschäftigung nicht in der Schaffung von Wohnraum, sondern im Kauf und Verkauf von Grundstücken, Bau- oder Bauerwartungsland, wobei mit jedem Besitzerwechsel ein Hochtreiben der Bodenpreise einherging. In Charlottenburg stiegen die Bodenpreise pro Quadratmeter durchschnittlich von 0,12 Mark im Jahre 1861 (was dem Ackerwert entsprach) auf 80–200 Mark 1898.
Die gewerbsmäßige Terrainspekulation in Berlin wurde in diesem Umfang erst durch baupolizeiliche und stadtplanerische Maßnahmen ermöglicht. Das verhängnisvolle Zusammenspiel der Bauordnung von 1853 und des Bebauungsplans von 1862, der, nach seinem Schöpfer benannt, als „Hobrechtplan“ berühmt und berüchtigt wurde, gab den „Gründern“ die nötigen Tips und die rechtlichen Grundlagen für ihr verdienstvolles Wirken.
Der Bebauungsplan beschränkte sich darauf, ein weitmaschiges Netz von Straßen und Plätzen auf die Felder und Wiesen im Umfeld des damals bebauten Berlins zu projizieren. Die so entstandenen Straßenblöcke waren 4–10mal so groß wie die der alten Friedrichstadt. Auf eine Differenzierung der Straßen nach Breite und Funktion, etwa in Wohnstraßen oder große Ausfallstraßen, wurde weitgehend verzichtet. Die Ausgestaltung der großflächigen Baublöcke selbst sollte der privaten Spekulation überlassen bleiben, unter anderem um staatliche Gelder für die Anlage von Grünflächen oder Wohnstraßen zu sparen. Den Rest regelte die Bauordnung – dergestalt, daß künftig statt Straßen und Plätzen lieber Hinterhöfe und Treppen gebaut wurden. In perfekter Ergänzung des Hobrechtplans sah die Bauordnung kaum andere als feuerpolizeiliche Bestimmungen vor, die der spekulativen Grundstücksausnutzung hätten Grenzen setzen können.
Ein Baufachmann um 1873:

„Statt der Straßen vermehrt man die Treppen; man türmt Stockwerk auf Stockwerk, garniert die Häuser mit Seiten-, Quer- und Hintergebäuden, man verbaut jedes Stückchen Garten, denn die Mietskaserne duldet nichts Grünes, und läßt selbst die Höfe zwischen den Mauerkolossen zu engen dunklen Röhren zusammenschrumpfen, die mit frischer Luft und warmen Sonnenstrahlen auf gespanntem Fuße leben.“

Es entstanden einheitliche Grundstücke von 20 Metern Straßenbreite und 56 m Tiefe, die mit bis zu sieben Stockwerken bebaut werden durften. Einschränkungen für den Bau von Seitenflügeln und Hinterhäusern gab es nicht, lediglich die Maße der zwei bis sechs Hinterhöfe waren mit 5,34 m² festgelegt. Gerade groß genug, um eine Feuerspritze darin wenden zu können. Die langen Seitenwände der Grundstücke waren mit fensterlosen Brandschutzmauern zu begrenzen.
Mit derartigen Ungetümen wurde in den folgenden Jahrzehnten die neue, erweiterte Fläche Berlins zugemauert. Dabei waren die Bauspekulanten nicht auf die direkt schon an die bebaute Fläche Berlins angrenzenden Gebiete angewiesen. Durch die Straßenprojektierung des Bebauungsplans war es möglich, Mietskasernen aufs freie Feld zu setzen oder zwischen den kleinen Häusern der damals noch dörflichen Vororte Häuser mit 20 m hohen kahlen Brandmauern hochzuziehen. Die Besitzer dieser ländlichen Grundstücke, wenn sie die Zeichen der Zeit verstanden und lange genug mit dem Verkauf warteten, konnten so über Nacht ohne eigene Verdienste zu „Millionenbauern“ werden.
Nicht etwa aufgrund begrenzten Raumes, wie in mittel-

Liebigstraße, Quergebäude, 1904
Die „Wohnung" besteht aus Zimmer und Küche. Die Stube ist 4 m lang und 3,60 m breit, die Luft ist fast unerträglich. In dem Raum schlafen 7 Personen, auf dem Sofa, auf dem ein Strohsack liegt und das durch 2 davorstehende Stühle verbreitert ist, schlafen 4 Knaben. In dem Kinderwagen liegt ein Kind von 4 Wochen, das an Tuberkulose erkrankt ist. Der Mann hat schweres Rheuma und ist arbeitsunfähig. *Foto: Archiv für Kunst u. Geschichte*

alterlichen, befestigten Städten wurde Berlin zur größten Mietskasernenstadt der Welt, sondern durch Spekulation, die mit engster Flächenausnutzung die Bodenpreise in die Höhe trieb.
Der Berliner Statistiker Engel errechnete im Jahre 1880, daß in den Gründerjahren Neubaublocks für neun Millionen Einwohner projektiert wurden, zu einer Zeit, als Berlin noch nicht einmal die erste Million erreicht hatte. Daß diese Pläne nicht verwirklicht wurden, haben wir nicht zuletzt den „Gründerkrächen", dem Zusammenbruch unzähliger Spekulationsgeschäfte zu verdanken. Schon Bismarck wußte, auf welcher wirtschaftlichen Basis damals „gegründet" wurde. 1881 stellte er vor dem Reichstag fest, daß die Verschuldung der Berliner Häuser höher sei als ihr eigentlicher Wert.

Leben im Hinterhof

Kurz vor dem ersten Weltkrieg tauchte in Berlin ein von Käthe Kollwitz gezeichnetes, bald verbotenes Plakat auf, das die Wohnverhältnisse in der Reichshauptstadt anprangerte: „In Groß-Berlin wohnen 600 000 Menschen in Wohnungen, in denen jedes Zimmer mit fünf oder mehr Menschen besetzt ist."

Die amtlichen Wohnungsstatistiken lösten das Problem auf ihre Weise. Die Überbelegungsquoten wurden heraufgesetzt, so daß zeitweilig beispielsweise 2-Zimmerwohnungen erst mit mehr als elf Bewohnern als überbelegt galten.
Die Mieten für die kleinen Wohnungen fraßen durchschnittlich ein Viertel des Einkommens der Arbeiter. Wurde in den Familien Nachwuchs erwartet, mußte man, um weiter seinen Lebensunterhalt bestreiten zu können, häufig in noch kleinere Wohnungen umziehen. Ein Ausweg bestand darin, für ein paar Groschen Schlafburschen aufzunehmen. Dieses Schlafgängerwesen war in den unteren Bevölkerungsschichten Berlins weitverbreitet. Für viele alleinstehende Arbeiter, insbesondere für die, die gerade aus den ländlichen Umgegenden auf Arbeitssuche nach Berlin gekommen waren, war das Mieten eines Bettes die einzige Möglichkeit, dem Obdachlosenasyl zu entkommen.
Der aufblühende Kapitalismus schuf Probleme und lieferte gleichzeitig ihre „Lösung": Die Schichtarbeit machte es möglich, eine Schlafstelle an zwei Benutzer zu vermieten – der eine schlief, während der andere arbeitete. Aber ein Bett für sich alleine hatte Ende des vergangenen Jahrhunderts sowieso kaum jemand in den Hinterhäusern und Kellerwohnungen Berlins.
Doch war kein Elend groß genug, als daß die Erfindungsgabe der Hausbesitzer es nicht noch hätten steigern können. Die Bautechnik vor hundert Jahren ließ es nicht zu, neu erstellte Häuser sofort zu vermieten, ohne daß die Feuchtigkeit des Mauerwerks unausweichlich Folgen für die Gesundheit der Bewohner gehabt hätte. Aber da gab es ja noch diejenigen, deren materielle Not es nicht erlaubte, sich den Luxus der Sorge um die Gesundheit leisten zu können.

Wohnungssuchenden am untersten Ende der sozialen Stufenleiter wurden die feuchten Behausungen sofort nach ihrer Fertigstellung, also meist zu Beginn der kalten Jahreszeit, zum „Trockenwohnen" mietfrei überlassen. Sie waren verpflichtet, die kahlen Räume kräftig zu heizen, und mit Ende des Winters die inzwischen getrockneten Wohnungen für zahlungsfähige Mieter wieder zu räumen. Probleme wie durch Feuchtigkeit von den Wänden fallende Tapeten und verrottendes Mobiliar gab es für diese Familien nicht. Ihr Hausstand war auf die notwendigsten Habseligkeiten beschränkt, und die Wohnungen wurden für sie natürlich gar nicht erst tapeziert. Aber Krankheiten breiteten sich aus. Die Tuberkulose grassierte in den feuchten, überbelegten Wohnungen.

Wohnungsnot

Nicht nur Trockenwohnen machte die Instabilität damaliger Wohnverhältnisse aus. Alle paar Monate fand ein Umzugstag der kleinen Leute statt. Exmittierungen, der Verlust des Arbeitsplatzes oder die Not, billigere Wohnungen zu suchen, trieben an manchen Tagen Zehntausende Familien durch die Straßen, ihren Besitzstand auf einem Handkarren verstaut. Wer keine neue Bleibe fand, siedelte in notdürftig zusammengenagelten Buden vor den Toren Berlins. Es entstanden so regelrechte Barackenstädte, deren Armseligkeit wohl nur den vorbeiflanierenden Bürgern einen Hauch von Lagerfeuerromantik vermitteln konnte.

Foto: Paul Glaser

Durchblick durch die sechs Torbögen der größten Mietskaserne „Meyershof" in der Ackerstraße im Wedding (heute abgerissen). Zwölfhundert Menschen wohnten in diesem ungesunden, lichtlosen Gebäude, das sechs Höfe mit Quer- und Hintergebäuden hatte. Foto: AIZ

„Wir wollen nicht von denen reden, die gegen die Bezahlung unerschwinglicher Mieten sich ein nothdürftiges Heim verschafft haben. Wir reden von Denen, die bei aller Anstrengung kein solches erlangen konnten, und deren Zahl beläuft sich in die Tausende. Keine Woche vergeht, ohne daß die Zeitungen über ein oder mehrere Selbstmorde berichten, deren Motiv die Wohnungsnoth ist. In den nobleren Quartieren der Stadt, in unmittelbarer Nähe des Reichskanzlerpalais in der Mohrenstraße, hat sich in den letzten Wochen mehrmals das Schauspiel wiederholt, daß zahlreiche Familien mit Kind und Kegel und ihren Habseligkeiten auf offener Straße kampieren, der Neugierde der Vorübergehenden und den Unbilden der Witterung ausgesetzt, weil sie keine Wohnung fanden. Der Anblick war ein herzzerreißender. Noch mehr. Auf dem freien Feld, zwischen dem Cottbuserthor und der Hasenhaide erheben sich mitten im Kartoffel- und Ackerland eine große Zahl ärmlicher, dürftig zusammengeschlagener Bretterbuden, durch deren Dach der Regen und durch deren fingerbreite Spalten in den Wänden der Wind pfeift. An der einen Seite ist eine Bretterthür, an der anderen sind ein paar kleine Fenster angebracht, an der dritten Seite aber ist ein Stück Ofenrohr durch die Bretterwand gesteckt, welches als Schornstein dient; und diese ärmlichen, erbärmlichen Buden, direkt auf der feuchten Erde aufgepflanzt, dienen einer großen Zahl von Einwohnern der kaiserlichen Residenz als Wohnstätten. Um das Einströmen des Wassers vom Boden aus einigermaßen zu verhindern, haben die Insassen einen kleinen Rasenwall um die Buden angelegt. Die Zahl dieser Hütten beträgt an die achtzig, jede von einer mehrköpfigen Familie belegt. Wie es hier mit der Sittlichkeit aussieht, wollen wir unerörtert lassen.

Kein Wunder, wenn bei solchen Zuständen die Demoralisation in grauenhafter Weise in der Kaiserstadt an der Spree zunimmt. Man stelle sich nun vor, was im Winter werden soll, wo doch die Wohnungsnoth fortdauert, das Verbleiben

in Bettlerbuden aber unmöglich ist. Unsere Bourgeoisie muß vor sich selbst ein Grauen empfinden; ihre Größe, ihre Macht bedingt das Elend der Massen; schwelgt sie, dann müssen die Anderen hungern, jubelt sie, müssen die Anderen weinen.
O, es wird Zeit, daß die Arbeiterklasse zur Einsicht kommt und sich ermannt und all der Ungerechtigkeit ein Ende macht."
aus „Der Volksstaat", 3.8.1872

Und davor fürchtete sich das Bürgertum, die in den Mietskasernen zusammengedrängten Proletariermassen waren ihm eine Gefahr. Der „Verein für Sozialpolitik" zum Beispiel schilderte in seinem „Mahnruf in der Wohnungsfrage" die elenden Wohnverhältnisse des großstädtischen Industrieproletariats und wollte die besitzenden Klassen „aus ihrem Schlummer" aufrütteln zum Schutz „gegen die sozialen Revolutionen, die kommen müssen, wenn wir nicht aufhören, die unteren Klassen in unseren Großstädten durch ihre Wohnverhältnisse zu Barbaren, zu tierischem Dasein herunterzudrücken."
Statt der Mietskasernen favorisierten die Wohnungsreformer das englische System der „cottages", die kleinen reihenhausartigen Hütten der englischen Industriearbeiter, deren nicht minder elenden Lebensverhältnisse Friedrich Engels so eindringlich beschrieben hatte. Weniger eine wirkliche Verbesserung der sozialen Lebensbedingungen der Arbeiter, die sich z.B. mit höheren Löhnen durchaus bessere Wohnungen hätten leisten können, sondern ihre Anpassung an isolierte kleinbürgerliche Lebensweisen waren die Beweggründe für die meisten Wohnungsreformbestrebungen. Deutlich wird diese ideologische Zielrichtung in einem Aufruf Adolf Damaschkes, dessen Bund deutscher Bodenreformer die Tradition des Vereins für Sozialpolitik fortführte, als er 1918 die revolutionären Arbeiter vor die Alternative stellen wollte: „Bodenreform oder Bolschewismus"!
Erst in den folgenden Jahren der Weimarer Republik versuchten einige an der sozialistischen Arbeiterbewegung orientierte Architekten, neue Wohnformen zu entwickeln, die den Bedürfnissen der Arbeiterfamilien besser gerecht werden sollten. Manche dieser Ansätze, so die Britzer Hufeisensiedlung von Bruno Taut, sind noch heute in Berlin zu bewundern.

Bild unten: Massenexmittierungen, wie in der Kösliner Straße (Wedding), sind in den 20er Jahren an der Tagesordnung.
Foto: AIZ

BERLIN AUF RÄDERN...

Ein Sonntagnachmittag auf der Heerstraße hinter dem heutigen Theodor-Heuss-Platz um 1910: Pferdedroschken, Autos, Fahrräder, Omnibusse, alles strebt den märkischen Wäldern und der Havel zu.

1881: Die erste Straßenbahn der Welt von Lichterfelde-Ost bis zur Kadettenanstalt
Ende der 60er Jahre wird die Straßenbahn abgeschafft. Auf dem Straßenbahnhof in der Königin-Elisabeth-Straße im Westend wird das Inventar der letzten Straßenbahn 19 verhökert. Die Sitzbänke werden für Partykeller ersteigert, junge Mädchen finden eine Schaffnertasche für 5 DM äußerst chic.
Der Busbetrieb sei flexibler, tönte damals der rechtssozialdemokratische Bausenator Schwedler. Die völlige Liquidierung der Straßenbahn in den 50er und 60er Jahren ist ein kaum wieder gut zu machender Schildbürgerstreich. Erinnern wir uns an die Straßenbahnen – zu der die Oma „Elektrische" sagte – auf eigenem Gleiskörper nach Spandau, Lichtenrade oder zwischen Mariendorf und Neukölln. Die könnten heutzutage fast so schnell wie U-Bahnen rollen, böten beste Aussicht und vor allem mehr Komfort als im Kfz-Verkehr festsitzende Busse.

1912: Ein Zeitungshändler am Halleschen Tor bedient seine Kunden mit einer Stange auf dem Oberdeck. Den großen zweigeschossigen Autobus gibt es auf dem Kontinent einzig in Berlin. Nach dem 1. Weltkrieg ersetzt er den „Sechseromnibus", der für eine Teilstrecke nur 5 Pfennige, einen „Sechser" kostete.
Foto: Phototek Berlin

Der U-Bahnhof Nollendorfplatz im Jahre 1907
Da die Experten um 1900 fälschlicherweise meinten, daß die Bodenbeschaffenheit Berlins mit den Schwemmsandlagern die Anlage von Untergrundbahnen nicht erlauben würde, wurde zunächst die Hochbahn gewählt. Die Hochbahn wiederum setzte breite Straßen voraus. Dem Hochbahnbau wurden Promenaden geopfert. Das neue Verkehrsmittel führte im östlichen Streckenteil durch die Skalitzer und Gitschiner Straße (heute Kreuzberg, damals Luisenstadt), dann am Landwehrkanal entlang, über das Eisenbahngelände der Postdamer und Anhalter Bahn und im Westen durch den breiten Straßenzug der Bülow-, Kleist- und Tauentzienstraße.

Der U-Bahnhof Nollendorfplatz heute mit der stillgelegten Linie Richtung Bülowstraße. Bei etwas gutem Willen ließe sich auf dieser Trasse ein bequemer U-Bahnanschluß zur Philharmonie, Staatsbibliothek und Nationalgalerie, aber natürlich auch zum Tempodrom, herstellen.
Foto: Anna Jacquemard

Ein Foto aus den 60er Jahren. Die Straßenbahn ist verschwunden (meistens zugunsten von Autoparkplätzen), der U-Bahnhof Gneisenaustraße existiert noch. Er ist typisch für viele Berliner U-Bahnhöfe, da sich die U-Bahntunnel meist in der Mitte einer breiten Straße befinden. Heute ist es der U-Bahnhof, von dem aus in zwei Minuten die Elefanten Press Galerie erreicht werden kann.

Die Westseite des Bahnhofs Alexanderplatz mit den typischen Stadtbahnbögen im Jahre 1928.
Wie kaum ein anderes Verkehrsmittel in der Welt prägt die Berliner S-Bahn das Bild der Stadt. Bereits 1875, als Berlin etwas mehr als 800 000 Einwohner zählte, beginnt der Bau der Stadtbahn, der ersten Viaduktbahn Europas, von West nach Ost quer durch das Häusermeer. 1882 ist Berlins Stadtbahnnetz (der Begriff S-Bahn entsteht erst nach dem 1. Weltkrieg) mit Stadtbahn, Ringbahn und den ergänzenden Vorortstrecken entlang der Fernbahnen komplett. Elf Millionen Fahrgäste werden in diesem Jahr in den Dampfzügen befördert.

Andrang auf einen S-Bahnzug im Jahre 1950
Wer fährt heute schon S-Bahn, 15 bis 20 000 Westberliner pro Tag? Auf ein paar Tausend mehr oder weniger kommt es da nicht an. Das Schnellbahnsystem wird im Kalten Krieg aufs Abstellgleis geschoben. Auch bis in die erste Hälfte der 80er hinein ändert sich kaum etwas daran. Der Senat weigert sich nach wie vor, das unter DDR-Verwaltung stehende Nahverkehrssystem zu subventionieren. Aus diesem Grund werden heute nur noch drei S-Bahnlinien befahren.
Die antikommunistische Ausgrenzungspolitik der Macher im Schöneberger Rathaus hat diese gigantische Vergeudung an Transportmittelvolumen zustande gebracht. Unter der Parole „S-Bahnboykott" lief das nach dem Mauerbau 1961 an, wurden unsinnige Bus-Parallel-Linien zur S-Bahn eingerichtet, wurden hektisch aus der BRD angeheuerte Busse eingesetzt und S-Bahnhöfe aus den Stadtplänen gelöscht. Die verflossenen zwei verkehrspolitisch absurden Jahrzehnte sind genug, sagen viele. Die Forderung nach verstärkter Nutzung der eingemotteten S-Bahn, nach Senatssubventionen für Ausbau und Betrieb des Systems, entspringt nicht nur dem Wunsch nach Normalisierung. Sie ist auch logisch angesichts des herrschenden Verkehrschaos auf den Straßen. Sie ist naheliegende Konsequenz aus der energie- und umweltpolitisch irrsinnigen Stadtautobahn-Ideologie maßgeblicher Senatspolitiker der zurückliegenden 30 Jahre.

Berliner S Bahn

Auf dem Alexanderplatz um 1935
Foto: Landesbildstelle Berlin

Foto: Paul Glaser

Im Tiergarten 1981
In den 60er Jahren wurden gleichzeitig mit der Straßenbahn die Fahrradwege reduziert. Das Fahrrad galt als Vehikel für „arme Leute" und ein Fahrradgeschäft nach dem anderen schloß wegen fehlender Kundschaft. Heute sieht wieder alles ganz anders aus. Aus Protest gegen die Umweltverschmutzung und -zerstörung sind die „Drahtesel" der Renner, Fahrraddemonstrationen gegen Autobahnbau und auch gegen Häuserräumungen sind keine Seltenheit, und einmal im Jahr wird ein mehr oder weniger „autofreier" Sonntag durchgesetzt. Inzwischen gibt es auch einen besonderen Stadtplan für Fahrradfahrer.

Immer noch setzen Senatsplaner ihren Ehrgeiz in den grünflächenzerstörenden Autobahnbau.
140 Kilometer S-Bahn und über 100 Kilometer U-Bahn stehen heute zur Verfügung. Planer träumen seit langem von einem 300-Kilometer-Schienennetz durch Erweiterung des U-Bahnbereiches. Daraus ließe sich ein traumhaftes öffentliches Verkehrssystem auf der Schiene machen. Wege zur Arbeit, die inzwischen zu 60 Prozent (!) im eigenen Personenwagen bewältigt werden, würden dann der Vergangenheit angehören. Ins Theater und zum Einkaufen kämen wir — so unwahrscheinlich das für manchen klingen mag — bequemer und vor allem schneller per Bahn, per Fahrrad oder zu Fuß. Die Stadt müßte sich nur insgesamt richtig entwickeln, nicht nur das Verkehrssystem. Doch das ist Zukunftsmusik. Zur Zeit wird die Stadt auf bereits zehn Prozent ihrer Fläche mit Straßen zerschnitten, auf denen über 400 000 Kraftfahrzeuge lärmen und die Luft verpesten, auf denen rund 300 Menschen pro Jahr getötet und 16 000 verletzt werden. Das sind europäische Rekordwerte.
Nach dem Einsturz der Betonkonstruktion der Kongreßhalle stellte der Berliner Senat, der nun — deutsch gründlich — alles prüfte, was irgendwie nach Beton aussah, fest, daß die Spannbetonbrücken der Stadtautobahn (und das sind eine ganze Menge) bedrohliche Risse aufweisen.
Nun müssen wegen der Einsturzgefahr die großen Lastkraftwagen und Busse wieder durch die Stadtviertel donnern, obwohl ja ein Hauptargument für die Stadtautobahn war, den Schwerverkehr von den Stadtstraßen zu bringen.
Foto: Paul Glaser

Peter Feraru

„Deutsche Kraft" und „Immertreu"

Berliner Ganovenwelt der 20er Jahre

Die Einladung zum Ganovenball an den Polizeipräsidenten zu Berlin war auf Seidenpapier geprägt. Rechts, in der oberen Ecke, fanden sich der Abdruck eines Vereinswimpels und § 3 der Satzung: „Jedes Mitglied ist in Fällen von Krankheit oder anderen außergewöhnlichen Situationen zur Hilfe verpflichtet." Der § 4 lautete lakonisch: „Im umgekehrten Falle hat jedes Mitglied das Recht auf Hilfe."

Daß Zocker-Adolf für einige Jährchen ins Zuchthaus Tegel einfahren mußte, war nichts Außergewöhnliches. Er hatte einen Erbsenfreier kurz mit dem Bierglas behandelt. Ein anständiger Freier zahlt die Mäuse. Der aber wollte runterhandeln und machte Stunk. Das war ein Verstoß gegen die Sitten und Gebräuche der Organisation, und Zocker-Adolf stürzte sofort ins Separee seiner Braut. Kurzum wurde die Angelegenheit auf bewährte Weise bereinigt. Adolfs Anspruch auf Vereinshilfe wurde durch Pakete befriedigt, die er in den Knast geschickt bekam. Dafür hatte der Zocker den Vereinsobolus von monatlich 5 % der verdienten Kohle entrichtet. Ehrensache, daß seine Braut von den Vereinsmitgliedern nicht angemacht wurde, bis der Loddel wieder auf freien Füßen war.

Die ehrenwerten Herren des Ringvereins „Deutsche Kraft", der Sparverein „Immertreu" und „Rote Nelke" hatten den Ganovenball auf den 25. September 1927 festgelegt. Locken-Schulze und Raffzahn, der in Wirklichkeit Carl Zuckmayer hieß und als Schlepper und Kokainhändler in Spelunken in der Friedrichstraße sein Brot anschaffte, überreichten die Einladung an den Polizeipräsidenten Hoppe, der seit 1923 großartig die Berliner Kripo leitete. Als Dank würde er die Herren zum nächsten Kripo-Ball rückeinladen. Im Jahr zuvor war der Ganovenball im Restaurant „Rheingold" am Potsdamer Platz und davor in „Walterchens Ballhaus" in der Bülowstraße. Unter Beifall der Schlepper, Diebe, Schränker, Loddels und ihrer aufgeputzten Bräute dirigierte Hoppe persönlich das Ganovenorchester.

Auf andere Beamte hätte störend gewirkt, daß der Sparverein „Immertreu" den Taschendieb Wilhelm und den Hehler Julius wegen schwerwiegenden Statutenbruchs zum Tode verurteilten, jedem einen Beileidsbrief schickten und anschließend auf offener Straße abknallen ließ. Aber Hoppe glich das aus und ließ ein Vereinslokal der Clique hochgehen. Die Kripo hatte sich als Gesangsverein angemeldet, natürlich in Zivil. Die Ganoven freuten sich über die kulturelle Einlage. Erst sang die Kripo „Wer hat dich, Du schöner Wald . . .", dann wurden die Dienstwaffen gezückt und alle im Saal Anwesenden kurzerhand verhaftet.

Der diesjährige Ganovenball sollte, wie immer, gute Traditionen pflegen, Kontakte festigen und die arbeitsamen Jungs mal fröhlich sein lassen. Es gab eine Menge Sore zu schieben. Schmuck, Uhren, Rauchwaren und Waffen, Gewehre, Pistolen, was das Herz begehrte.

Natürlich wollte auch Hugo Baruch kommen, der „Käpt'n Bilbo", der als einziger deutscher Ganove im Ausland als Leibwächter von Al Capone zu internationalem Ansehen kam. Auch die Gebrüder Sass wurden erwartet. Beide waren so etwas wie Volkshelden mit großem Berliner Herz, prächtige Schränker. Vom jungen Helmcke versprach sich der Ringverein „Deutsche Kraft" gute Verbindungen zur nordamerikanischen „Association", zu Capone und Derringer.

Über eines war sich der Vorstand einig: Ehrensache, nicht mit der Schmiere, den Bullen zusammenzuarbeiten. Na schön, man hatte seine guten Verbindungen. Aber Geschäft war die eine und Ehre die andere Sache. Die Zeiten waren gut. Die wirtschaftliche Blüte war eine Erholung nach dem „Stahlbad" von 1914/18. Der fesche Zocker, Kassierer im Sparverein „Emsige Biene", war jedoch unzufrieden. Zuviel ausländische Ware, maulte er, das drückt die Hehlerpreise.

Der Sparverein „Emsige Biene" hatte beschlossen, zum diesjährigen Ganovenball die Vereinsnadel in Gold an Möbel-Paule zu verleihen, der gerade vier Jahre Zuchthaus hinter sich hatte. Boxer-Heini, deutscher Meister im Schwergewicht, wurde letztes Jahr eingeführt. Richtig schnieke sah er aus. Zicke hatte für ihn gebürgt, obwohl das bei Heini kaum nötig war. Aber die Tradition mußte gepflegt werden. Erst kam die Absprache mit den ehrenwerten Herren, dann mußte er die Aufnahmegebühren blechen. Durch den Vorstand wurden ihm feierlich die Statuten eröffnet, der Vereinsring übergeben, und damit war er ein anständiges, geachtetes Mitglied.

Die alten Herren des Ringvereins „Deutsche Kraft" erzählten manchmal während offizieller Sitzungen von der Vergangenheit, von der „Königsmauer", der Landsberger Straße, den Puffs, von Wirtshäusern und der Kneipe „Die Flinte". Dort hing ihr Wahlspruch: „Rauten, Rauben ist kein Schand / Das thun die besten in dem Land".

Der Polizeipräsident duldete die Vereine. Er habe dadurch die Ganoven unter Kontrolle, hatte er mal behauptet. Von wegen. Ein Ganew, ein Ganove liebt nichts so sehr wie die Freiheit. Kontrolle? Eher Mauschi-Mauschi, man arrangiert sich. Dient doch alles der Wirtschaft, dem Staat, und wer weiß, was morgen ist . . .

Das Stammlokal der gewerkschaftlich organisierten Zimmerleute in der Breslauer Straße nach dem Überfall des Untergrundvereins „Immer treu". Foto: Ullstein

Verwendete Literatur:
„Weltstadt Berlin", 1972, Desch-Verlag
„Die Diebe von Berlin", 1847, Reichard Verlag
„Blätter für Gefängniskunde", Nr. 64/1933
„Das Verbrechen und seine Bekämpfung", Aschaffenburger, 1903
„Käpt'n Bilbo, Rebell aus Leidenschaft", 1965, Goldmann Verlag

Zeichnung: Gerhard Seyfried

Stefan Reisner

Kneipen, Destillen, Currybuden und Döner Kebab

Die Geschichte der Berliner Kneipen zu erzählen ist schwierig, denn viel einfacher ist es, in Berliner Kneipen zu gehen. Sollte also mein Bericht plötzlich mitten im Wort aufhören, dann, weil ich meine historischen Studien vor Ort fortgesetzt habe. Und ich kann jedem, der mit meinen Ausführungen unzufrieden ist, nur raten, ebenfalls einen Lokaltermin abzuhalten. Wer nur etwas über die heutige „Scene" erfahren will, der muß zum Nollendorfplatz fahren und sich durchfragen . . . Er braucht nicht weiterzulesen.

Über das Mittelalter will ich nicht viel sagen; nur soviel, daß es in Berlin viele Sorten Bier gab, vor allem Braunbier und obergäriges Weißes, das die Leute im Keller in den Sand eingruben, damit es die richtige Reife bekam (und nicht von durchreisenden Truppen der Raubritter requiriert werden konnte). In Notzeiten entstand die Berliner Spezialität des „Brodbieres" – aus Brotresten wurde Bier gebraut, dem russischen Kwas ähnlich, nur alkoholisch vergoren. Schon frühzeitig hatten die brandenburgischen Kurfürsten erkannt, daß die Trinklust der Berliner – die Mark war damals im Deutschen Reich so etwas wie der Wilde Osten, voller Glückssucher und Abenteuerer – sich für die Staatskasse vorteilhaft ausbeuten ließ: Die Biersteuer war eine der einträglichsten Einnahmen, gehaßt von allen Bürgern. So ist denn die mittelalterliche Kneipengeschichte erfüllt von hin und her wogenden Kämpfen um den Bierpfennig. In Berlin wurde auch Wein angebaut; bekanntlich hat sich Friedrich II. besondere Mühe gegeben. Sein Traum war es ja, die märkische Streusandbüchse in ein italienisches (oder griechisches) Arkadien zu verwandeln. Nur waren die Trauben sauer und der „Berliner Geschmack" ging mehr in Richtung Süßwein – im 18. Jahrhundert kamen die Obstweine auf. In Werder entstanden große Plantagen, und bis heute braut sich so mancher Laubenpieper seinen Kirsch- oder Stachelbeerwein. Kirschsaft war im 18. Jahrhundert eine beliebte Medizin gegen das in Berlin grassierende Sumpffieber.

In Berlin wurde so viel gesoffen, daß die Handwerkergilden und Zünfte bald strenge Regeln erließen, um die Arbeitsmoral der Gesellen zu erhalten. So war genau vorgeschrieben, wieviel und wann ein Geselle trinken durfte. Auch war es dem Gesellen verboten, zusammen mit Schauspielern, Musikanten und Juden zu trinken. Fristlos entlassen werden konnte er, wenn er beim Kartenspielen erwischt wurde. Eine Tradition ließ sich – trotz vieler Verbote und Erlasse von Friedrich II. bis zum Kaiser Wilhelm – nicht ausrotten: Am Montag hatten die Gesellen frei und brauchten nicht zu arbeiten. Das war der „Blaue Montag". Daher herrschte auch an den Montagen in den Kneipen ein reger Betrieb (und Dienstag war „Ruhetag").

Das spätere 19. Jahrhundert war die Zeit der Gartenlokale. Jetzt gab es ja die Dampfbahn, überall entstanden neue Siedlungen, da hieß es: Hinaus ins Grüne. Der Kaiser stieg schon mal im „Schweizerhaus" in Wannsee ab, die einfache-

Wirtshaus, Stehbier-Halle, Photographisches Atelier an der Dampferstation in Wilmersdorf waren Ausflugsziel um die Jahrhundertwende. Foto: Landesbildstelle

ren Bürger verbrachten den Sonntag in „Blumes Hof" in Tegel. Fontane hat viele dieser Gartenlokale beschrieben. Da gab es „Aal Grün" oder Zander aus der Havel, dazu Weißbier mit Schuß. Die großen Etablissements verfügten über Kegelbahnen, und ganz sportliche Herren ruderten im Verein. Überall verkündeten Schilder: „Hier können Familien Kaffee kochen" – der Wirt verkaufte das heiße Wasser, den Kaffee aus Bohnen oder Gerste brachten die Ausflügler selbst mit.

In der Stadt selbst stand für den Proletarier die Eckkneipe offen – die Offiziere verkehrten in ihren Clubs und Casinos. Einige dieser Gebäude stehen noch heute in Kreuzberg, sie sind für Wohngemeinschaften sehr geeignet. In den Casinos wurde französisch gekocht. Erst im 1. Weltkrieg – als es nur noch Rüben gab – verschwand die feine französische Küche aus den Bürgerhäusern.

Für die Armen gab es Suppenhäuser – hier waren die Löffel durchbohrt und angebunden, damit sie nicht geklaut wurden.

Der Hunger war es auch, der die Kneipengeschichte der Weimarer Zeit bestimmte. Jeder ältere Berliner schwärmt noch heute von der Erbsensuppe, die es bei Aschinger gab, zwanzig Pfennig kostete sie, und man konnte kleine Brötchen dazu essen, soviel man wollte. Selbst die pelzgeschmückten reichen Damen und Herren gingen nach dem Konzert mal schnell ins Aschinger, um dem Volk beim Suppelöffeln zuzuschauen. Die feine Welt verkehrte in den großen Hotels, im „Adlon", im „Kaiserhof", wo jeden Tag zum Tanztee aufgespielt wurde.

Im Wintergarten trat während der Wirtschaftskrise 1927 ein Hungerkünstler auf, der mitten im Lokal in einem Käfig saß und hungerte, währenddessen die Leute, die es sich leisten konnten, an den Tischen dinierten. Viel Erfolg soll der Hungerkünstler nicht gehabt haben, die Leute sagten: „Hungern können wir selber", und gaben nichts. Beliebter waren da schon Dauertänzer. Alfred Döblin hat das Kneipen-Universum rund um den Alexanderplatz beschrieben.

In den dreißiger Jahren dann gab es „braune" und „rote" Kneipen, die Leute gewöhnten sich an, schnell ihr Bier und den Klaren zu kippen und wieder zu verschwinden. Später dann wurden überall Plakate ausgehängt: „Feind hört mit!" Und noch später, als es jeden Tag Fliegeralarm gab, war es in Berlins Kneipen eh zappenduster.

Nach Kriegsende wurde in Zigarettenwährung bezahlt: zwei Camel-Zigaretten gegen ein Brot. Das Bier war dünn. Schnaps gab es auf dem Schwarzen Markt, an der Friedrichstraße oder auf dem Stuttgarter Platz. Und plötzlich, nach der Währungsreform, kriegte man überall wieder zu essen, man hatte wieder Geld, und wenn es kleine blaue Zehn-Pfennig-Scheine waren. Die Fett-Welle rollte. Westberlin kaufte die „Zone" aus, die S-Bahnzüge waren so voll, daß nicht einmal die Türen geschlossen werden konnten. Die Westwährung diente dazu, die Schönhauser Allee leerzukaufen. Brot, Schweinehälften, Truthähne und Siruptöpfe, es gab nichts, was nicht in den Westen geschmuggelt wurde. In den Ostberliner Eckkneipen standen die Westberliner Schlange nach einem Glas Bier. Selbst die Haare ließen sich die Westberliner drüben schneiden. Und die Ostberliner kamen mit dem Westgeld (Tauschsatz 1 : 12, später dann 1 : 6) an den Gesundbrunnen, wo bald eine Bude nach der anderen aus dem Boden schoß und Ramsch an die „Ostler" verkaufte.

Irgendwann in dieser Zeit muß auch die Curry-Wurstbude entstanden sein. Die Leute hatten plötzlich die fetten „Breslauer" oder „Schlesischen" – mit Majoran gewürzte Würste im Darm – satt, sie wollten sich mit Schärferem anregen, und so gab es plötzlich Currywürste – heute sind sie verkommen zu papierartigen Rollen, die mit Tomatensoße und einer Art Sägespäne zugedeckt werden. Ursprünglich war die Currywurst tatsächlich scharf und saftig. Eine Zwischenform ist die Curry-Bulette. Die Wurstbuden verschwanden mehr und mehr mit Wiederaufbau und Stadtsanierung.

Eine Eigenheit der fünfziger Jahre waren die Brathuhn-Stationen. Pionier war dabei Hühner-Hugo. Ganz Berlin pilgerte zu seiner Baracke am Kurfürstendamm, um Grillhühner zu essen. Hühner-Hugo war so sozial, an der Hintertür für Studenten Tüten mit den abgeschnittenen Bratresten, den Flügeln und Bürzeln, kostenlos abzugeben. Daher entstand auch schnell gegenüber, in einer anderen Bude, das Studentenlokal „Försterin". Das berühmteste Jazz-Lokal war damals die „Eierschale" am Breitenbachplatz, wo heute die alten Herren sitzen und nach Zickenjazz-Melodien auf den Stühlen wippen. Die Zentren einfacheren Vergnügens waren der Stuttgarter Platz, die Potsdamer Straße und die Straßenzüge nahe der Sektorengrenzen.

Heute – und ich schreibe dies, weil ich nun langsam durstig geworden bin – sehen wir einen heftigen Kampf toben zwischen dem Hamburger (Whopper) und dem Döner Kebab. Wobei letzterer viele Anhänger gewonnen hat, ist er doch gewürzter und reichhaltiger als das amerikanische Nationalgericht. Der Kampf zwischen beiden Snacks hat seine ideologische Komponente und er wird mit allen Mitteln der Subversion geführt. So erzählte mir ein Freund neulich, die unterbezahlten Angestellten der Hamburger-Ketten protestierten gegen ihre unsozialen Arbeitgeber damit, daß sie in den Nasen bohren, bevor sie die Brötchen belegen . . .

Wie ich schon schrieb: Über die heutige Kneipenszene kann sich jeder in den Fachzeitschriften orientieren. Und Zeit genug, Erfahrungen zu sammeln, ist auch, da es in Westberlin keine Polizeistunde gibt.

In Berlin werden mehr Currywürste gegessen als sonstwo, nämlich 63 Millionen pro Jahr. Wieviel davon an Polizeibeamte verkauft werden, ist bislang noch nicht statistisch erfaßt.
Fotos: Ralph Rieth, Volker Schutsch

Im Café New York. Foto: Junker-Rösch

Foto: Paul Glaser

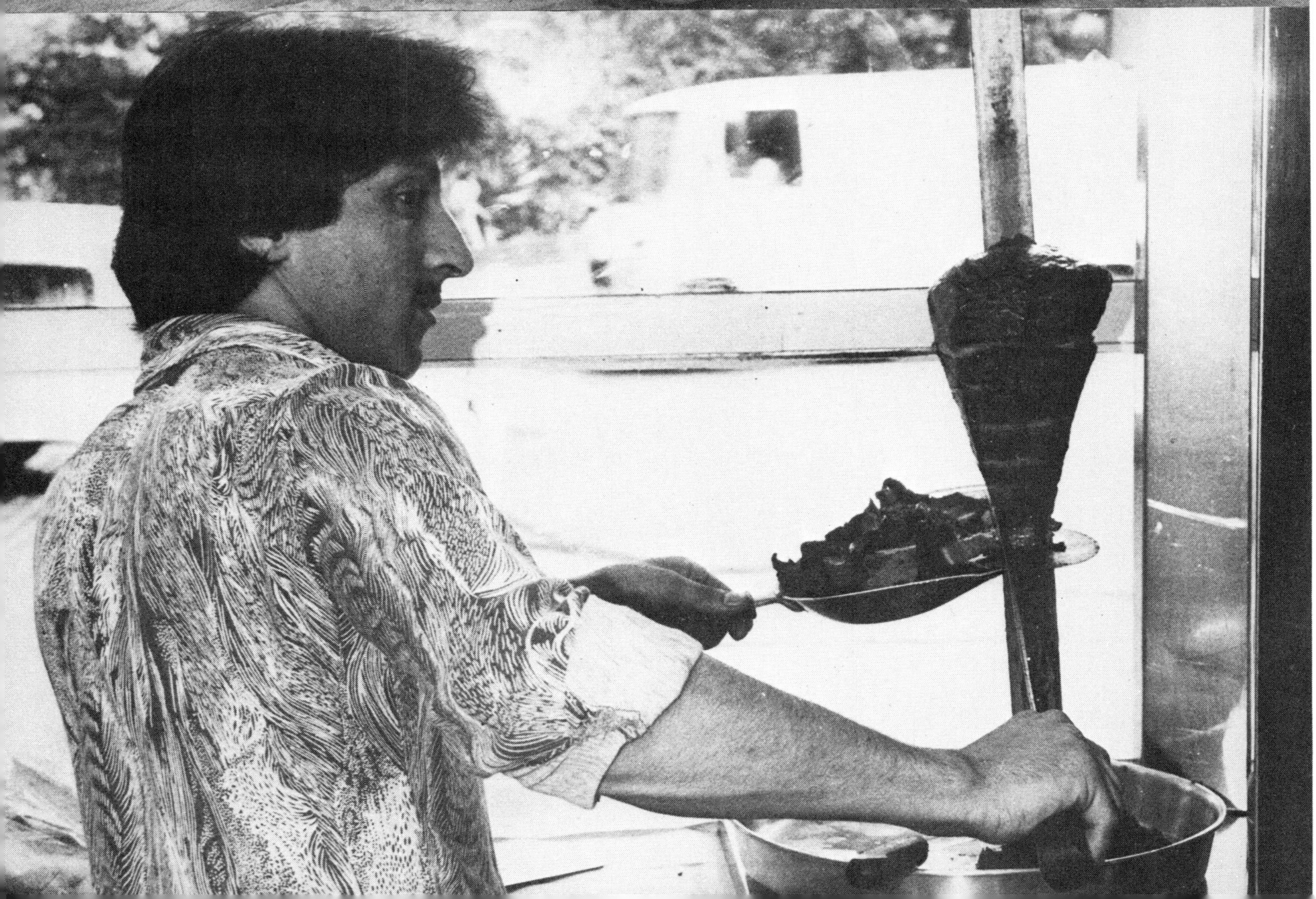

Foto: Wolfgang Krolow

Paul Glaser

Ein bißchen Harem, ein bißchen Schultheiß

Bilal Özkesic wollte zeigen, wie weit es ein Türke in Berlin bringen kann. Als Hochzeitsgabe überreichte er seinem Sohn Bekis die vergoldeten Autoschlüssel für einen schneeweißen Mercedes 280, der vor der Tür wartete, und Mutter Özkesic ließ sich auch nicht lumpen. Mit drei Pfund Goldschmuck behängte sie die Schwiegertochter, der Zeremonienmeister rief es über Lautsprecher aus für 600 oder 800 Hochzeitsgäste.

Bilal gehört zu jenen Türken, die nicht ins ‚Ausländer-Problem' passen, die ‚es geschafft' haben. Mehr als ihre deutschen Kollegen glauben sie an den Kapitalismus, an eigene Leistung ohne Staatsknete, an das Märchen vom Schuhputzer, der Millionär wird. Sie arbeiten hart dafür und lassen ihre Familien hart arbeiten. So waren denn auch die großzügigen Geschenke eine Kapital-Aufstockung, die Schwiegertochter zusätzliche Arbeitskraft, auf Lebenszeit und ohne Tarifvertrag, für den Familienbetrieb ‚Adana-Grill' in der Adalbertstraße, in der finstersten Slum-Gegend Kreuzbergs.

Mehrere Dutzend solcher Restaurants gibt es in Berlin. Eingerichtet mit ein bißchen Harem, ein bißchen Schultheiß. In Kudamm-Restaurants tanzen zur ‚Hochzeits-Suppe' noch Bauchtänzerinnen.

Viele Sauf-Kneipen haben meist noch die deutschen Namen, drinnen aber wird Karten gespielt, um Geld gewürfelt, Raki getrunken.

Ganz traditionell sind die vielen Cafes, nur von Männern besucht, von Jugendlichen, die an Flippern stehen und Heino hören oder Roy Black, auf türkische Melodik getrimmt.

Traditionell ist auch die Aufteilung nach Gruppen, jede mit der anderen bis aufs Messer verfeindet. Linke gehen ins ‚Ömer' am östlichen Ende der Oranienstraße, gleich daneben ist das ‚Elfi' für die Religiösen, am anderen Ende haben die Kurden ein Lokal und dazwischen die Rechten, die auch am Spreewaldplatz eine Spielhölle betreiben. Die zwei Discos sind gemischt besucht, letzter Schrei bei den jungen Mädchen sind alt-türkische Pluderhosen in Goldlamé und türkische Rockmusik.

Der Besitzer des ‚Birkengartens' am Kottbusser Damm hat seine eigene Art von Erfolgsstolz. Er hat drei Frauen mit insgesamt elf Kindern. Eine in der Türkei, eine führt ihm hier den Haushalt, und zwei Kinder hat er mit seiner deutschen Freundin, einer Postbeamtin. ‚Die Frauen kommen gut aus miteinander', sagt er.

Mit Lebensmitteln kann sich das Getto selber versorgen. Drei Gemüse- und zwei Fleischgroßhändler beliefern die vielen kleinen Läden, dazu Import-Firmen für Oliven und Konserven, Nudeln und Reis. Fünfzehn Bäckereien sorgen für Weiß- oder Fladenbrot, beliefern auch deutsche Geschäfte von ALDI oder Kaiser's Kaffee, ‚Önder Firinlari' aus Neukölln auch die Kantine von Daimler-Benz.

Einen „Spezial-Markt" bilden die Religiösen. Ihre Lebensmittel kaufen sie in den Filialen der Hicret-Ladenkette. Die bärtigen Verkäufer beten in den Moscheen auch schon mal den Koran vor und weisen auf die Eß-Vorschriften hin.

Beim Hochzeitsfriseur.
Foto: Paul Glaser

Das ist gut für den Umsatz. Frommes Fleisch wird von den vier Metzgereien geliefert, die auch Wurst exportieren, und die Koran-Druckerei in der Eisenbahnstraße stellt wertvolle Heilige Bücher her.

Hicret gehört 170 Aktionären, die Almosensteuer zahlen für die ‚Islamische Föderation', ein Zusammenschluß von 26 Moscheen und Vereinen mit eigenem Haus, eigenen Korankursen für 800 Kinder, die teilweise mit eigenen Bussen herangeschafft werden, und für die Mekka-Pilger gibt es Vorbereitungskurse, bevor sie mit den eigenen Reisebüros zu den Heiligen Orten geschafft werden; allein im letzten Jahr 1 500. Ein Leichentransport schafft tote Moslems korangerecht in die Heimat per Flugzeug und Zinksarg, denn der islamische Friedhof am Columbiadamm ist überfüllt.

Ein guter Markt sind auch die alten Sitten. So gehört es sich, der Braut zur Hochzeit goldene Armreifen zu schenken, verziert mit traditionellen Motiven. Die Muster ziseliert der Goldschmied in Kreuzberg, im Türken-Basar gibt es Spezialläden, und die Hochzeitskleider können beim

Maßschneider bestellt werden. Sechs türkische Friseure können ‚Hochzeitsköpfe' machen, frisieren die Bräute, schminken sie, kleiden sie an und dazu noch die nahen weiblichen Verwandten, alles wird vom Bräutigam bezahlt, so gehört es sich. Friseur Alatasch in der Martin-Luther-Straße ist da Spezialist. Bevor er sich selbständig gemacht hat, war er Geselle in Kudamm-Salons, er hat exclusives deutsches Publikum: Mannequins, Ärztinnen, Richterinnen, Kauffrauen, alle schätzen die Familien-Atmosphäre.
Natürlich haben auch Deutsche die türkische Marktlücke entdeckt. Der Otto-Versand hat in Berlin einen türkischen General-Vertreter, der auch Veranstaltungen sponsort, die Tombolas beliefert und dazu noch Anzeigen wirbt für das Werbeblatt ‚Merhaba', in dem Bendzko Eigentumswohnungen anpreist – auf türkisch. Den drei türkischen Banken in Kreuzberg gelingt es immer schwerer, die Gastarbeitergelder in die Heimat zu holen, immer mehr wird hier ausgegeben. Der Marktrenner ist gerade Video. Geräte und Cassetten ersetzen den Kultur-Markt, den es nicht gibt. Mehr als 60 Läden handeln mit Video. Umsatzmotor ist auch die deutsche Bürokratie. Dolmetscher-Büros übersetzen die Bescheide, Lohnsteuer-Büros, Schreibbüros, Steuerberater helfen durch den Vorschriften-Dschungel.
Und auch auf dem traditionellen Markt für türkische Arbeitskraft tut sich einiges. Während Politiker bei den Deutschen Hoffnungen wecken auf eine türkenfreie Stadt, sieht die Wirtschaft in die Zukunft. Bald kommt der Pillenknick, wenig Schulabgänger, wenig Lehrlingsmaterial. Karstadt am Hermannplatz wird Mitte der 80er Jahre einen Vorsprung haben, denn jetzt schon bildet das Kaufhaus türkische Verkäufer aus, hat einen türkischen Abteilungsleiter, einen Deutschlehrer. Der Personalchef schätzt bei den jungen Türken vor allem die Pünktlichkeit, den Fleiß. Außerdem laufen sie nicht egalweg zum Betriebsrat, maulen nicht wegen zu niedriger Gehälter, saufen nicht, nehmen keine Drogen. Unterm Strich drückt das die Lohnkosten. Der Verband der chemischen Industrie in Berlin macht sogar ein gewagtes Experiment. Ganz ohne Staatsknete bilden zwölf seiner Firmen junge Türken aus zu Chemie-Facharbeitern. Deutsch-Unterricht gibt's im großen Konferenzsaal des Arbeitgeberverbandes. Deutsche Fachkräfte sind auch mit hohen Subventionen nicht mehr in die Stadt zu holen.
Traurig sieht es aus auf jenem Markt, der wenig Profit verspricht: bei der Kultur. Außer zwei Kinos gibt es da keine Einrichtungen, weder Theater noch Konzertsäle. Die Volkshochschulen haben Amateurgruppen, die mehr schlecht als recht ein bißchen tanzen und singen, einige politische Vereine haben Chöre gebildet, die eigentliche Kultur aber wird den Moscheen überlassen. Davon gibt es mehr als 50 in Westberlin.
Ayle Algan ist da eine Ausnahme. Die Profi-Sängerin füllt mit türkischen und französischen Liedern auch große Säle, und sie ist Stammgast im türkischen Künstler-Lokal ‚Aspendos' in der Kantstraße, sitzt da nach den Auftritten zusammen mit Dichtern und Malern, hört sich Lesungen an. Sie alle sind keine typischen Berliner Türken. International eingestellt, bürgerlich, links, sie haben kaum Kontakt zur Mehrheit ihrer Landsleute, die festhalten an den alten Dorfgemeinschaften, den Großfamilien, sich einkapseln im Getto, das in den letzten Jahren eine wirtschaftliche Infra-Struktur aufgebaut hat. In vielen Bereichen können Türken in Westberlin schon von morgens bis abends unter sich leben, von der Geburt bis zum Tod, eine Stadt in der Stadt, alleingelassen von den Deutschen.

In einer Koran-Schule in Kreuzberg. Unterricht für Mädchen.
Foto: Paul Glaser

In den sechziger Jahren begann die große Einwandererwelle aus der Türkei. Es wurden Arbeitskräfte benötigt – vor allem für die schwersten und schmutzigen Tätigkeiten in den großen Betrieben und beim Bau.
Foto: Wolfgang Krolow

Angelika Nebel-Dampf

Eine türkische Stadt

Westberlin ist die drittgrößte türkische Stadt. Nur in Ankara und Istanbul leben mehr Türken als hier. 114 300 sollen es 1981 gewesen sein, davon allein 25 900 in Kreuzberg. Die U-Bahnlinie 1 zum Schlesischen Tor heißt schon lange „Orient Express", der Markt am Maybachufer an der Bezirksgrenze zwischen Kreuzberg und Neukölln „Türkenmarkt".

Die Bezirke Tiergarten, Wedding und Kreuzberg weisen die höchsten „Ausländeranteile" auf: 19 % in Tiergarten, 21 % im Wedding und 28 % in Kreuzberg. 45 % der Einwohner im Kreuzberger Sanierungsgebiet um das Kottbusser Tor/Oranienstraße sind Türken. Auch in Schöneberg und Neukölln wohnen relativ viele Ausländer, in Bezirken wie Steglitz und Zehlendorf ist ihr Bevölkerungsanteil gering, er liegt bei nur 5,7 und 6,6 %. Die Berliner aus der Türkei wohnen in den alten Arbeiterbezirken, in den Mietskasernenvierteln des Berliner Proletariats, heute oft Sanierungsgebiete.

Die Wohnbedingungen der überwiegenden Mehrzahl der türkischen Familien in Berlin sind nicht nur beengt, sondern auch bedrückend unzureichend und elend. In den heruntergekommenen Häusern des Sanierungsgebietes um das Kottbusser Tor haben 73 % der türkischen Haushalte keine eigene Toilette, 84 % kein Bad und keine Dusche, 89 % kein Warmwasser. Zentralheizung hat hier überhaupt niemand. Die kleinen, feuchten Wohnungen werden mit Kohle beheizt. Es gibt eine Menge türkischer Kohlehandlungen in Kreuzberg.

Aus den türkischen Gettos kommt man nicht nur nicht heraus, man kommt auch nicht mehr hinein. Seit 1975 werden Aufenthaltsgenehmigungen nur mit der Auflage „Zuzug in die Bezirke Kreuzberg, Tiergarten, Wedding nicht gestattet" ausgestellt – wenn überhaupt. Eine Aufenthaltsgenehmigung erhält nur, wer eine Wohnung außerhalb dieser Sperrbezirke nachweisen kann. Zwar hält selbst das Berliner Oberverwaltungsgericht diese Zuzugssperre für rechtswidrig, in der Praxis verändert sich jedoch nichts. Im Gegenteil, die Bestimmungen werden weiter verschärft.

Seit dem November 1981 schwebt der „Lummer-Erlaß" einem Damokles-Schwert gleich über den Berliner Türken, besonders über den Jugendlichen. Türkische Jungen und Mädchen, die das 18. Lebensjahr vollenden und zu diesem Zeitpunkt noch nicht zehn Jahre lang in Berlin leben, sollen von nun an in die „Heimat" zurück. „Förderung der freiwilligen Rückkehr in die Heimat", über die der Senat so gern redet? Auf der großen Demonstration nach Bekanntwerden des Lummer-Erlasses trug ein türkischer Familienvater ein kleines, selbstgebasteltes Pappschild mit der Frage: „Ich haben 5 Kinder – wie vielen müssen zurück?". Dabei hieß es lange, „Integration" der Ausländer sei das Ziel der Senatspolitik. Seit die CDU in Berlin am Ruder sitzt, ist davon noch weniger zu spüren. Im Wedding streik-

Foto: Marie Sander

Kohlenträger in Kreuzberg

„Ich bin mit meinen sieben Kindern den ganzen Tag zu Hause. Als die Kinder noch in der Türkei waren, arbeitete ich. Jetzt habe ich aufgehört zu arbeiten. In einer Ein-Zimmer-Wohnung leben wir mit sieben Kindern. Das Zimmer möchte ich immer sauberhalten, aber das geht nicht. Meine Nerven sind total kaputt.“

„Ich heiße Mustafa L. und bin 1965, vermutlich im Juli, da es keiner so recht weiß, steht im Paß 1.7., in Ceyhan, im Süden der Türkei geboren. Mein Vater ging 1967 nach Berlin. In der Türkei hatte er auf dem Bau gearbeitet. 1971 ging ich zur Schule. Nach den ersten drei Schuljahren, also 1974, holte mein Vater meine Mutter und meine drei Jahre jüngere Schwester nach Berlin, weil er endlich eine ausreichende Wohnung gefunden hatte. Ich kam hier in eine deutsche Grundschulklasse und hatte große Schwierigkeiten, weil ich ja kein Deutsch sprach. Dann kam ich in eine Klasse mit anderen Kindern aus der Türkei. Aber auch hier konnten wir nicht ausreichend Deutsch lernen. Meine Eltern wollten unbedingt, daß ich studiere, und da sie sahen, daß ich in Berlin nicht richtig zur Schule gehen konnte, schickten sie mich 1975 wieder in die Türkei zu meiner Tante und ihrem Mann nach Adana. Ich ging jetzt zur 4. Klasse, hatte also ein Jahr verloren. 1977 kam ich auf die Mittelstufe des Gymnasiums und 1980 in die Oberstufe. Ich war ein guter Schüler und war zuversichtlich, nach dem Abitur die Universität besuchen zu können. Doch dann erfuhr mein Vater, daß volljährige Kinder keine Aufenthaltserlaubnis bekommen können. So holte er mich im November 1980 wieder nach Berlin. Ich mußte also mein Gymnasium abbrechen, denn wenn ich in der Türkei Abitur gemacht hätte, wäre ich schon über 18 geworden und hätte nicht mehr zu meinen Eltern ziehen können. Mein Vater wollte, daß ich hier weiter zur Schule gehe, doch man sagte ihm, es gebe ein neues Gesetz und ich könnte nicht mehr in die normale Schule, sondern in Ausländer-Lehrgänge. Bis Januar 1981 mußte ich warten, dann durfte ich in diese Eingliederungslehrgänge. Wir wohnen am Schlesischen Tor, und ich muß jeden Morgen bis zur Seestraße fahren, um in die Schule zu gehen. Doch das ist gar keine richtige Schule, weil man hier kein Zeugnis bekommt, mit dem man irgendwie weitermachen kann. Jetzt werde ich mich davon befreien lassen und zu MBSE-Kursen gehen. Ich habe Freunde dort, die sagen, man lernt dort nicht viel, aber bekommt nach einem Jahr eine Arbeitserlaubnis, und das ist besser als gar nichts.“

ten 1981 deutsche Eltern gegen eine Verordnung von Schulsenatorin Laurien, die die türkischen Grundschüler in besonderen Schulklassen zusammenfassen will. „Unsere Kinder wohnen in der gleichen Straße wie die türkischen Kinder, spielen mit ihnen, waren mit ihnen im Kindergarten. Wir wollen, daß sie auch gemeinsam zur Schule gehen“, äußerten sich deutsche Eltern. Ohne Erfolg.

Das Weddinger Beispiel hat auch in Berlin Seltenheitswert. „Ausländer raus“ heißt die Parole, die oft an Häuserwänden und Mauern zu lesen ist. Die meisten türkischen Familien fühlen sich isoliert und haben kaum Kontakte zu deutschen Kollegen und Nachbarn. Man bleibt unter sich. Nach dem Einkauf auf dem „Türkenmarkt“ am Maybachufer trinken die deutschen Kunden in „deutschen Kneipen“, die Türken in türkischen Lokalen ihr Schultheiß.

Die „Grauen Wölfe“, Mitglieder der faschistischen „Partei der nationalistischen Bewegung“ (MHP) und die religiösfanatische „Nationale Heilspartei“ (MSP) wollen, daß das so bleibt. Dafür warben sie bis vor kurzem nicht nur mit Flugblättern auf dem „Türkenmarkt“, sondern auch mit Eisenstangen und Fahrradketten. Ihre Angriffe richteten sich besonders gegen Angehörige linker türkischer Organisationen, zum Beispiel gegen die Verkäufer der sozialistischen Arbeiterzeitung „Kurtulus“ („Befreiung“), die Freitag für Freitag auf dem Markt anzutreffen waren. „Kurtulus“ erschien zum ersten Mal 1919 in der Berliner Kantstraße. Ihr damaliger Chefredakteur, Ethem Nejat, war einer der Mitbegründer der Kommunistischen Partei der Türkei. Seit 1968 gibt es die Zeitung wieder in Berlin. Sie setzt sich ein für gemeinsames Handeln der verschiedenen Bevölkerungsgruppen hier und für demokratische Verhältnisse in der Türkei.

Das waren auch Ziele und Überzeugung des Gewerkschafters Celalettin Kesim, der im Januar 1980 am Kottbusser Tor erstochen wurde, knappe 100 Meter entfernt vom „Türkenmarkt“. Zuvor hatten „Graue Wölfe“ und Anhänger der „Nationalen Heilspartei“ eine blutige Straßenschlacht mit Mitgliedern des „Demokratischen Arbeitervereins“ provoziert. Die Polizei sah zu.

Die Augen verschließen und sich abwenden kennzeichnet das Verhalten der meisten Deutschen in Berlin gegenüber den Problemen der ausländischen Familien – selbst in der Linken. Und so ist es kalt in Tiergarten, Kreuzberg und Wedding, auch im Sommer.

Trauerkundgebung für den ermordeten Gewerkschafter Celalettin Kesim 1980 in Kreuzberg.
Fotos: Wolgang Krolow, Paul Glaser

TürKenraus

Nach dem Abriß eines Häuserblocks wird Holz zu Brennmaterial verarbeitet und abtransportiert. Illegal, aber geduldet.
Fotos: Marie Sander

Wolfgang Wippermann

Verhaftet, verprügelt, ausgewiesen

Ausländer in der Geschichte Berlins

Deutsche und Wenden

In Berlin hat es schon immer Ausländer gegeben. Streng genommen waren übrigens Deutsche die ersten Ausländer im Raum Berlin. Die deutschen Bauern und Bürger, die seit dem 12. und 13. Jahrhundert in das Gebiet des heutigen Berlin kamen, trafen nämlich keineswegs auf eine völlig menschenleere Wildnis. Hier wohnten, wenn auch verstreut, Angehörige des slawischen Stammes der Heveller, die sich in Sprache und Kultur von den deutschen Einwanderern unterschieden. Allerdings übernahmen die slawischen Ureinwohner, die von den Deutschen meist pauschal ‚Wenden' genannt wurden, sehr bald neben dem Christentum und den fortschrittlichen Anbaumethoden auch die deutsche Sprache. Dennoch lebten noch im Spätmittelalter in den ‚Kieze' genannten Vorstädten der deutschen Bürgerstädte Berlin und Spandau Fischer, Kleinbauern und Tagelöhner slawischer Herkunft, denen der Zugang zu den Zünften durch spezielle ‚Wendenparagraphen' verwehrt wurde.

Juden

Unter den deutschen Einwanderern des 13. Jahrhunderts befand sich auch eine Gruppe von Menschen, die zwar schon zu einer Zeit in Deutschland ansässig waren, als sich das deutsche Volk noch gar nicht gebildet hatte, die aber von Anfang an als die Fremden schlechthin galten. Gemeint sind die Juden, die sich in ihrer Religion, Kultur, Sprache und in ihrem Alltagsleben von der christlichen Mehrheit unterschieden. Obwohl die Juden sich zunächst auch in verschiedenen Handwerksberufen, teilweise sogar innerhalb der Landwirtschaft, betätigten, durften sie schließlich nur noch die wenig geachteten Berufe des Kleinhändlers und des Geldverleihers ausüben. Seit dem 14. Jahrhundert waren sie in verschiedenen Städten (auch in Berlin und Spandau, wo noch der „Juliusturm", der früher eigentlich „Judenturm" hieß, an sie erinnert) grausamen Verfolgungen ausgesetzt, die sich dann in periodischen Abständen wiederholten. 1573 wurden schließlich alle Juden aus der damaligen Mark Brandenburg ausgewiesen, nachdem es in Berlin zu einem besonders heftigen Pogrom gekommen war.

Erst 100 Jahre später wurden einige Juden wieder zugelassen. Dabei handelte es sich einmal um sogenannte ‚Hoffaktoren', die sich als Bankiers und Finanzberater der Herrscher betätigten. Gegen die Zahlung eines ‚Schutzgeldes' wurden ferner noch weitere ‚Schutzjuden' geduldet, denen aber die meisten Handwerksberufe versperrt waren. Diese Juden, es waren meist Händler, mußten neben den allgemeinen Abgaben und Steuern die relativ hohen Gebühren für die Erteilung und Verlängerung ihres ‚Schutzbriefes' (= Aufenthaltsgenehmigung) aufbringen. In dem geradezu preußisch-pedantisch genauen „Revidierten Generalreglement" von 1750 wurde darüber hinaus noch festgelegt, daß diese ‚Schutzjuden' höchstens ein Kind auf ihren, wie es wörtlich heißt, „Schutzbrief ansetzen" durften. Waren es schließlich doch mehr Kinder geworden, als die Obrigkeit erlaubte, mußten die jüdischen Familienväter entweder noch mehr Geld bezahlen oder sich von den ‚überzähligen' Kindern trennen, die mit der Erreichung des 13. Lebensjahres als erwachsen galten und ausgewiesen werden konnten. Viele dieser Kinder und Jugendlichen haben dann das Heer der völlig rechtlosen ‚Betteljuden' verstärkt, die versuchten, als Hausierer, Dienstboten und Bettler ihr Leben zu fristen. Ihnen war der Aufenthalt in Preußen generell untersagt. Wie aus verschiedenen Polizeiverordnungen des 18. Jahrhunderts hervorgeht, wurden die ‚Betteljuden' genauso behandelt wie die ‚Zigeuner' (d.h. die Sinti und Roma). Wurden sie von der Polizei im Lande ertappt, wurden sie beim ersten Mal verhaftet, verprügelt und ausgewiesen, beim zweiten Mal gebrandmarkt und beim dritten Mal ohne Gerichtsverfahren aufgehängt.

Erst 1812 wurden die Juden in Preußen und Berlin durch das „Emanzipationsedikt" für „Inländer und preußische Staatsbürger . . . erachtet". Von nun an brauchten sie keine ‚Schutzgelder' mehr zu zahlen. Obwohl ihnen grundsätzlich die „gleichen bürgerlichen Rechte und Freiheiten mit den Christen" zugestanden worden waren, blieb ihnen jedoch der Zugang zu Staatsämtern ausdrücklich verwehrt. Dies wurde ihnen erst 1869 gestattet. Allerdings blieb dies in der Praxis mehr die Ausnahme als die Regel, denn im Kaiserreich hat es nur sehr wenige jüdische Richter, Staatsanwälte, Lehrer und Professoren gegeben. Bis zum Ausbruch des ersten Weltkrieges war kein einziger Jude Offizier geworden.

Der jüdische Philosoph Moses Mendelssohn (1729–1786) auf dem Wege zu Friedrich II. Kupferstich von Daniel Chlodowiecki. Noch 1776 mußte Mendelssohn beim Verlassen Berlins am Stadttor einen sog. „Leibzoll" entrichten, wie dies auch für Vieh vorgesehen war. Foto: Archiv für Kunst und Geschichte

Kurfürst Friedrich Wilhelm I. (1620–1688) empfängt die französischen Refugiés (Flüchtlinge). Gemälde von H. Vogel 1885. Die Franzosen, auch Hugenotten genannt, wurden mit offenen Armen empfangen, weil man sich von ihrer Anwesenheit eine Belebung der Wirtschaft erwartete.
Foto: Archiv für Kunst und Geschichte

Franzosen

Während die Integration der jüdischen Minderheit in Berlin (und in Deutschland überhaupt) nur sehr langsam vorankam und im Grunde niemals völlig verwirklicht wurde, verlief die Assimilation der französischen Asylanten, die im ausgehenden 17. Jahrhundert nach Berlin kamen, überraschend schnell und problemlos, obwohl auch sie zunächst auf eine religiös und sozial motivierte Ablehnung der Inländer stießen. Dennoch waren die gesetzlichen Voraussetzungen für eine Integration dieser Ausländer von Anfang an sehr günstig. Im Potsdamer Edikt von 1685 (seine Lektüre sollte einigen unserer heutigen Politiker empfohlen werden, die sich sonst so oft und so gern auf die ‚preußische Tradition' berufen) wurden den französischen Glaubensflüchtlingen sehr viele und sehr weitgehende Rechte eingeräumt. Die einwandernden Franzosen, die ‚Hugenotten' (= Eidgenossen) genannt wurden, weil sie sich zur Lehre des Schweizer Reformators Calvin bekannten, erhielten nicht nur das Recht der freien Religionsausübung, was im Jahrhundert der Religionskämpfe keineswegs selbstverständlich war, ihnen wurden darüber hinaus noch Steuernachlässe gewährt und kostenlos Baumaterialien für die Errichtung von Häusern, Schulen und Kirchen zur Verfügung gestellt. Wenn sie sich bereiterklärten, verfallene Häuser wiederherzustellen, so erhielten sie dafür auch die notwendigen finanziellen Mittel.
Die rechtliche Privilegierung und finanzielle Unterstützung der 20 000 Hugenotten zahlte sich für den Staat sehr schnell aus. Diejenigen Franzosen, die nach Brandenburg und Berlin kamen, gehörten zwar nicht zu den wohlhabenderen (diese gingen nach Holland und England), es handelte sich jedoch überwiegend um Spezialisten und gesuchte Fachkräfte. Die Franzosen brachten neue Produktions- und Handelsformen in eine Stadt, die damals noch vorwiegend von Ackerbauern bewohnt war. In Berlin wurden nun von den Franzosen Manufakturen gegründet, die Tücher, Tapeten, Gobelins und vor allem Seide herstellten. Außerdem wurden in öffentlichen Parks und Schloßgärten (zum Beispiel in Bellevue) Maulbeerbäume gepflanzt, deren Blätter für die Ernährung der Seidenraupen gebraucht wurden. Eine weitere wichtige Neuerung, die von den Franzosen eingeführt wurde, war das „Bureau d'Adresse", in dem der Kauf und Verkauf von Gegenständen, die Vermietung von Häusern und Wohnungen sowie offene Stellen vermittelt wurden.
Obwohl diese Franzosen schon seit dem beginnenden 18. Jahrhundert auch die deutsche Sprache benutzten und Ehen mit Deutschen eingingen, war man noch im 19. Jahrhundert, ja im Grunde bis heute, stolz darauf, Abkömmling der französischen ‚Kolonie' zu sein. Das Zusammengehörigkeitsgefühl wurde durch eigene Schulen – im heute noch bestehenden Französischen Gymnasium war Französisch immer Unterrichtssprache – und eigene französisch-reformierte Kirchen bewahrt und gestärkt. Dennoch ging ihr Anteil an der Gesamtbevölkerung Berlins, der zu Beginn des 18. Jahrhunderts noch bei etwa 30 % gelegen hatte, immer weiter zurück.

Böhmen

Obwohl sie keineswegs mit so offenen Armen aufgenommen wurden wie die französischen Reformierten, verlief auch die Integration der protestantischen Tschechen, die zu Beginn des 18. Jahrhunderts aus dem damaligen Böhmen nach Brandenburg und Berlin kamen, still und ungestört. Diese ‚Böhmen' wurden vor allem im damaligen Berlin und in den umliegenden Orten Böhmisch-Rixdorf, Nowawes, Schöneberg, Köpenick und Friedrichshagen angesiedelt. Sie waren meist Bauern und Arbeiter in den neuen Manufakturbetrieben. Noch heute gibt es in Rixdorf eine Gemeinde, deren Mitglieder sich zum Brauchtum ihrer Vorfahren bekennen, die einstmals als Ausländer nach Berlin gekommen sind.

Polen und Schlesier

Formell keine Ausländer, sondern – allerdings gezwungenermaßen – preußische bzw. deutsche Staatsbürger waren die vielen Polen, die in der zweiten Hälfte des 19. Jahrhunderts aus den damaligen Ostprovinzen in die Industriemetropole Berlin strömten, wo sie sich meist als Fabrikarbeiter verdingten. Sie behielten zwar ihre polnischen Namen und das Bekenntnis zum katholischen Glauben bei, dennoch fühlten sich viele dieser eingewanderten Polen bald als Deutsche.
Noch schwieriger ist es, die nationale Zugehörigkeit der Schlesier festzustellen, unter denen es neben Deutschen und Polen auch solche gab, die sich eben als Schlesier weder zur deutschen noch zur polnischen Nation bekannten. Wie hoch der zahlenmäßige Anteil dieser Polen und polnischen Schlesier an der Gesamtbevölkerung Berlins war, läßt sich nicht genau feststellen. Nach sehr groben Schätzungen sollen es noch zu Beginn dieses Jahrhunderts mindestens 10 % der Gesamtbevölkerung gewesen sein.
Obwohl viele Berliner polnischer Herkunft um 1918/19 in das wiederentstandene Polen zurückwanderten, gab es auch zur Zeit der Weimarer Republik in Berlin polnische Zeitungen, polnische Vereine und Kirchen (vor allem in Moabit), wo in polnischer Sprache gepredigt wurde. Wegen des Hitler-Piłsudski-Paktes vom Januar 1934 wurden die polnischen Organisationen noch in den ersten Jahren des Dritten Reiches toleriert. Dies änderte sich nach dem deutschen Über-

Am 20. März 1848 befreien Berliner die Führer des polnischen Aufstandes von 1846 aus dem Gefängnis in Moabit. Die Märzrevolution von 1848 begann hier im Zeichen schwarz-rot-goldener und weiß-roter Fahnen. Doch die Begeisterung der Berliner für die Polen sollte bald in Mißtrauen und Haß umschlagen.

fall auf Polen schlagartig. Mitglieder und Funktionäre dieser Polenvereine wurden nun als ‚Ausländer' angesehen, verhaftet und vielfach in die Konzentrationslager eingeliefert. Das Vermögen der Polenvereine wurde beschlagnahmt. Nach 1945 haben sie dafür nur eine sehr geringe Entschädigung erhalten.

Die sogenannten ‚Ostjuden'

Auf eine äußerst scharfe Ablehnung bei großen Teilen der Bevölkerung und bei den staatlichen Institutionen stieß eine Gruppe von Ausländern, die vor allem aus dem damaligen Rußland und aus anderen osteuropäischen Ländern nach Berlin und Deutschland kam. Dabei handelte es sich um Juden, die meist sehr arm, in religiösen Dingen orthodox eingestellt und häufig schon aufgrund ihrer Kleidung sowie Haar- und Barttracht als Juden erkennbar waren. Viele von ihnen sprachen Jiddisch oder Deutsch mit einem jiddischen Akzent. Diese Juden wurden sowohl von den nicht-jüdischen Deutschen wie von ihren weitgehend assimilierten Glaubensgenossen ‚Ostjuden' genannt. Obwohl es sich dabei im Grunde nur um eine Herkunftsbezeichnung handelte, hatte dieser Begriff von Anfang an einen pejorativen Klang, den er bis heute behalten hat. Schon die an sich völlig korrekte Bezeichnung ‚Jude' hatte im 19. Jahrhundert eine solche negative Färbung erhalten, daß sich selbst die deutschen assimilierten Juden meist ‚Israeliten', ‚Bekenner des mosaischen Glaubens' oder ‚deutsche Staatsbürger jüdischen Glaubens' nannten. In der Verbindung mit dem Begriff ‚Osten', der bei vielen Deutschen schon im 19. Jahrhundert die Assoziation von wild, unkultiviert und bedrohlich hervorrief, erhielt der Ausdruck ‚Ostjude' fast den Charakter eines Schimpfwortes, obwohl weder von den Deutschen noch von den Juden deutscher oder osteuropäischer Herkunft eine alternative Bezeichnung gebraucht und gefunden wurde.

Während es einigen wohlhabenden Juden aus Osteuropa gelang, sozial in das Bürgertum aufzusteigen und in den Besitz eines deutschen Passes zu gelangen, blieb die überwiegende Zahl derjenigen Juden, die seit den 80er Jahren des 19. Jahrhunderts aus Furcht vor den Pogromen in Rußland, Rumänien und anderen Ländern nach Deutschland flohen, arm. Diese ‚Ostjuden' konnten und wollten sich nicht in dem Maße assimilieren, wie es ihre deutschen Glaubensgenossen vor ihnen getan hatten. Sie standen im Mittelpunkt der antisemitischen Agitation, wobei sich, was bis heute häufig übersehen wird, Momente der Juden- mit der allgemeinen Fremdenfeindlichkeit verbanden. Wegen der äußerst aggressiven Agitation der Antisemiten und der antisemitischen Vorurteile in den Behörden wurden ‚ostjüdische' Einwanderer meist nicht naturalisiert. 1881/82, 1885/86 und 1905 kam es sogar zu Massenausweisungen aus Berlin und anderen Gegenden Deutschlands. Dennoch wuchs ihre Zahl ständig. Während 1890 in Preußen 11 000 ausländische Juden gezählt wurden, gab es 1900 schon 41 000 und 1914 78 000. in Berlin stellten die ‚Ostjuden', die meist in äußerst schlechten Wohnverhältnissen im sogenannten ‚Scheunenviertel' (in der Nähe der Friedrichstraße und des Alexanderplatzes) lebten, 15 % der etwa 160 000 Personen umfassenden jüdischen Gemeinde.

Ankunft von Arbeitern aus den damaligen deutschen Ostgebieten in Berlin. In der zweiten Hälfte des 19. und im beginnenden 20. Jahrhundert waren viele Arbeiter in den Industriebetrieben Berlins polnischer Herkunft.
Foto: Ullstein

Zu einer weiteren ‚ostjüdischen' Einwanderungswelle kam es, als sich während des ersten Weltkrieges der Arbeitskräftebedarf vergrößerte und man daher in den eroberten Gebieten Rußlands 35 000 jüdische Arbeiter anwarb, die, teilweise unter Zwang, nach Deutschland gebracht wurden. Auf den wütenden Protest der Antisemiten hin wurde dann am 27. 4. 1918 die weitere Anwerbung von ‚ostjüdischen' Arbeitskräften verboten. Aus Angst vor den kriegerischen und revolutionären Wirren in Rußland und Polen, die vielerorts von Pogromen begleitet waren, flohen dann 1918/19 weitere ‚Ostjuden' nach Deutschland, vor allem nach Berlin. Das ‚Scheunenviertel' erhielt mehr und mehr den Charakter eines Ghettos, in dem die Polizei wiederholt Razzien durchführte und in dem es zu Plünderungen von jüdischen Geschäften kam.
Bereits am 1. 11. 1919 ordnete der preußische Innenminister Heine (SPD) an, daß die Grenzen zu sperren seien, um eine weitere Einwanderung von ‚Ostjuden', deren Gesamtzahl sich inzwischen auf 160 000 erhöht hatte, zu verhindern. Doch dies war den Antisemiten in Staat und Gesellschaft nicht genug. Als General von Seeckt, dessen Reichswehr gerade dem Kapp-Putsch tatenlos zugesehen hatte, die sofortige Internierung aller Berliner ‚Ostjuden' forderte, gab die Regierung zumindest teilweise nach, indem sie 250 ‚Ostjuden' verhaften und in einem Militärlager internieren ließ.
Am 23. Januar 1921 kündigte der preußische Innenminister Dominicus, der Mitglied der linksliberalen DDP war, an, daß man nun mit der Internierung von unerwünschten Ausländern in ‚Konzentrationslagern' beginnen werde. Tatsächlich wurden im Frühling und Sommer dieses Jahres Tausende von ‚Ostjuden' verhaftet und in die (offiziell so genannten!) ‚Konzentrationslager' Stargard in Pommern und Cottbus gebracht. Diese ‚Konzentrationslager' wurden erst am 14. Dezember 1923 aufgelöst, nachdem die Presse (allerdings meist jüdische Blätter) über äußerst brutale Vorkommnisse im ‚Konzentrationslager' Stargard berichtet hatte.
Angesichts derartiger Vorfälle ist es nicht verwunderlich, daß viele ‚Ostjuden' die zu diesem Zeitpunkt noch liberale Einwanderungsgesetzgebung der USA nutzten, um aus Deutschland zu emigrieren. Dennoch lebten noch im Juni 1933 etwa 98 000 ‚Ostjuden' in Deutschland. Viele von ihnen gehörten neben Kommunisten und Sozialisten zu den ersten Insassen der neu errichteten Konzentrationslager, von denen es allein in Berlin 50 gab.
Am 27. und 28. Oktober 1938 wurden etwa 15 000 ‚Ostjuden' (einige auch aus Berlin), die polnische Staatsangehörige waren, aber meist schon seit Jahrzehnten in Deutschland lebten, ohne von den Behörden eingebürgert worden zu sein, in Zwangstransporten an die polnische Grenze gebracht, wo sie tagelang ohne Verpflegung herumirrten, weil sich auch die polnischen Behörden zunächst weigerten, sie aufzunehmen. Unter ihnen befanden sich auch die Eltern Herschel Grynszpans, der dann am 7. November das Attentat auf den Mitarbeiter der deutschen Botschaft in Paris unternahm, das die Nazis zum Vorwand nahmen, um jenes Pogrom durchzuführen, das auch heute noch unter der verharmlosenden Bezeichnung ‚Reichskristallnacht' bekannt ist.
Opfer dieser Pogrome – insgesamt wurden 91 Menschen ermordet und 26 000 in Konzentrationslager verschleppt –

Verhaftung von „Ostjuden" im Scheunenviertel im März 1933. Einige dieser „Ostjuden" wurden in die sogenannten „wilden" Konzentrationslager eingeliefert, andere wie seit den 80er Jahren des 19. Jahrhunderts ausgewiesen.

waren jedoch vornehmlich deutsche Juden, die lange, allzu lange geglaubt hatten, ihr deutscher Paß würde sie davor bewahren, das Schicksal ihrer ‚ostjüdischen' Glaubensgenossen zu teilen. Sie waren mit dem Erlaß des „Reichsbürgergesetzes" vom 15.9.1935 faktisch zu Ausländern erklärt worden und wurden systematisch aus der ‚Volksgemeinschaft' ausgegrenzt, entrechtet, ausgeplündert und verfolgt. Letztlich mußten diese Juden dann noch froh sein, wenn sie dem Druck der Nazis nachgaben und auswandern konnten. Wer von ihnen jedoch kein Asyl in Europa und Übersee erhielt, wurde später nicht mehr ausgewiesen, sondern ausgerottet.

‚Fremdarbeiter'

Ähnlich unbekannt (oder verdrängt) wie das Schicksal der Berliner ‚Ostjuden' scheint heute auch die Tatsache zu sein, daß es während des zweiten Weltkrieges nicht weniger als 300 000 ‚Fremdarbeiter' in Berlin gab. Sie lebten in besonderen Lagern, die sich meist in unmittelbarer Nähe der Betriebe befanden. Wollten oder konnten sie die deutsche Arbeitsdisziplin nicht erfüllen oder hatten sie gar Kontakt mit deutschen Frauen, dann wurden sie bei der Gestapo angezeigt, die sie ohne Gerichtsverfahren wegen „Vertragsbruchs" oder „Geschlechtsverkehrs mit einer Deutschen" (Zitate aus Gestapo-Akten) verhaftete und in die Konzentrationslager einwies. In ‚weniger schweren' Fällen kamen diese ‚Fremdarbeiter' dann ‚zur Bewährung' in ein ‚Arbeitserziehungslager', von denen es mehrere in Berlin gab. Ähnlich wie das ‚Arbeitserziehungslager' Wuhlheide befanden sich diese Gestapo-Lager meist in der Nähe von Anlagen und Werken der Reichsbahn. In diesen, wie es geradezu zynisch hieß, ‚Arbeitserziehungslagern', in denen neben ‚Fremdarbeitern' auch Juden und Antifaschisten unterschiedlichster Richtungen inhaftiert wurden, herrschten Bedingungen vor, die denen in den Konzentrationslagern ähnelten. Hunger, Schläge, Folterung und Ermordung waren an der Tagesordnung.
Als diese Menschen 1945 befreit wurden, gab es nur noch wenige Ausländer in Berlin.

Photo einer sogenannten „Ostarbeiterin" bei Siemens im Jahr 1943. Zur Zeit des Dritten Reiches gab es 300 000 „Fremdarbeiter" in Berlin, die meist zwangsweise aus Polen und der Sowjetunion nach Berlin gebracht worden waren. Bei Siemens und in anderen Betrieben Berlins waren ferner tausende von jüdischen Arbeitssklaven ‚beschäftigt', die — ähnlich wie die abgebildete „Ostarbeiterin" — auf ihrer Kleidung das Kennzeichen „Jude" tragen mußten. Foto: Archiv für Kunst und Geschichte

3. März 1933: Polizisten beobachten vom Brandenburger Tor aus einen Aufmarsch der SA. Foto: Ullstein

Wolfgang Wippermann

Die nationalsozialistische „Machtergreifung" in Berlin

Lange vor der sogenannten ‚Machtergreifung' erklärte der Berliner Gauleiter der NSDAP, Joseph Goebbels: „Die Entscheidung in diesem Kampfe wird nicht irgendwo im Reich fallen, weder in München noch in Mitteldeutschland oder im Ruhrgebiet, sondern einzig und allein in Berlin!" Diesen „Kampf" um die Macht haben Goebbels und die Nationalsozialisten in Berlin sowohl verloren als auch gewonnen.
Verloren, weil es der NSDAP vor dem 30. Januar 1933 in Berlin niemals gelungen ist, bei Wahlen die Mehrheit der abgegebenen Stimmen zu gewinnen. Dies wird aus folgenden Zahlen deutlich:
Bei den letzten Berliner Stadtverordnetenwahlen vor der ‚Machtergreifung', die am 17. November 1929 stattfanden, erreichten die Nationalsozialisten in Berlin nur 5,8 %, während die SPD auf 28,4 und die KPD auf 24,7 % kamen. Bei den letzten preußischen Landtagswahlen vom 24.4.1932 stimmten zwar 27,9 % für die NSDAP, doch die beiden Arbeiterparteien zusammen errangen über 50 % der abgegebenen Stimmen (SPD: 29,1 %, KPD: 23,7 %). Bei den letzten Reichstagswahlen vor der ‚Machtergreifung', die am 6. November 1932 stattfanden, kam die NSDAP in Berlin auf 26,2 %, während die KPD 31 % und die SPD 23,3 % erreichten. In diesem Zusammenhang muß auch erwähnt werden, daß der Stimmanteil der NSDAP in den Arbeiterbezirken weit unter dem Durchschnitt lag. So lauteten die Zahlen für die Reichstagswahl vom 6. November 1932 für Wedding: NSDAP 18 %, SPD 23,4 % und KPD 47,1 %. Selbst bei den Reichstagswahlen vom 5. März 1933, die bereits unter den Bedingungen des faschistischen Terrors stattfanden, erreichten KPD und SPD zusammen in den Arbeiterbezirken noch über 50 %.
Diese Zahlen beweisen, daß es der Berliner NSDAP nicht gelungen ist, den Kampf an der Wahlurne für sich zu entscheiden. Dennoch gewannen sie die Macht in Deutschland und in Berlin. Dabei ist die Ernennung Hitlers zum Reichskanzler, die auf das intensive Drängen von einflußreichen Kreisen der Industrie und der Landwirtschaft erfolgte, nur als ein, allerdings wichtiger Schritt auf dem Wege zur ganzen Macht anzusehen. Bei der sogenannten ‚Machtergreifung', die in Wirklichkeit eher einer Machtübertragung glich, handelte es sich nicht um einen einmaligen Akt, sondern um einen Prozeß, an dem einflußreiche Teile der Industrie maßgeblich beteiligt waren. Die Nationalsozialisten sicherten ihre Macht und schalteten gleichzeitig durch den Einsatz von Terror die Organisationen und Parteien der Arbeiterbewegung aus. Wie dies geschah und wie dabei legale und illegale, brutale und propagandistische Methoden eingesetzt wurden, kann beispielhaft an den Vorgängen gezeigt werden, die sich in Berlin abspielten.

Wenige Tage vor der „Machtergreifung", am 22. 1. 1933, marschiert SA auf dem Bülowplatz (heute: Rosa-Luxemburg-Platz in Berlin/DDR) vor dem Liebknechthaus, dem Sitz der KPD, auf (Fotos unten). Die Polizei, zu Pferde und mit Sondereinsatzwagen, sperrt Straßen ab (Fotos oben). Am 25. Januar versammeln sich 130.000 Menschen zu einer Gegenkundgebung vor dem Liebknechthaus, um gegen die Provokation der SA zu demonstrieren.

Fotos: Landesbildstelle, Ullstein

Schon am Abend des 30. Januar nutzten die Nationalsozialisten die ihnen erteilte Macht in ebenso geschickter wie skrupelloser Weise aus. Für ihren Propagandamarsch, der über die Charlottenburger Chaussee (heute: Straße des 17. Juni) durch das Brandenburger Tor über den Pariser Platz zur Reichskanzlei in der Wilhelmstraße 77 führte, hatten sie nicht nur eine Aufhebung der Bannmeile über das Regierungsviertel, sondern auch ein Verbot von Demonstrationen der anderen Parteien erwirkt. Dadurch konnten sie den Eindruck suggerieren, ihnen gehörten von nun an die Straßen Berlins, und der Fackelzug verlief völlig ungestört.
Dies scheint nicht nach dem Geschmack des Charlottenburger SA-Sturmes 33 gewesen zu sein, der von Hans Maikowski angeführt wurde und keineswegs nur bei Antifaschisten den bezeichnenden Namen „Mordsturm" trug. Beim Rückmarsch zum Sturmlokal in der Hebbelstraße 20 in Charlottenburg befahl Maikowski seinen SA-Leuten, einen kleinen Umweg zu machen und durch die Wallstraße (heute Zillestraße) zu marschieren, die als Hochburg der KPD galt. Offensichtlich wollte Maikowski der „Kommune", wie es im Jargon der SA hieß, zeigen, wer von nun an auch in dieser Straße das Sagen hatte. Es kam zu einer Straßenschlacht, in deren Verlauf Maikowski und der Oberwachtmeister Josef Zauritz, der den Zug begleitete, tödlich getroffen wurden. Die Kommunisten gaben an, Maikowski und Zauritz seien in der Verwirrung von SA-Leuten getroffen worden (was sehr wahrscheinlich ist), doch dies half ihnen nichts. Die Nationalsozialisten nahmen die angebliche Ermordung von Maikowski und Zauritz zum Anlaß, um sofort mit der Verfolgung ihrer politischen Gegner zu beginnen.
Nachdem der neue preußische Innenminister Göring Teile der SA- und SS-Banden am 11. und 22. Februar zu „Hilfspolizisten" ernannt und sie sowie die ‚ordentliche' Polizei am 17. Februar ermahnt hatte, fleißig von der Schußwaffe Gebrauch zu machen, begann man im großen Stil mit dem, was als „Kampf um Berlin" beschrieben wurde. Straße für Straße und Haus für Haus wurden in den Arbeiterbezirken von den Einheiten der Polizei und der „Hilfspolizei" auf der Suche nach Kommunisten und Sozialisten durchkämmt. Einen ersten Höhepunkt erhielt diese Terrorwelle in der Nacht des Reichstagsbrandes am 27./28. Februar. Nach vorbereiteten Listen wurden Hunderte von Funktionären der KPD sowie verschiedene Sozialdemokraten und Gewerkschafter verhaftet und in die Gefängnisse, die bald überfüllt waren, sowie in die „wilden" Konzentrationslager der SA und SS gebracht, wo sie geprügelt, gefoltert und häufig ermordet wurden.
Bei diesen „wilden" Konzentrationslagern handelte es sich um Kasernen und „Sturmlokale" der SA und SS, die von den Nazis selber auch „Bunker" genannt wurden. Insgesamt soll es etwa 50 davon allein in Berlin gegeben haben. Längst nicht alle sind genau zu lokalisieren, und nur ganz wenige Stätten dieses Terrors sind bis heute durch Gedenktafeln oder ähnliches kenntlich gemacht worden.
Zu den berüchtigsten Konzentrationslagern Berlins gehörte das Columbiahaus am Columbiadamm 1–3 in Tempelhof (auf dem Gelände des heutigen Flughafens). Es unterstand der SS und wurde – ähnlich wie das im Norden Berlins gelegene KZ Oranienburg – im August 1933 nach dem Vorbild des Konzentrationslagers Dachau zu einem staatlich sanktionierten Konzentrationslager. Es bestand bis zum November 1936. Ein weiteres „wildes" Konzentrationslager war in den Kasernen in der General-Pape-Straße im damaligen Bezirk Schöneberg (heute: Tempelhof) untergebracht, und zwar in unmittelbarer Nähe der „Roten Insel" gelegen, die als Hochburg der KPD galt, zwischen der Anhalter- und der Wannseebahn. In der General-Pape-Straße war vom März bis zum 10. Dezember 1933 das Hauptquartier der SA-Hilfspolizei untergebracht, die offiziell „Feldpolizei der SA-Gruppe Berlin-Brandenburg" genannt wurde und vorher in der Greifswalder Straße 3 im Bezirk Prenzlauer Berg residiert hatte, wo sich ebenfalls ein „wildes" Konzentrationslager befand. Besonders schwere Folterungen wurden in dem KZ der SA durchgeführt, das im 3. Stock eines Gebäudes in der Hedemannstraße 31 gelegen war. Hier war bis zum 31. März 1933 der Sitz der SA-Führung von Berlin-Brandenburg, der dann in die Voßstraße 18 verlegt wurde. Auch die Keller dieses Gebäudes dienten als Konzentrationslager. Ähnliches gilt für den Wasserturm an der Ecke Volmarer und Knaackstraße im Bezirk Prenzlauer Berg sowie für zahlreiche weitere „Sturmlokale" der SA und SS, die sich im gesamten Stadtgebiet, vor allem aber in den Arbeiterbezirken befanden.

Razzia einer motorisierten Sondereinheit der Berliner Polizei (Gruppe Wecke) in einer Spandauer Laubenkolonie Ende März. Gesucht werden antifaschistische Flugschriften der KPD.

Verbrennung roter und schwarzrotgoldener Fahnen am Bahnhof Tempelhof, 10. März 1933.

Da durch die Reichstagsbrandverordnung vom 28. Februar alle wesentlichen Grundrechte außer Kraft gesetzt worden waren, gab es für die Angehörigen und für die Opfer selber kaum Möglichkeiten, sich gegen diese Maßnahmen zu wehren, zumal auch die Gerichte nicht eingriffen und die bürgerlichen Parteien (die sich bis zum Juni 1933 selber auflösten) sowie die beiden Kirchen schwiegen.
Einen weiteren Höhepunkt erreichte der Terror der SA im Juni 1933, als im Bezirk Köpenick weit über 500 Kom-

Am Morgen des 1. April 1933 beginnt der von der Parteiführung der NSDAP verordnete Boykott gegen „jüdische Geschäfte". Ab 10 Uhr morgens nimmt die SA vor Läden jüdischer Geschäftsleute Aufstellung. Foto: Ullstein

munisten, Gewerkschafter und Sozialdemokraten (unter ihnen befand sich der Reichstagsabgeordnete Johannes Stelling) in einer großangelegten Razzia aus ihren Wohnungen geholt und in die SA-Lokale Demuth, Seidler, Jägerheim, in die Gladenbecksche Villa in Friedrichshagen, das ehemalige Reichsbanner-Wassersportheim in der Wendenschloßstraße sowie in das Amtsgerichtsgefängnis Köpenick gebracht wurden, wo sie verprügelt und gefoltert wurden. Insgesamt sind während dieser „Köpenicker Blutwoche" 91 Personen ermordet worden. Die teilweise völlig verstümmelten Leichen wurden in Säcke eingenäht und in die Dahme geworfen, wo sie noch nach Tagen angeschwemmt wurden.

Derartige Exzesse scheinen selbst den führenden Nationalsozialisten zuviel gewesen zu sein. Allerdings waren dafür keine moralischen Erwägungen maßgebend, denn schließlich handelte es sich bei den Opfern des Terrors der SA und SS ja ‚nur' um Kommunisten, Sozialisten und Juden, die entweder Mitglieder kommunistischer oder sozialistischer Parteien gewesen waren oder, wie die sogenannten „Ostjuden", nicht im Besitz eines deutschen Passes waren. Wichtiger und gefährlicher war für die nationalsozialistischen Machthaber die Befürchtung, daß der Terror der SA-Banden außer Kontrolle geraten könnte, daß die SA-Männer die Propagandafloskel von der „nationalen Revolution" allzu wörtlich nehmen würden. Daher kann man schon relativ frühzeitig das Bestreben der Staatsführung erkennen, an die Stelle des wilden den staatlich kontrollierten und zugleich effektivierten Terror zu setzen, der außerdem noch durch gesetzgeberische Maßnahmen ‚legitimiert' werden konnte.

Die Verdrängung des wilden durch den bürokratischen Terror der nationalsozialistischen Politiker und Juristen läßt sich bereits exemplarisch an der nationalsozialistischen Judenpolitik des Jahres 1933 beobachten. Zu den ersten Opfern der SA gehörten viele Juden. Dies gilt vor allem für die Berliner Juden, die Mitglieder der SPD oder der KPD gewesen waren. Sie wurden in den ‚wilden' Konzentrationslagern besonders brutalen Folterungsmethoden unterworfen. Aber auch Juden, die nicht den Organisationen der Arbeiterbewegung angehörten, sich jedoch aus anderen Gründen den Zorn der SA-Männer zugezogen hatten. Zu ihnen gehörte der 18jährige Bäckerlehrling Siegbert Kindermann, der am 18. März 1933 im KZ in der Hedemannstraße zu Tode geprügelt wurde, weil er im Jahre 1932 einige Nationalsozialisten angezeigt hatte, von denen er auf offener Straße überfallen worden war.

Die nationalsozialistische Führung hatte gegen derartige Übergriffe – auch von Plünderungen jüdischer Geschäfte wird berichtet – zwar grundsätzlich nichts einzuwenden, befürchtete jedoch, daß die ‚Richtlinien' der Judenpolitik von der SA bestimmt werden könnten. Dies galt es zu verhindern. Daher wurde am 1. April 1933 in Berlin und im gesamten Reichsgebiet von der NSDAP ein Boykott jüdischer Geschäfte, Arztpraxen und Anwalts-Kanzleien organisiert, der pünktlich um 10 Uhr begonnen und in den Abendstunden ebenso schlagartig und diszipliniert wieder abgebrochen wurde. Mit der Verabschiedung des Gesetzes zur „Wiederherstellung des Berufsbeamtentums" vom 7. April zeigten die Nazis ebenfalls, daß sie bereit waren, die Judenpolitik vornehmlich von staatlicher Seite aus zu betreiben. Von diesem Gesetz waren neben Sozialisten (Kommunisten waren wegen der Berufsverbotspolitik der Weimarer Republik im Staatsdienst ohnehin kaum vertreten) vor allem Juden betroffen, die nun entlassen wurden, sofern sie nicht als Frontkämpfer des ersten Weltkrieges ‚anerkannt' wurden. Doch den Standesvertretern der Berliner Ärzte und Anwälte war dies nicht genug. Energisch verlangten und erreichten sie den Ausschluß auch von solchen ‚Kollegen', die gar keine Beamten waren. Die Nationalsozialisten folgten diesen Wünschen, die von ökonomischen

Motiven geprägt waren, und forcierten ihre Politik der Berufsverbote und Enteignungen, die man damals „Arisierungen" nannte.
Die Polizei konnte die neuen Machthaber davon überzeugen, daß sie weitaus befähigter war als die SA-„Hilfspolizei", die Organisationen der Arbeiterbewegung zu zerschlagen und den beginnenden Widerstand zu verfolgen. In Berlin erwarb sich vor allem die noch in der Zeit der Weimarer Republik gegründete motorisierte Polizeiabteilung „Wecke" in dieser Hinsicht große ‚Verdienste'. Ähnliches gilt auch für die Beamten und Angestellten der Abteilung I A im Polizeipräsidium am Alexanderplatz, die sich auf Anweisung des sozialdemokratischen Innenministers Severing bei der Observierung und Verfolgung von Kommunisten ausgezeichnete und sehr detaillierte Kenntnisse erworben hatten. Nach der ‚Machtergreifung' und nachdem durch die Reichstagsbrandverordnung die wesentlichsten Grundrechte beseitigt worden waren, brauchten sich diese Beamten nicht mehr um gewisse ‚störende' gesetzliche Bestimmungen zu kümmern.
Die Abteilung I A des Polizeipräsidiums unter Leitung des jungen Oberregierungsrats Dr. Rudolf Diels (er war ebenfalls noch von Severing eingestellt worden) wurde zu einer preußischen Landesbehörde, die direkt Göring unterstand. Am 26. April wurde dieses „Preußische Geheime Staatspolizeiamt" im Gebäude der Kunstbibliothek in der Prinz-Albrecht-Straße 8 (heute: Niederkirchner Straße) untergebracht. Auf Anregung eines ‚findigen' Beamten der Reichspost, der einen diesbezüglichen „Laufstempel" herzustellen hatte, bürgerte sich bald die Abkürzung Gestapa bzw. Gestapo ein, die dann in nahezu allen Ländern Europas ebenso bekannt wie gefürchtet werden sollte. Am 30. November 1933, als die Gestapo noch weiter reichende Befugnisse erhielt, gehörten ihr nur 250 Beamte und Angestellte an. Doch gestützt auf die Karteien, die schon in der Weimarer Republik angelegt worden waren, und mit Hilfe der damals modernsten Hilfsmittel zur ‚Verbrechensbekämpfung', die, wie der Gestapo-Chef Diels in seinen Erinnerungen zu berichten wußte, kostenlos von einer „geistreichen Firma" zur Verfügung gestellt worden waren (darunter befanden sich Abhöranlagen und ein „mechanisches Gehirn", das für die Identifizierung von anonymen Handschriften benutzt wurde), und der in langjähriger Erfahrung gewonnenen Kenntnisse über die deutsche Arbeiterbewegung arbeitete die Gestapo äußerst ‚erfolgreich'. Reichten die Beweismittel nicht aus, dann wurden die verhafteten Personen in den Keller des Gebäudes in der Prinz-Albrecht-Straße 8 gebracht und gefoltert.
Die Aktionen des „wilden" und des scheinlegalen Terrors fanden gerade in Berlin vor aller Augen statt. Aber: Es hat gerade im Berlin des Jahres 1933 vielfältige Widerstandsaktivitäten wie das Verteilen von Flugblättern, Demonstrationen und selbst einige Streiks gegeben, die von Kommunisten getragen wurden, aber auch von Sozialdemokraten, die wie die Mitglieder der sehr geschickt operierenden Widerstandsgruppe „Roter Stoßtrupp" mit der passiven Haltung ihrer Parteiführung nicht einverstanden waren.

Öffentliches Eintopfessen vor der Gedächtniskirche 1935 *Foto: Landesbildstelle Berlin*

Das alte Karstadt am Hermannplatz in Neukölln. Vermutlich um zu verhindern, daß die dort lagernden Waren den Sowjets in die Hände fielen, wurde das riesige Gebäude in letzter Sekunde, Ende April 1945, von der SS in die Luft gesprengt – ohne vorherige Warnung. Frauen und Kinder, die sich im Kaufhaus aufhielten, um sich Lebensmittel herauszuholen, wurden unter den Trümmern begraben.
Noch im Frühjahr 1953 war nicht aller Schutt beseitigt.
Fotos: Landesbildstelle

Gerald Mackenthun

Lokalgeschichte 1933-45: eine Nullstelle

Die „Krücke" in der Koloniestraße, während des Faschismus ein illegaler Treffpunkt. Foto: Udo Schneider/Entenpool

Berlin – ein Jahrhundert lang das Zentrum der Arbeiterbewegung, der (einst) revolutionären Sozialdemokratie, der Anarchisten und Kommunisten. Berlin – 12 Jahre lang Zentrum des deutschen Faschismus und des antifaschistischen Widerstandes, Wohn- und Arbeitsstätte sowohl der führenden Nazis als auch der führenden Revolutionäre und Arbeiter, für viele Ort ihres Todes. Doch wer auf eine lebende Vergangenheit in West-Berlin hofft, wird enttäuscht. Die Spuren sind verweht, mit bloßem Auge kaum zu erkennen.

Verdeckt von Büschen und Bäumen, hinter einem Drahtzaun mit meist verschlossener Tür: die Grabstätte des kommunistischen Arbeitersportlers und Widerstandskämpfers Werner Seelenbinder auf dem Gelände des Stadions Neukölln. Nur Eingeweihte finden den Weg zum Grabstein des von den Nationalsozialisten am 20. Oktober 1944 im Zuchthaus Brandenburg Hingerichteten. In alten Stadtplänen ist die Radrennbahn auf dem Gelände des Neuköllner Stadions als „Werner-Seelenbinder-Kampfbahn" bezeichnet. Heute taucht dieser Name im Stadtbild West-Berlins nicht mehr auf.

Zweites Beispiel. Das rote Backsteingebäude des Ernst-Abbé-Gymnasiums in der Neuköllner Sonnenallee beherbergte in der Weimarer Zeit die Karl-Marx-Schule, eine der bedeutendsten Berliner Reformschulen. Ihr Leiter, Fritz Karsen, entwickelte und erprobte neue Lern- und Lehrformen; im Mittelpunkt stand die gezielte Förderung von Arbeiterkindern. Der langjährige Neuköllner Schulstadtrat Kurt Löwenstein (SPD) sicherte die Arbeit Karsens ab. Beide mußten 1933 Deutschland verlassen, Löwenstein entging nur knapp einem SA-Mordanschlag. Heute erinnert an Löwenstein eine nicht sehr informative Gedenktafel an seinem Wohnhaus Geygerstr. 3. Immerhin sind in Neukölln zwei Schulen nach Karsen und Löwenstein benannt.

Eine solche Ehrung wurde Rosa Luxemburg in West-Berlin bis heute nicht zuteil. Der ehemalige Schulsenator Walter Rasch (FDP) konnte sich 1981 nicht dazu durchringen, gegen den Widerstand des CDU-beherrschten Wilmersdorfer Bezirksamtes einer noch namenlosen Gesamtschule (Emser Straße) den Namen der Revolutionärin zu geben.

Abgesehen von den drei, vier großen Ehrenmalen wie der Gedenkstätte Plötzensee, dem Gemeindezentrum Plötzensee oder der Gedenkstätte Stauffenberg finden sich in West-Berlin allenfalls noch ein Dutzend völlig unscheinbarer Gedenktafeln, die an den Faschismus und den Widerstand dagegen erinnern sollen. Namen wie Seelenbinder, Löwenstein und Karsen ebenso wie Luxemburg, Liebknecht oder Hecker spielen im Bewußtsein des Normalbürgers keine Rolle mehr. Lokalgeschichte 1933–45: eine Nullstelle.

Noch deutlicher kristallisierte sich das Verdrängen einer faschistischen Geschichte und einer antifaschistischen Tradition in den vielen Orten, Häusern und Plätzen, die ohne den geringsten öffentlichen Hinweis vor unseren Füßen liegen. Unter der konsumorientierten Schale West-Berlins existiert eine unsichtbare zweite Wirklichkeit, Zeugnis einer Zeit, die heute noch Entsetzen, Scham und Trauer hervorrufen müßte, würde sie nicht so konsequent totgeschwiegen.

S-Bahnhöfe waren ein beliebter Punkt für konspirative Treffs. Sie waren belebt, man fiel nicht auf; im Gedränge konnte man leicht verschwinden, die S-Bahn war *das* Verkehrsmittel. Der S-Bahnhof Wollankstraße war so ein Treffpunkt. Ähnliche Funktionen hatten Arbeiterkneipen, wo sich Kommunisten oder Sozialisten in der Illegalität zu unverfänglichen Tanzabenden trafen. Im Wedding waren dies beispielsweise der „Glaskasten" in der Prinzenallee und die „Krücke" in der Koloniestraße. Der „Glaskasten" wurde zwischenzeitlich zu einem türkischen Restaurant umfunktioniert und beherbergt augenblicklich die Disco „Star Club".

Fast spurlos verschwunden sind auch die Machtzentralen des faschistischen Reiches, darunter die Gestapo-Leitstelle, der Volksgerichtshof und das Gebäude, in dem sich die Spionageabwehr, das „Amt Canaris", befand. Jedes Kind, wie überlebende Widerstandskämpfer heute versichern, kannte damals die Orte des Unrechts und des Grauens mit ihren Kellern, in denen Unvorstellbares passierte. Die Gestapo-Zentrale stand in der Prinz-Albrecht-Straße – heute Niederkirchnerstraße auf Ost-Berliner Gebiet, ein direkt an der Mauer gelegener, eingeebneter Platz neben dem Kunstgewerbemuseum. Hier war die erste Folterstation für Tausende von Mitgliedern der Arbeiterbewegung.

Planiert ist heute auch der Platz neben dem Hotel Esplanade, auf dem einst der Volksgerichtshof stand. Das umge-

In dieser Villa Am Großen Wannsee 56–58 fand am 20. Januar 1942 die „Wannsee-Konferenz" statt.
In dem Raum, in dem unter Vorsitz Richard Heydrichs „die Endlösung der Judenfrage" und damit der Mord an Millionen von Menschen beschlossen wurde, steht heute eine Tischtennisplatte.
Fotos: Carla Neumann

baute König-Wilhelm-Gymnasium in der Bellevuestraße, Tiergarten, wurde vom Nazi-Sondergericht für „Hoch- und Landesverrat" benutzt, nicht – wie die Nationalsozialisten selbst betonten – um Recht zu sprechen, sondern um Nazi-Gegner zu vernichten. Sein berüchtigster Vorsitzender war Freisler.

Erhalten blieb hingegen das düstere Behördenhaus am Reichpietschufer 72–76, in dem der zwielichtige Admiral Canaris die Spionageabwehr leitete. Obwohl erheblich beteiligt am Unrechtssystem, konnte doch aus diesem Hause heraus Opposition betrieben werden. Beispielsweise erhielten die Holländer im voraus Nachricht über ihre bevorstehende Okkupation. Canaris schloß sich gegen Ende des Krieges dem Widerstand an und wurde kurz vor Kriegsende auf Befehl Hitlers im KZ ermordet. Auch am Reichpietschufer – wie so oft – keine Tafel, kein Hinweis.

Der Landesjugendring Berlin organisiert seit 1980 „Stadtrundfahrten zu den Stätten der Arbeiterbewegung, des Faschismus und des Widerstands". Wegen des angeblichen ‚kommunistischen Linksdralls' der Fahrten sieht sich der Landesjugendring massiver Angriffe der Springer-Presse ausgesetzt. Schulsenatorin Hanna-Renate Laurien nahm diesen Vorwurf zum Anlaß, die Halbierung der Fahrtenzuschüsse anzudrohen. Noch heute lassen konservative Kräfte in dieser Stadt nicht zu, die Hauptlast des antifaschistischen Widerstands der deutschen Arbeiterbewegung zuzuordnen und ihr ein bewußtes Andenken zu bewahren.

Dank an Rosi Peisker vom Landesjugendring und an Christian John von den Jungsozialisten.
Hinweis: Anmeldung für die Stadtrundfahrten des Landesjugendringes Tel. 211 82 64.

Wer beim Ausstellungsbesuch im Gropius-Bau zufällig aus dem Fenster sieht, stößt auf diese an Werbeflächen erinnernde knappe Hinweistafel auf die ehemalige Gestapo-Zentrale. Das Schild wurde im Sommer 1981 anläßlich der Eröffnung der Preußen-Ausstellung errichtet.
Foto: Rocholl/Entenpool

Oben: Gedenkstelle in der Levetzowstraße/Ecke Jagowstraße in Tiergarten. Die Synagoge an dieser Kreuzung wurde in der Pogromnacht 1938 teilweise zerstört. Im September 1941 wurde hier das erste Sammellager für Berliner Juden eingerichtet, die deportiert werden sollten. In Möbel- oder Lastwagen oder zu Fuß wurden die Menschen von hier aus zu den Bahnhöfen Grunewald und Putlitzstraße gebracht. Ab Ende 1942 fuhren die Züge von dort direkt nach Auschwitz.

Unten: Das Gelände des Güterbahnhofes auf dem S-Bahnhof Grunewald heute. Eine Gedenktafel zur Erinnerung an die 35 000 jüdischen Bürger der Berlins, die in den Todeslagern im Osten ermordet wurden, ist 1973 auf private Initiative an einem der Bahnhofsschuppen angebracht worden.

Fotos: Carla Neumann

Lucia und Robert Schulz (links).

Wenn man so überlegt, was man alles durchgemacht hat …

Lucia und Robert Schulz über die Nazi-Zeit in Berlin

Seit mehr als 50 Jahren leben sie im „Roten Kiez"; so nannte man die Ecke Knobelsdorffstraße, Seelingstraße, Christ- und Zillestraße im Bezirk Charlottenburg. Robert Schulz schloß sich in den 20er Jahren einer Wandergruppe in der Nachbarschaft an, die zum „Roten Wanderring" gehörte. 1927 trat er in den Rotfrontkämpferbund (RFB) ein. 1929 wurden Lucia und Robert Schulz Mitglied der KPD.

Mit den Nazis, berichtet Robert Schulz, fing es in der Zeit der großen Erwerbslosigkeit an. Als die Erwerbslosenunterstützung gekürzt wurde, kam es zu Krawallen, Läden wurden leergeräumt. Was Erwerbslosigkeit damals bedeutete, wissen Lucia und Robert Schulz aus eigener Erfahrung. Mit vier Personen hatten sie 18 Mark in der Woche. „Mit 13 Mark in der Woche kommt eine deutsche Familie aus, sagte der Nazi-Arbeiterführer Ley. Wir konnten das nicht." Sie holten Blutwurstsuppe vom Schlächter. Die Wohnung, eine Küche und eine Stube, ohne elektrisches Licht, Klo und fließend Wasser kostete 13 Mark; und wenn die Mutter nicht gelegentlich geholfen hätte, wären sie wohl wie viele Nachbarn „exmittiert", d. h. auf die Straße gesetzt worden. „Die Nazis versprachen den Erwerbslosen Arbeit und Brot. Es gab Freibier. Dann liefen auch viele Arbeiter hin."

Zum Schutz der Versammlungslokale vor Übergriffen der Nazis wurde auch im Charlottenburger Kiez eine Häuserschutzstaffel gebildet. „Da machten alle mit, die gegen die Nazis waren, Kommunisten, Sozialdemokraten, Parteilose, Mitglieder der Arbeiter-Sport-Vereine und Naturfreunde."

Die Haussuchungen begannen schon 1932. „Damals kam noch die Polizei, später, als die SA als Hilfspolizei eingesetzt wurde, kamen sie zusammen." Weil Robert Schulz Kassierer für die Rote Hilfe und den Unterbezirk Charlottenburg der KPD war, hatte er in der Wohnung Mitgliedsbücher und Adressenmaterial. „Dann hieß es, wir sollen alle Unterlagen verbrennen. Aber so viel konntest du gar nicht verbrennen in dem kleinen Herd und dem Ofen. Das flatterte alles zum Schornstein raus. Und dann haben sie uns angezeigt."

Zum erstenmal wurde Robert Schulz im Zusammenhang mit den Ereignissen in der Wallstraße (heute Zillestraße), die Jan Petersen in seinem Roman „Unsere Straße" beschrieben hat, verhaftet. Das war einen Tag vor dem Reichstagsbrand. „Ich stand im Hausflur Wache; da kam ein Melder von ‚Stani', dem RFB-Lokal (Zillestr. 76), und sagt, die SA kommt. Das war der berüchtigte Sturm 33 unter Maikowski. Wir sind in die Höfe und haben gerufen, und als sie dann kamen, flogen Blumentöpfe aus den Fenstern. Maikowski hat gebrüllt: Fenster zu, es wird scharf geschossen. Zauritz, ein Polizist, der sie begleitete, sprach auf Maikowski ein, und auf einmal hält er sich den Bauch und bricht zusammen. Maikowski hat Feuer frei gegeben, und dann war die Hölle los. Kurz darauf ist er selbst erschossen worden. Der RFB hat noch geholfen, die beiden aufzuladen."

Am nächsten Tag wurden alle, die im Kiez bekannt waren, verhaftet, in den Wohnungen, auf den Stempel- und Arbeitsstellen. Sie kamen ins Volkshaus in der Rosinenstraße. Das Volkshaus – im Erdgeschoß war eine Krankenkasse untergebracht, im ersten Stock die Sozialistische Arbeiterjugend der SPD – war von der SA besetzt. „40 bis 50 Menschen waren da", erzählt Robert Schulz, „wir konnten wählen zwischen Koppel und abgebrochener Pferdepeitsche. Erst haben sie uns im Keller angebunden, und dann haben sie uns zerkloppt. Wir sollten die Namen von Genossen aussagen. Nach zwei Tagen war ich wieder zu Hause, mußte mich aber alle zwei Tage bei der Polizei melden. Ich konnte kaum laufen." Nach dem Polizisten Zauritz ist heute eine Seitenstraße der Zillestraße benannt.

Zum zweiten Mal wurde Robert Schulz verhaftet und gefoltert,' weil herausgekommen war, daß er in seiner Wohnung eine Abzugsmaschine gehabt hatte. Darauf wurden Zellenzeitungen wie die „Stempelhölle" oder Flugblätter, die bei der Reichswehr verteilt wurden, hergestellt. „1933 haben wir noch illegale Flugblätter gedruckt", erzählt Robert Schulz. „In den Häusern konntest Du kaum noch verteilen, das war zu gefährlich, höchstens vom 4. Stock runter in die Briefkästen rein und dann schnell raus aus dem Haus. Aber wo wir Zugang zum Dachboden hatten, da haben wir eine Wippe gebaut mit einer Rutsche und an der anderen Seite eine Milchbüchse. In die Milchbüchse kam Vogelsand und rieselte durch das kleine Loch langsam durch. Dann rutschten die Flugblätter runter, und die ganze Straße war voll.

An dem Giebel hinter der Schule in der Nehringstraße, da kannst du heute noch lesen: ‚Trotz Verbot Rot Front'. Das haben wir 1933 drangeschrieben. Es ist schon ein paarmal übertüncht worden, aber durch die Witterung kommt es immer wieder durch."

1933 war in den ersten Monaten dauernd Haussuchung bei der Familie Schulz. „Es war nicht auszuhalten", berichtet Lucia Schulz, „die beiden Kinder und dann am Tag sechmal Haussuchung und in der Nacht achtmal. Das kann sich keiner vorstellen, der das nicht mitgemacht hat. Einmal kam die Polizei, einmal die SA."

Robert Schulz fuhr schließlich heimlich zu den Schwiegereltern nach Ostpreußen. „Als er weg war, bin ich nach Hause gegangen, ins Bett und habe gedacht, Gottseidank, jetzt kannst du endlich mal schlafen. Kurz darauf kamen wieder zwei. Ich sage, mein Mann ist nicht da. Aber die wußten genau Bescheid. Sie hatten einen Durchsuchungsbefehl auf meinen Namen. Jedesmal die Kinder aus den Betten nehmen, die Matratzen, alles raus. Der Junge war sechs und das Mädel zwei."

Razzia in Charlottenburg 1933. SA und Schutzpolizei transportieren Gegner ab und beschlagnahmen ein Plakat der KPD.
Foto: Landesbildstelle

Ostern 1934 wurden Herr und Frau Schulz wieder verhaftet. Danach war eine illegale Arbeit nicht mehr möglich. Die Verbindungen waren abgebrochen, die organisierten Treffs, von denen immer nur zwei oder drei Genossen wußten, unterbunden. „Genossen, die schon einmal verhaftet waren, mußte man aus dem Wege gehen", berichtet Lucia Schulz. „Wer verhaftet war und wieder freigelassen wurde, mußte sich häufig stellen. Eines Tages sehe ich einen alten Genossen, der stand an der Zille-, Ecke Wilmersdorfer Straße. Ich geh auf ihn zu und will ihn begrüßen, aber der guckt mich gar nicht an, als wenn er mich nicht kennt. Das erzähle ich einer anderen Genossin, und die sagte mir, um Gottes willen, den darfst du doch nicht ansprechen, der muß sich doch stellen. Der mußte um eine bestimmte Zeit an einer bestimmten Ecke stehen, und die Nazis haben aufgepaßt, wer Verbindung zu ihm aufnahm."

Lucia und Robert Schulz haben viele Geschichten aus der Nazi-Zeit zu berichten, von der Firma Nora, die als jüdischer Betrieb enteignet wurde und heute noch Heliowatt heißt, von den Juden, die eine Etage über der Firma Nora in einer Abteilung von Siemens arbeiteten und in ein Vernichtungslager abtransportiert wurden, wie Robert Schulz in ein Strafbataillon kam und Frau Schulz zu von Osten ging, der den Reichsjugendführer Baldur von Schirach vertrat, um ihren Jungen, der mit seiner Schulklasse nach Win-

Robert Schulz trägt „Opa Schulz sein Lied" über die Sanierung in Charlottenburg vor.

terstein/Thüringen evakuiert und dort mißhandelt worden war, zurückzubekommen. Von dem Polizisten, der ihnen half, die Kasse der Roten Hilfe zu retten, und dem alten Herrn Krüger aus der Nachbarschaft, der noch in den letzten Kriegstagen meinte, zum Volkssturm gehen zu müssen, aber nur bis zur Pichelsdorfer Brücke kam. Von ihrem Sohn Wolfgang, der mit 16 verhaftet wurde und kurz vor Kriegsende von der Straße weg in eine Spandauer Kaserne gebracht wurde, nach drei Tagen an die Front kam und nicht zurückkehrte. Er war gerade 18.
Trotzdem haben sie nie aufgegeben. Robert Schulz war bis zum letzten Jahr im Mieterbeirat engagiert, und daß er bei Friedensdemonstrationen mitgeht, ist selbstverständlich.
Als ich beim gemeinsamen Kaffeetrinken zum zweiten Stück Kuchen greife, erklärt Lucia Schulz: „Den backe ich sonst in großen Mengen für unsere Straßenfeste."

Christiane Zieseke

Richard Hüttig.
Am 14.6.1934 fand in Plötzensee die erste politische Hinrichtung statt. Der Arbeiter Richard Hüttig, der im roten Charlottenburger Kiez den antifaschistischen Widerstand organisierte, war beschuldigt worden, einen SA-Mann in Selbstverteidigung erschossen zu haben. Das Gericht kam zu der Überzeugung, daß Hüttig den tödlichen Schuß nicht abgegeben hatte. Dennoch wurde er zum Tode verurteilt und im Alter von 23 Jahren mit dem Handbeil enthauptet.
Mit der Ermordung von Richard Hüttig sollte der Widerstand der Charlottenburger Arbeiter gebrochen werden. Die SA trug seine Leiche nach der Hinrichtung durch die Straßen Charlottenburgs.

Die Totenliste
von Charlottenburg

Vor dem 30. Januar 1933

OSKAR OWEGE	20 Jahre alt, von der Schupo erschossen
ERICH FRISCHMANN	26 Jahre alt, von der Schupo erschossen
HANS KLAFFERT	19 Jahre alt, vom SA-Sturm 33 ermordet
ERICH ZIEMKE	22 Jahre alt, vom SA-Sturm 33 ermordet
OTTO GRÜNEBERG	20 Jahre alt, vom SA-Sturm 33 ermordet
MAX SCHIRMER	32 Jahre alt, vom SA-Sturm 33 ermordet
ERICH LANGE	24 Jahre alt, vom SA-Sturm 33 ermordet

Nach dem 30. Januar 1933

PAUL SCHULZ	20 Jahre alt, vom SA-Sturm 33 ermordet
HANS SCHALL	21 Jahre alt, vom SA-Sturm 33 ermordet
WALTER HARNECKER	25 Jahre alt, vom SA-Sturm 33 ermordet
FRITZ KOLOSCHE	24 Jahre alt, vom SA-Sturm 33 ermordet
MARTIN MICHALLAK	25 Jahre alt, vom SA-Sturm 33 ermordet
PAUL VOSS	29 Jahre alt, vom SA-Sturm 33 ermordet
KARL MALZ	28 Jahre alt, vom SA-Sturm 33 ermordet
HANS MUELLER	46 Jahre alt, vom SA-Sturm 33 ermordet
WALTER DRESCHER	30 Jahre alt, vom SA-Sturm 33 ermordet
GEORG STOLT	43 Jahre alt, vom SA-Sturm 33 ermordet
RICHARD HÜTTIG	26 Jahre alt, am 14. Juni 1934 in Berlin-Plötzensee hingerichtet
FRANZ FULICK	hingerichtet in Berlin-Brandenburg

Christiane Zieseke
Wolfgang Wippermann

„Behaltet mich im Gedächtnis"

Widerstandskämpfer in Plötzensee

Plötzensee, „die Plötze" im Norden Westberlins, ist nicht nur ein Freibad und ein Jugendknast. An der Grenze der Bezirke Charlottenburg und Wedding findet sich auch die Gedenkstätte Plötzensee – lediglich durch eine Mauer getrennt von der Jugendstrafanstalt.

Vor 1945 war Plötzensee ein von einer hohen Mauer umgebenes Zuchthaus mit einem kleinen Ziegelschuppen aus rotem Backstein, der Hinrichtungsstelle.

Während des Faschismus wurden in Plötzensee etwa 2.400 Menschen, Männer, Frauen und Jugendliche, durch Fallbeil oder Strick hingerichtet. Deutsche Holländer, Franzosen, Tschechen, Angehörige anderer Nationen und der verschiedensten Widerstandsorganisationen: aus der Saefkow-Jacob-Bästlein-Gruppe, der Arbeitersprotbewegung, Kommunisten und Sozialdemokraten, Angehörige der Gruppe des 20. Juli.

Allein in der Nacht vom 7. zum 8. September 1943 wurden hier 186 Menschen in Gruppen zu acht Personen gehängt. Am 25. April befreiten sowjetische Truppen die Häftlinge in Plötzensee. Die SS schoß noch an diesem Tag auf befreite Gefangene.

Die Rote Kapelle Schulze-Boysen/Harnack-Gruppe

Die erste Massenhinrichtung durch den Strang wurde gegen die Mitglieder der Schulze-Boysen/Harnack-Gruppe, die „Rote Kapelle" angeordnet. Die Gruppe hatte ein antifaschistisches Netz in der Rüstungsindustrie aufgebaut; hohe Wehrmachtsoffiziere, Künstler, Wissenschaftler und Arbeiter mit unterschiedlichen politischen Weltanschauungen arbeiteten in ihr zusammen. Am 22.12.1942 starben in Plötzensee die ersten 11 Mitglieder der Gruppe.

Herstellungsort der illegalen Zeitung „Die innere Front" in Berlin-Rudow, gegründet von der Widerstandsorganisation um Schulze-Boysen und Harnack.

Hinrichtungsstätte in Plötzensee. Hier wurden neben vielen anderen Widerstandskämpfern auch einige Mitglieder der Gruppe Baum hingerichtet.
Das Fallbeil ist in der heutigen Gedenkstätte nicht mehr vorhanden.
Foto: Landesbildstelle

Die Widerstandsgruppe Baum

Am 29. Mai 1942 zitierte Adolf Eichmann die Vorstandsmitglieder der Reichsvereinigung der Juden in Deutschland in sein „Judenreferat" in der Kurfürstenstraße 116, um ihnen mitzuteilen, daß „im Zusammenhang mit einem Anschlag auf die Ausstellung ‚Das Sowjetparadies' in Berlin, an dem 5 Juden aktiv beteiligt waren, 500 Juden in Berlin festgenommen, davon 250 erschossen und 250 in ein Lager abgeführt worden sind". In der von Eichmann erwähnten Propaganda-Ausstellung „Das Sowjetparadies", die im Lustgarten gezeigt wurde, war das Leben in der Sowjetunion als tierisch und barbarisch dargestellt worden, während ‚natürlich' über die tatsächlich barbarischen Vernichtungsaktionen der deutschen „Einsatzgruppen" in der Sowjetunion kein Wort verloren wurde.

Illegaler Schulungstreff der Widerstandsgruppe um Herbert Baum. Ihr gehörten vor allen Dingen jüdische Jugendliche an, die bei Siemens in Berlin arbeiteten.

Am 18. Mai 1942 haben Mitglieder der Berliner Widerstandsgruppe Baum einen Brandanschlag auf diese Ausstellung verübt, der neben Sachschaden auch die Verletzung von 11 Besuchern hervorrief. Da sich innerhalb der Gruppe vermutlich ein Spitzel befand, gelang es der Gestapo, in kurzer Zeit die Beteiligten und weitere 25 Mitglieder der Gruppe Baum zu inhaftieren. Während Herbert Baum schon am 11. Juni 1942 an den Folgen der Folterungen starb, die er in der Haft erleiden mußte, sind fast alle anderen Mitglieder dieser Widerstandsgruppe (auch solche, die sich an dem Anschlag gar nicht beteiligt hatten) vom „Volksgerichtshof" Ende 1942 und zu Beginn des Jahres 1943 wegen „Vorbereitung zum Hochverrat und der Feindbegünstigung" zum Tode verurteilt und in Plötzensee hingerichtet worden.
Wer waren diese Widerstandskämpfer, die in keinem Schulbuch erwähnt werden und an die in Berlin (West) nichts erinnert – kein Gedenkstein, keine Tafel, kein Straßenschild?
Die Mitglieder der Gruppe Baum stammten aus kleinbürgerlichen und proletarischen Verhältnissen und hatten sowohl kommunistischen wie sozialistischen und zionistischen Organisationen angehört. Daher ist es zwischen den späteren Historikern in Ost und West zu einem Streit darüber gekommen, ob die Gruppe Baum nun in den Bereich des kommunistischen, sozialistischen oder jüdischen Widerstandes gehört. Diese Forscher übersehen jedoch den grundlegenden Tatbestand, daß es für die Mitglieder dieser Widerstandsorganisation offensichtlich unerheblich war, ob der (oder die) eine oder andere nun aus der kommunistischen, sozialistischen oder zionistischen Jugend kam, ob er (oder sie) aus einer bürgerlichen oder proletarischen Familie stammte – wichtig und entscheidend war schließlich das, was sie miteinander verband, nämlich Juden und damit Angehörige einer verfolgten Minderheit zu sein, die sich überwiegend nicht der Hilfe und Sympathie der nicht-jüdischen Mehrheit erfreuen konnte.

Gedenkstein in Ost-Berlin

Die Gruppe Baum, die sich 1939 bildete, hat sich zunächst darauf konzentriert, antifaschistische Flugblätter und Untergrundschriften herzustellen und zu verteilen. Bedenkt man, wie genau die Juden von der Gestapo überwacht und wie sehr sie in ihrer Bewegungsfreiheit eingeschränkt wurden, so ist schon die Tatsache, daß es überhaupt zu Widerstandsaktivitäten kam, nicht hoch genug einzuschätzen.
Die Mitglieder der Gruppe Baum haben ferner versucht, Kontakte mit ausländischen Zwangsarbeitern in Berliner Betrieben (unter anderen bei Siemens) aufzunehmen, wo einige von ihnen als besonders überwachte und besonders schikanierte jüdische Sklaven-‚Arbeiter' beschäftigt waren; sofern man dies als ‚Beschäftigungsverhältnis' bezeichnen kann. Im Mittelpunkt ihrer Tätigkeit stand jedoch das Bestreben, Deportation von Berliner Juden in die Vernichtungslager zu verhindern, indem man den für die Deportation vorgesehenen Juden Geld und gefälschte Ausweispapiere beschaffte, um ihnen die Flucht zu ermöglichen.
Höhepunkt und Ende der Widerstandstätigkeit der Gruppe bildete dann der schon erwähnte Anschlag auf die nationalsozialistische Propaganda-Ausstellung. Diese Aktion sollte ein Signal, ein Zeichen dafür sein, daß der antifaschistische Widerstand in Berlin noch keineswegs zerschlagen war, wie es die nationalsozialistische Propaganda glauben machen wollte, und wie es noch heute viele Historiker auch glauben. Wenn sich neben Kommunisten auch Sozialisten und selbst Zionisten an diesem Anschlag gegen eine antisowjetische Ausstellung beteiligten, so ist dies keineswegs so überraschend und verwunderlich, wie dies heute erscheinen mag, denn schließlich versprachen sich diese Juden damals – im Jahr 1942 – von der Sowjetunion ihre (und unsere) Befreiung.
Die nationalsozialistischen Machthaber haben den Anschlag der Gruppe Baum verschweigen können. Gegen Beteiligte und Unbeteiligte sind sie mit unnachsichtiger und brutaler Härte vorgegangen. Dies zeigen nicht nur die vielen Todesurteile, die der „Volksgerichtshof" gewissermaßen im ‚Schnellverfahren' verkündete und die sofort in Plötzensee vollstreckt wurden. Dies geht auch aus der eingangs zitierten Bemerkung Eichmanns hervor, wonach als Rache auf den Anschlag der Gruppe Baum 500 jüdische Bürger Berlins als Geiseln verhaftet wurden. 250 dieser Menschen sind, wie Eichmann mitteilte, sofort erschossen worden. Dieser Massenmord fand übrigens nicht irgendwo ‚weit weg im Osten', sondern mitten in unserer Stadt, und zwar in der ehemaligen Kadettenanstalt in Lichterfelde, den heutigen Andrews Barracks, statt.
Am Tor dieser Kaserne in der Finckensteinallee erinnern zwei Gedenktafeln an die „in beiden Weltkriegen gefallenen Kadetten" des „Königlich Preussischen" und des „Königlich Sächsischen Kadettenkorps". An den Massenmord der 250 jüdischen Geiseln wird dagegen nicht erinnert. Diese Vergangenheit scheint ‚bewältigt' zu sein.

Hingerichtet in Plötzensee

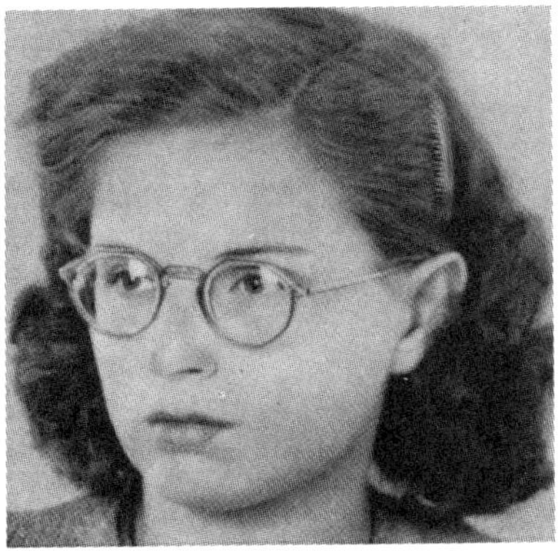

Marianne Joachim *Kinderpflegerin, geboren am 5. November 1921 in Berlin, gehörte mit ihrem Mann Heinz Joachim zur Widerstandsgruppe Herbert Baum. Sie nahm an den Schulungsabenden der Widerstandskämpfer teil und half bei der Herstellung und Verbreitung illegaler Schriften gegen Faschismus und Krieg.*
Im August 1942 wurde sie von der Gestapo verhaftet und am 10. Dezember 1942 mit ihrem Mann, Heinz Joachim, und vielen ihrer Freunde zum Tode verurteilt. Am 4. März 1943 wurde Marianne Joachim mit acht ihrer Kampfgefährten in Berlin-Plötzensee hingerichtet.

Der Postassistent **Eduard Zachert** *schloß sich 1918 der SPD an und war von 1924 bis 1933 Abgeordneter des Preußischen Landtags. 1934 wurde er drei Monate in „Schutzhaft" genommen. Nach seiner Entlassung wandte Zachert sich als Gegner des von den Nazis begonnenen Krieges an ihm bekannte Familien, deren Söhne zum Kriegsdienst eingezogen waren. So schrieb er auch einen Brief über die unausbleibliche Niederlage Nazideutschlands an einen Gastwirt, dessen Sohn die Offizierslaufbahn gewählt hatte. Der Empfänger denunzierte ihn. Am 22. Juli 1943 wurde Eduard Zachert in Plötzensee hingerichtet. Er war 62 Jahre alt.*

Hilde Coppi, *Sekretärin, wurde zusammen mit ihrem Mann Hans am 12.9.1942 verhaftet. Hilde und Hans Coppi arbeiteten in der Schulze-Boysen/Harnack-Gruppe mit. Hilde Coppi hörte die Nachrichten des Moskauer Rundfunks ab und gab sie an die Gruppe weiter. Da Hilde Coppi bei ihrer Verhaftung hochschwanger war, wurde sie in das Berliner Frauengefängnis eingeliefert, wo am 27.11.1942 ihr Sohn Hans zur Welt kam. Nach der Stillzeit wurde sie am 5. August 1943 in Plötzensee hingerichtet.*

Mildred *und* **Dr. Arvid Harnack,** *am 22.12.1942 hingerichtet. Dr. Arvid Harnack war Oberregierungsrat im Reichswirtschaftsministerium. Er und seine Frau gehörten der „Roten Kapelle" an.*

Zu den Mitkämpfern der Gruppe um den 20. Juli gehörte auch der sozialdemokratische Redakteur und Reichstagsabgeordnete **Dr. Julius Leber.** *Er gehörte während des zweiten Weltkrieges zum „Kreisauer Kreis", und hier entstand auch seine Freundschaft zu Stauffenberg. Um nach Möglichkeit alle Widerstandsgruppen zum Kampfe gegen Hitler zu vereinen, traf sich Julius Leber mit den Mitgliedern der operativen Leitung der KPD, den Kommunisten Anton Saefkow und Franz Jacob. Alle wurden zum Tode verurteilt.*
Am 5.1.1945 wurde Julius Leber in Plötzensee hingerichtet.

Oberst Claus Graf Schenk von Stauffenberg
war seit 1944 Stabschef des Befehlshabers des Ersatzheeres. Stauffenberg führte am 20. Juli 1944 das Attentat auf Hitler durch. Er wurde am selben Tag im Hof des damaligen Oberkommandos des Heeres in der Bendlerstraße durch Standgericht erschossen.
Nach dem gescheiterten Attentat wurden 5.000 bis 6.000 Menschen verhaftet, ca. 200 hingerichtet und ermordet, viele davon in Plötzensee. In dér Gedenkstätte findet jedes Jahr eine Gedenkfeier zu Ehren der Opfer des 20. Juli statt.

Modellaufnahme des „Großen Platzes" gegen die Kuppelhalle gesehen. 1938 mit den Vorarbeiten begonnen, sollte sie 1950 fertig sein. Ihr Fassungsvermögen hätte 180 000 Menschen betragen, bei einer Höhe von etwa 300 m. Über der Laterne ist der „Hoheitsadler" sichtbar, welcher die Weltkugel in seinen Fängen hält. Eine Korrektur, die auf Wunsch Hitlers 1938, kurz vor Kriegsbeginn, vorgenommen wurde und das zuvor angeordnete Hakenkreuz ersetzte. Links und rechts den Eingang des Platzes flankierend, sind die geplanten Gebäude der Reichskanzlei sowie des Oberkommandos der Wehrmacht plaziert; am rechten Bildrand ist die Kuppel des alten Reichstages sichtbar sowie in ihrer Achse, am linken Bildrand, das Adolf-Hitler-Palais. Das Modell zeigt den Planungszustand von 1942.
Der „Große Platz" sollte im Schnittpunkt der Nord-Süd und der Ost-West-Achse (heutiger Straßenzug Frankfurter Allee/Karl-Marx-Allee/Liebknecht-Str./Unter den Linden/Straße des 17. Juni/Bismarckstr./Kaiserdamm und Heerstraße) liegen.

Wolfgang Schäche

Die faschistische „Reichshauptstadtplanung"

Ab 1937 wurden für Berlin, Hamburg, München und Nürnberg sowie sämtliche damaligen Gauhauptstädte „Neugestaltungsprogramme" entwickelt, deren Umfang gigantische, größenwahnsinnige Ausmaße hatte.
In der Kunstproduktion des Nationalsozialismus war der Architektur bereits von Beginn an ein herausragender Stellenwert zugewiesen. Sie hatte als öffentlichste und damit sichtbarste aller Künste eindeutige Priorität. Ihre Allgegenwärtigkeit ließ sie zu einem der propagandistisch wirksamsten Instrumente faschistischer Massenmanipulation werden.
Berlin sollte dabei als die Hauptstadt des Reiches und gleichsam im Vorgriff auf die geplanten Expansionskriege als gigantische Machtzentrale ausgebaut werden. Das architektonische Programm für Berlin hatte keinerlei sozialen Auftrag, sondern war auf Staats- und Parteibauten memorialen Charakters konzentriert, die die Kulisse für die kultischen Inszenierungen des faschistischen Systems bilden sollten. Die „Reichshauptstadtplanung" war nicht mehr auf das Maß des einzelnen Menschen gerichtet, sondern auf in Blöcken angetretene disziplinierte Menschenmassen, Ihr Maßstab und Habitus unterschied sich dabei bewußt von den in Berlin realisierten (und teilweise noch heute in Berlin zu sehenden) Bauten der Phase bis 1937, wie zum Beispiel den Messehallen und den Bauten am Fehrbelliner Platz sowie den Anlagen des ehemaligen Reichssportfeldes mit der Waldbühne und dem Olympiastadion. Mit der „Neugestaltung" Berlins wurde Albert Speer, der sich insbesondere durch seine Arbeiten für das „Reichsparteitagsgelände" in Nürnberg empfahl, per „Führerbefehl" bereits 1936 beauftragt.
Am 30.1.1937 wurde er in dieser Funktion offiziell zum „Generalbauinspektor für die Reichshauptstadt Berlin" (GBI) ernannt, seine Dienststelle – in der Kompetenz einem Ministerium gleichgestellt – war der Stadtverwaltung übergeordnet. Anfang 1938 war die Rahmenplanung soweit gediehen, daß die detaillierte Ausarbeitung einzelner Bereiche bzw. Gebäude in Angriff genommen werden konnte, und noch vor Ende des gleichen Jahres wurde mit großem propagandistischen Aufwand an mehreren Stellen zugleich mit der baulichen Realisierung begonnen. Obschon über den allgemeinen Rahmen der „Neugestaltung" berichtet wurde und einige Planungseinheiten auch mit ihren einzelnen projektierten Bauten publiziert wurden (z.B. die Ost-West-Achse sowie der Bereich „Runder Platz"), blieb der Gesamtumfang der Planungen der Öffentlichkeit bewußt vorenthalten, um nicht die Frage der Finanzierung angesichts des kargen Konsumgüterangebotes – bei nahezu rechtlosen Arbeitsbedingungen verbunden mit Lohnraub –

Die Reichshauptstadtplanung: Modellaufnahme des geplanten 7 km langen „Herzstückes" der Nord-Süd-Achse zwischen den Bahnhöfen in der Endfassung von 1942/43. Im Vordergrund der Südbahnhof, dahinter der sogenannte Triumphbogen, dazwischen der große Platz mit der „Beutewaffen-Allee", welche nach der Kapitulation Frankreichs 1940 in die Planung aufgenommen wurde. Am oberen Bildrand ist als „Höhepunkt der Achse" (geplante Breite etwa 140 m) die Kuppelhalle erkennbar. Um die Dimensionen dieser Planungen zu denen des vorhandenen Stadtraumes begreifbar zu machen, sei dabei zum Vergleich auf die Anhöhe des Kreuzberges (rechter Bildrand, Mitte) sowie die stattliche Halle des Anhalter Bahnhofs (oberhalb des Kreuzbergs) verwiesen.

ADOLF HITLER

Hauptquartier BERLIN, DEN 25/Juni 1940

Berlin muß in kürzester Zeit durch seine bauliche Neugestaltung den ihm durch die Größe unseres Sieges zukommenden Ausdruck als Hauptstadt eines starken neuen Reiches erhalten.

In der Verwirklichung dieser nunmehr w i c h t i g s t e n B a u a u f g a b e d e s R e i c h e s sehe ich den bedeutendsten Beitrag zur endgültigen Sicherstellung unseres Sieges.

Ihre Vollendung erwarte ich bis zum Jahre 1950.

Das Gleiche gilt auch für die Neugestaltung der Städte München, Linz, Hamburg und die Parteitagbauten in Nürnberg.

Alle Dienststellen des Reiches, der Länder und der Städte sowie der Partei haben dem Generalbauinspektor für die Reichshauptstadt bei der Durchführung seiner Aufgaben jede geforderte Unterstützung zu gewähren.

Rechts: Das Dokument, in der Nacht nach der Kapitulation Frankreichs von Hitler verfaßt, zeigt die wechselseitige Bedingtheit von Architektur und Krieg im Faschismus.

Modellaufnahme (Fassung von 1939) des Triumphbogens für die Nord-Süd-Achse, dessen Höhe 120 m betragen sollte. Als Architekt zeichnete Albert Speer verantwortlich, der dieses Modell zum 50. Geburtstag Hitlers in 4 m Größe „nach den Ideen des Führers" anfertigen ließ. In den Wandflächen des oberen Umgangs sollten die Namen der 1,8 Millionen Gefallenen deutschen Soldaten des Ersten Weltkrieges eingemeißelt werden.

zu provozieren. Die Antwort wäre die Preisgabe der kalkulierten kriegerischen Perspektive gewesen, der der zweite Vierjahresplan als faktisches Mobilmachungsprogramm entsprach.

Der Neugestaltungsplan sah als signifikantes Merkmal und gleichzeitig als „Rückgrat" des neuen Stadtgrundrisses ein Achsenkreuz vor, dessen Straßen in Nord-Süd- und Ost-West-Richtung verliefen und sich im Bereich des Brandenburger Tores schnitten. Die vier Achsenenden schlossen jeweils auf den um Berlin geplanten (und teilweise realisierten) Autobahnring an, welcher die neue Berliner Stadtgrenze bilden sollte. Vier konzentrische Ringe vervollständigten das Hauptgerüst, das durch eine Vielzahl von Radialstraßen ergänzt wurde. Während die Ost-West-Achse, die Ringstraßen sowie die Radialstraßen zum Teil vorhandene Straßenzüge aufnahmen, die verbreitert bzw. mit Durchbrüchen verbunden werden mußten, stellte die Nord-Süd-Achse in ihrer Trassenführung eine totale Neuanlage dar. Ihre Projektierung stand in engem Zusammenhang mit dem geplanten Umbau des gesamten Berliner Eisenbahnnetzes. Anstelle der bis dahin vorhandenen zwölf Kopfbahnhöfe sollten zwei Zentralbahnhöfe entstehen – ein Nordbahnhof und ein Südbahnhof –, die, in Wedding und Tempelhof lokalisiert, die Endpunkte des als „Prachtstraße" gedachten, etwa 7 km langen Mittelabschnittes der Nord-Süd-Achse darstellen.

Besieht man sich nun die Architektur dieser Planungen, ist zu konstatieren: Sowohl das Achsenkreuz, das Grundmotiv der „Neugestaltungen", das als Prinzip bis auf die kleinste „Gauhauptstadt" übertragen werden sollte, als auch die „Prachtstraße" und der „Große Platz" stehen für ein formales Planspiel, bei dem Architektur und Stadtplanung zu einem additiven Arrangement von Achsen, Plätzen und Baukörpern verkommen war. Einzelteile dieses Arrangements, wie die „Große Halle", das „Adolf-Hitler-Palais" bzw. das Reichsmarschallamt oder der „Triumphbogen", zeigen beispielhaft, daß es den Planern der „Reichshauptstadt" nicht um Funktionalität und Zweckgebundenheit ging, sondern um architektonische Inszenierung von Macht und Herrschaft, Monumentalität als Dekor von Gewalt.

Allein das zentrale Teilstück der Nord-Süd-Achse hätte, neben den freigesetzten Flächen des innerstädtischen Gleisgeländes, den Platz ganzer Stadtviertel eingenommen. Tausende von Wohnungen hätten abgerissen werden müssen. Als Herzstück der Planung sollte es von sämtlichen relevanten Staats- und Parteibauten (vornehmlich am „Großen Platz"), den Repräsentationsgebäuden der großen Wirtschaftsunternehmen sowie von diversen „Denk- und Ehrenmälern" gesäumt werden. Die Fertigstellung der Anlage war für 1950 geplant. Im Rahmen einer „Weltausstellung" wollte man die Gebäude ihrer Bestimmung übergeben und Berlin zu diesem Anlaß „feierlich in Germania umtaufen".

Beispiel des zeitlich parallel zu den gigantischen Planungen produzierten kasernenartigen Wohnungsbaues in Berlin. Ansicht der Wohnanlage am Grazer Damm (Nähe Innsbrucker Platz) von 1938 bis 1940, welche eine der wenigen Wohnsiedlungen war, die angesichts der katastrophalen Wohnungsnot im „Dritten Reich" realisiert wurden.

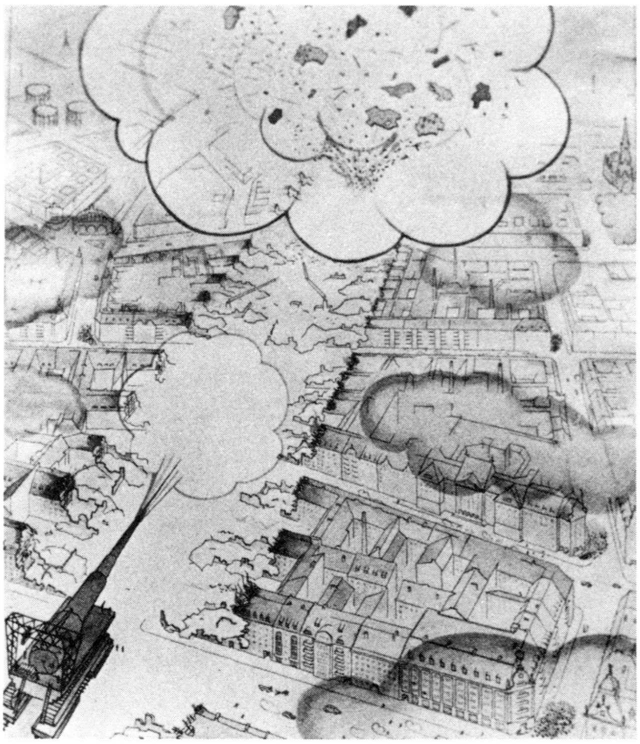

Die Abbildung zeigt eine 1942 intern angefertigte Karikatur von Hans Stephan, einer der damaligen Abteilungsleiter A. Speers in der Generalbauinspektion (GBI), und späterer Senatsbaudirektor von (West)-Berlin (1954–58), die die brutale Zynik der Planenden den Betroffenen gegenüber offenbart. Die Zeichnung trägt die Unterschrift: „Vorschlag nach der Ernennung des GBI (A. Speer – Der Verfasser) zum Rüstungsminister: Die N.-S.-Achse wird durchgeschossen."

Axel Eggebrecht

Die „Künstlerkolonie" am Laubenheimer Platz

Mir gelang es, eine sehr billige Wohnung in der Bonner Straße nahe dem Breitenbachplatz zugeteilt zu bekommen, in der ‚Künstlerkolonie'.
Das war kein Worpswede, keine romantische Siedlung. Bühnengenossenschaft und Schriftstellerverband hatten für ihre Mitglieder drei ganz normale Häuserblocks gebaut, gerade noch rechtzeitig vor der Krise. Nun brachten viele Bewohner selbst die niedrigen Mieten nicht mehr auf, wie überall in Berlin drohten Exmittierungen, wie überall gab es dagegen Protestaufmärsche. Bei uns ähnelten sie eher Volksbelustigungen, hatten fast immer Erfolg. Und dabei zeigte sich schon ein Gemeinschaftsgeist, der in naher Zukunft eine wichtige Rolle spielen sollte.
Ich fühlte mich hier sofort wohl, denn rings um den Laubenheimer Platz mit den kleinen, frischgepflanzten Birken hausten Gleichgesinnte. So wohnte eine Etage über mir, Bonner Straße 12, Susanne Leonhard. Kommunistin schon in den Tagen Liebknechts, dann vorübergehend mit einem Sowjetdiplomaten verheiratet, war sie etwa zur gleichen Zeit wie ich aus der Partei ausgetreten, blieb aber eine überzeugte Revolutionärin. Ihr zehnjähriger Sohn Wolfgang, den sie Wolodja nannte, war Mitglied der Jungen Pioniere und besuchte die braven Bürgern verdächtige Karl-Marx-Schule in Neukölln. Der eigenwillige Junge war selbstbewußt und aufsässig, diese Eigenschaften machten ihn dereinst recht berühmt.
Im Nachbarhaus, Wand an Wand mit mir, studierte Ernst Busch seine Kampfgesänge ein, durch Klopfzeichen signalisierte ich ihm Beifall oder Kritik. In der Kreuznacher Straße wohnte Erich Engel, der Freund und Regisseur Bertolt Brechts; den bedeutenden Theatermann interessierte im Grunde sein Metier weniger als die Historie der Philosophie von Aristoteles bis Marx, meist hatte er irgendein schwieriges Fachbuch unter dem Arm.
Ein paar Häuser weiter lag die Parterrewohnung von Alfred Kantorowicz, die sich zu einem Treffpunkt kritisch gestimmter Leute entwickelte. (. . .)
Am Abend des 14. September (1930, d. R.) saßen wir bei Kantorowicz und warteten gespannt auf die ersten Resultate im Radio. Sie klangen so widersinnig, daß wir an Falschmeldungen glaubten. Spät nachts stand dann fest, daß Hitlers belächelte Sekte zur zweitstärksten Partei geworden war. 107 Nazis im Reichstag, das bedeutete das Ende der trügerischen Ruhe. Von diesem Augenblick an änderte sich alles.
Die Agonie der Republik zog sich noch mehr als zwei Jahre hin; in meiner Erinnerung verdichten sie sich zu einer Folge dramatischer Ereignisse. Dafür gibt es viele Gründe; entscheidend war die ungewöhnliche Lage, in die unsere Künstlerkolonie geriet.
Schon während des Wahlkampfs wurde klar, daß wir eine kleine Insel inmitten der Flut von Hakenkreuz und Schwarz-Weiß-Rot bildeten, die Steglitz und Friedenau überschwemmte. Rings um unseren Laubenheimer Platz sah man nur die Farben der Republik und das revolutionäre Rot. Und es blieb nicht beim Flaggenstreit. SA zog provozierend durch unser Viertel. Spät abends wurden einzelne Heimkehrer am U-Bahnhof Breitenbachplatz angerempelt, man verabredete sich zum gemeinsamen Weg, das half nur vorübergehend. Als die Bedrohung nicht aufhörte, gründeten wir einen Selbstschutz. Binnen weniger Wochen schloß sich die Mehrzahl der Bewohner an, ohne Rücksicht auf politische Unterschiede. Wer bei uns lebte, war gefährdet, Demokraten und Kommunisten, katholische Zentrumswähler und Parteilose. Die wenigen, die mit den Nazis liebäugelten, waren geächtet, verkrochen sich oder zogen fort.

Spontan bildete sich ein fünfköpfiger Ausschuß, der die Organisation in die Hand nahm. Etwas Erstaunliches geschah. Egozentrische Schauspieler und Literaten handelten klüger und mutiger als die berufenen Verteidiger der Demokratie. Während Parteien und Verbände einander noch im Schatten der Lawine befehdeten, die sie alle miteinander begraben sollte, machten wir Ernst mit der Einheit. Flugblätter wurden hektografiert und verbreitet, Wachtposten lösten einander ab. Je mehr die Gefahr wuchs, desto besser wurde die Verteidigung organisiert. 1932 gab es ein Dutzend Revolver, die registriert und sorgfältig gepflegt wurden. Unter Fensterbänken standen wassergefüllte Weinflaschen, in besseren Tagen fröhlich geleert, nun verwandelt in gefährliche Wurfgeschosse gegen mögliche Angreifer. (. . .)
Viele von uns rechneten mit einem Putsch. Der Ernstfall schien gekommen, als im Juli die SA rings um Berlin aufmarschierte. Unbekannte kurvten auf Motorrädern und in großen Wagen durch unsere Straßen und inspizierten Haus für Haus, Späher des Gegners, der dann nicht putschte. Bei uns wäre er energisch abgewehrt worden. Wir nahmen Fühlung zur nahe gelegenen Polizeiwache in der Deidesheimer Straße auf. Die Schupos waren bereit, mit uns zusammenzugehen. In den Schrebergärten entlang der Kreuznacher Straße wurden Stellungen für Maschinengewehre ausgesucht. Doch Hitler blies seine Aktion ab, erst ein halbes Jahr später kam er an die Macht. Durch die Hintertür. Legal. (. . .)
In aller Öffentlichkeit spielten sich die Machenschaften ab, die zum Debakel des 30. Januar führten. Daß sich Hitler mit Papen zu Beginn des neuen Jahres in Köln traf, blieb keineswegs geheim; die *Tägliche Rundschau,* Schleichers Sprachrohr, enthüllte am Tage danach das Komplott, es machte kaum Aufsehen, das war das eigentlich Beängstigende.

Ein Lichtblick war Ossietzkys Entlassung zu Weihnachten, ironischerweise auf Grund einer Amnestie, der im Reichstag auch die Nazis zugestimmt hatten; sie wollten die eigenen verurteilten Raufbolde freibekommen. Ossietzky übernahm sogleich wieder die Leitung der *Weltbühne,* jede Woche erschienen seine Leitartikel. Ich wollte wieder häufiger mitarbeiten. Auch mit Edlef Köppen verabredete ich Sendungen. Es galt, die Galgenfrist zu nutzen, die uns noch gegönnt war. In den letzten Wochen der Republik kam ich wenig zum Schlafen, unser Selbstschutz war ständig alarmiert, Versammlungen mußten besucht, Diskussionen geführt werden. Da die SA alle paar Tage aufmarschierte, nahm ich oft an Gegendemonstrationen teil.
Am 28. Januar, einem Samstag, sprachen wir bei Kantorowicz über eine für Montag einberufene Versammlung des Schriftstellerverbandes. Das Radio meldete die seit Tagen erwartete Demission des Kabinetts Schleicher; Hindenburg habe Papen beauftragt, Möglichkeiten für eine neue Kabi-

Links: **Alfred Kantorowicz**, *Publizist, * 1899 in Berlin, † 1979 in Hamburg, Mitglied der KPD, Presseoffizier der Interbrigaden in Spanien, 1941 abenteuerliche Flucht in die USA, nach 1945 Rückkehr in die sowjetische Zone, verließ später die Partei und die DDR. Das Bild zeigt Kantorowicz bei den Interbrigaden.*

Rechts: **Arthur Koestler**, *1905 in Budapest geboren, sprach bis 1922 vorwiegend ungarisch, schrieb dann in deutsch, ab 1940 in englisch. Als Journalist 1930 bei Ullstein in Berlin, 1931 Mitglied der KPD. 1937 in Spanien von Franco zum Tode verurteilt, später begnadigt. Mit dem Roman „Sonnenfinsternis" (1939) Abwendung von seiner bisherigen Weltanschauung. Lebt heute in London. Foto: Ullstein 1953*

Erich Engel, *1891–1966, Freund Brechts, Regisseur, Filmemacher. Ging nicht ins Exil, sondern wich auf unverfänglichere Themen aus. Seit 1949 erneut Zusammenarbeit mit Brecht, seit 1957 Chefregisseur am ‚Berliner Ensemble' in Berlin/DDR. Obwohl er in Westberlin lebte, hohe Auszeichnungen in der DDR, deren ‚Akademie der Künste' seinen Nachlaß verwaltet.*

Ernst Busch *(links), Schauspieler und Arbeitersänger, emigrierte in die UdSSR, ging 1936 nach Spanien; in Frankreich interniert, wird er 1943 nach Deutschland ausgeliefert und zum Tode verurteilt. Überlebt u. a. wegen der Fürsprache Gründgens. Lebte bis zu seinem Tode in Berlin/DDR.*
Neben ihm **Erich Weinert**, *Kabarettautor, Lyriker und selbst sein bester Interpret. Ging 1935 über das Saarland (Frankreich) in die UdSSR, später zu den Interbrigaden. Propagandist für das „Nationalkomitee Freies Deutschland". Ging nach 1945 in die spätere DDR.*

Axel Eggebrecht, *geboren 1899, nach dem 1. Weltkrieg zunächst bei den Freicorps, kämpft er während des Mitteldeutschen Aufstands bereits als Kommunist mit den Aufständischen. Trennt sich 1923 von der KPD, wird Publizist, u. a. Mitarbeiter der „Weltbühne". 1933 verhaftet, nach seiner Freilassung ab 1935 Drehbuchautor beim Film („Wiener Blut"). 1945 Mitbegründer des Nordwestdeutschen Rundfunks in Hamburg, wo er noch heute lebt.*

nettsbildung zu prüfen. Es sah so aus, als würde der farblose Papen zum zweitenmal Kanzler werden; daß der alte Marschall den von ihm verachteten ‚böhmischen Gefreiten' berufen könne, erschien uns immer noch unwahrscheinlich.
Am Montagmittag unterbrach der Rundfunk seine Unterhaltungsmusik. Dann verlas ein Sprecher die schier unfaßbare Mitteilung:
„Der Führer der Nationalsozialisten, Adolf Hitler, ist soeben von dem Herrn Reichspräsidenten zum Reichskanzler ernannt worden, auf Grund einer längeren Besprechung, die der Herr Reichspräsident mit Herrn Hitler sowie Herrn von Papen hatte."
Zu der Schriftstellertagung kamen ungewöhnlich viele Kollegen in die ‚Kammersäle' nahe dem Halleschen Tor. Zum erstenmal erlebte ich Carl von Ossietzky in diesem Kreise. Die Rechtsradikalen fehlten fast ganz, sie nahmen wohl am Fackelzug teil, der zur selben Stunde dem Sieger huldigte. Alle standen unter dem Eindruck des Donnerschlages, die Tagungsordnung wurde hastig erledigt, es entspann sich eine politische Debatte. Erich Mühsam, der liebenswerte Anar-

chist mit dem struppigen Bart, forderte mit feurigen Worten zur Standhaftigkeit auf. Die meisten rieten zu vorsichtigem Abwarten, der Spuk würde rasch vorübergehen. Ossietzky stand auf, es wurde still, mit seiner leisen Stimme sagte er scharf pointierend wenige Sätze. So ungefähr endete er:
„Das alles wird länger dauern als Sie meinen. Vielleicht Jahre. Dagegen sind wir machtlos. Aber jeder von uns kann sich vornehmen, denen, die nun die Macht haben, niemals auch nur den kleinen Finger zu reichen!"
Beifall klang auf, verebbte rasch. Alles drängte hinaus. Mit einer kleinen Schar Gleichgesinnter schloß ich mich Ossietzky an, der mit der U-Bahn in den Norden der Stadt wollte, zur Liga für Menschenrechte, um ein Referat zu halten. Unterwegs beschlossen wir, uns den Nazirummel anzusehen. Am Bahnhof Kaiserhof stiegen wir aus und hinauf zur Straße.
Da zogen sie vorüber, in unabsehbaren Reihen. Parolen wurden gebrüllt und von der dichtgedrängten Menge aufgenommen.
Im Fackelschein glichen die Gesichter unter dem SA-Käppi fast jenen martialischen Recken, die ‚Mjölnir' im *Angriff* zeichnete. Über die nordischen Profile hatten wir oft gelächelt, wir kannten die stumpfen Visagen unserer Gegner besser. Und nun marschierten sie doch leibhaftig vorbei, berauscht vom Sieg, und grölten ihr grausiges Lieblingslied: Wenn das Judenblut vom Messer spritzt, dann geht's noch mal so gut!
Schweigend sahen wir einander an. Ossietzky preßte die Lippen fest zusammen, wendete sich brüsk ab, verschwand im U-Bahnhof, so sah ich ihn zum letztenmal.
Ich konnte mich nicht losreißen von dem barbarischen Schauspiel, bewußt wollte ich es in mich aufnehmen. Nirgends ein Anzeichen des Protests, den mußte es doch noch geben, wenn nicht in diesem Augenblick, dann bestimmt in den nächsten Tagen!
Darüber stritten wir nachher bis in die Nacht. Die halbe Kolonie war auf den Beinen, der Selbstschutz in Alarm, doch es blieb ruhig. Alles kam anders, als wir es seit Jahr und Tag erwartet hatten. Kein Putsch, kein Gewaltstreich. Mit Hilfe abgetakelter Reaktionäre hatte Hitler sein Ziel erreicht, legal, wie er es oft genug angekündigt hatte. (. . .)
Furcht erweckte die hastige ‚Gleichschaltung' der Polizei, das Wort wurde binnen Tagen jedermann vertraut. Unsere Freunde in der Polizeiwache Deidesheimer Straße warnten vor bevorstehenden Haussuchungen. Wir brachten besonders belastendes Material beiseite. Noch aber blieb es in der Kolonie einigermaßen ruhig. Nur einige klug vorausschauende Bewohner verschwanden über Nacht, erste Vorläufer der Emigration.

Der Rundfunk stand unter scharfer Zensur, doch meinte Köppen am Telefon, unsere Sendung am 7. Februar könne stattfinden. An diesem Tage war ich zunächst Zeuge eines anderen Ereignisses. Endlich rührte sich die sozialistische Linke. Einzelne kommunistische Demonstrationen hatte es fast täglich gegeben, nun rief die SPD auf zu einer Massenkundgebung im Lustgarten. Dorthin fuhr eine ziemlich große Gruppe des Selbstschutzes, der von jeher die Einheit aller Hitler-Gegner gefordert hatte.
Ein paar Stunden lang konnte man glauben, das rote Berlin hätte sich auf seine Kraft besonnen. Hunderttausende füllten den weiten Platz zwischen Dom und Universität. Otto Wels sprach, ich hätte ihn aggressiver gewünscht, immerhin gab ein führender Sozialdemokrat das Signal zum Widerstand. Die Veranstaltung lief ungestört ab, nachher zerstreuten sich die Massen, geschlossene Formationen waren verboten worden.
Doch wir zogen in einer Kolonne von zwei- oder dreihundert jungen Arbeitern dennoch in Richtung Regierungsviertel; da die Bannmeile seit dem 30. Januar für Naziaufmärsche nicht mehr galt, wollten auch wir uns nicht darum kümmern. In der Französischen Straße empfingen uns dichte SA-Reihen und brüllten: „Juda verrecke!" Wir antworteten mit einem wilden „Hitler verrecke!" Erst kurz vor der Wilhelmstraße sperrte Polizei den Weg. (. . .)
Die Lage in unserem Viertel wurde im Laufe des Februar hoffnungslos. Die zur Hilfspolizei ernannte SA nahm Haussuchungen vor, dabei kam es zu Diebstählen und sinnlosen Verwüstungen. Als bei mir zwei der Burschen klingelten, dachte ich, nun sei ich dran, sie fragten aber nur nach Freunden, die schon fortgereist waren, ich stellte mich dämlich, sie zogen wieder ab. Es war eine Frage der Zeit, wann auch ich abhauen müßte. Ein paar Wochen gab ich mir noch. (. . .)
Am 27. Februar brannte der Reichstag. Nun wurde es ernst. Gleich in derselben Nacht wurden Tausende verhaftet, auch Ossietzky holten sie ab. In drohenden Reden verkündeten Hitler und Göring die „Ausrottung" des Kommunismus, alle Linken waren de facto von nun an vogelfrei. Immer mehr Nachbarn verschwanden, oft wußte man nicht, ob in ein sogenanntes ‚Schutzhaftlager' oder ins Ausland. Noch einmal traf ich Lukács in einem Wilmersdorfer Café, er war im Begriff abzureisen. Die Situation beurteilte er pessimistisch, er rechnete mit dunklen Jahren, die vor uns lägen.
Dann kamen besorgte Briefe. Mein Vater bereitete sich darauf vor, seine Praxis aufzugeben und zur alten Freundin ‚Tante Lene' nach Lückendorf zu ziehen, in die Lausitzer Berge. Hellmut Köster schrieb und mahnte zur Vorsicht. Auch die kleine Anke erkundigte sich, was in der Kolonie los wäre, in der Zeitung hatte sie etwas vom „Ausräuchern des Kommunistenviertels" gelesen. Ich beruhigte sie, schilderte die Erlebnisse der vergangenen Wochen, ausführlich auch die Demonstration vom 7. Februar; erwähnte auch, daß ich wohl nächstens nach Lückendorf reisen würde.

(Aus: Axel Eggebrecht, Der halbe Weg. Zwischenbilanz einer Epoche, Reinbek bei Hamburg 1975.)

Foto: Landesbildstelle

Die Berliner „Künstlerkolonie" endlich ausgehoben!

So sehen die Arbeiter-„Führer" aus

Berlin, 15. März.

Heute vormittag wurde durch eine Bereitschaft Schutzpolizei unter Führung von Oberleutnant Olze der große Block am Südwestkorso in Wilmersdorf, der den schönen Namen „Künstlerkolonie" führt, abgeriegelt und durchsucht. Dieser Gebäudekomplex beherbergte seit seinem Bestehen eine Auslese übelster Intellektueller und Kommune-Blutredner, die dort in luxuriösen Wohnungen, im Schutze eisenbeschlagener Türen, ihre Haßgesänge gegen das erwachende Deutschland verfaßten. Die Durchsuchung ergab eine Fülle von verbotenen Schriften. Anderthalb Lastkraftwagen konnten gefüllt werden. Dazu fand man mehrere Waschkörbe voll Schußwaffen mit der nötigen Munition; die Durchsuchung dauerte über 5 Stunden und wurde bis ins kleinste ausgeführt.

Man fand auch im stillen Kämmerlein versteckt einige ganz „prominente Führer" der Kommune vor. Der „edle" Dichter Peter Martin Lampel wurde geschnappt und der berüchtigte Redakteur Zadek wurde in seinem Wirkungskreis aufgestöbert. Er arbeitete seit Jahren unter dem Decknamen: „Zentralredaktion für deutsche Zeitungen" und überschwemmte mit seinen Kunstprodukten, die ihm teilweise Genossen aus den Nebenhäusern besorgten, die bürgerlichen Blätter der Provinz, die diese Artikel oftmals abdruckten, ohne nur im geringsten zu ahnen, daß der Jude Zadek (auf hebräisch: der Gerechte!) in jedem Wahlkampfe zwei große Sowjetfahnen aus den Fenstern seines Büros hing. Allein die Sichtung des Materials aus dieser jüdischen Redaktion wird zahlreiche Beamte der Politischen Polizei für Tage beschäftigen.

Entkommen konnten leider der berüchtigte „Schriftsteller" und im Nebenberuf als Feld-, Wald- und Wiesenredner tätige Jude Weinert, ferner die Genossen Altmann und Buchmann. Jedoch ist die Polizei mit ihrem Fang außerordentlich zufrieden.

Es hat sich so mancher Wachtmeister über diese „Führer" der Kommune gewundert, die in ihren Schandblättern von Hunger, Hinterhäusern und sozialem Elend schrieben, während sie in den Neubauten am Südwestkorso in pompösen Wohnungen prahlten und schlemmten. Die vielen Kognak- und Sektflaschen, die in den Speisekammern zu sehen sind, legen Zeugnis dafür ab. So saßen diese roten Bluthunde in Sicherheit und Wohlleben und putschten ihre armen verhetzten Opfer in den Kolonien am Felseneck und in den verfallenen Wohnvierteln des Ostens und Nordens auf.

Nun ist ein Ende gemacht worden mit ihnen – die schönen Tage sind vorbei. Beim Abmarsch der Bereitschaft sangen die Polizeibeamten mit erhobener Rechten das Horst-Wessel-Lied.

Völkischer Beobachter, 17.3.1933

Über Feuerwehrleitern steigt die Polizei in die Wohnungen ein und transportiert Bewohner ab.
Foto: Photothek Berlin

Die Erstürmung der „Künstlerkolonie" durch die SA wird von Uri Benjamin folgendermaßen geschildert:

„Anfang 1933. Auf dem Untergrundbahnhof Breitenbachplatz in Berlin, am Ende des Südwestkorso, sagt ein stämmiger Herr absichtlich laut zu seiner Begleiterin: „Daß man dies Judenzeug immer noch anbieten darf!" Er war an dem aus dem Automaten erhältlichen ‚Berliner Tageblatt' vorübergegangen. Redakteur Zadek, gleichfalls auf dem Weg an die Zugsperre, meint ebenso betont zu seiner Frau: „Wollen uns mal dies Judenzeug kaufen." Innerhalb der Sperre erhält er daraufhin einen kräftigen Stoß des Dicken. Obwohl infolge eines Reitunfalls inzwischen Halbinvalide geworden, antwortet er in derselben Sprache. Die beginnende Prügelei wird von Bahnbeamten gestoppt. Man führt die Parteien zum Vorsteher. Bevor man dort anlangt, schwingt der heimtückische Koloß, hinter dem Rücken der dazwischengehenden Frau Z., seine Faust an den Kopf des unvorbereiteten Gegners. Beamte verhindern eine gleichlautende Erwiderung. – Der Vorfall wird mit Nennung der Parteien in der ganzen Gegend rumerzählt. Der Angreifer heißt, echt holländisch, Bloemendaal. Seine aufhetzende Begleiterin bleibt ungenannt. Bald jedoch wird sie als Erynnie auftauchen.

Die drei großen Häuserblocks der ‚Künstlerkolonie' am Südwestkorso beherbergen Schriftsteller, Schauspieler und Künstler. Vereinzelt zukunftsschwangere, gebildete Nazis. Meist aber linke Leute. Darunter viele bekannte Namen. In seiner, einer der größeren Wohnungen hält unser Schriftleiter alle zwei Wochen ‚jour'. Politiker, Dichter, Musiker, Maler des ‚Bauhauses', Mitarbeiter der ‚Weltbühne', Theaterleute von Reinhardt regen sich dort gegenseitig an und auf. Die öffentliche Entwicklung läßt baldige Verfolgungsmaßnahmen voraussehen, auch wenn niemand an den Ernst der Blutparolen der SA glaubt.

Seit Anfang März schreckt man nachts zuweilen durch Schüsse auf, die von Braunhemden blind in die Wohnungen gefeuert werden. Vorbeugend nimmt das befreundete Journalisten-Ehepaar Fritz und Li Zielesch die beiden Z. in Halensee bei sich auf. Diese merken jedoch, daß man ihre Besorgnis für übertrieben hält. Am dritten Tag ziehen sie wieder zurück. Am nächsten Morgen ist die ganze Künstlerkolonie von Polizeitruppen umstellt. Niemand kann durchschlüpfen.

In den Arbeitsräumen von Zadek wird blindlings durcheinander geworfen, was nicht fest steht. Er selbst zur Tür hinausgestoßen. Sieben schwer bewaffnete Jungen des ‚Kommando zur besonderen Verwendung' der Berliner Polizei treiben den wehrlosen Einhändigen die drei Treppen hinunter. „Das ist der Kerl, der den alten Mann in der U-Bahn geschlagen hat", hört er sie rufen. Bloemendaal muß ihnen sehr nahe stehen. Und dann: „Wirst du Judenschwein wohl schneller laufen!" Benommen von den Schlägen kann er gerade noch denken: „Auf der Flucht erschossen . . ." und geht langsam.

Den Taumelnden treibt man auf einen offenen Polizeiwagen hinauf. Das reinste Literaten-Auto. Vor ihm der längst in der Bundesrepublik Deutschland preisgekrönte Manès Sperber, hinter ihm der in Ostländern zu hohen Ämtern berufene Autor Theodor Balk – sein bürgerlicher Name lautet anders – u.a.m. Einer der Schläger ruft ihm zu: „Hast woll Nasenbluten jehabt, wat? Wisch dir mal det Jesicht ab!"

Das Foto des Wagens mit den feixenden Bestien erscheint am 16. März 1933 u.a. im ‚Völkischen Beobachter'."

(Aus: Uri Benjamin, Die Welt als Vaterland/Antiquare im Exil, in: Börsenblatt für den Deutschen Buchhandel vom 28.1.77, Frankfurter Ausgabe)

Jutta Kausch

Vom Roten Rummel zur Show-Bühne

„Ein überfüllter Bahnsteig der Berliner U-Bahn. In der Menge fällt plötzlich ein Mann in Ohnmacht. Unter den Menschen, die sich um den Gestürzten drängen, kommt es zu spontanen Diskussionen. Jemand ruft: ‚Ein Arbeitsloser!' Ein anderer erzählt die Geschichte dieses Unglücklichen. Ein dritter meldet sich zu Wort und entlarvt die soziale Ungerechtigkeit der bürgerlichen Gesellschaftsordnung. Ein weiterer preist das Programm des ‚Dritten Reiches' an, das Programm der Nationalsozialisten. Doch da mischt sich sein Nachbar ein, er gibt dem Nationalsozialisten ‚Zunder' und legt die Grundsätze der Kommunistischen Partei dar. Als die Fahrgäste schließlich in den eingefahrenen Zug steigen und über den Vorfall und die Diskussion nachdenken, kommen weder sie noch der auf dem Bahnhof postierte Polizist auf den Gedanken, daß Ohnmacht und Diskussion inszeniert waren und sie dem Auftritt einer verbotenen Berliner Agitproptruppe beigewohnt hatten, die unter den Bedingungen des bürgerlichen Terrors arbeitet."[1]

Theater, politisch, inmitten der Menschen, subversiv, agitatorisch – und riskant. Arbeitertheater im Berlin der frühen dreißiger Jahre. Niemals davor und niemals danach hat Theater in dieser Stadt eine solche Wirkung gehabt wie auf dem Höhepunkt der revolutionären Arbeitertheaterbewegung Ende der zwanziger und zu Beginn der dreißiger Jahre.

Gleich nach der Revolution war ein „proletarisches Theater" in den Räumen der „Tribüne" an der heutigen Otto-Suhr-Allee entstanden, in dem sich auch die Dadaisten in ihren Matineen trafen und Walt Merin (Walter Mehring) ein Wettrennen Schreibmaschine contra Nähmaschine gegen Georges Grosz gewann.

Die ökonomische Pleite und der politische Mißerfolg standen am Ende solcher kurzlebiger Versuche wohlmeinender Berufsschauspieler. Die Arbeiter fühlten sich nicht angesprochen, denn sie waren zwar die „Helden" der Stücke, aber es waren nicht ihre, sondern Stücke über sie. Und die Bürger kriegten lieber bei den Expressionisten das Grausen oder mit Injurien wie „Sie alter Haufen Scheiße da vorne!" den Dada-Marsch geblasen.

Während die organisierte Arbeiterbewegung in den Feuilletons der „Roten Fahne" noch die Debatte „Aneignung der Leistungen der Klassik" oder „Revolutionäre Kunstpraxis in der vorrevolutionären Phase" austrug, ging ein Mann seinen Weg durch den Finanzierungsdschungel der Inflationsjahre: Erwin Piscator, 1921 mit seiner „Bühne der revolutionären Arbeiterschaft Großberlins" gescheitert, inszenierte am Central-Theater, wo er 1923/24 Direktor war, Gorki und Tolstoi, an der sozialdemokratischen „Volksbühne" revolutionäre Zeitstücke. Und selbst an Max Reinhardts „Staatlichem Schauspielhaus" deutete er Schillers „Räuber" als Opfer der herrschenden Klasse, die ohne Führung nicht wissen, warum und zu welchem Zweck sie sich gegen ihre Herren auflehnen, den Bürgern im Abonnement zum Erschrecken und den durch eine euphorische Kritik in der „Roten Fahne" angelockten revolutionären Arbeitern zur Erkenntnis.

1925 löste Piscator durch seine im Auftrag der KPD inszenierte „Revue Roter Rummel" eine künstlerische und organisatorische Revolution am Theater aus. Berufsschauspieler brachte er in dieser Szenenfolge, die sich an die damals nach Broadway-Manier erfolgreichen Revuen der Unterhaltungsstadt Berlin anlehnte, mit Arbeiterschauspielern aus den künstlerisch stagnierenden Massensprechchören der Arbeiterbewegung zusammen. Die kurzen Szenen und Sketche waren ihrer künstlerischen Ausbildung angemessen und auf individuelle Fähigkeiten zugeschnitten, der Montagecharakter der Revue ließ die Beteiligung von Künstlern aller Bereiche, aus Musik, Bildender Kunst und Literatur zu.

In Sälen der proletarischen Massenunterhaltung wie der „Neuen Welt" in der Hasenheide gespielt, erreichte die Revue ihr Publikum, verband Unterhaltung, Belehrung, Erkenntnis und Politik. Ohne daß es in irgendeiner Weise organisiert worden wäre, fanden sich nach diesen Abenden überall in den Berliner Bezirken Gruppen junger Arbeiter zusammen, die nun ihrerseits „Rote Rummel" aufzogen.

Zu den fortschrittlichen Berufskünstlern verlor diese Bewegung schnell jeden organisatorischen Kontakt. Die Zeit, die die jahrelang arbeitslosen jungen Arbeiterinnen und Arbeiter hatten, war das Kapital dieser Truppen, aus ihren Lebenserfahrungen brachten sie handwerkliches, aus ihrer politischen Praxis organisatorisches Geschick mit.

Auf der Basis ihres Publikums, das sie in den Hinterhöfen, vor den Fabriktoren, auf der Straße und auf Festen fanden und zu dem sie selbst gehörten, wurde Theater aus einem Bereich bürgerlicher Bildungsinteressen zum Teil des Alltags. Und das nirgendwo so stark wie in Berlin. Das „Rote Sprachrohr", bekannt aus Brechts/Dudeks Film „Kuhle Wampe", die „Kolonne Links", die im Auftrag der „Internationalen Arbeiterhilfe" um die ganze Welt bis in den sowjetischen Fernen Osten reiste, und der „Rote Wedding", dessen von Erich Weinert getextetes und von Hanns Eisler komponiertes Auftrittslied „Roter Wedding" zum proletarischen Gassenhauer in aller Welt wurde, waren in der damaligen „Szene" die bekanntesten.

Piscator setzte sein in den zwei Revuen des „Roten Rummel" angewandtes Prinzip der Montage, der Nummernfolge, auch in seiner Arbeit mit „professionellen" Schauspielern fort. 1927 pachtete er das „Theater am Nollendorfplatz", das heutige „Metropol" – nachdem es jahrelang als Pornokino und gleichzeitig als „Jesus-Center" diente, immerhin eine Großdiskothek, die sich auch Friedensveranstaltungen öffnet. Tilla Durieux gab für den Anfang 400 000 Mark, die sie von ihrem Freund, einem Schultheiss-Direktor und somit von den Berliner Biertrinkern, erhalten hatte. Ein Kollektivtheater sollte hier entstehen, mit neuen Formen, neuen Arbeitsweisen, neuen Stücken, ein nicht nur im politischen Sinne revolutionäres Theater. Piscator sprengte mit seinen Inszenierungen die Architektur des Theater- und Bühnenraumes, ließ auf mehreren Ebenen spielen, Filme zwischen die Szenen projektieren, Musik und Songs einsetzen, die Schauspieler, der Zeit der Erfindungen Henry Fords angemessen, auf laufenden Bändern agieren, Erzählebenen einbauen. Noch bevor Brecht seine Theorie entwickelt hatte, praktizierte Piscator „episches Theater". An seinem Theater plante Gropius die Architektur, entwarf Heartfield Bühnenbilder, machte Grosz die Programmhefte, arbeitete Brecht an der Dramaturgie, schrieb Toller Stücke und Walter Mehring Chansons, wurde Ernst Busch berühmt, Tilla Durieux gefeiert und Curt Bois zu dem, was

Hinterhofagitation der Agitpropgruppe „Roter Wedding"
„Roter Wedding, grüßt Euch Genossen, haltet die Fäuste bereit . . ."
beginnt ihr Auftrittslied von Erich Weinert, vertont von Hanns Eisler

er noch heute in Westberlin ist: ein Schauspieler neuen Typs, der Politik und Kunst verbindet.
Zweimal ging Piscator pleite. 1930 verzichtete er auf ein eigenes Haus. Mit einer „freien Gruppe" inszenierte er an verschiedenen Orten. Schon 1931 emigrierte er in die Sowjetunion, 1936 in die USA.
Piscator ging anderen nur zwei Jahre voraus. 1931 wurde den Arbeitertheatern öffentliches Auftreten untersagt. Sie reagierten, wie zu Beginn beschrieben, mit List. 1933 waren die von der Straße bekannten Arbeiterschauspieler oft die ersten, die in die Konzentrationslager eingeliefert wurden.
Von denen, die auf der Bühne und oft auch in ihrer politischen und gewerkschaftlichen Arbeit offen Position bezogen hatten, emigrierten die meisten. Andere blieben, schwiegen, paßten sich an oder gingen konsequent den revolutionären Weg des Aufbruchs der vorangegangenen Jahre zu Ende. Für viele führte er ins KZ.
1933 schrieb Bertolt Brecht einen „Offenen Brief an den Schauspieler Heinrich George". George, bis zur Machtüber-

Sportlerszene aus der „Revue Roter Rummel", 1924 von Piscator im Auftrag der KPD inszeniert. Die bürgerlichen Parteien, gespielt von Arbeitersportlern, veranstalten während des Wahlkampfes „Turnübungen".

18.2.1943, Berlin — Sportpalast. Goebbels fragt: „Wollt Ihr den totalen Krieg?", und auch Heinrich George (Mitte), damals Intendant des Schillertheaters, will.
Foto: Landesbildstelle

Das heutige „Metropol" als „Piscator-Bühne am Nollendorfplatz" 1927. Die Fassade des Baus blieb bis heute erhalten. Das Bühnenhaus, in dem Piscator eine aufwendige Technik betrieb, steht nicht mehr.

nahme ein fortschrittlicher Künstler, Mitglied der „Revolutionären Gewerkschaftsopposition", avancierte dann zum Star des faschistischen Theaterbetriebs in Berlin. Brecht hatte im Ausland als Gerücht von der Ermordung des Schauspielerkollegen Hans Otto gehört, wie George vor 1933 politisch engagiert und in Berlin ein Theater-Star.
„Wir müssen uns mit einer Frage an Sie wenden. Können Sie uns sagen, wo Ihr Kollege am Staatlichen Schauspielhaus Hans Otto ist?
Er soll von SA-Leuten abgeholt, einige Zeit versteckt gehalten und dann mit fürchterlichen Wunden in ein Krankenhaus eingeliefert worden sein. Einige wollen sogar wissen, daß er dort verstorben sei. Könnten Sie nicht gehen und nach ihm sehen?
Wir hören nämlich, daß Sie unter keinerlei Verdacht stehen, etwas gegen das gegenwärtige Regime zu haben. Sehr frühzeitig sollen Sie es als einen Fehler eingesehen haben, daß Sie so lange mit uns Kommunisten arbeiteten. Durch völlige Unterwerfung sollen Sie sich das höchste Lob unserer und früher auch ihrer Feinde zugezogen haben."
George kümmerte sich nicht. Auch nicht um Günther Weisenborn, seinen Dramaturgen am Schillertheater, dessen Intendant er von 1938–45 war. Weisenborn, Mitglied der Widerstandsgruppe „Schulze-Boysen-Harnack", wurde 1942 wegen Hochverrats zum Tode verurteilt, überlebte durch

Zufall 1945 im Zuchthaus Luckau. George drehte bis zum Schluß Durchhaltefilme.
Gustav Gründgens machte der Faschismus zum Staatstheater-Intendanten (1934–44) in Berlin. Klaus Mann hat das in seinem Buch „Mephisto" beschrieben. Mit Hilfe von deutschen und internationalen Klassikerinszenierungen verhinderte Gründgens allerdings die völlige Korrumpierung des Berliner Theaters. Trotzdem war er eine widersprüchliche Erscheinung des Theaters in dieser Zeit, die mit den Größen des Faschismus privat verkehrte und doch seine Verbindungen nutzte, um den Arbeiterschauspieler und Spanienkämpfer Ernst Busch, den Vichy-Frankreich 1942 an die Faschisten ausgeliefert hatte, vor der Hinrichtung zu schützen, und der, auf sieben Jahre begnadigt, so die Befreiung im Zuchthaus Brandenburg erleben konnte.
Die Zeit nach der Zerschlagung des Faschismus bis Anfang der 60er Jahre war geprägt von der Politik des Kalten Krieges. In der Kulturpolitik der westlichen Alliierten in Berlin wurde vor der politischen Spaltung der Stadt die Spaltung im Kulturbereich vollzogen. Bereits am 28.10.1947 wurde der „Kreuzzug gegen den Kommunismus" durch eine Pressekonferenz Clays eröffnet. Stücke mit eindeutig sozialistischer Tendenz oder Stücke, die Ursachen und Gründe des Faschismus aufzeigten, die versuchten, die kaum beendete Vergangenheit zu bewältigen, wurden selten gespielt, und wenn sie auf die Bühne kamen (wie z.B. Friedrich Wolfs „Professor Mamlock", der am 2.1.1946 im Hebbeltheater Premiere hatte), verschwanden sie sehr bald wieder vom Spielplan. In der Blütezeit des Kalten Krieges wurde das Westberliner Theater zum „Schaufenster der freien Welt" hochstilisiert. 1951 wurden die Berliner Festwochen gegründet. Die doppelte Stoßrichtung des Westberliner Theaters blieb während der gesamten Zeit des Kalten Krieges bestehen: Restauration der kapitalistischen Gesellschaft und antikommunistische Propaganda. Am 9. Dezember 1950 verhinderten 4000 Berliner Studenten ein Gastspiel des Wiener Burgtheaters mit Werner Krauss, der 1940 in dem antisemitischen Film „Jud Süß" die Hauptrolle gespielt hatte.
Konfektionierte Broadway-Unterhaltung, Stücke aus dem amerikanischen Kleinbürgermilieu von Thornton Wilder oder Arthur Miller und vorrangig die religiöse Dramatik der Franzosen Claudel und Giraudoux füllten die Westberliner Bühnenspielpläne. Daneben wurden französische Existentialisten wie Camus und Sartre aufgeführt.

Eine Klimaveränderung kündigte sich an, als 1962 Erwin Piscator nach Berlin zurückkehrte und das neue Haus der „Freien Volksbühne", einer Westberliner Abspaltung der traditionellen, der Arbeiterbewegung verbundenen Volksbühne, übernahm.
Der Umschwung von der Frontstadt des Kalten Krieges zur Entkrampfung ging in den Spielplan seines Theaters ein. Dokumentarstücke wie „Der Stellvertreter" von Rolf Hochhuth, „In der Sache J. Robert Oppenheimer" von Kipphardt oder „Die Ermittlung" von Peter Weiss wurden in der Freien Volksbühne in den vier Jahren Piscatorscher Intendanz gespielt.
Zur selben Zeit entstand auch die Schaubühne am Halleschen Ufer, ein Privattheater, Gesellschaft bürgerlichen Rechts, von einem Direktorium geleitet. Die aufkommende oppositionelle Studentenbewegung machte diese neuen Theaterformen in Westberlin möglich. Die Schaubühnengründungsmitglieder kamen zum Teil von Studentenbühnen. Die Schaubühne hatte einmal den Anspruch, „Zielgruppentheater", „Lehrlingstheater" zu machen. Davon ist heute nichts mehr zu spüren. Aber, und das ist in West-Berlin eine Ausnahme, es werden zum Beispiel türkische Stücke in türkischer Sprache aufgeführt.
Seit 1970 ist Peter Stein führender Kopf der Schaubühne; das Ensemble erlangte Weltruhm mit Stücken wie „Peer Gynt", „Die Mutter" oder „Sommergäste". „Die Entwicklung von der politischen Agitation zur privatisierenden Ästhetik ist nirgendwo so kraß zutage getreten wie in der Berliner Schaubühne am Halleschen Ufer. Keine andere deutsche Bühne hat zu Beginn der siebziger Jahre so streng und am Ende der siebziger Jahre so lässig an sich selbst politische Ansprüche gestellt."[2]
Doch Westberlin hatte mit der Schaubühne einen Vorreiter zahlreicher „alternativer" Bühnen.
Das Reichskabarett zum Beispiel, 1965 von Studenten gegründet, machte unsubventioniertes politisches Kabarett und finanzierte sich durch das Betreiben einer Kneipe.

Mitte der siebziger Jahre war die große Unruhe erst einmal vorbei. Die Gründer des Reichskabaretts hatten schon vorher den Zeitenwandel erkannt und wandten sich einem neuen Zielpublikum zu: den Kindern. Mit der antiautoritären Erziehung entstand das emanzipatorische Kindertheater „GRIPS", das sich 1972 vollständig vom Reichskabarett löste und im „Forum" Theater spielte, bis es 1974 am Altonaer Platz sein eigenes mäßig subventioniertes Haus bezog. Auch die „Rote Grütze" war mittlerweile entstanden, die „Birne" folgte. Das „GRIPS" war in der ganzen Welt bahnbrechend für ein Kindertheater, das über das Abspielen von Weihnachtsmärchen hinausging. Selbst in Lateinamerika werden heute „GRIPS"-Stücke gespielt.
Vieles machten APO und Studentenbewegung in dieser Stadt möglich. Der „Ostberliner" Brecht durfte wieder in Westberlin gespielt werden. Leute wie Piscator, der sich der ihn bedrängenden Studentenbewegung zur Diskussion stellte, legten die durch Faschismus und Kalten Krieg verschütteten Traditionen frei. Das Kollektivtheater der fortschrittlichen Berufskünstler und das Agitprop-Theater der Arbeiterschauspieler gegen Ende der zwanziger Jahre standen Pate bei der Entstehung neuer Theater, für die sich der Name „Freie Gruppen" einbürgerte.
„Frei" wurde in dieser Zeit zum Synonym für frei von Unterstützung, Räumen und Subventionen. Die Theatermanufaktur, die Zentrifuge oder das ZanPollo-Theater sind Beispiele dafür. Diese Gruppen wollen, orientiert an der Tagespolitik, in dieser Stadt Theater spielen. Der Erfolg der einzelnen Gruppen, die alle nach wie vor mit starken Existenzschwierigkeiten kämpfen, ist unterschiedlich. Doch auch heute noch bestimmt die „alternative" Theaterszene, die sich seit dem Erstarken der alternativen Lebensweise mit neuen Kabaretts wie den „Drei Tornados" oder dem „Ca DeWe" noch vergrößerte, mit das Bild der Theaterstadt Westberlin.

Die „großen" Bühnen haben in den letzten Jahren versucht, nachzuziehen. Das jahrelang privatisierte psychologisierte Theatergeschehen wurde aufgebrochen mit Versuchen, Politik wieder zuzulassen. Die „Tribüne" brachte 19xx ihre erste Revue heraus. Klassiker erlebten im Schillertheater eine verzweifelte Aktualisierung, in der Freien Volksbühne wurden z.B. 1980/81 die „Ärztinnen" von Rolf Hochhuth uraufgeführt.
Doch nach wie vor ist Westberlins erklärte Rolle in der Theaterpolitik: Schaufenster sein, spektakulär sein, was sich nicht zuletzt äußert in Festivals wie dem Berliner Theater-

treffen, den Berliner Festwochen oder den Horizonte-Veranstaltungen.
Hier landet denn auch großzügig das Geld, das in den Kassen der ständig neu entstehenden und auch wieder eingehenden Theaterkollektive fehlt.

Literaturnachweise

1) Asja Lacis: Revolutionäre im Beruf, München 1971, S. 128 f.
2) Georg Hensel: Das Theater der siebziger Jahre, Stuttgart 1980, S. 339

„Schreibmaschine kontra Nähmaschine" 1978 in Walter Mehrings „Lumpenbrevier" in der Westberliner Tribüne an der Otto-Suhr-Allee.

Fotos: Frank Roland-Beeneken

„Die Mutter" von Brecht, nach dem Roman von Gorki. 1972 in der „Schaubühne", damals noch am Halleschen Ufer. Therese Giese als Mutter, Bruno Ganz (links) als Sohn.

Jeder konnte behaupten: „Das Kabarett ist tot", bis diese „Drei Tornados" (hier bei der Tempodrom-Eröffnung 1980) kamen. Sie machen keine artigen Witze über die Smokingträger im Parkett, sondern Szenen, die die eigene linke-alternative Szene täglich schreibt, besonders in Westberlin.
Foto: Armin Haase

Kinder im Hof des Hauses Kottbusser Straße 17 um 1927

Irene Lusk

Berlin wie es kämpft und weint

Die 20er Jahre

Alle Jahre wieder, solange es den Kaiser gibt, wird an Kaisers Geburtstag im Januar „Die Große Parade" Unter den Linden inszeniert.

„Die Novemberrevolution ist eines der erstaunlichsten und folgenreichsten Ereignisse in der Geschichte der Klassenkämpfe in Deutschland – und zugleich eine der merkwürdigsten, in der Gestaltung der Kampfpositionen verwirrendsten, ja fast möchte man sagen groteskesten Revolutionen in der Geschichte der letzten 350 Jahre." (J. Kuczynski: Gesch. d. Alltags d. dt. Volkes, Bd. 5, S. 11, Köln 1982)

Was ist geschehen?

Rückblick auf den 1. Weltkrieg

Kaiser Wilhelm II. spricht: „Ich führe Euch herrlichen Zeiten entgegen." Die „herrlichen Zeiten" sind der 1. Weltkrieg und seine Bilanz: 10 Millionen Tote – abgeknallt, erhängt, gasvergiftet, gefoltert, verhungert – und ca. 20 Millionen Krüppel und Schwerverwundete. ‚Gefallen' sind die Soldaten nicht für das Vaterland, sondern für den Ruhm der Monarchie und die Interessen der Fabrik- und Bankbesitzer. Dazu kommen für die Überlebenden Hunger, Trümmer, zerstörte Familien und Freundschaften, Arbeitslosigkeit, verwüstete Dörfer, Städte und Landschaften. Das ganze Heldentum war Lüge, das Grauen Wirklichkeit.

Ernst Friedrich: „Deutschland ist eine Republik – dachte ich. Deutschland will den Frieden – dachte ich. In einer Republik des Friedens muß es doch auch ein Friedensmuseum geben – dachte ich. Da aber die pazifistische Republik kein Geld für ein solches Friedenswerk hatte (ein Panzer-

Soldaten fordern Anfang 1919 – hier in Berlin – ihre Entlassung.

kreuzer war nötiger und teurer), so kam ich auf den dummen Gedanken, ein ‚Anti-Kriegsmuseum' zu errichten: im Mittelpunkt Deutschlands, im Herzen Preußens, im Zentrum Berlins.
Deutschland hat Tausende der verschiedensten Museen und Sammlungen, in denen kalte Steine, alte Möbel, verrostete Töpfe und ähnlich gewichtige Dinge zur Schau gestellt sind. Warum zeigt man nicht die Schrecknisse des Krieges in einer Friedensrepublik?"

Das Anti-Kriegsmuseum wird 1933 von der SA zertrümmert und in ein SA-Heim verwandelt. Ernst Friedrich stirbt 1967 im französischen Exil. Alle seine Versuche, das Anti-Kriegsmuseum nach 1945 – zum Beispiel in Berlin – wieder zu gründen, sind gescheitert. Heute, nach 50 Jahren, tritt sein Enkel Tommy Spree in seine Fußstapfen und eröffnet in der Kreuzberger Stresemannstraße wiederum ein „Anti-Kriegsmuseum".
Nach mehr als vier Jahren Krieg (1914–1918) ist der Versuch des Kaisers, der Reichen und ihrer Regierung, gescheitert, die Weltherrschaft, neue Kolonien zu erobern.
Über 500 000 streiken in Berlin, an der Spitze stehen nach russischem Vorbild gewählte Räte. Die Situation hat zeitweilig bürgerkriegsähnlichen Charakter. In Moabit, Charlottenburg und am Alexanderplatz gibt es schwere Kämpfe, mehrere Tote und viele Schwerverletzte. Jacob Werner, Arbeiter in Hennigsdorf, berichtet:
„Im Humboldthain und in den angrenzenden Straßen sammelten sich in dichten Schwärmen die Arbeiter. Da näherte sich berittene Polizei. Anfangs machten die Demonstranten

Protestdemonstration von Kriegskrüppeln in Berlin.

vor ihr Platz. Sobald mehr Zulauf kam und Gesang weitere Verstärkung für die Kundgebung ankündigte, scharten sich die Streikenden dichter zusammen. ‚Nieder mit dem Burgfrieden!', ‚Nieder mit der Regierung!', ‚Schluß mit dem Völkermorden!' wurde gerufen. Jetzt sprengten die Berittenen in die Menge und schlugen mit Säbeln rechts und links auf die Demonstranten. Gellende Schreie und Protestrufe wurden laut. Stöhnend sank ein Arbeiter zu Boden. Daraufhin wurden die Berittenen umringt. Ein Reiter stürzte herunter. Andere wurden vom Pferd gerissen. Auf dem Weg zum Stettiner Bahnhof lagen als Zeugen heftiger Kämpfe umgeworfene Straßenbahnwagen, Fuhrwerke und heruntergerissene Stromleitungen. An einzelnen Stellen war das Straßenpflaster aufgerissen" (zit. in: Ill. Geschichte d. dt. Novemberrevolution, Berlin 1978, S. 30).

Im Frühjahr 1918 folgen bei den Truppen im Osten Befehlsverweigerungen, Meutereien, Aufstände. Und seit dem Sommer gibt es – beeinflußt auch vom Sieg der Oktoberrevolution in Rußland – ununterbrochen Massenaktionen und Streiks.
Aus dem Bericht eines Berliner Arbeiters:
„In den Königssälen in der Alexanderstraße hatten wir in den Novembertagen 1917 eine große Versammlung. Daran nahmen städtische Arbeiter und Angestellte teil ... Dort hörten wir zum erstenmal von der Großen Sozialistischen Oktoberrevolution. Minutenlang erdröhnte der Saal von dem Beifall und Jubel, den diese Nachricht bei uns auslöste"

„Bei die ville Konkurrenz kann man wahrhaftig Gott danken, det eenen wenigstens een Been fehlt." Zeichnung von Hans Baluschek

Kurz vorher wird die Verfassung geändert: Einige Rechte des Kaisers werden dem Parlament übertragen. So ist für Kriegserklärung und Friedensschluß jetzt die Zustimmung des Reichstages notwendig. Den rechten Sozialdemokraten traut die Obrigkeit: Als Konzession an das unzufriedene Volk erhalten Philipp Scheidemann und Gustav Bauer unmittelbar Funktionen im Staatsapparat. Der angeblich liberale Prinz Max von Baden wird Reichskanzler. So sollen die Klassenauseinandersetzungen integriert, die Arbeiter brav unten gehalten und der Kaiser gerettet werden.

Kurt Tucholsky: „Wo es keine Untertanen gibt, gibt es auch keinen Kaiser."

Am 23. Oktober 1918 trifft der Spartakist Karl Liebknecht nach seiner Entlassung aus dem Zuchthaus in Berlin ein und wird von mehr als 20 000 Soldaten und Arbeitern begeistert begrüßt. 1916 bei einer Demonstration in Berlin verhaftet und zu vier Jahren Zuchthaus verurteilt, wurde er durch den Druck der solidarischen Massen vorzeitig entlassen.
Karl Liebknecht ist das Sinnbild des antiimperialistischen Kampfes, weil er als einziger SPD-Abgeordneter seit Dezember 1914 – nachdem er unter Fraktionszwang der ersten Kriegskreditvorlage vom August 1914 zugestimmt hatte – im Reichstag gegen die Kriegskredite gestimmt hat. Zusammen mit Rosa Luxemburg gründet er den Spartakusbund und später die Kommunistische Partei Deutschlands. „Krieg dem Kriege" und „Der Hauptfeind steht im eigenen Land" sind ihre Losungen.

Der Sozialdemokrat Friedrich Ebert zu Prinz Max von Baden: *„Wenn der Kaiser nicht abdankt, dann ist die soziale Revolution unvermeidlich. Ich aber will sie nicht, ja, ich hasse sie wie die Sünde."*

Der 9. November

Der Kaiser wird am 9. November abgesetzt, auf dem Berliner Schloß (am heutigen Marx-Engels-Platz) weht die rote Fahne. Bereits am Mittag des 9. November ist Berlin in den Händen der revolutionären Arbeiter und Soldaten, die das Polizeipräsidium, das Haupttelegrafenamt und andere Gebäude besetzen. Sie befreien die politischen Gefangenen in der Lehrter Straße (dort befindet sich heute die Frauenhaftanstalt), fahren auf Lastwagen mit roten Fahnen durch die Straßen Berlins. Offiziere werden entwaffnet und die alten kaiserlichen Militärabzeichen heruntergerissen.

Aus dem Augenzeugenbericht des Spartakisten Hans Pfeiffer: *„Wir hatten den Auftrag, uns mit den Zügen aus Moabit und Charlottenburg zu vereinigen und die Soldaten der Kaserne am Lehrter Bahnhof für die Revolution zu gewinnen. Das Tor einer Kaserne war verschlossen. Die Massen riefen daraufhin: Brüder, schießt nicht auf uns! Macht Schluß mit dem Krieg! Frieden! Weg mit Kaiser Wilhelm! . . . Wir, die wir bewaffnet waren, rechneten mit Schießereien und waren in Feuerstellung gegangen. Aber unsere Unterhändler haben auch diese Soldaten überzeugt und, unter dem riesigen Jubel der Arbeiter, veranlaßt, am Zug . . . teilzunehmen"* (Ill. Gesch. d. Novemberrevolution, Berlin 1968, S. 150).

Von der Menge jubelnd empfangen, trifft Karl Liebknecht an der Spitze eines Demonstrationszuges vor dem Schloß ein. Er verkündet, daß der Arbeiter- und Soldatenrat von Berlin das Schloß besetzt habe, und erklärt: *„Der Tag der Revolution ist gekommen. Wir haben den Frieden erzwungen. . . . Das Alte ist nicht mehr. Die Herrschaft der Hohenzollern, die in diesem Schloß jahrhundertelang gewohnt haben, ist vorüber. In dieser Stunde proklamieren wir die freie sozialistische Republik Deutschland"* (zit. in: Ill. Gesch. d. Dt. Rev., Berlin 1929, S. 210).

Das Groteske an diesem 9. November ist, daß der Parteivorstand der SPD seit den Mittagsstunden des 9. November versucht, sich an die nicht mehr aufzuhaltende revolutionäre Bewegung anzuhängen. Ein Extrablatt des „Vorwärts" ruft plötzlich zum Generalstreik auf. Etwas verspätet, denn der Generalstreik wird bereits seit dem frühen Morgen erfolgreich durchgeführt. Und der gerade gestürzte kaiserliche Staatssekretär Philipp Scheidemann beeilt sich, eine Republik auszurufen: Vom Reichstagsgebäude aus verkündet er eine „freie deutsche Republik".
Während sich Karl Liebknecht für die Interessen der Arbei-

Kaiser Wilhelm II. sucht am 29. Oktober 1918 vor den Aufständischen in Berlin das Weite.

Aus einem Brief Prinz Max' von Baden vom 15. Oktober 1918:
„Wir stehen mitten in einer Revolution. Gelingt es mir, diese friedlich zu gestalten, so können wir noch als Staat nach Friedensschluß weiterbestehen. Gelingt das nicht, so kommt die Revolution der Gewalt und der Untergang. Heute noch hoffe ich, den Kaiser und die Dynastie zu retten ... Gottlob, daß ich in den Sozialdemokraten Männer auf meiner Seite habe, auf deren Loyalität wenistens gegen mich ich mich vollkommen verlassen kann. Mit ihrer Hilfe werde ich hoffentlich imstande sein, den Kaiser zu retten!"

ter und Arbeiterinnen einsetzt, hofft Scheidemann auf die Erhaltung des Kapitalismus. Beide erreichen und beeinflussen Massen. Und da die Herrschenden zur Zeit keine Machtmittel mehr für eine konterrevolutionäre Wende besitzen, wird der Kampf in den Tagen um den 9. November hauptsächlich unter den Aufständischen ausgetragen.

„Monopolherren, Junker, nichtmonopolistische Großbourgeois sitzen verängstigt im Hintergrund, und die Scheidemänner, denen die Mehrheit der Mittel- und ein beachtlicher Teil der Arbeiterklasse folgen, übernehmen deren verlassene Kampfpositionen gegen die wahrhaft revolutionären Arbeiter unter Führung von Spartakus und der Linken in der USPD" (J. Kuczynski: Gesch. d. Alltags d. dt. Volkes, Bd. 5, Köln 1982, S. 13).

Die Führungsspitze der SPD tut jetzt alles, um die Delegiertenwahl zur Vollversammlung der Berliner Arbeiter- und Soldatenräte zu ihren Gunsten zu entscheiden. Und sie schafft es, Steigbügelhalter der Bourgeoisie zu werden. Am 10. November legen die Arbeiter im Zirkus Busch die Macht in die Hände der rechten Sozialdemokraten. Durch die Verständigung von rechter SPD und rechter USPD über eine gemeinsame Regierung werden sie verführt, erkennen nicht den Opportunismus dieser Einheit. Mitglied der Revolutionsregierung wird auch Friedrich Ebert. Er hat nichts Eiligeres zu tun, als einen Pakt mit den reaktionären Teilen des Militärs zu schließen. Generalfeldmarschall von Hindenburg informiert noch am 10. November alle Armeeoberkommandos davon, daß die oberste Heeresleitung mit dem Sozialdemokraten Ebert zusammengehen werde, „um die Ausbreitung des terroristischen Bolschewismus in Deutschland zu verhindern" (Dok. u. Mat. z. Gesch. d. dt. Arb.bew., R. II, Bd. 2, Berlin 1957, S. 357).

Übergabe einer Kaserne in Berlin an die Mitglieder des Arbeiter- und Soldatenrates. Die Kasernen sind das erste Ziel der Demonstranten, um die Soldaten für die Revolution zu gewinnen.

Matrosen im Marstall.

Aus dem Aufruf der Spartakusgruppe vom 8. November 1918 zur revolutionären Machtergreifung

„Arbeiter und Soldaten! Die nächsten Ziele Eures Kampfes müssen sein:
1. Befreiung aller zivilen und militärischen Gefangenen.
2. Aufhebung aller Einzelstaaten und Beseitigung aller Dynastien.
3. Wahl von Arbeiter- und Soldatenräten, Wahl von Delegierten hierzu in allen Fabriken und Truppenteilen.
4. Sofortige Aufnahme der Beziehungen zu den übrigen deutschen Arbeiter- und Soldatenräten.
5. Übernahme der Regierung durch die Beauftragten der Arbeiter- und Soldatenräte.
6. Sofortige Verbindung mit dem internationalen Proletariat, insbesondere mit der russischen Arbeiterrepublik.

Hoch lebe die sozialistische Republik!
Es lebe die Internationale!
Die Gruppe Internationale (Spartakusgruppe)
Karl Liebknecht Ernst Meyer.

Aus dem Aufruf des SPD-Vorstandes vom 4. November 1918

„Arbeiter! Parteigenossen!
Durch unterschriftslose Flugblätter und durch Agitation von Mund zu Mund ist an euch die Aufforderung ergangen, in den nächsten Tagen die Betriebe zu verlassen und auf die Straße zu gehen. Wir raten euch dringend, dieser Aufforderung nicht zu folgen ...
Wie ihr alle aus den Zeitungen wißt, hat Genosse Scheidemann im Einvernehmen mit der Partei dem Reichskanzler empfohlen, er möge dem Kaiser raten zurückzutreten. Über diese Frage schweben in diesem Augenblick noch wichtige Verhandlungen.
Arbeiter! Parteigenossen!
Wir fordern euch auf, diese Verhandlungen nicht durch unbesonnenes Dazwischentreten zu durchkreuzen."

Trauerzug Unter den Linden für die Opfer der Blutweihnacht.

Im Dezember geht die Konterrevolution zum brutalen Angriff auf die Revolutionäre über. Nach dem Blutbad in der Chausseestraße kommen die Matrosen im Berliner Schloß und im Marstall dran. Dieser Artillerieangriff geht als „Blutweihnacht" in die Geschichte ein.
Die Spartakusgruppe ist organisatorisch zu schwach, um das Blatt noch zu wenden, um die ungenügend aufgeklärten Arbeiter und Soldaten umzustimmen. Der Gründungsparteitag der Kommunistischen Partei Deutschlands am 31. Dezember 1918 stärkt zwar die revolutionären Kräfte, kann aber am enttäuschenden Ausgang der Novemberrevolution, die die größte antiimperialistische revolutionäre Massenbewegung in Europa nach der Oktoberrevolution ist, nichts mehr ändern. Die ökonomische und politische Grundlage der Konzernherren und Junker ist gerettet, erkämpft aber sind der Sturz der Monarchie, das allgemeine Wahlrecht, auch für Frauen, der Achtstundentag, die Koalitions-, Versammlungs- und Pressefreiheit.

Pressefotograf während der Kämpfe 1918/19 Foto: Landesbildstelle

Barrikade vor dem Mosse-Verlag (Generalanzeiger) in der Kochstraße.

Im Januar 1919 gehen die Kämpfe weiter. Am 5. Januar zieht sich eine Riesendemonstration gegen die Entlassung des Berliner Polizeipräsidenten Eichhorn durch die Stadt. Eichhorn, der zur USPD gehört, wird von der sozialdemokratischen preußischen Regierung über den Kopf des Vollzugsrates hinweg abgesetzt. Die Polizei ist zwar nicht revolutionär, läßt sich aber auch nicht gegen das Volk gebrauchen. Deshalb ist Eichhorn ein Hindernis für die konterrevolutionären Pläne.

Eine weitere Antwort auf die Absetzung des Polizeipräsidenten Eichhorn ist die Besetzung des Berliner Zeitungsviertels in der Alten Jacob-, Linden- und Kochstraße. Am 7. Januar wird der sozialdemokratische „Vorwärts" von Revolutionären produziert, am 11. erobern konterrevolutionäre Truppen die Gebäude der Verlage Mosse, Ullstein, Scherl und das Wolffsche Telegraphenbüro zurück. Vom Kampf um die Druckerei Büxenstein in der Beuthstraße berichtet ein Lied von Richard Schulz:

...
Und donnernd dröhnt die Artill'rie
Spartakus hat nur Infanterie,
Granaten schlagen bei ihm ein,
Die Noskehunde stürmen Büxenstein.

O Büxenstein, o Büxenstein,
Spartakus sein heißt Kämpfer sein.
Wir hab'n gekämpft bei Büxenstein,
Und dafür sperrt man uns ins Zuchthaus ein.

Und wofür kämpft der Spartakist?
Damit ihr's alle, alle wißt:
Er kämpft für Freiheit und für Recht,
Nicht länger sei der Arbeitsmann ein Knecht.

15. Januar 1919. Rosa Luxemburg und Karl Liebknecht werden von der „Wilmersdorfer Bürgerwehr" in der Mannheimer Straße verhaftet und ins Eden-Hotel (Budapester/Ecke Kurfürstenstraße) gebracht, den Sitz des Kommandos der Gardekavallerie-Schützendivision.
Rosa Luxemburg wird mit Gewehrkolben niedergeschlagen, in ein Auto geschleift und erschossen. Ihre Leiche werfen die Mörder am Lützowufer kurz vor der Lichtensteinbrücke in den Landwehrkanal. Karl Liebknecht (auf dem Ullstein-Foto bei einem Spaziergang im Tiergarten mit seinem Sohn) wird im Tiergarten erschossen.
Bild unten: Abschied von Karl Liebknecht, Rosa Luxemburg und 31 ermordeten Januarkämpfern am 25. Januar.

Bei Rollenhagen (heute gibt es noch eine Filiale in der Steglitzer Schloßstraße) kaufen die Reichen Champagner, Nachtigallenzungen usw. ein. Eusitin findet sich nicht im Angebot von Rollenhagen. Bertolt Brecht: „Reicher Mann und armer Mann standen da und sah'n sich an. Und der Arme sagte bleich, wär ich nicht arm, wärst du nicht reich."

EUSITIN
ausgezeichnetes Präparat zur Stillung des vorzeitigen
Hunger- und Durst-
Gefühls oder bei **nicht rechtzeitig zugeführter** Nahrung
(Diätetikum und Prophylaktikum).

Von Feldärzten nach persönlichem Gebrauche empfohlen als hervorragendstes Anregungs-Mittel seiner Art zur Ueberwindung von Strapazen im Felde, Manöver, auf der Jagd usw., auch bei Magen- und Darmleiden (z. B. Ruhr, Typhus, Durchfällen, Magenkatarrhen, Malaria), bei welchen gesteigerte, darum schädigende Eßlust besteht.
Das Eusitin **dient** nicht als Ersatz der **täglichen Mindestnahrung,** wird aber von **Personen,** die in der Zeit zwischen den Mahlzeiten **nur unter Uebelbefinden Hunger ertragen können,** oder solchen, die dem Körper absichtlich weniger Nahrung zuführen wollen, wie Fettsüchtige, mit bestem
Das Eusitin ist vollkommen unschädlich,
brauche, sehr einfach in der

DIE ‚GOLDENEN' ZWANZIGER JAHRE

So werden die zwanziger Jahre der Weimarer Republik in der bürgerlichen Geschichtsschreibung genannt. Am 19. Januar 1919 haben bei der vor dem ‚Mob' nach Weimar geflüchteten Nationalversammlung die bürgerlichen Parteien die Mehrheit erhalten. Trotzdem sitzen die Kapitalisten aber noch nicht vollständig sicher auf ihrem Thron, die revolutionäre Nachkriegskrise dauert bis 1923. In den Jahren 1924 bis 1928 kann dann von einer relativ stabilen und gesicherten Herrschaft des Kapitals gesprochen werden. Die Linken kämpfen weiter gegen das Monopolkapital und für die Weiterführung der Novemberrevolution. Mit ihnen solidarisiert sich jedoch nur eine relativ kleine Minderheit. Der Beibehaltung des Kapitalismus folgt die gesamte Bourgeoisie, der überwältigende Teil der Arbeiterklasse, hofiert von der rechten Führung in SPD, USPD, in den Gewerkschaften und von der organisierten Konterrevolution.
‚Golden' sind die zwanziger Jahre nur für die Bourgeoisie, die krisengeschüttelt säuft, tanzt und spekuliert.

Alltag: Es beginnt die Einreihung der ehemaligen Armeeangehörigen in ständige ‚Arbeitslosenheere'. 1926 gibt es 2,1 Millionen gemeldete Arbeitslose, 1932 5,5 Millionen. Der Wahnsinn: Nur 33 % der Arbeiter arbeiten normal, 44 % sind voll arbeitslos, aber in diversen Betrieben wird am Tag 15 Stunden lang gearbeitet. Amtlicher Bericht:

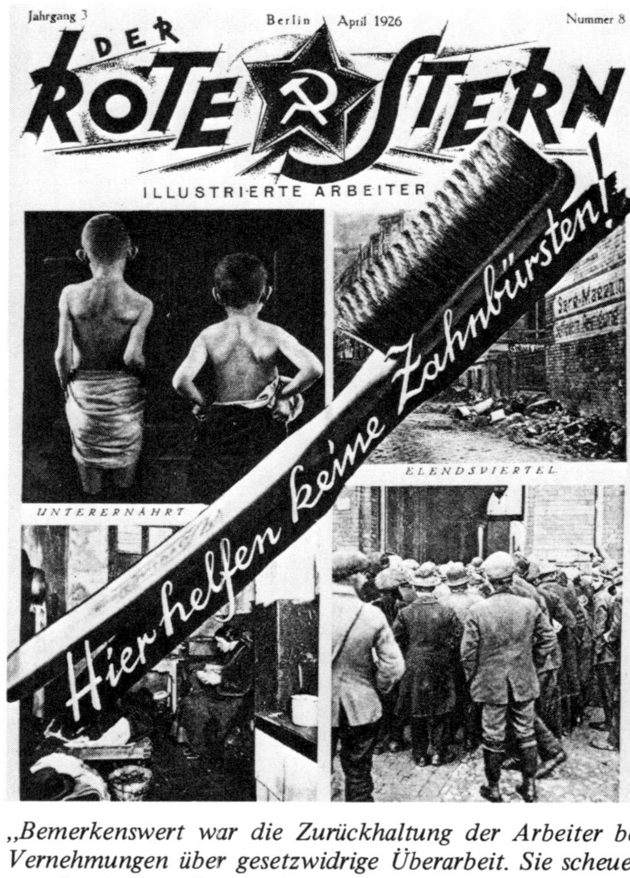

„Bemerkenswert war die Zurückhaltung der Arbeiter bei Vernehmungen über gesetzwidrige Überarbeit. Sie scheuen aus Furcht vor Verlust ihrer Arbeitsstelle selbst nicht vor falschen Aussagen zurück."
Arbeitslosenunterstützung: Zu wenig, um zu leben – zu viel, um zu sterben. „Wer nicht arbeitet, soll auch nicht essen."
Prof. Czerny, Universitätskinderklinik der Berliner Charité: *„In einer nicht unbeträchtlichen Anzahl von Fällen hat es den Eltern Schwierigkeiten bereitet, bei wiederholter Krankenvorstellung das Fahrgeld aufzubringen."*
Der Konstruktivist Laszlo Moholy-Nagy: *„In dem schrecklichen Winter 1922/23 hauste ich mit Kurt Schwitters in einem fast unheizbaren Atelier in der Spichernstraße in Berlin. Die deutsche Mark war inzwischen auf 25 Millionen pro Dollar gefallen. Wir hatten kein Geld, um Farben und Leinwand zu kaufen. So regte Kurt mich an, seinem Beispiel zu folgen und die ‚Währung' jener Tage als Material für Collagen zu benutzen."*

Am Nordhafen in Berlin. Für täglich 14 Stunden harte Arbeit ein karger Lohn: 15 Mark im Monat. Der in der Novemberrevolution erkämpfte Achtstundentag ist inzwischen beseitigt.

Bertolt Brecht

Drei Paragraphen der Weimarer Verfassung

(...)

Paragraph III

1.
Lauf, lauf, Prolet, du hast das Recht
Ein Grundstück zu erwerben
Dazu hast du das Recht.
Du hast das Recht am Wannsee
Du hast das Recht am Nikolassee.

Jetzt braucht kein Prolet mehr Hungers zu sterben
Er hat das Recht, ein Grundstück zu erben.
Er hat ein Recht
Das ist nicht schlecht
Er darf etwas erwerben.

2.
Halt, halt, Prolet, das Grundstück da
Das hat schon einer erworben.
Dazu hat er das Recht.

Er hat das Recht am Wannsee
Er hat das Recht am Nikolassee.
Da mußt du schon warten, bis er gestorben.
Dann hat es wieder ein anderer erworben
Der hat geblecht
Und das war sein Recht
Sonst hättest du was erworben!

Kapp-Putsch

Als sich die Berliner Bevölkerung am 13. März 1920 den Schlaf aus den Augen reibt, ist die Stadt von der Ehrhardt-Brigade unter General Lüttwitz besetzt. Auf dem Stuhl des Reichskanzlers sitzt der ostpreußische Generallandschaftsdirektor Kapp. Ebert & Co. sind nachts vor ihrer Reichswehr nach Dresden geflohen. Großgrundbesitzer und militärische Kreise sehen ihre Stunde gekommen, um den alten Staat und ihre bevorzugte Stellung darin wiederherzustellen. Das ist jedoch nicht möglich. In der Weimarer Republik beansprucht die Bourgeoisie die Herrschaft. Und so braucht die Ebert-Regierung die revolutionären Arbeiter, die sie eben noch niedergemetzelt hat, und ruft wie SPD und die Gewerkschaften zum Generalstreik auf. Später verleugnet sie ihre Unterschrift.

Kapps Todesstrafe-Drohungen für Streikende schüchtern nicht ein. Die Arbeiter nehmen Waffen, wo sie sie bekommen. Angst und Schrecken packt die Bourgeoisie und ihre sozialdemokratischen Sachwalter. Kaum hat Kapp die Aussichtslosigkeit seines Putsches begriffen, führt der neue Reichswehrminister Seeckt Kapps Truppen gegen die Arbeiter, die oft nicht wissen, ob die gegen sie marschierenden Truppen noch kappistisch oder schon wieder republikanisch geführt werden.

In Berlin gibt es – im Unterschied zum Ruhrgebiet – nur kleinere Kämpfe, schon schwerere in Berlins Nähe, in Spandau, Henningsdorf, Adlershof. Der März 1920 stellt die Arbeiterklasse wiederum vor die Machtfrage. Die SPD will die kapitalistische Republik retten, die USPD unterstützt sie wie immer in entscheidenden Fragen. Die Führung der durch schwere innere Krisen geschwächten KPD erklärt noch am 14. März, das „Proletariat ist in diesem Augenblick nicht aktionsfähig“. Die Massenbewegung korrigiert diese Verkennung mit einem Generalstreik und der Vertreibung der Kappisten. Aber ohne einheitliches Ziel, unter verwirrender Führung lassen sich die Revolutionäre und Revolutionärinnen letztendlich entwaffnen. Und damit haben sie die Kohlen für die Bourgeoisie und die Ebert-Regierung aus dem Feuer geholt.

Berliner Arbeiter tragen eine von den Kapp-Putschisten erschossene Frau durch die Kottbusser Straße.

Erich Weinert

Das Wunder vom 1. Mai 1929

Die Schupo stand voll Todesmut
Im Kampf mit roten Verbrechern;
Die schossen nämlich in toller Wut
Von allen Löchern und Dächern.
Doch die Schupo stand und wankte nicht.
So steht es im Polizeibericht.
Viel tausend Kugeln sausten vorbei,
　　Doch die Polizei
　　Blieb ruhig dabei
Und machte höflich die Straße frei.

Da sprach der Kommandeur von Berlin,
Man hörte seine Stimme beben:
Nun müssen wir doch die Pistolen ziehn,
Sonst bleibt kein Schupo am Leben!
Doch bitte schießt nicht auf Menschen! Ihr wißt,
Daß ein Schreckschuß ebenso wirkungsvoll ist.
Nun schoß man ein Schüßchen oder zwei.
　　Und die Schießerei
　　War bald vorbei
So vornehm benahm sich die Polizei.

Und als man dann das Schlachtfeld besah,
Da waren viel Tote zu melden;
Und hundert Verwundete lagen da.
Da haben die Schupohelden
Den letzten Rest ihrer Mannschaft gezählt.
Und siehe – kein einziger Schupo fehlt!
Hundert Proleten in einer Reih!
　　Von der Polizei
　　War keiner dabei!
Das war das Wunder vom ersten Mai.

1929

In der Kösliner Straße im Wedding. Hier werden von der Schupo die Fenster der Arbeiterwohnungen beschossen. Als die Arbeiter sich durch Barrikaden schützen, wird aus einem Panzerauto mit zwei Maschinengewehren geschossen. Trotzdem läßt sich die Menge nicht von der Straße vertreiben.

Blutmai 1929

Von allen Maidemonstrationen, die die Berliner schon erlebt haben, bleibt der 1. Mai 1929 am intensivsten in Erinnerung: der Blutmai.
Ende 1928 verbietet der sozialdemokratische Berliner Polizeipräsident Zörgiebel alle politischen Veranstaltungen unter freiem Himmel. Am 7. Mai 1929 schreibt Carl von Ossietzky in der „Weltbühne“: „*Als Sachverwalter des sozialdemokratischen Parteivorstandes hat Herr Zörgiebel den Maiumzug verboten, sachliche Motive hatte er dafür nicht. Weil in der Lindenstraße und bei Herrn Leipart gefürchtet wurde, die Kommunisten könnten jetzt nach ihren Erfolgen bei einigen Betriebsratswahlen glanzvoller aufziehen als die Sozialdemokraten, deshalb mußte das Verbot aufrechterhalten bleiben.*“
Die Berliner lassen sich ihren traditionellen Kampftag nicht einfach verbieten, die KPD ruft zu friedlichen Demonstrationen auf und 200 000 kommen. Aber die Polizei greift jeden Zug, der sich zusammenschließt, an und schießt auf die unbewaffneten Demonstranten. Vor diesen blindwütig schlagenden und schießenden Polizisten schützen sich die Demonstranten mit Straßensperren aus Brettern, Kanalisationsrohren, umgestürzten Fahrzeugen. Am Abend des 1. Mai stehen im Wedding und in Neukölln die Barrikaden. Die Polizei verhängt den Belagerungszustand und bricht dann schießend in einzelne Wohnviertel ein. 10 981 Schüsse feuert sie nach eigener Rechnung in den ersten Maitagen ab. Die entsetzliche Bilanz sind 33 Tote, Hunderte Schwerverletzte und 1200 Verhaftungen.

Weltwirtschaftskrise

In das Jahr 1929 fällt der Beginn einer Weltwirtschaftskrise. Deutschland ist neben den USA am heftigsten betroffen – wegen der engen Bindung des deutschen Monopolkapitals an die USA-Monopole. Die Behauptung der rechten sozialdemokratischen Führer, der Kapitalismus werde sich krisenfrei weiterentwickeln, entlarvt sich nun hautnah als Irrtum. Die Waren häufen sich auf dem Markt, weil die Mehrheit des Volkes zu wenig Geld hat. Da riesige Warenmengen nicht verkauft werden, fehlt es auch bald an Geld zur Fortsetzung des Produktionsprozesses. Produktionen werden stillgelegt, Millionen Arbeiter entlassen. 1932 gibt es in Deutschland über acht Millionen Arbeitslose und viele Millionen Kurzarbeiter. Die große Krise von 1929 bis 1932 ist die schwerste Wirtschaftskrise in der Geschichte des deutschen Kapitalismus. Auf die tiefe politische Erschütterung des monopolistischen Herrschaftssystems folgt die ‚Rettung' mit Hilfe der faschistischen Diktatur, die Machtübertragung an Hitler. Die faschistische Aufrüstung senkt die Arbeitslosenzahl erheblich, aber gearbeitet wird für die eigene Vernichtung. Dieser Wechsel von Arbeitslosigkeit zu Arbeit verschleiert Millionen und aber Millionen den Blick für den Alltag ihres Lebens. Die ‚Goldenen zwanziger Jahre' enden in einer Katastrophe.

Zuchthaus-Neubau 1929 in Brandenburg bei Berlin für politische Gefangene. Die Zelle ist 1,40 m schmal, so breit, daß der Gefangene nicht die Arme ausstrecken kann.
Unten: Er erlebt das Jahr 1929 anders. Mit vollem Bauch und mit der Sicherheit eines weichen Bettes, der Servierung eines Frühstücks sitzt der Reichspräsident mit anderen so Bevorzugten wie von Hindenburg 1929 in der Ehrenloge der Staatsoper Unter den Linden in einer Galavorstellung für König Fuad I. von Ägypten.

BILD macht blind …

… und BZ schläfert ein …

… und da sie zusammen mit 450 000 Auflage mehr als die Hälfte der Gesamtauflage der Westberliner Tagespresse erreichen, ist über die Öde der Presselandschaft hier bereits alles gesagt. Hinzu kommen noch einmal 180 000 Auflage aus dem Axel-Springer-Hochhaus direkt an der Mauer. Die BERLINER MORGENPOST will seriöser sein als ihre beiden Schwesterblätter und erreicht trotzdem nicht einmal gehobenes Boulevardblatt-Niveau. Das Niveau der Tagespresse allgemein zu heben, kann den verbliebenen vier Tageszeitungen mangels Auflagenhöhe nicht gelingen. Die restlichen 22 Prozent Marktanteil teilen sich der rechtsliberale TAGESSPIEGEL (120 000 Auflage), das vorsichtig sozialliberale VOLKSBLATT Berlin (30 000), die alternative TAGESZEITUNG (TAZ) mit ihrer Westberliner Ausgabe (20 000 Auflage) und die Tageszeitung der SEW „DIE WAHRHEIT" (ca. 15 000 Auflage). Montags herrscht Springer in Berlin fast allein: BILD und BZ erscheinen in 500 000 Exemplaren, TAZ und „Wahrheit" in 35 000 Exemplaren.

Den bürgerlichen Blättern geht es nicht gut. Wo in der Bundesrepublik bei — wie in Westberlin — sinkenden Bevölkerungszahlen die täglich verkaufte Auflage der Tagespresse steigt, stagniert oder sinkt sie in Westberlin. Der MORGENPOST sterben die Leser weg. Sie verlor in einem Jahrzehnt die Hälfte ihrer Auflage. BILD Berlin und BZ erreichen sowieso schon jeden zweiten Westberliner und sind damit seit Jahren an ihre Grenzen gestoßen. TAGESSPIEGEL und VOLKSBLATT konnten immer nach dem Sterben eines Konkurrenzblattes ihre Auflage leicht erhöhen, um sie dann nach und nach durch Langeweile, Mutlosigkeit in der politischen Artikulation und innerbetriebliche Spannungen wieder zu verlieren.

Fotos: Junker-Rösch und Ralph Rieth

„Ambulanter" Zeitungshändler mit bürgerlicher Presse aus dem Hause Ullstein. Er bietet auch das auflagenschwache Renommierblatt des Berliner Bürgertums, die VOSSISCHE ZEITUNG (die „alte Tante Voss") an, die im zweiten Jahrhundert ihres Bestehens im Faschismus ihr Erscheinen einstellen muß.

Berlin galt einmal — und sicher zu Recht — als die „zeitungswütigste Stadt" der Welt. 1928 erschienen hier insgesamt 147 Tages- und Wochenzeitschriften. Es war die Zeit der politischen Meinungs- und Gesinnungspresse, in der jede gesellschaftliche Gruppe und politische Position ihre Organe besaß. Noch zu Ende der zwanziger Jahre erschienen 45 Morgenzeitungen, 14 Abendblätter und zwei Mittagszeitungen; darunter 3 kommunistische, 4 sozialdemokratische/linkssozialistische, 4 republikanische, 10 liberaldemokratische, 6 rechtskonservative und 7 deutschnationale.

Dem rechten, von der deutschen Industrie finanzierten Pressezaren Alfred Hugenberg mit dem Scherl-Konzern stand auf der Linken der kommunistische Reichstagsabgeordnete Willi Münzenberg mit einer auflagenstarken, lokalen und überregionalen Tages-, Wochen- und Illustriertenpresse gegenüber.

Literaten wie Kurt Tucholsky, Publizisten wie Carl von Ossietzky und Kritiker wie Alfred Kerr und Herbert Iherin arbeiteten im Zeitungsviertel Kochstraße, in das es bei jedem Aufstandsversuch linke Revolutionäre und rechte Putschisten zog.

1933. Zeitungsausfahrer verlassen das Gebäude des zum Hugenberg-Konzern gehörenden Scherl-Verlages.

Immer noch ist im vergänglichen Geschäft mit Nachrichten Eile geboten, denn nach der Gleichschaltung der Presse gibt es zunächst noch eine ökonomische Konkurrenz um Auflagenhöhe und Anzeigenumsatz.

Im redaktionellen Teil verschwand sie bald nach der faschistischen Machtergreifung. Am 27. Feb. werden auch in Berlin die kommunistischen und (die meisten) sozialdemokratischen Zeitungen und Zeitschriften verboten. Ihr Vermögen eignet sich vor allem der NSDAP-eigene Eher-Verlag an, der sich nach und nach auch die Verlagshäuser in „jüdischem" Besitz einverleibt. So im Dezember 1933 das „Wolffsche Telegraphen-Büro", das mit der Telegraphen-Union zum „Deutschen Nachrichten Büro" vereinigt wird. Wenige Wochen vorher wurden demokratische und jüdische Redakteure aus den Redaktionen entfernt und selbst die Reklame wurde gleichgeschaltet. Ein „Werberat der deutschen Wirtschaft" vergab sie jetzt nach politischen Kriterien.

1940, während des Krieges und unter dem Zeichen eines verschärften ideologischen Kampfes und der Kriegswirtschaft, stellt ein weiterer Teil der verbliebenen Presse in Berlin sein Erscheinen ein. Der Eher-Verlag gibt in Deutschland jetzt 83 Prozent der gleichgeschalteten Zeitungen heraus.

Wann gibt es heute schon einmal eine Extraausgabe? In den zwanziger Jahren waren politische Krisen, Revolutionen, Revolten und sensationelle Kriminalfälle immer eine Extraausgabe wert, die noch vor der Konkurrenz erscheinen mußte. Verteilen einer Extraausgabe des „Berliner Tageblatt" um 1925 auf dem Potsdamer Platz.
Foto: Landesbildstelle

Ein Westberliner Zeitungskiosk in den fünfziger Jahren. Kioske sind in Berlin nicht nur Einrichtungen zum Erwerb von bedrucktem Papier, sondern Orte sozialen und nachbarschaftlichen Verkehrs. Oft können gleichzeitig alkoholische Getränke und Zigaretten erworben werden, und bei geistigen Getränken und blauem Dunst werden Nachrichten und Meinungen gleich an Ort und Stelle ausgetauscht, die der Presse keinen Raum wert wären.
Die an diesem Kiosk erworbenen Tageszeitungen wären heute allerdings nicht mehr erhältlich. Eine Chronologie des Zeitungssterbens in Berlin:
Nach den Turbulenzen der späten 40er Jahre wird im Januar 1955 der Berliner Ableger der 1947 gegründeten US-Postille **Neue Zeitung** eingestellt; es folgt im Februar 1963 das liberale **Berliner Montags-Echo** von 1947; zwei Monate später, im April 1963, wird das CDU-Organ **Der Tag** mit dem **Kurier** zusammengelegt, der im Dezember 1966 nach 21 Jahren das Zeitliche segnet; im Juni 1972 werden **Der Telegraf**, der 1946 aus dem britischen **Der Berliner** hervorging, und sein Ableger **Nacht-Depesche**, 1949 zunächst als **Telegraf am Abend** gegründet, über Nacht eingestellt und mit ihm der Rest an Vertrauen in eine sozialdemokratische Pressepolitik. Offenbar zum Schutz der ständig an Auflage verlierenden **Berliner Morgenpost** stellt der Springer-Verlag im Juni 1980 endgültig die Berliner Ausgabe der **Welt** ein, die seit 1956 mit Unterbrechungen erschienen war; im Januar 1981 schließlich ist der 1946 errichtete **Abend** unter unrühmlichen Bedingungen am Ende.
Ihm folgt nach nur zweijähriger Existenz der Versuch, eine Tageszeitung auf dem linken Spektrum zu etablieren: Die aus dem Berliner Extradienst, eine APO-Gründung, hervorgegangene linkssozialdemokratische und gewerkschaftlich orientierte „NEUE" steigt zur Wochenzeitung hinab.
Foto: Lynn Millar

BILD, BZ, MORGENPOST und die anderen Springerzeitungen machen nicht nur blind und schläfrig, sondern auch gewalttätig. Ununterbrochen hetzen die Springerblätter in den späten sechziger Jahren gegen die Studentenbewegung auf. In Rudi Dutschke scheinen sie das Abbild des von ihnen, besonders in der Berichterstattung über die Kommunisten in der DDR, zu Papier gebrachten „Kryptokommunisten" gefunden zu haben.
Ein treuer Bildleser nimmt manches in der Bildzeitung Geschriebene zu wörtlich.
Am 11. April 1968 schießt der Arbeiter Josef Bachmann auf dem Kurfürstendamm auf Rudi Dutschke, der gerade das SDS-Büro verläßt. Dutschke erliegt Jahre später den Spätfolgen seiner Verletzung, Bachmann begeht in der Haft Selbstmord. Beide Opfer einer menschenverachtenden Presse. Die Springergegner reagieren auf Bachmanns Tat mit Wut. Ein spontaner Demonstrationszug zieht zum Springerhochhaus in der Kochstraße. Dort werden Scheiben eingeworfen und Springerangestellte und Druckereiarbeiter in Handgemenge verwickelt. Es wäre dabei geblieben, wenn nicht Peter Urban, wie sich später in den Prozessen gegen Baader, Mahler und Meinhoff herausstellte, ein „agent provocateur" des Verfassungsschutzes, Molotowcocktails angeschleppt hätte. Mit ihnen wurden Zeitungswagen des Springer-Konzerns angezündet. Die brennenden Springerwagen in der Kochstraße wurden zum Ausgangspunkt eines „Aufstands" gegen Springer, der die Karwoche und die Ostertage des Jahres 1968 andauerte. Durch Sitzstreiks und Straßenschlachten konnte an zwei Vormittagen die Auslieferung eins Teils der Bildzeitung in Essen verhindert werden. Der Preis für diesen unbedeutenden Erfolg: zwei Tote (in München), über 400 Schwerverletzte und Zigtausende von Schulden für die von der Polizei verantwortlich Gemachten, für die die Linke noch Jahre später sammelte.
Foto: Günter Zint

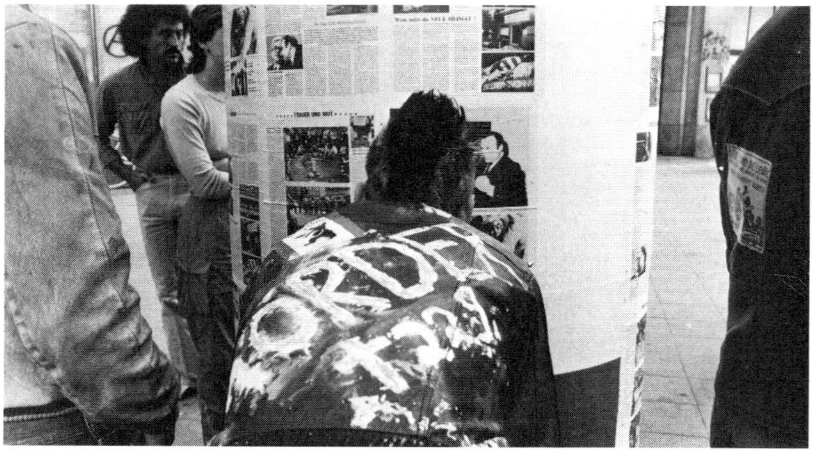

Wo die bürgerliche Presse sich selbst aufgegeben hat und zunehmend auch von ihren Lesern aufgegeben wird, erschließt sich der Fülle von alternativen und basisorientierten Publikationen ein neues Aufgabenfeld. Die Gegen- und Subkultur, jede Bewegung und politische Gruppe publiziert eigene Medien. Sie kommen, wie die Stadtteilzeitungen (z. B. SÜDOST- und SÜDWESTEXPRESS in Kreuzberg, CHARLOTTENBURGER RUNDSCHAU) oder gehen wieder, wie die „BESETZER-POST". Sie etablieren sich wie die Programmzeitschrift TIP, mittlerweile die größte deutschsprachige Stadtillustrierte, und schließen Lücken, die das Sterben der Tageszeitungen ließ, wie die 1977 gegründete ZITTY. Sie erscheinen in Westberlin für einen überregionalen Leserkreis, wie die NEUE, und zielgruppenorientiert, wie die COURAGE.
Ihre Auflage reicht von täglich 50 000 Exemplaren (bei der TAZ), bis zu nur einem Exemplar, wie bei der abgebildeten Zeitung, die auf einer Säule mit Berliner Tradition geklebt wurde. Ernst Litfaß führte die nach ihm benannte Säule am 1. Juli 1855 zum Nutzen der Werbewirtschaft in Berlin und somit in Deutschland ein. Foto: Bernd Markowsky

Schwimmschule in Berlin-Mitte vor dem Stralauer Tor im Jahre 1907. Foto: Landesbildstelle

Gisela Reinke-Dieker

Auch der Sport macht in Berlin Geschichte(n)

Ernst Heinrich Adolf von Pfuel, preußischer General und im Revolutionsjahr 1848 wenige Wochen sogar Ministerpräsident, ist für das Schwimmen, was für das Turnen Friedrich Ludwig Jahn darstellt: ein Pionier.
1817 richtete er an der Spree (die, wie schon Zeitgenossen behaupteten, „wie ein Schwan Berlin betritt, um es wie ein Schwein zu verlassen") eine „Militairunterrichts- und Schwimmanstalt" ein, die auch Zivilisten zugänglich war. In den ungeklärten Abwässern und Abfällen der Großstadt machten seitdem die Unerschrockenen ihren Schwimmmeister, indem sie von der Oberbaumbrücke sprangen und stromaufwärts bis zur Köpenicker Straße 12 schwammen, wo die Schwimmanstalt noch bis in dieses Jahrhundert hinein lag. Das Spreeufer, an dem die Holzkonstruktion der Badeanstalt aufgehängt war, gehört heute zum Bezirk Kreuzberg, die Spree in voller Breite zur DDR.
1837 wurde in Berlin der erste Schwimmverein der Welt, die „Tychischen Frösche", gegründet, deren Mitglieder sicher auch an den Schwimmfesten beteiligt waren, zu denen die Teilnehmer als Frösche, Fische und ähnliches Wassergetier verkleidet erschienen. 1847 wurde mit dem „Studentenbad" an der Ratiborstraße am Landwehrkanal bereits die zweite Badeanstalt im Bezirk Kreuzberg eröffnet. Heute müssen sich die 150 000 Kreuzberger in ein einziges Freibad, das Prinzenbad, zwängen.
Auch gefroren sagte das nasse Element den Berlinern zu. Die ‚besseren Stände' tummelten sich schon ab Mitte des 19. Jahrhunderts alljährlich auf dem Eis, die Männer im Gehrock und die Damen im steifen Reifrock. Wenn möglich noch etwas feiner, in Frack und Abendkleid, wurde um 1900 herum Ping-Pong gespielt und das 1. Ping-Pong-Café Berlins eröffnet. Als das 19. Jahrhundert fast zu Ende war, wurden die meisten Sportvereine gegründet. Vereine sind des deutschen liebstes Kind. So entstanden zum Beispiel Hertha (Fußball) 1892 und der BSC (Berliner Schlittschuh-Club) 1893.
Wer nicht einem Verein beitreten, aber trotzdem ‚unter sich' sein wollte, ging auf die Rennbahn. Auf vier Bahnen, in Grunewald, Hoppegarten, Karlshorst und Weißensee, ließ man Gäule rennen und traben.
Der Galoppsport, etwas für den Adel, das Militär und die Reichen, wird heute noch in Hoppegarten in der DDR gepflegt. Der Trabrennsport, der immer etwas für den Mittelstand, für Droschkenfahrer und Bierkutscher gewesen ist, hat seit 1913 sein Domizil in Mariendorf, im heutigen Westberliner Bezirk Tempelhof. Ein eingefleischter Kern von Zockern verwettet hier Mittwochs und Sonntags manche Mark.
Schon früh kamen die Berliner auf den Geschmack, andere Sport treiben zu lassen, um beim Zusehen vorlaute Kommentare geben zu können. Die große Zeit des Sportpalastes.

Vor dem Start zum Sechs-Tage-Rennen am 6. 1. 1929 im Sportpalast an der Potsdamer Straße. Heute steht hier das Wohnsilo „Wohnen am Kleistpark". Foto: Ullstein

Schon 1911 wurde dort das erste Sechs-Tage-Rennen ausgetragen. Diese Art Rennen waren um 1875 in England erfunden worden. Eine Firma wollte ihre Hochräder einem Dauertest unterziehen. Anfangs wurde noch gestritten, ob es sich dabei um Menschenschinderei, um ein ‚Karussel des Teufels' oder um Sport handele; aber die interessierten Massen, immer so an die 10.000 Leute, rechtfertigten die Rennen. Und waren begeistert! Ein ‚Sechs-Tage-Fluidum' wurde geboren, nicht zuletzt durch den ‚Sportpalast-Walzer'. Diese gepfiffene Melodie kennt heute noch jeder. 1934 wurden die ‚Sechs-Tage-Rennen' verboten – von den Nazis.
Nicht nur Radrennen, auch Eisschaulaufen, Boxwettkämpfe und Eishockeyspiele zogen die Zuschauer an. Der Sportpalast wurde durch den BSC zu einer Eishockeyhochburg.
Wie in allen gesellschaftlichen Bereichen hatte die Arbeiterbewegung auch im Sport ihre eigenen Organisationen. Dem 1893 gegründeten Arbeiter-Turn- und Sportbund (ATSB) gehörten im Jahre 1931 in über 7000 Vereinen fast 750 000 Mitglieder an, davon die Hälfte dem Arbeiter-Rad- und Kraftfahrerbund „Solidarität". In den zwanziger Jahren spaltete sich diese Bewegung in einen sozialdemokratischen und einen kommunistischen Teil. Berlin war neben Mitteldeutschland, Hamburg und dem Ruhrgebiet das Zentrum dieser Sportbewegung. Der Arbeiterwanderverein „Fichte" in Berlin-Steglitz hatte Tausende von Mitgliedern, deren Interesse sich nicht nur auf den Sport beschränkte. Auch andere kulturelle Bereiche wie Theater gehörten zur Vereinsarbeit.
Während im Winter 1930 vom kommunistischen Teil der Arbeitersportbewegung noch Wintersportfeste in Berlin ausgetragen werden konnten, entzog der Magistrat der Stadt den roten Arbeitersportlern im Frühjahr 1931 die Turnhallen und Sportplätze. Kurzentschlossen mieteten diese zahlreiche leerstehende Fabriketagen an, und in „proletarischer Selbsthilfe" bauten die Sportler eigene Sporthallen auf, die schon bald von arbeitslosen Sportlern überlaufen waren.

Obwohl die Arbeitersportbewegung mehr auf Breitenarbeit orientiert war, brachte sie auch Spitzensportler hervor. Der Ringer Werner Seelenbinder, aktiver Arbeitersportler und als Widerstandskämpfer während des Faschismus ermordet, trat noch 1936 während der Olympiade in Berlin in der deutschen Mannschaft an.
Als die Olympischen Spiele 1931 nach Berlin vergeben wurden, waren die Nazis noch nicht an der Macht. 1935, ein Jahr vor der geplanten Eröffnung, hatten die USA immer noch nicht die Teilnahme zugesagt. Auch die nordischen Länder wollten diese Olympiade in Deutschland boykottieren, denn die Judenverfolgung war schon in vollem Gange. Das IOC (Internationale Olympische Komitee) erzwang die deutsche Zusage, daß auch Juden an der Olympiade teilnehmen durften. So ging die entscheidende Abstmmung der AAU (des größten amerikanischen Sportverbandes) mit 58 zu 56 Stimmen für eine Teilnahme an den Spielen aus.
Den Nazis jedoch galten Juden in der Mannschaft trotz der Zusage weiterhin als Unding. Unter dem Druck des Auslandes nahm man mit der Fechterin Helene Mayer und dem Eishockeyspieler Rudi Ball zwei „Halbjuden" auf. Die beste deutsche Hochspringerin, Gretel Bergmann, eine „Volljüdin", wurde nicht nominiert und unter Hausarrest gestellt, um einen öffentlichen Skandal zu vermeiden. Juden durften zu dieser Zeit keine öffentlichen Sportplätze und Schwimmbäder mehr benutzen, kein Pferd mehr reiten und nicht mit „Ariern" boxen, ringen oder spielen.
Am 1. August 1936 lief zum ersten Mal ein Fackelläufer in ein Olympisches Stadion ein. (Bis heute ist dieser Lauf beibehalten worden.)
Die Deutschen errangen 32, die Amerikaner 24 Goldmedaillen. Mit jedem deutschen Sieg gewann der „überlegene nordische Mensch". Um einem Farbigen nicht die Hand geben zu müssen – zum Beispiel Jesse Owens, der 4 Goldmedaillen geholt hatte –, gratulierte Hitler nur den deutschen Siegern.
Die Spiele waren lückenlos organisiert, strotzten vor Disziplin und verschwenderischer Großzügigkeit. Die Welt war eingelullt, Europa versöhnt.
Zurück zu den Sportstätten und dem Sportpalast. Hier sprachen von nun an Politiker zu den „Massen". Hier forderte Goebbels am 18. Februar 1943 den „totalen Krieg".
Auch nach dem Krieg fanden im Sportpalast Veranstaltungen statt. Kalle Gaffkus legte hier den 240 Minuten langen „Jitterburg"-Dauertanz hin und wurde 1953 zum Boogie-König von Berlin.
1974 wurde der Sportpalast abgerissen. 500 Wohnungen entstanden an der Pallas-, Ecke Potsdamer Straße in Schöneberg. Ein „Sozialpalast" hatte aus dem Sportpalast werden sollen. Errichtet wurde eine Wohnburg mit Unzulänglichkeiten überall.
Sport-Mannschaften aus der DDR trafen nach dem Krieg vereinzelt auf Mannschaften aus der BRD. Nach dem Bau der Mauer brach der Deutsche Sportbund (DSB) der BRD den Sportverkehr mit der DDR völlig ab.
Zu den Olympischen Spielen 1952 bis 1964 mußten die Sportler aus der DDR und der BRD gemeinsam antreten. Erst ab 1968 dürfen beide mit eigenständigen Mannschafund eigener Fahne teilnehmen. Die Westberliner Sportler gehören über ihre Verbände und Vereine dem „Deutschen Sportbund" der BRD an, spielen in den Bundesligen und nehmen an den bundesdeutschen Meisterschaften teil. Finden internationale Wettkämpfe in Berlin (West) statt und sind in der Nationalmannschaft der Bundesrepublik Westberliner nominiert, wollen die Staaten des Ostblocks, daß auch die Berliner Bären-Flagge gehißt wird. Weil dies nicht geschieht, boykottierten die Ostblock-Staaten bis 1978 solche internationalen Wettkämpfe in Berlin (West). Mit Fortschreiten der Entspannung nehmen sie jedoch seit diesem Jahre teil.
Sport in Berlin heute ist ungeheuer viel mehr als die Fußballmannschaft von Hertha BSC, deren Präsident ein stadtbekannter Beerdigungsunternehmer ist und die trotzdem immer mal wieder aus der zweiten in die erste Bundesliga aufsteigt. Sie ist sogar schon aus der Bundesliga geflogen, weil Hertha-Spieler Tore gegen bar an den Gegner verkauft hatten. Weil aber damals ein Westberliner Verein in der Fußball-Bundesliga nicht fehlen durfte, stieg die drittklassige Tasmania 1900 per Beschluß am grünen Tisch für Hertha auf. Der Traditionsverein spielte sich in den Abstieg und den Konkurs. Richtiges Bundesligaformat haben seitdem nur die Fans von Hertha. Die gefürchteten Hertha-Frösche stecken schon mal einen Waggon der Deutschen Reichsbahn in Brand. Neuerdings jedoch werden sie scharf gegängelt. Nur mit einem Lichtbildausweis dürfen sie das Stadion betreten. Es gibt ‚Schwarze Listen' und scharfe Kontrollen, 2 Zellen unten im Olympiastadion stehen jederzeit zur ‚Ausnüchterung' bereit.

Hertha-Frosch im Olympia-Stadion. Foto: Jürgen Junker-Rösch

Sport kann in Westberlin in mehr als 900 Vereinen betrieben werden. Immer häufiger tauchen in den Tabellen Namen wir „Türk Spor" auf. In einigen Vierteln beherrschen diese Vereine die oft genutzten Schotterplätze der Stadien. Vor allem für den Breitensport fehlt es an Geld. Grund und Boden für Sportanlagen ist in Berlin besonders teuer. In dieser Situation des allgemeinen Mangels werden Leistungssportgruppen bei der Hallenvergabe bevorzugt. In Westberlin gibt es um die 15 Versehrtensportvereine; es existieren Gruppen für Mutter- (oder Vater-) und Kind-Turnen und sogar eine „Drogen-Liga". Das sind 120 Ex-Fixer, die sich zusammengetan haben, um Fußball zu spielen. Für sie gilt Fußball als Bestandteil der Nachsorge-Therapie. Kneipenmannschaften zum Beispiel kicken in einer eigenen „Freizeitfußball-Liga". Manch einem oder einer ist das schon wieder zuviel Organisation. Einfach mitspielen läßt es sich sowieso überall da, wo es schön und grün ist, vor dem Reichstag und im Tiergarten.
Und es gibt natürlich die Wasserballer von Spandau 04. Die werden immer wieder Deutscher Meister. Aber gehört Spandau zu Berlin?

Eröffnung des ersten deutschen Turnfestes 1818 in der Hasenheide mit Bildnis Friedrich Ludwig Jahns.

Stefan Reisner

Hinaus in die Hasenheide

Berliner Turner im Jahre 1819

Leider, leider hat unsere preußische Staatsregierung etwas gegen die Turner. Die Turner, das sind in den Augen unseres Kanzlers, des Herrn von Hardenberg, ganz wüste Kerle. Das sind gefährliche Revolutionäre, Aufrüher, Anarchisten. Und in der „Preußischen Staatszeitung" hat ganz offen gestanden, die Turner planen, zusammen mit den Burschenschaften (also den Studentenvereinen), den Hochverrat. Unser König, Friedrich Wilhelm der Dritte, hat deswegen angeordnet, das Turnen zu bekämpfen.
Angefangen hat es mit Artikeln in den Zeitungen, wie gefährlich es sei zu turnen – immer wieder wurde von Bein- und Armbrüchen berichtet. Und zuletzt wurde das Kammergericht beauftragt, gegen die Turner zu ermitteln. Der Kammergerichtsrat E. T. A. Hoffmann muß also Material gegen die Turner sammeln, geheime Dossiers – wobei es vor allem darum geht, den Dr. Friedrich Ludwig Jahn des Hochverrats zu überführen. Die Behörden sind entschlossen, diesen Doktor Jahn aus Berlin zu verbannen.
Mein Nachbar, der Schneidergeselle Karl, ist ein fanatischer Anhänger des Doktor Jahn. Der Doktor Jahn hat eigentlich das Turnen erst erfunden. Der Turnplatz ist draußen in der Hasenheide, und es ist wirklich so, die gesamte Berliner Jugend, die Schüler, die Studenten und vor allem die Lehrlinge und Gesellen, die pilgern alle werktags am Abend und am Wochenende hinaus in die Hasenheide, um da zu turnen. Der Karl hat mich mal mitgenommen, und ich muß sagen, es war schon ein seltsamer Anblick, wie da die jungen Leute herumhüpften und boxten. Und überall waren Gestelle und Böcke aufgestellt, an denen sie herumschaukelten. Der Doktor Jahn, den sie den Turnvater nennen, denkt sich immer neue Spiele und Übungen aus. Auch er bietet einen seltsamen Anblick: Er trägt nur sogenannte altdeutsche Kleidung, also Hemden ohne steifen Kragen, das Haar offen, und er hat einen riesigen Bart. Er sieht aus wie ein Prophet aus der Bibel, und so tritt er auch auf. Es ist ja auch nicht das Turnen an sich, das die Regierung so beunruhigt, es sind die wilden Reden, die der Turnvater vor seinen Anhängern schwingt, mit blitzenden Augen und Donnerstimme.
Bei jeder Gelegenheit wettert er gegen den Hofstaat und vergleicht die feinen Damen und Herren mit Pferden, Eseln,

Ochsen und Schweinen. Und die Monarchie überhaupt ist ihm nicht altdeutsch genug. Als ich draußen war, vor den Toren Berlins, in der Hasenheide, hat der Doktor Jahn auch eine Rede gehalten, von einem kleinen Erdhügel herunter. Es waren mehrere hundert Turner da, die ihn immer wieder unterbrachen mit Hurrageschrei und Beifall. Und unter den Zuhörern waren auch viele Zugereiste aus Sachsen, aus Westfalen, Lehrer und Handwerksgesellen auf der Wanderschaft, die etwas über die Turnübungen erfahren wollten, von denen ganz Deutschland spricht. Übrigens hat die Stadtverwaltung mehrmals darauf hingewiesen, daß es ihrer Meinung nach vor allem die Zugereisten wären, die hier in der Residenz die Unruhe schüren, echte Berliner stünden treu und ergeben zu ihrer Staatsführung – was ja nun nicht unbedingt stimmt.
Also, bevor nun der Doktor Jahn über seine Turnübungen sprach, verpaßte er uns eine gesalzene politische Rede über die alten Germanen. Die waren in Stämmen organisiert und konnten über sich selbst entscheiden. Dem Doktor Jahn schwebt vor, die Deutschen sollten ähnlich wie die Eidgenossen an der Staatslenkung beteiligt werden. Und viele freisinnige Leute und Liberale stimmen ihm da zu – schon weil er für die freie Rede eintritt –, und genau das ist es, was den König gegen die Turner einnimmt.
Doktor Jahn hat einige Zeit in Paris gelebt – übrigens als Kurier gerade für den Kanzler Hardenberg, der ihn jetzt verfolgen läßt. Und aus irgendeinem Grund haßt Jahn seitdem die Franzosen. Und er hat tatsächlich den Vorschlag gemacht, zwischen Deutschland und Frankreich – eine Wüste anzulegen! Ja, eine Wüste! Darüber hat er gesprochen, und mein Nachbar, der Schneidergeselle Karl, der wäre am liebsten gleich losgezogen mit dem Spaten, um diese Wüste anzulegen.
Viele Professoren und Lehrer sind überzeugt wie der Doktor Jahn, daß es irgendwann unvermeidlich zu einem schrecklichen Kampf zwischen den beiden Ländern kommen wird – eine Rache dafür, daß Napoleon damals in Deutschland eingebrochen ist.
Ein Wochenende hat mich Nachbar Karl auch zu einer Turnfahrt mitgenommen, in den Spreewald. Bedingung war, daß jeder Teilnehmer eine lange Stange mitbringt. Mit der mußten wir dann, einer nach dem anderen, über die Wassergräben des Spreewaldes springen, so eine Art Stabhochsprung, den der Doktor Jahn erfunden hat. Bei dieser Gelegenheit ist der Karl dann auch ins Wasser gefallen. Seiner Begeisterung für den Turnsport hat das aber keinen Abbruch getan.
Diese Turnfahrten sind es übrigens im besonderen, die von der Regierung mißbilligt werden. Turnvater Jahn hält nämlich überall, wo er nur kann, auf jedem Marktplatz, in jedem Dorf seine Germanenreden. Und neulich hat sich der Regierungs-Chef-Präsident Pachelbel beschwert, die Turner seien in Stralsund aufgefallen durch „schmutziges Äußeres und durch originalgemeine Kleidung sowie durch das Singen unangemessener Lieder“. Sie haben nämlich das Lied gesungen „Ich hab mein Sach auf Nichts gestellt“, und für die Regierung war das Beweis genug für geplante anarchistische Umtriebe. Der Untersuchungsrichter E. T. A. Hoffmann vom Kammergericht, der die Sache verfolgen sollte, soll sich diebisch amüsiert haben, weil dieses Lied „Ich hab mein Sach auf Nichts gestellt“ nämlich nicht von einem Anarchisten verfaßt wurde, sondern von einem richtigen Minister, und zwar von Goethe in Weimar. Und da Hoffmann auch Dichter ist, eigentlich ein ganz umgänglicher Mensch, ein Rotweinliebhaber und Katzenfreund, war er froh, die Turner wenigstens in diesem Punkt entlasten zu können. Es heißt aber allgemein, die Regierung sei fest entschlossen, den Doktor Jahn aus Berlin zu verbannen. Mein Nachbar Karl sagt: „Wenn das geschieht, dann turnen wir eben heimlich, denn wir Deutschen sind nun mal Turner, und, ich schwör's Dir, eines Tages werden sogar die Soldaten des Königs das Turnen erlernen!“

Turnplatz in der Hasenheide, um 1811

„Pack die Badehose ein, nimm dein kleines Schwesterlein, und dann nischt wie raus an'n Wannsee" sang die kleine Conny Froboes in den fünfziger Jahren. Und alle, alle folgen noch heute ihrem Aufruf, das 1907 eröffnete Strandbad mit der Mondänität einer Bahnhofswartehalle zu erstürmen. 1275 m lang und 80 m breit ist der Sandstrand. Ein richtiges kleines Seebad, dem nur das Salz im Wasser fehlt. Aber dafür schwimmt in der Havel – der Wannsee ist nur ein Teil von ihr – so manches anderes.
Fotos: Hans W. Mende

Typische Berliner?

Paul Glaser

Laubenpieper

Die Hochhäuser stören Frau Justine Karsten nicht. So ist eben die Welt, überall Beton. Bei ihr im Garten aber ist immer noch Ostpreußen, wie damals bei Danzig. Ihr Mann war da bei der Eisenbahn, und im Garten haben sie eine richtige kleine Landwirtschaft gehabt. Auch hier in der Kolonie ‚Hasenheide' baut Frau Karsten nur Nützliches an. Kartoffeln, die reichen das Jahr über, Zwiebeln und Kohlrabi. Die Blumen stehen am Rande der Beete, und das Obst kocht sie ein.

Nicht mal ein bißchen Dialekt hat Frau Karsten angenommen, alles ist ostpreußisch geblieben in den 30 Jahren, die sie nun schon in Berlin lebt. Ihre Laube hat zweieinhalb Zimmer, sogar Telefon ist da. Sie gehört zu den wenigen Laubenpiepern, die ‚fest' im Garten wohnen. Mit ihren 77 Jahren macht Frau Karsten das meiste noch selber. Beim Graben muß der Junge helfen, ist nun auch schon

Foto: Paul Glaser

51 Jahre alt, aber seit ihr Mann tot ist . . .
Solche Kleingärten sind selten geworden in Berlin; sie erinnern noch an die Ursprünge. Nahrung sollte da wachsen für die arbeitende Bevölkerung, die noch wußte, was Hunger war, um die Jahrhundertwende. Frau Mischke, 90 Jahre alt, aus Tiergarten, kann sich noch erinnern, wie es damals regelmäßig Polizei-Einsätze gab gegen ‚das rote Gesindel' in den Kolonien. Da ritt die ‚Plempe' mit gezogenem Säbel dazwischen. Brachland hatten sie einfach besetzt, Hütten gebaut, die vielen Zuwanderer nach Berlin – da war der Rechtsfrieden in Gefahr.
In West-Berlin sind die Gärten immer mehr zu einem Teil

der Freizeit-Industrie geworden. Die meisten der 48 125 Parzellen haben schmucken Rasen, exotische Sträucher, Grill und Stereo-Anlage für die Partys. Fertig-Lauben können im Versand bezogen werden, dicke Blumen- und Samen-Kataloge bieten an, die chemische Industrie setzt ‚Spritzen' um, und die Garten-Center machen Riesengeschäfte, denn ‚wir sind naturverbunden', sagt Mäcki, Laubenpieper in der Kolonie ‚Vor den Toren' in Reinickendorf, von Beruf Postbeamter.
Er züchtet Fleisch-Tomaten und Bohnen der Sorte ‚Sachsa', erntet Bauern-Pflaumen und Äpfel ‚Maux', ‚die liegen bis Weihnachten'. ‚Glaub nich, det is Freizeit', sagt er, ‚harte Arbeit is det, immer was zu tun, kann 'ne Ehe kaputtmachen, wenn man's ernst nimmt.'
Die Dauer-Kolonie Togo liegt mitten im Wedding, ringsum hohe Mietskasernen, 167 Parzellen groß. ‚Ein Schmuckstück', sagt Peter Ehrenberg, 1. Vorsitzender des ‚Kleingartenvereins Togo e.V.. ‚Das kommt nicht von allein. Wir sind offen für alle Berliner.' ‚Keine Hecken, Zäune nicht höher als 1,20 m, Bäume nicht über 2,50 m, Ziergarten nicht größer als 10 qm.' Darüber wacht eine Jury, die jedes Jahr ‚Begehungen' macht, tadelt und prämiert. Acht Jahre müssen Bewerber warten und ‚gemeinnütziges Denken' nachweisen, damit sie einen Vertrag erhalten – es sei denn, sie sind Imker; die kommen gleich dran. Ohne Bienen keine Bestäubung und kein Stachelbeerwein. Wie der angesetzt wird, kann man in ‚Fortbildungs-Kursen' lernen, auch wie gepfropft wird und geschnitten. Dafür haben die Laubenpieper sich ein Vereinshaus gebaut, das Material hat 35 000 Mark gekostet, Arbeit war umsonst, für alle.
Allein in Wedding gibt es 26 solcher Vereine, zusammengeschlossen in einem Bezirksverband. Der gehört dem Landesverband an, der dem Bundesverband angehört – und der ist eine Macht!
Jedes Blumenbeet muß der Senat in Berlin erst mal erobern für Autobahnen oder Bahnhöfe, wie in Schöneberg. In Wilmersdorf ist ein Schulprojekt gekippt. Aber rund ein Drittel der ehemaligen Gesamtlaubenfläche in West-Berlin ist schon vom Beton gefressen worden. Doch es ist kein Wunder, daß zum jährlichen Laubenpieper-Fest die Bezirksbürgermeisterin kommt, ein Tänzchen macht guten Eindruck. Wer weiß, wozu man die Stimmen noch braucht . . . Und dem 1. Vorsitzenden von ‚Togo' tut das auch gut.
Beim Senat (und auch bei den Gartenbauämtern) gibt es einen Spezialisten für die Lauben, denn alles ist seit 1919 schon gesetzlich geregelt, in der ‚Kleingarten- und Pachtland-Verordnung', dazu noch in den ‚preußischen Ausführungsbestimmungen'. Da ist noch die Rede von ‚Gärten für die ärmere Bevölkerung', von ‚Fruchterzeugung'.
Frau Karsten stört das alles genauso wenig wie die Hochhäuser. Biologisch war man in Ostpreußen schon immer, und all die Gesetze können auch nicht verhindern, daß ihr die Vögel die Erdbeeren stehlen. Da helfen nur die Plastiknetze, denn ‚der Junge' möchte seine Marmelade haben. Und Laubenpieper Mäcki wird wieder zur ‚Grünen Woche' gehen, um die neuesten Züchtungen zu sehen. Er will sich eine Lampion-Blume besorgen, ein verrückter Busch ist das. Blüht erst weiß und wechselt im Herbst zu rot. ‚Wenn dann die Blätter abfallen, denkste: Das ist ein Lampion', sagt er. Sind der letzte Schrei, diese Dinger, machen was her unter Züchtern. Schließlich will jeder den schönsten Garten haben, versteht sich. Die Kolonie ‚Togo' hat schon mal einen Bundespreis geholt, und es gibt Partnerlauben. Die Jungs aus Westdeutschland werden staunen, wenn sie ‚Togo' sehen.

Die tanzenden Rehberger, Theodor Hosemann, 1859

Hermann-Joseph Pölking

Wie die ersten „Freaks" den Bürgern die rote Fahne zeigten

Für die Revolution 1848 waren vor allem die Handwerker, Arbeiter, Tagelöhner und Arbeitslosen Berlins gestorben. Die Revolution löste ihre Probleme, vor allem die Arbeitslosigkeit, nicht! Im Gegenteil, je radikaldemokratischer die Forderungen des Volkes in den Wochen nach den Märzkämpfen wurden, um so weniger war das Großbürgertum bereit, in diesen unsicheren politischen Zeiten zu investieren, auch weil unter Handwerkern und Arbeitern „sozialistische" Forderungen, unter anderem nach Arbeitszeitverkürzung, an Einfluß gewannen.
Ein reaktionärer Artillerie-Offizier, Prinz Kraft zu Hohenlohe-Ingelfingen in seinen Erinnerungen:
„Allmählich fing aber die Gutmütigkeit des Volkes immer mehr an abzunehmen, weil der Zuzug des Proletariats aus der Hefe des Volkes, aus dem Auswurf der Menschheit von allen Gegenden Deutschlands und wohl auch anderer Länder bestand. Man dachte daran, diese Volksmassen vorläufig durch Arbeit zu beschäftigen. Großartige Erdarbeiten in der Nähe Berlins wurden in Angriff genommen. (. . .) Man machte den Anfang mit Abtragung der Sandhügel, die Rehberge genannt. Die Arbeiter waren aber zuweilen der Meinung, das Recht auf Arbeit bestehe darin, daß sie nicht zu arbeiten brauchten und dafür Bezahlung verlangen könnten."
In den „Rehbergen" hatte Berlin seine ersten „Freaks". Für 15 Groschen einen Zwölf-Stundentag schuften? Dabei nichts Sinnvolles tun, sondern aus Hügeln und Tälern eine Ebene planieren?
Der zeitgenössische Publizist Robert Springer beschreibt, was sich im Norden vor den Toren Berlins und in der Stadt ereignete:
„Die sogenannten Rehberge, fast eine Meile von Berlin, sollten von ihrem Fichtenschmuck befreit, der Boden planiert werden. Da trieben jene Erdarbeiter, die „Rehberger" genannt, (. . .) ihr tolles Wesen. Sie arbeiteten, wie man sagt, wenig, lebten aber sonst einträchtig, prügelten sich gemütlich, widersetzten sich den Schachtmeistern, und abends zogen sie durch das Oranienburger Tor, schwer beladen mit Holzkloben, die sie als stillschweigend bewilligten Lohnzuschuß zum heimischen Herde schleppten. Der Typus des Rehbergers wird hoffentlich durch einen genialen Künstler der Nachwelt überliefert werden: er hat für unsre Revolutionszeit dieselbe Bedeutung wie der des Carmagnole der ersten französischen Revolution. Diese wilden Gestalten, halb Pferd, halb Alligator, mit den von der Sonne und

Schnaps gebräunten Gesichtern und wüsten Bärten, in Lumpenröcke, seltener in Blusen gekleidet, mit einem gelben Strohhute mit Federbusch bedeckt, in der Hand einen ehrfurchterweckenden Knüttel – waren eine geraume Zeit die Stütze der „Wühler" und der Schrecken der Reaktion und der schwachen Gemüter. Man sah sie häufig vom Morgen bis zum Abend in drohenden Haufen vor dem Berliner Rathause, Lohnerhöhung fordernd oder irgendeine Beschwerde führend; in dem politischen Klub traten einzelne Begabte unter ihnen zuweilen als Redner auf und ergänzten den mangelnden Ausdruck ihrer Rede durch die vielsagende Mimik ihres Knotenprügels; des Abends förderten sie ihre politische Bildung durch Teilnahme am berühmten Lindenklub; bei festlichen Aufzügen erschienen sie in ihrer Gesamtheit mit der von der Sonnenhitze und dem Staub der Rehberge verbleichten Trikolore; bei dem zweiten Zuge nach dem Friedrichshain empfingen sie die Linke der Nationalversammlung mit markerschütterndem Hurra und wurden selber vom demokratischen Klub im Vorbeimarsche mit unendlichem Jubelrufe begrüßt: sie zogen einmal, von den bewaffneten Studenten eingeholt, durch die Stadt, in einem Aufzuge, welcher teilweise an Falstaffs Garde, teilweise an die wilen (. . .) Trapper erinnerte."

Noch vor Beginn des Sommers sind die wilden Zeiten vorbei. Die Anführer der Rehberger werden verhaftet.

Dem Bürgertum ist eine sinnvollere Beschäftigung eingefallen: Die Rehberger heben jetzt den Landwehrkanal aus. Hier wird aus ihnen der radikalste Teil der Berliner Arbeiterklasse.

Im Oktober arbeiten die Rehberger auf dem „Köpenicker Felde" am Kanal. Eines Tages wird dort eine Dampfmaschine aufgestellt. Sie verrichtet die Arbeit mehrerer Männer, denen gekündigt wurde. Die Entlassenen wissen nicht, wie sie über den Winter kommen sollen. Sie zerstören die Maschine. Der Arbeitgeber, der Berliner Magistrat, reagiert auf diese Maschinenstürmerei mit der kollektiven Entlassung aller Arbeiter auf dem Köpenicker Felde. Diese ziehen in die Stadt, wo sich ihnen Gendarmen und Bürgerwehr in den Weg stellen. Die gut bewaffnete Bürgerwehr erschießt elf Arbeiter!

Daraufhin versammeln sich zwei- bis dreitausend Arbeiter vor der Preußischen Nationalversammlung, die im Schauspielhaus am Gendarmenmarkt tagt.

In Preußen hat mittlerweile längst wieder die Reaktion die Oberhand. Um Berlin, in der Mark Brandenburg, hat der König unter Führung General von Wrangels 80 000 Soldaten zusammenziehen lassen, die bei nächster Gelegenheit in die unruhige Stadt, die immer noch von revolutionärem Geist beherrscht wird, einmarschieren sollen. Ist dies die Gelegenheit?

Soldaten ziehen vor das Schauspielhaus – angeblich, um die Nationalversammlung zu schützen. Abgeordnete versuchen das Militär zum Rückzug zu bewegen, andere wollen die revolutionären Arbeiter zum Abzug überreden. Die aber sind entschlossen, nicht zu weichen. Zum erstenmal in Berlin zeigen sie das neue Symbol ihrer Klasse: die rote Fahne!

Nur Augenblicke, bevor den Soldaten der Befehl, das Feuer zu eröffnen, gegeben werden kann, erscheint eine weitere Gruppe vor dem Schauspielhaus. Unbewaffnet und unter weißen Fahnen marschieren die Maschinenfabrikarbeiter aus den Fabriken von Borsig und Eggels und schieben sich zwischen die Parteien. So kommt es zu keinem Kampf. Vom Oktober-Aufstand der „Maschinenstürmer" bleibt in Berlin die Erinnerung an die ersten roten Fahnen.

Lied der Rehberger.

(Melodie: Ein freies Leben führen wir.)

Ein scheenes Leben führen wir,
Ein Leben voller Freide:
Der Dag verjeht bei Schnaps und Bier,
Un Abends denn erholen wir
Uns in de Jungfernhaide.

Un sind wir von de Arbeet matsch,
Denn wird zum Spaß jelesen:
Wir bilden uns janz demokrat'sch,
Wir halten bloß den **Kladderadatsch**
Un **Tante Voß mit'n Besen.**

Jetzt schinden wir von'n Majistrat
Dagdäglich man zwelf Jroschen —
Wat denkt denn so'n Jeheimderath?
Det wird, wenn Eener Unjlick hat,
Jn Klabberjas verdroschen.

Zwelf Jroschen, un zehn Stunden karr'n?
Ne, Scheenster, det jeht so nich!
Denkt er, de Rehberj'r, det sind Narrn?
Zwelf Jroschen, un zehn Stunden karr'n!
Naunyn, ne, na man so nich!

Die scheene Zeit is bald entfloh'n,
Drum nu noch frisch jetummelt.
Heit jeht et noch **uf Dagelohn,**
Doch ach Herrje, von morgen schon
Wird **uf Accord jebummelt!**

1945

Hermann-Joseph Pölking

Gedanken an die französische Revolution – und deshalb Gedächtniskirche

Ein feuchter Märztag 1981 – „Frauen für den Frieden" lehnen eine Leiter an die Ruine der „Kaiser-Wilhelm-Gedächtniskirche" und bringen ein Transparent an, das der Kirche einen neuen Namen gibt: „Bertha-von-Suttner-Gedächtniskirche".

Der Name der Pazifistin stände Ruinenturm und Neubau, die zusammen ja auch ein Mahnmal sein sollen, bestimmt besser an, als der des ersten Deutschen Kaisers aus der Dynastie der Hohenzollern. Denn der Name der protestantischen Kirche und ihr Platz am unteren Ende des Kurfürstendamms sind noch heute ein Zeichen für den Sieg der preußischen Reaktion über die demokratischen Kräfte der Revolution von 1848 in Berlin.

Nach der siegreichen Revolutionsnacht vom 18. März richtete sich der Haß des Volkes am 19. März auf den ältesten Bruder des kinderlosen Königs Friedrich Wilhelm IV., der der Thronfolger war.

Für das Volk war der Prinz Wilhelm von Preußen der Anführer der reaktionären Offiziers- und Adelsclique am Hof, dem es den Titel „Kartätschen-Prinz" verliehen hatte, weil er den Forderungen des Volkes mit Kartätschenschüssen begegnen wollte.

Die Hofdame Gräfin Oriola, Tochter von Achim und Bettina von Arnim-Brentano, erinnert sich:

„Die Menge forderte die Auslieferung des Prinzen von Preußen, des Bluthundes, der auf das Volk hätte schießen lassen wollen. ... Der Prinz und die Prinzessin waren noch im Vorzimmer des Königs mit einer Anzahl Getreuer, zu welchen auch die Prinzen Adalbert und Waldemar gehörten, die Dinge erwartend, die da kommen würden. Gedanken an die französische Revolution und Volksinvasionen in Versailles und die Tuilerien mochten wohl einem jeden naheliegen. Da wurde der Prinz von Preußen zum König gerufen. Eine schwüle Stille herrschte unter uns. Als der Prinz wieder zurückkam, wandte er sich sogleich wieder an die Prinzessin: Der König wünsche, daß sie das Schloß verließen. Zum Schutze des Königs konnte der Prinz nicht beitragen, da sich der Volkshaß unter den obwaltenden Umständen jetzt besonders gegen ihn gerichtet hatte und seine Anwesenheit die Lage des Königs nur erschweren konnte, anstatt ihm nützlich zu sein."

Eine Mietdroschke wurde herbeigeschafft, durch eine Seitentür das Schloß verlassen. Der Prinz hatte sich mit dem Mantel und der Mütze eines Hoflakaien verkleidet und seinen Bart abrasiert. Unentdeckt fuhr der Wagen mit dem Prinzen, seiner Frau und zwei Hofdamen die Linden hinunter, durch das Brandenburger Tor und dann in Richtung des „Karlsbad" (heute noch „Straße am Karlsbad" in der Nähe des Potsdamer Platzes) durch den Tiergarten. Am Karlsbad stiegen die Flüchtenden in einen anderen Wagen um. Sie fuhren weiter über das Gebiet des heutigen Nollendorfplatzes, wo damals nur Wiesen, Felder und Bäume zu sehen waren, passierten den Schafgraben und erreichten etwa am heutigen Wittenbergplatz das Gebiet der Residenzstadt Charlottenburg, in der es keine Revolution gegeben hatte.

Eine oft erzählte Berliner Anekdote besagt, daß an dieser Stelle, an der sich damals auf weiter Flur die Füchse „Gute Nacht" sagten, der Prinz, glücklich über seine Rettung, die er Gott zuschrieb, und voll Zorn und Wut auf Berlins Bürger, die ihn zu einem solch schmachvollen Abgang gezwungen hatten, versprach, als Erinnerung an seine Rettung und „Berlins Schande" eine Gedächtnis-Kapelle zu bauen.

Der spätere König Wilhelm, der den Fürsten Bismarck berief, der ihn zu „Kaiser Wilhelm I." machte, fand es nicht gut, mit dem Bau einer solchen Kapelle im Bürgertum die Erinnerung an die verlorene und verratene Revolution von 1848 zu wecken.

Das tat dann sein Enkel, Wilhelm II., der überhaupt ein Tolpatsch war. Aber das Bürgertum, längst durch den preußischen Militarismus und chauvinistische Vorstellungen von Preußens Gloria korrumpiert, war nicht mehr zu beleidigen. Und die wachsende Sozialdemokratie interessierte sich nicht besonders für Kirchen.

Wilhelm II. eröffnete 1895 allerdings keine Kapelle, sondern eine protzige Großkirche im neoromanischen Stil zum Ruhme der Hohenzollern.

Die Nachkommen der 1918 gestürzten Dynastie holten sich nach 1945 noch aus den Ruinen zwei Bronzeportale der Kirche, die sie auf ihren Familiensitz, Burg Hohenzollern, schaffen ließen. Hätten sie nur ihren ganzen Triumphbau mitgenommen ...

Günther Maschuff

„Eine Stadt zum Schreiben"

In Westberlin leben und arbeiten mehr Schriftsteller als in jeder vergleichbaren deutschen Großstadt. Was sind die Gründe dafür, warum ist diese Stadt für Autoren so attraktiv? Das wollten auch die Mitarbeiter eines Projekts „Schriftsteller in Berlin heute" wissen, das von der Freien Universität im Rahmen der Berlin-Forschung vergeben wurde.
In dieser empirischen Untersuchung wurden 237 Schriftsteller persönlich befragt. Im Ergebnis kam zum Vorschein, daß die meisten Autoren Westberlin ein literaturpolitisch günstiges Klima bescheinigen, dessen Quell sie weniger in der Kultur- und Literaturpolitik des Senats sehen (die von 58 % der Autoren abgelehnt wird) als vielmehr in der Existenz und Tätigkeit literarischer Gruppierungen und Einrichtungen, wie zum Beispiel zahlreicher Buchhandlungen, die Autorenlesungen veranstalten und Gespräche ermöglichen: der Buchhändlerkeller, die Autorenbuchhandlung, die Neue Gesellschaft für Literatur, der Werkkreis Literatur der Arbeitswelt. Danach erst rangieren der Deutsche Akademische Austauschdienst, die Akademie der Künste und das Literarische Colloquium.
Die Untersuchung förderte ferner zutage, daß mit der schriftstellerischen Arbeit der meisten Autoren ein „ausgeprägtes politisches Selbstverständnis" einhergeht. Und man darf wohl hinzufügen, wer es noch nicht hatte, erwirbt es sich hier, denn diese Stadt fordert eine politische Haltung geradezu heraus.

So sah Walter Trier, bekannter Zeichner und Buchillustrator (z.B. von Erich Kästners Kinderbüchern), das „Café des Westens", in dem sich Schriftsteller und Künstler trafen – im Volksmund schlicht „Café Größenwahn" genannt.

E. T. A. Hoffmann und Ludwig Devrient in der Weinstube Lutter & Wegener.

Literarische Spuren

Berlin war von jeher Anziehungspunkt für Schriftsteller jeglicher Art. In der Kreuzberger Friedrichstraße wohnten Ludwig Tieck und Adelbert von Chamisso, in der Charlottenstraße E. T. A. Hoffmann, während Theodor Fontane nacheinander in rund zwanzig Wohnungen gezogen war, seine erste befand sich in der Puttkammerstraße 6; das Modell für seine Effi Briest lebte in der Stresemannstraße, und in der Kochstraße 12 der streitbare Schriftsteller und Publizist Kurt Hiller, während Klabund, der seinen Namen aus Klabautermann und Vagabund zusammensetzte und sich Schriftstellereibesitzer nannte, sein Domizil in der Halleschen Straße hatte. Am Mehringdamm 38 praktizierte der Arzt Dr. Gottfried Benn, berühmt allerdings wurde er als Dichter. Die letzten zehn Jahre seines Lebens wohnte August Bebel in der Hauptstraße 97 und gleich um die Ecke, in der Cranachstraße 58, Rosa Luxemburg. Auch der „rasende Reporter" Egon Erwin Kisch hatte seine Heimstatt hier, in der Hohenstaufenstraße 36.

Mehr als undankbar zeigte sich seine Heimatstadt Berlin gegenüber Walter Mehring, unter anderem wichtigster Mitarbeiter des von Max Reinhardt geleiteten Kabaretts „Schall und Rauch"; er schrieb Künstlern wie Blandine Ebinger, Rosa Valetti, Paul Graetz und Gustav von Wangenheim Chansons auf den Leib und aggressive politische Texte von hoher Meisterschaft. Er emigrierte, als die Faschisten die Macht „übernahmen". Auf seine Ausbürgerung „wegen Untreue zum Reich" antwortete er 1935 mit dieser Liebeserklärung an Berlin:

Manchmal berliner ick aus'm Traume –
    Und soo' ne Träne kullert mir auf't Schemisett.
Ick höre ümmassu:
    „Nu sind wa frei im deutschen Raume!"
Ne, Emil; nich, det ick Dir flaume,
Aber Emil, angter nanu (entre nous):
    Jloobst'n det? Jloobst'n det?

I.
Ihr Spreeathener,
                    rauh, mit defter Plauze:
Wir kenn'n uns doch – mir kommt ihr doch nich doof.
Der helle Deez – die wunderkesse Schnauze –
Der vierte Hinterhof mit Feez und Schwoof –
Die ‚jriene Minna' – und die Mutta Jrien –
Und sonntachs nach de Müggelberje peesen –
Mir wollt a was assähl'n von fremden Wesen?
    Mir nich, Berlin!
    Mir nich, Berlin!
Ick war doch imma mang eich mang mit Herz und Breejn!
Det is der Dank – is das der Dank?
Von wejen!

II.
Ihr duften Pankejöhr'n – Ihr frechen Bollen!
Wir jing'n uns doch ins jleiche Freibad aal'n.
– Een Kissken, Schatz! – Herr Oba, noch swee Mollen!
Der Mond, da drob'n – der konnte uns wat mal'n!
Det war doch soo! – wir hatten doch wat los,
Wenn wir zwei in de Lausekiste pennten.
Jetzt quatschste wat von fremden Elementen?
    Ne, sach ma bloß!
    Ne, sach ma bloß!
War ick nich ümma mang dir mang mit Seele, Leib und Breej'n?
Det is der Dank – is das dein Dank?
Von wejen!

III.
Ihr Bowkes – und ihr blauen Abführmittel:
Jetzt bin ick Neese, wenn's nach Treptow jeht?
Nu brillt Ihr: Heil? und looft im braunen Kittel?
Wat denn! Da hat woll eener dran jedreht?
Ick weeß doch, wo de Ferdeäppel bliehn –
Ick stand doch du und du mit jedem Zossen.
Mir habt ihr aus de Innung ausjeschlossen?
    Sach ma, Berlin,
    Schämste dir nich?
Ick bleibe mang dir mang mit Schnauze, Herz und Breejen!
Wat is dein Dank – das is dein Dank?
Von wejen!

(Aus „Staatenlos im Nirgendwo", © 1981 by claassen Verlag GmbH, Düsseldorf)

Walter Mehring kurz vor seiner Flucht aus Berlin. „An den Galgen" hatte Goebbels 1933 in einem Artikel im „Angriff" über Mehring gefordert.

„Wir, die wir jetzt auf die Schafotte gehen, in die Zuchthäuser oder in die Verbannung . . .", schloß Erich Mühsam 1933 seine Rede auf der letzten Tagung des „Schutzverbandes deutscher Schriftsteller" im Vereinssaal einer Berliner Mietskaserne. Erich Mühsam: 1878 in Berlin geboren, Schriftsteller, Anarchist, Kämpfer der Münchner Räterepublik und dafür sechs Jahre inhaftiert. Tausende von Arbeitern erwarteten ihn, als er nach seiner Freilassung im Dezember 1924 auf dem Anhalter Bahnhof ankam. Joseph Goebbels forderte: „Dieses rote Judenaas muß krepieren." Am Morgen nach dem Reichstagsbrand wurde Mühsam in seiner Wohnung am Laubenheimer Platz verhaftet und in das Gefängnis Lehrter Straße gebracht, von dort in das KZ Sonnenburg. Am 8. April notiert er dort im Taschenkalender: „Erdarbeit (mit Ossietzky)." Mühsam wird weiter nach Plötzensee verlegt, anschließend in das KZ Brandenburg. Am 10. Juli 1934 erhängt die SS ihn im KZ Oranienburg. Erich Mühsam wurde auf dem Waldfriedhof in Dahlem begraben.

Bild: Erich Mühsam (links) hält einen Vortrag über anarchistische Attentate im zaristischen Rußland. Foto: Ullstein

Walter Mehring kam auch nach dem Kriege nicht zurück nach Deutschland, sondern nahm seinen Wohnsitz in Zürich. Sein Werk war Jahrzehnte vergessen. Er starb allein und mittellos 1981. Die Stadt Westberlin hatte ihm 1976 den „Professorentitel ehrenhalber" – d. h. ohne finanzielle Aufwendung – verliehen. Zurückgerufen hatte ihn niemand. Dank? Von wegen.

*

Auch ein Berliner Zentrum für Kunst und Literatur der 20er Jahre ist völlig in Vergessenheit geraten. Am damaligen Laubenheimer Platz (dem heutigen Ludwig-Barney-Platz) hat eine Häuserzeile den Krieg überlebt, die damals als der „Rote Block" bekannt war. Erbaut von der Bühnengenossenschaft und dem Schriftstellerschutzverband, wohnten hier rund 300 Journalisten, Künstler und Autoren, darunter Axel Eggebrecht, Ernst Busch, Fritz Erpenbeck, Walter Hasenclever, Hedda Zinner und der Philosoph Ernst Bloch sowie Erich Weinert.
Weinert, gelernter Lokomotivbauer und Zeichenlehrer, kam in den 20er Jahren vom Leipziger Kabarett „Retorte" nach Berlin. Er suchte und fand den Kontakt zum Proletariat. Zunächst in SPD-Versammlungen, bis Gedichte wie das „Sozialdemokratische Mailiedchen" den Funktionären zuviel wurden und sie Weinert vor die Tür setzten.
Weinert wandte sich den in der KPD organisierten Arbeitern zu, schrieb, neben seinen Veröffentlichungen in zahlreichen linksbürgerlichen Blättern, für die „Rote Fahne". Das Wichtigste aber war für ihn, seine Gedichte auf Massenversammlungen zu rezitieren. In zehn Jahren waren es rund 2000 Veranstaltungen dieser Art, die das Publikum stets hinrissen. Weinert schrieb für den Tag, von einem aktuellen Ereignis provoziert, oft genug gab er auf dem Weg zur Versammlung seinem Gedicht noch den letzten Schliff.
„Als ich dich das erstemal sah und hörte, lieber Erich", schrieb die Schauspielerin und Schriftstellerin Hedda Zinner, „in einem der großen Massensäle Berlins, vielleicht in Neukölln, vielleicht auch im Wedding oder in der Hasenheide, daran erinnere ich mich nicht mehr genau, aber ich erinnere mich sehr genau an die Wirkung: da war ich ebenso gepackt und mitgerissen wie die tausend und mehr Menschen rings um mich. Sie saßen da, vorgebeugt, mit gespannten Körpern, geballten Fäusten, dann und wann schlug ein grimmiges, kampflustiges Lachen hoch, und es war, als würden sie alle im nächsten Augenblick aufspringen, um sich auf den verhaßten Gegner zu werfen, den du ihnen mit deinen Versen zeichnetest."

*

Das Geburtshaus Kurt Tucholskys steht in Berlin-Moabit, in der Lübecker Straße 13. Seit Jahren bemühen sich verschiedene Initiativen um die Einrichtung einer Gedenkstätte, die das literarische Erbe des Berliner Schriftstellers pflegen soll. Der Kultursenator jedoch will Tucholsky lediglich einen Platz unter vielen im geplanten Literaturzentrum im Wintergarten-Ensemble einräumen. Das Argument gegen das Geburtshaus: die Kudamm-Nähe des Wintergarten-Ensembles. In einer Presseerklärung der Friedensinitiative Tiergarten heißt es dazu:
„Wir halten es für eine Schande, daß dem unbequemen Geist Tucholsky in seiner Heimatstadt noch immer der ihm gebührende Platz verweigert wird. Wir fordern, daß Tucholsky, der mit seinen Mitteln vehement gegen die Wiederaufrüstung Deutschlands nach dem 1. Weltkrieg, gegen Militarismus und Reaktion aufgetreten ist und der in vielen seiner Schriften immer wieder insbesondere die Jugend dazu aufgefordert hat, für den Frieden aktiv zu werden, endlich eine angemessene Würdigung in seinem Geburtshaus in der Lübecker Str. 13 erfährt."

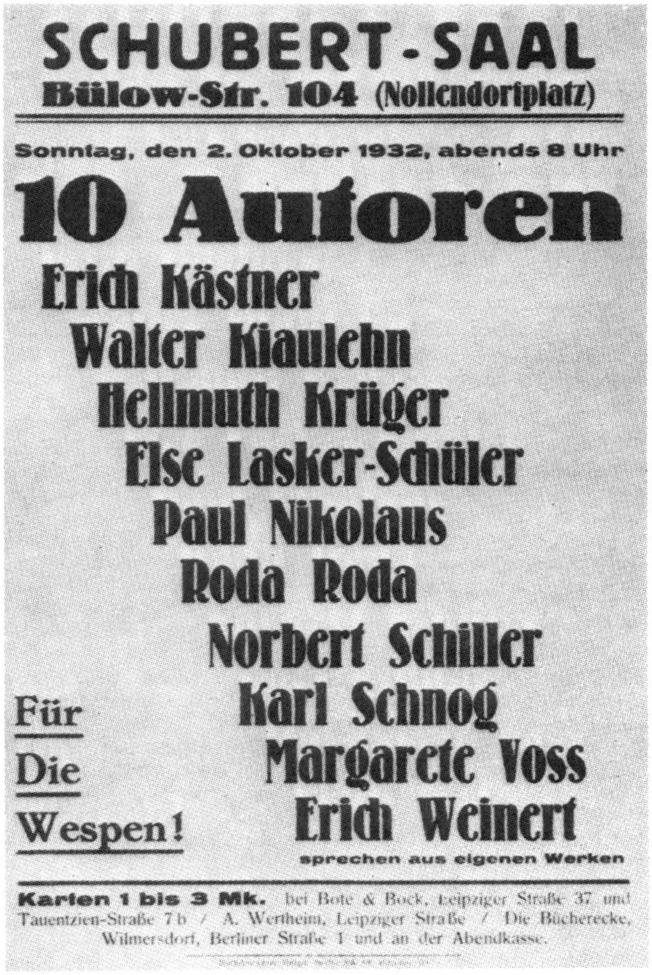

Erich Weinert bei einem seiner Auftritte in Berlin, Anfang der 30er Jahre

BERLIN! BERLIN!

Quanquam ridentem dicere verum
Quid vetat?

Über dieser Stadt ist kein Himmel, ob überhaupt die Sonne scheint, ist fraglich; man sieht sie jedenfalls nur, wenn sie einen blendet, will man über den Damm gehen. Über das Wetter wird zwar geschimpft, aber es ist kein Wetter in Berlin.

Der Berliner hat keine Zeit. Der Berliner ist meist aus Posen oder Breslau und hat keine Zeit. Er hat immer etwas vor, er telefoniert und verabredet sich, kommt abgehetzt zu einer Verabredung und etwas zu spät – – und hat sehr viel zu tun.

In dieser Stadt wird nicht gearbeitet – hier wird geschuftet. (Auch das Vergnügen ist hier eine Arbeit, zu der man sich vorher in die Hände spuckt und von dem man etwas haben will.) Der Berliner ist nicht fleißig, er ist immer aufgezogen. Er hat leider ganz vergessen, wozu wir eigentlich auf der Welt sind. Er würde auch noch im Himmel – vorausgesetzt, daß der Berliner in den Himmel kommt – um viere ‚was vorhaben'.

Manchmal sieht man Berlinerinnen auf ihren Balkons sitzen. Die sind an die steinernen Schachteln geklebt, die sie hier Häuser nennen, und da sitzen die Berlinerinnen und haben Pause. Sie sind gerade zwischen zwei Telefongesprächen oder warten auf eine Verabredung oder haben sich – was selten vorkommt – mit irgend etwas verfrüht – da sitzen sie und warten. Und schießen dann plötzlich, wie der Pfeil von der Sehne – zum Telefon – zur nächsten Verabredung.

Diese Stadt zieht mit gefurchter Stirne – sit venia verbo! – ihren Karren im ewig selben Gleis. Und merkt nicht, daß sie ihn im Kreise herumzieht und nicht vom Fleck kommt.

Der Berliner kann sich nicht unterhalten. Manchmal sieht man zwei Leute miteinander sprechen, aber sie unterhalten sich nicht, sondern sie sprechen nur ihre Monologe gegeneinander. Die Berliner können auch nicht zuhören. Sie warten nur ganz gespannt, bis der andere aufgehört hat, zu reden, und dann haken sie ein. Auf diese Weise werden viele Berliner Konversationen geführt.

Die Berlinerin ist sachlich und klar. Auch in der Liebe. Geheimnisse hat sie nicht. Sie ist ein braves, liebes Mädel, das der galante Ortsliederdichter gern und viel feiert.

Der Berliner hat vom Leben nicht viel, es sei denn, er verdiente Geld. Geselligkeit pflegt er nicht, weil das zuviel Umstände macht – er kommt mit seinen Bekannten zusammen, beklatscht sich ein bißchen und wird um zehn Uhr schläfrig.

Der Berliner ist ein Sklave seines Apparats. Er ist Fahrgast, Theaterbesucher, Gast in den Restaurants und Angestellter. Mensch weniger. Der Apparat zupft und zerrt an seinen Nervenenden, und er gibt hemmungslos nach. Er tut alles, was die Stadt von ihm verlangt – nur leben . . . das leider nicht.

Der Berliner schnurrt seinen Tag herunter, und wenns fertig ist, dann ists Mühe und Arbeit gewesen. Weiter nichts. Man kann siebzig Jahre in dieser Stadt leben, ohne den geringsten Vorteil für seine unsterbliche Seele.

Früher war Berlin einmal ein gut funktionierender Apparat. Eine ausgezeichnet angefertigte Wachspuppe, die selbsttätig Arme und Beine bewegte, wenn man zehn Pfennig oben hineinwarf. Heute kann man viele Zehnpfennigstücke hineinwerfen, die Puppe bewegt sich kaum – der Apparat ist eingerostet und arbeitet nur noch träge und langsam.

Denn gar häufig wird in Berlin gestreikt. Warum –? So genau weiß man das nicht. Manche Leute sind dagegen, und manche Leute sind dafür. Warum –? So genau weiß man das nicht.

Die Berliner sind einander spinnefremd. Wenn sie sich nicht irgendwo vorgestellt sind, knurren sie sich in der Straße und in den Bahnen an, denn sie haben miteinander nicht viel Gemeinsames. Sie wollen voneinander nichts wissen, und jeder lebt ganz für sich. Berlin vereint die Nachteile einer amerikanischen Großstadt mit denen einer deutschen Provinzstadt. Seine Vorzüge stehen im Baedeker.

In der Sommerfrische sieht der Berliner jedes Jahr, daß man auch auf der Erde leben kann. Er versuchts vier Wochen, es gelingt ihm nicht – denn er hat es nicht gelernt und weiß nicht, was das ist: leben –, und wenn er dann wieder glücklich auf dem Anhalter Bahnhof landet, blinzelt er seiner Straßenbahnlinie zu und freut sich, daß er wieder in Berlin ist. Das Leben hat er vergessen.

Die Tage klappern, der Trott des täglichen Getues rollt sich ab – und wenn wir nun hundert Jahre dabei würden, wir in Berlin, was dann –? Hätten wir irgend etwas geschafft? gewirkt? Etwas für unser Leben, für unser eigentliches, inneres, wahres Leben, gehabt? Wären wir gewachsen, hätten wir uns aufgeschlossen, geblüht, hätten wir gelebt –?

Berlin! Berlin!

Als der Redakteur bis hierher gelesen hatte, runzelte er leicht die Stirn, lächelte freundlich und sagte wohlwollend zu dem vor ihm stehenden jungen Mann: „Na, na, na! Ganz so schlimm ist es denn aber doch nicht! Sie vergessen, daß auch Berlin doch immerhin seine Verdienste und Errungenschaften hat! Sachte, sachte! Sie sind noch jung, junger Mann!"

Und weil der junge Mann ein wirklich höflicher junger Mann war, wegen seiner bescheidenen Artigkeit allgemein beliebt und hochgeachtet, im Besitze etwas eigenartiger Tanzstundenmanieren, die er im vertrauten Kreise für gute Formen ausgab, nahm er den Hut ab (den er im Zimmer aufbehalten hatte), blickte gerührt gegen die Decke und sagte fromm und fest: „Gott segne diese Stadt!"

Ignatz Wrobel (Kurt Tucholsky) am 21.7.1919 im Berliner Tageblatt.

Das Ende

Rund 2000 Schriftsteller und Künstler verließen das faschistische Deutschland; es waren die bekanntesten Namen darunter, die Deutschlands Literatur und Kunst Weltgeltung verschafft hatten. Einige blieben, sie verstummten oder schrieben Unverfängliches. Andere setzten im Widerstand das nun notwendigerweise illegale Schreiben fort.

Auf dem Internationalen Schriftstellerkongreß zur Verteidigung der Kultur in Paris trat ein Mann mit schwarzer Maske auf. Er kam aus Berlin und berichtete von dem faschistischen Terror in seiner Heimat. Er hatte darüber ein Buch geschrieben, das Manuskript unter Lebensgefahr ins Ausland geschmuggelt. Es erschien 1936 zuerst in Bern und Moskau. Der Name des Autors: Jan Petersen. Der Titel des Buches: „Unsere Straße". Vierzig Jahre später machten vier Westberliner Dokumentaristen aus dem Buch einen Film: Textpassagen, Dokumente, Interviews mit jungen Westberliner Bürgern und Überlebenden, die in der Charlottenburger Wallstraße (heute Zillestraße) gegen die SA gekämpft hatten. Es entstand ein Dokument der Kontinuität.

Neubeginn?

Es bedurfte geraumer Zeit, bis die Kriegsgeneration ihre Erlebnisse und den furchtbaren Mißbrauch der deutschen Sprache verarbeitet hatte und dem literarischen Ausdruck verleihen konnte. Einige, die schon vor 1933 das Schreiben als Waffe im politischen Kampf verstanden hatten und die 1945 aus den Zuchthäusern befreit wurden, waren sofort zur Stelle. Günter Weisenborn, Herbert Sandberg und mit ihnen Wolfgang Weyrauch gaben 1945 in Berlin die satirische Zeitschrift „Ulenspiegel" mit einer Lizenz der amerikanischen Besatzungsmacht heraus.

1947 freilich befand die amerikanische Lizenzbehörde, der „Ulenspiegel" zähle „fortab nicht mehr zu den unbedingt zu fördernden Blättern". Weisenborn erinnert sich:

„Sie begriffen nicht, daß wir eine Zeitschrift nach unserem Kopf herausgaben und daß wir den Kalten Krieg nicht mitmachten. Nun kam dieser rotangestrichene Aufsatz zurück. Ich war stumm vor Zorn. Ich sah aus dem Fenster den Wagen kommen, der uns die Lebensmittel der Lizenzbehörde brachte. Die ganze Redaktion bekam eine Mahlzeit von der

Carl v. Ossietzky und der Schriftsteller Ludwig Renn (rechts) werden 1933 der ausländischen Presse im Berliner Polizeipräsidium vorgeführt. Links neben Ossietzky der KPD-Abgeordnete Ernst Torgeler. Der „vorführende" Herr im Profil links ist der Polizei-Vizepräsident Oberregierungsrat Dr. Diels, dessen Abteilung IA des Polizeipräsidiums direkt Göring unterstand. Ossietzky starb am 4. Mai 1938 an den Folgen der KZ-Haft.
Foto: Ullstein

Jan Petersen, Autor des Romanes „Unsere Straße". Bis 1935 leitete Petersen in Berlin eine illegale Gruppe des Bundes Proletarischer Schriftsteller. Sein Roman, in der BRD lange Zeit unbekannt, diente als Vorlage für den Film „Straße im Widerstand".

Alfred Kerr, berühmtester Theaterkritiker seiner Zeit, vor allem für das bürgerliche „Berliner Tageblatt". Emigrierte als einer der ersten schon im Januar 1933. Zunächst in die Schweiz, später nach Paris.

Kurt Tucholsky schied 1935 im schwedischen Exil freiwillig aus dem Leben. Tucholsky schrieb für „Schaubühne" und „Weltbühne" und wurde mit seinen Romanen zu einem der populärsten Schriftsteller der 20er Jahre.

US-Militärbehörde. Nicht lange danach rief der Presseoffizier an und teilte mir mit, daß die Militärbehörde bei aller Fairneß die Papierlieferung leider, leider ein wenig einschränken müsse ... Ihre militärischen Einbahnschädel wollten eine amerikanische Zeitschrift in deutscher Sprache für deutsche Leser erzwingen und ein Kampforgan des Kalten Krieges. Wir wählten das Ende."

Maler-Poeten

Das war eine Gruppe Westberliner Künstler, die ihr bildnerisches Handwerk auf einer Akademie erlernt hatten, die Literatur jedoch autodidaktisch betrieben und dabei zu nicht geringerer Professionalität gelangten.
1959 gründete der Dichter, Zeichner und Holzschneider Günter Bruno Fuchs (der 1977 überraschend verstarb) zusammen mit Robert Wolfgang Schnell in der Kreuzberger Oranienstraße 27 die Hinterhofgalerie „Die Zinke". Hier kamen manche zu erstem Ruhm, hier las zum Beispiel Günter Grass seine ersten Gedichte.

Wolfgang Neuss

Günter Bruno Fuchs

An das Wohnungsamt Tiergarten

Möchten uns
im Namen meiner Familie
bewerben um die
Wohnung Huttenstraße 40,
anderthalb Stuben
mit Küche und
ohne Bad

Moabit
is jünstig für uns. Bediene
hier in einer Speisejaststätte. Meine Frau
hats nich weit, wenn unsre
zwee Jungs, beede ein Jahr
aussenander, mal schwimm jehn wolln
im Sommer gleich im Kanal
von der Huttenstraße
am Ende.

(Bis jetzt
hatten wir keen Wasser in der Nähe.)

Habe mir
die Wohnung besichtigt. Findse
jut. Papiere bekommen Sie rüberjeleitet
vom Wohnungsamt
Kreuzberg, weil da im Augenblick
allet voll is.

Robert Wolfgang Schnell

Ostern 1948 an Kleists Grab

Auch ohne die Pistole
war das ganze leere Elend
um diesen eckigen Stein. Es spielte
kein Schmetterling und das Eisgewächs
war blütenlos.

Penthesileas Blutströme
sprudelten nicht mehr über die Ufer
des kleinen Wannsees,
und der zerrissene Prinz aus Brandenburg
war nicht mehr gegenwärtig
im Ruderclub zu seines Grabes Füßen.

Die Minute, die ich mich beugte
an der Stätte, an der er ruht,
war grauenvoll grau
und der Wind schrie von Toten
ohne Auferstehung und tieferen Traum.

Aber wer den Aufflug noch spürt,
das Salz im Brot,
das, was den Staub zur Straße bindet,
wendet den Blick von diesem Grabstein
und sieht sich furchtlos einfach um
nach jener grauen Stadt im Weiten.

APO-litische Literatur

Mitten im schönsten Kalten Krieg fuhr ein Mann mit der Pauke dazwischen: Wolfgang Neuss.
BILD empfand es seit 1949 als unverschämt, daß die Zone sich DDR nannte und setzte das Phänomen (bis heute) in Gänsefüßchen.
Die Westberliner gewöhnten sich daran und sprachen die Anführungsstriche gleich mit. Sie schätzten sich im übrigen glücklich, nicht in Karl-Chemnitz-Stadt (Neuss) oder Leipzig wohnen zu müssen, bedauerten mit verdeckter Schadenfreude die armen Brüder und Schwestern und fühlten sich in ihrer Überlegenheit rundum wohl.
Wolfgang Neuss sah das so:
„Urlauber Paul schreibt vom Schwarzen Meer
Als Westler is man hier Kaiser. Die Urlauber aus Polen, Tschechen und so ham ein unvaschämten Respekt vor der Mark, wie se bei uns als Zahlungsmittel gäbe ist. Ick wohn in ein wunderfeines Marmorhotel und schaue morgens auf den Campingplatz am Strand, wo die aus der Zone zelten.
Wenn ick gute Laune habe, schmeiß ick 'ne Mark in den weißen Sand. Hei, ist das 'ne Balgerei. Quasi hab ick drei Diener: einer aus Chemnitz trägt mir das Handtuch ans Meer, einer aus Parchim trocknet mir ab, und gestern hat mir sogar ein Funzenär aus Frankfurt/Oder eine Strandburg geschippt. Die hab ick aber gleich wieder eingerissen, der hat mir zu sehr auf Frankfurter Allee gebaut: realistische Stukkatur. Mag ja mit dem Strandsand eine gewisse Kunst sein, aber sicher ist sicher.
Auf jeden Fall nie wieder in den Harz. Hier putzen se Schuhe, schleppen das herrliche Essen und lachen dich an. Ick weiß, sie wollen bloß unser Geld, aber trotzdem. Es ist beinah so schön wie damals 1941 bei Bordeaux. Natürlich slawischer.
Morgen will ick mir noch etwas kubanischen Zucker in den Hintern blasen lassen. Wenn man sich's leisten kann? Ham genug von dem Zeugs und kost nischt. Gestern hat sich Helga maniküren lassen. Aber an die Füße. Von zwei Kunststudenten aus Leipzig. Sie sieht jetzt den Osten mit ganz andre Hühneraugen.
Entschuldigt die Maschinenschrift. Aber die Kulis aus der Zone holen mir gerade ein paar Pfund Kaviar aus Odessa. Dis is hier um die Ecke. Herrlich, herrlich. So stell ick mir die Wiedervereinigung vor. Das Ganze dann an der Ostsee. Aber hier is wärmer.

Tschüss, Euer sehr glücklicher
und zufriedener Paul."

Doch Neuss trommelte den Untertanen nicht nur seine Provokationen ins Gehör, er handelte auch danach – und das nahm man ihm besonders übel. Neuss sammelte nach der Vorstellung im „Domizil" am Lützowplatz Geld für Vietnam – die Westberliner Zeitungen verhängten eine Anzeigensperre über ihn, der SFB warf seine Sendung aus dem Programm, und die Springer-Presse erhielt 1966 von Verfassungsschutz und Senat ein Foto von einer Vietnamdemonstration, auf dem Wolfgang Neuss mit einem Pfeil gekennzeichnet war.
Für BILD war Neuss schon lange vor Rudi Dutschke „Volksfeind Nr. 1". Die tiefe Abneigung beruhte auf Gegenseitigkeit. Neuss veröffentlichte eine Schallplatte, auf der BILD-Meldungen neussgemäß umgearbeitet wurden, z. B.:
„BILD ist gut.
Gestern hat die Polizei wieder einmal einen Fußgänger auf dem Zebrastreifen erschossen.
BILD sagt: Das geht zu weit. Man muß nicht gleich erschießen, um auf die erste Seite zu kommen.
Oder wollte die Polizei einem Autofahrer zuvorkommen?"

Ça ira

1966 kam das Bezirksamt Wilmersdorf auf die Idee, der Jugend seines Stadtteils etwas Gutes zu tun. Es stellte ihr in der Münsterschen Straße 4 eine unansehnliche Baracke in weitgehender Selbstverwaltung zur Verfügung. Die jungen Leute ließen sich nicht lange bitten, möblierten das Ding nach eigenem Gusto, nannten das Ganze trotzig „ça ira" und organisierten einen Thekendienst, einen Programmrat und manche Kommission mehr; sie stellten ein Programm zusammen, das in dieser Zeit seinesgleichen suchte – und das alles ohne Geld. Professoren der Pädagogischen Hochschule gesellten sich später dazu.
Wenn auch Folksong im „Ça ira" einen bedeutenden Platz einnahm, das Programm umfaßte sehr viel mehr Bereiche. Hier ein Ausschnitt aus dem Novemberprogramm von 1966:
Literatur: Diskussion mit Christian Geißler über sein Buch „Anfrage" und mit Manfred Rexin über sein neues DDR-Buch
„Roter Platz 66" Neue russische Autoren
Politik: „Verflucht, dies Vietnam da" eine Montage
Interviews mit Zeitgenossen
Filme: „Iwans Kindheit" und „Anfrage"
Theater: Beckett „Das letzte Band"
Musik: Eine Blues-Gruppe und eine Beat-Band
Ins „ça ira" kamen aus Sympathie und Solidarität namhafte Künstler wie Pete Seeger, Dieter Süverkrüp und Joan Baez, und solche, die zu jener Zeit nur Insidern ein Begriff waren: Ingo Insterburg, Hannes Wader und Reinhard Mey.
In zunehmendem Maße wurden die bezirksamtlichen Zie-

Foto: Junker-Rösch

Aras Ören
Stadtrundfahrt

Meine Damen und Herren, wir überqueren
den Landwehrkanal. Gegenüber:
die Nationalgalerie, vor uns die Staatsbibliothek.
Links hinten können Sie die Philharmonie erkennen.

Eben erreichen wir den Bezirk Kreuzberg,
er hat 131 307 Einwohner, davon
21 643 Türken.

Hier ist die Kochstraße. Diese riesige Setzerei
aus dem alten Berlin . . .
Hier treffen die Nachrichten aus aller Welt ein,
von hier gehen Nachrichten aus Berlin
in alle Welt.
Dieses hohe stattliche Gebäude . . .
unnötig zu sagen, daß darin die meistgelesene
freie Zeitung des freien Berlin gedruckt wird.

Vor uns der Oranienplatz . . .
Diese Gegend wird auch Klein-Istanbul genannt.
Naunynstraße, Adalbertstraße, wir
durchfuhren eben die Muskauer Straße.
Sie sehen Arbeiterquartiere der Jahrhundertwende,
als Schlesier und Ostpreußen in Scharen
die heimatliche Scholle verließen und sich
in der Industriemetropole ansiedelten.
Damals soll Kohlgeruch die Straßen
erfüllt haben, jetzt ist es Hammelgeruch, Thymian
und Knoblauch, wohlgemerkt.

Mariannenplatz . . .
Vergessen Sie die Schilder
    BETRETEN
    DES RASENS
    VERBOTEN!

Sie sehen ja: dort herrscht
eine Farborgie! Die Wiese
mit rosa, gelben und grünen
Kleidern und Tüchern besetzt,
wie ein kostbarer Orientteppich.

Der Bus hält. Die Fahrgäste steigen aus,
gespannt, was kommt.
In einer alten Fabrik, zweiter Stock,
Hinterhof. Der Raum ist finster
und unaufgeräumt.

Meine Damen und Herren, dies ist
(ein Museum für lebende Sozialgeschichte,
würde man erwarten, doch man hört:)
ein Kulturzentrum
mit Bildenden Künstlern, Dichtern, Schriftstellern . . .
Beachten Sie die Motive der Bilder:
    ineinanderverschachtelte Häuser
    Fabrikessen aus Häusern herauswachsend
    Menschen hier und dort
    verstreut
    und gleichsam spielend
    beim Daseinskampf . . .

Was hat Kreuzberg nicht alles zu bieten!
Klopf mal an:
Das fährt auf dich zu
wie ein flaggengeschmücktes Schiff,
das anlegt am Kai.
Aber um Kreuzberg wirklich zu sehen,
mußt du das Verhältnis von Arbeit und Lohn,
die Geschichte des Kapitalismus verstehen.

(Aus dem Berlin-Poem „Die Fremde ist auch ein Haus", Rotbuch Verlag, Berlin 1982. Übersetzt von Gisela Kraft.)

väter von dem Gefühl beherrscht, sich mit „ça ira“ ein Kuckucksei ins Nest gelegt zu haben. Hier wurden Flugblätter und politische Erklärungen gefertigt, die Teilnahme am Ostermarsch und Vietnamdemonstrationen vorbereitet und vieles andere mehr.
Die stolze Apo warf einen Schatten voraus. „Ça ira“ wurde 1967 geschlossen.

Türkei in Kreuzberg

Mit dem Zuzug von etwa 130 000 Türken nach Westberlin wurde die einheimische Bevölkerung mit einer Kultur konfrontiert, die ihr gänzlich fremd war, und nur wenige versuchen, das Fremde zu ergründen und über die unterschiedlichen Kulturen Zugang zueinander zu finden. Die Distanz blieb und vergrößerte sich noch durch Arbeitslosigkeit und Wohnungsmangel. Um so unentbehrlicher sind die authentischen Zeugnisse türkischer und deutscher Autoren zum Verständnis der Lebensweise der fremden Nachbarn in unserer Stadt, für eine Entdeckungsreise nach Gemeinsamkeiten.

Stadt zum Schreiben

Zu Westberlin gehören nicht nur bekannte Schriftsteller wie Ingeborg Drewitz, Volker von Törne (†), Peter Schneider, Peter Paul Zahl, Leonie Ossowski und viele andere mehr. Es ist auch die Stadt vieler Schreibenden, deren Werk erst nach und nach von einer größeren Öffentlichkeit zur Kenntnis genommen wird.
Zum Beispiel Horst Kammrad. Autoschlosser von Beruf, aktiver Gewerkschafter, jahrelang Betriebsratsvorsitzender der Zehlendorfer Spinnstoffabrik (die es heute nicht mehr gibt, weil die Unternehmensleitung sie aufgab), Mitbegründer der Westberliner Werkstatt im „Werkkreis Literatur der Arbeitswelt“; er ist insofern bekannter geworden, da er mit einer Reihe von eigenen Büchern an die Öffentlichkeit trat. Die Arbeitswelt ist sein Thema, das Schicksal der sogenannten „Gastarbeiter“, der Kampf am Arbeitsplatz und in der Gewerkschaft und die Lebensatmosphäre der arbeitenden Menschen.

Dinah Nelken bei der Friedensdemonstration am 8. Mai 1981 Foto: Jürgen Henschel

Zum Beispiel Dinah Nelken. Sie erlitt das Schicksal zahlreicher aus der Emigration zurückgekehrter antifaschistischer Schriftsteller, die übersehen und vergessen wurden, unbequem in ihren Erfahrungen und Vorschlägen. In der DDR erscheinen ihre Bücher in hohen Auflagen im Aufbau Verlag. In der BRD ist Dinah Nelken erst vor wenigen Jahren entdeckt worden, und das hängt sicher mit der Verfilmung ihres Romans „Das angstvolle Heldenleben einer gewissen Fleur Lafontaine“ zusammen, die auch die Aufmerksamkeit hiesiger Kulturpolitiker erregt hat und den SFB zum Ankauf des DDR-Films veranlaßte.

*

Dies ist kein Abriß einer Literaturgeschichte Berlins, sondern nicht mehr als eine kleine und unvollständige Zusammenstellung. Viele Namen fehlen, nicht nur der Bertolt Brechts. Die literarischen Salons im Berlin des 18. und 19. Jahrhunderts bleiben ebenso unerwähnt wie das Café in einem besetzten Haus in Schöneberg, in dem Lesungen stattfinden – stattfanden? Ganz zu schweigen von den literarischen Zeugnissen, die auf Bettlaken gesprüht aus Fenstern in Kreuzberg, Schöneberg und im Wedding flattern oder auf dem tristen Beton der Mietshausfassaden zu lesen sind.
Es sind neue Maler-Poeten am Werk.

Foto: Ralph Rieth

Sach-, Personen- und Ortsregister

Für Abdruckgenehmigungen danken wir: dem Verlag Felix Bloch Erben, der Nicolai'schen Verlagsbuchhandlung, dem Claasen Verlag, dem C. Bertelsmann Verlag, den Verlagen Rotbuch, Wagenbach, Rowohlt, Radius, Gruner & Jahr, dem Rembrandt Verlag, dem Satire Verlag, dem Stalling Verlag, Beltz Verlag, sowie der Agentur Focus, dem Kunstamt Kreuzberg und Dr. K.H. Pressler.

Die Fotos von Lynn Millar auf den Seiten 54 und 200 stammen aus dem Buch „Berlin und die Berliner", Rembrandt Verlag 1958.

Besonderer Dank Jonas Geist und Klaus Kürvers für ihr informatives Buch „Das Berliner Mietshaus", Prestel Verlag.

Autoren- und Fotografenverzeichnis

Heinrich Albertz *1915 in Breslau, Pfarrer im Ruhestand, ehemaliger Innensenator und Regierender Bürgermeister von Berlin (West), veröffentlichte u.a. „Blumen für Stukenbrock", Stuttgart 1981, lebt seit 1955 in Berlin.

Rainer Bald *1950 in Essen, Fotograf bei „Fox Reportagen", lebt in Hamburg.

Jens B. Brüning *1946 in Oldenburg, M.A. Publizistik & Soz. & am Lit., Journalist und freier Autor, schrieb Hörspiele und Features für den Hörfunk, lebt seit 1968 in Berlin.

Hans Dampf *geboren in Pseudonym, seit der Elektrifizierung arbeitslos, freier Autor. Veröffentlichte „Der Bahnhof. Leben am Ende der Schiene". Lebt seit 1839 in Berlin.

Gabi Dietz *1956 in Burg (DDR), Mitarbeiterin der ELEFANTEN PRESS, seit 1981 in Berlin.

Axel Eggebrecht *1899 in Berlin, Studium der Germanistik und Philosophie, nach 1949 freier Schriftsteller, Mitbegründer des NWDR, veröffentlichte u.a. „Der halbe Weg" und „Die zornigen alten Männer", beide Reinbek. Lebt in Hamburg.

Kristina Eriksson *1944 in Stockholm (Schweden), Fotografin, veröffentlicht in den verschiedensten Zeitungen; seit 1971 in Berlin.

Peter Feraru *1947 in Friedberg/Bayern, Worthandwerker & Autor, veröffentlichte das Hörspiel „Die Gruft" und den Gedichtband „Wozu ...?", seit 1973 inhaftiert. Lebt seit 1973 in Berlin

Angela Frank *1953 in Bielefeld, Assessorin für Geschichte und Germanistik, Mitarbeiterin der „tageszeitung" (taz), seit 1981 in Berlin.

beruflicher Pressefotograf und Journalist, diverse Publikationen, lebt seit 1963 in Berlin.

Amelie Glienke *1945 in Berlin, hat Malerei studiert, lebt als Karikaturistin und Illustratorin immer noch in Berlin, veröffentlichte u.a. „Der kleine Vampir", Rowohlt Verlag, „Sicher ist sicher", Elefanten Press.

Armin Haase *1954 in Naharia (Israel), Fotodesigner, seit 1972 in Berlin.

Benny Härlin *1957 in Stuttgart, Journalist bei der taz und seit 1975 in Berlin.

Klaus Hartung *1940 in Olbernhau (DDR), Journalist, Mitarbeiter der taz, veröffentlichte u.a. „Die neuen Kleider der Psychiatrie", Berlin 1980. Lebt seit 1962 in Berlin.

Peter Hebler *1950 in Berlin, gelernter Offsetdrucker. Bildjournalist, vor allem für die taz. Mitarbeit am taz-Journal „Häuserkampf" und an der Dokumentation „500.000 gegen Reagan und NATO".

Jürgen Henschel *1923 in Berlin, Landwirt. Fotoreporter, veröffentlichte „Unterwegs in Westberlin" u.a. Lebt seit 1949 wieder in Berlin.

Gerhard Heß *1942 in Herford/Westfalen, Korrektor, geschäftsführender Vorsitzender der Berliner Mietergemeinschaft e.V., lebt seit 1963 in Berlin.

Jürgen Holtfreter *1937 in Rostock (DDR), gelernter Schriftsetzer; Layouter, Fotomonteur. Gesellschafter der ELEFANTEN PRESS, veröffentlichte „Politische Fotomontage", lebt seit 1968 in Berlin.

Christian G. Irrgang *1957 in Bremen, Fotoreporter, veröffentlicht in diversen Zeitschriften, Mitglied der Journalistengemeinschaft „Entenpool". Seit 1977 in Berlin.

Anna B. Jacquemard *1949 in Hamburg, Ausbildung an der Hochschule für Bildende Künste Berlin, 1974—75 Schauspielerin im Berliner Bildertheater, lebte von 1972—78 in Berlin, heute in Hamburg.

Jürgen Junker-Rösch *1945 in Hagen/Westfalen, Fotojournalist, veröffentlichte Fotos u.a. in „Gefühl und Schärfe", Berlin 1982, „Züge aus der Vergangenheit", Berlin 1981. Seit 1974 in Berlin.

Jutta Kausch *1952 in Coesfeld, Ausbildung in Kunstpädagogik und Schulspiel, Schauspielerin, lebt seit 1972 in Berlin.

Michael Kipp *1951 Berlin-Neukölln, gelernter Elektriker; Fotograf, lebt immer noch in Berlin-Neukölln.

Wolfgang Krolow *1950 in Sippersfeld bei Kaiserslautern, freiberuflicher Fotograf, publizierte u.a. „Instandbesetzer Bilderbuch", seit 1972 in Berlin.

Johann Legner *1954 in Bopfingen/Baden-Württemberg, Journalist bei der taz und seit 1973 in Berlin.

Irene Lusk *1945 in Zirndorf/Bayern (weil die Mutter evakuiert war), seit 1950 in Berlin. Kunsthistorikerin, veröffentlichte verschiedene Texte über Fotografie, Fotomontage und Fernsehen, u.a. „Montagen ins Blaue. Laszlo Moholy-Nagy, Fotomontagen und -collagen 1922 bis 1943", Gießen 1980.

Gerald Mackenthun *1950 in Westerland/Sylt, Diplom-Politologe, Volontariat bei der Frankfurter Rundschau, freier Journalist und Mitglied der Journalistengemeinschaft „Entenpool", lebt seit 1971 in Berlin.

Bernd Markowsky *1951 in Greifswald (DDR), Drucker, 1977 aus der DDR ausgebürgert, veröffentlichte mit anderen „Aus der Traum" und in „Gefühl und Schärfe", Berlin 1982. Lebt seit 1977 in Westberlin.

Günther Maschuff *1926 in Königsberg, Journalist, veröffentlichte u.a. Beiträge in „Hilfe Schule", Elefanten Press, und „Stadtansichten", Edition Neue Wege. Seit 1946 in Berlin.

Hans W. Mende *1948 in Brake, Studium an der Hochschule der Künste Berlin, freischaffender Fotograf. Publizierte u.a. die Bildbände „Gleisdreieck" und „Leise Wandlungen". In Berlin seit 1969.

Angelika Nebel-Dampf *geboren im November in Feucht bei Pseudonym. Lebt seit der Eheschließung mit Hans Dampf ununterbrochen in Berlin.

Carla Neumann *1954 in Berlin/DDR. Fotografie-Studium an der Kunsthochschule Leipzig. Fotografin, taz-Fotoredakteurin, seit 1981 in Berlin-West.

Peter Niggl *1949 in Frabertsham/Bayern, Redakteur und Journalist, veröffentlichte zahlreiche Zeitungs- und Zeitschriftenartikel zur Berlin-Geschichte. Seit 1969 in Berlin.

Peter Ott *1955 in Hosena/Lausitz, Student, seit 1977 in Berlin.

Hermann-Joseph Pölking *1954 in Bremen, Mitarbeiter der ELEFANTEN PRESS. Lebt seit 1975 in Berlin.

Til Radevagen *1944 in Guben/Niederlausitz, a.d. Neisse (heute Ortsteil Gubice in der VR Polen), 112 km von Berlin entfernt. Wissenschaftlicher Angestellter, publizierte „Ein deutscher Bulle", Berlin. Seit 1974 ununterbrochen in Berlin.

Günther Jim Rakete *1951 in Berlin, Rock-Promoter und Fotograf.

Gisela Reinke-Dieker *1952 in Langförden, Studium der Sportpädagogik in Münster und an der FU Berlin, Magister in Sport und Publizistik. Freie Mitarbeiterin in den SFB Hörfunk- und Fernsehredaktionen Sport und Kinderprogramm. Seit 1977 in Berlin.

Stefan Reisner *1942 in Berlin. Autor, veröffentlichte die Kinderbücher „Mensch Mädchen" und „Die Drei im Turm" in der Elefanten Press.

Ralph Rieth *1956 in Berlin, Bildjournalist/Pressefotograf, publiziert bei verschiedenen Tageszeitungen und Agenturen, besonders bei der taz.

Jürgen Rocholl *1955 in Berlin, hat Sozialpädagogik studiert, ist Fotograf und Mitglied der Journalistengemeinschaft „Entenpool".

Frank Roland-Beeneken *1929 in Berlin, Fotograf/Bildjournalist, insbesondere Theaterfotografie.

Michael Ruetz *1940 in Berlin. Studierte Vergleichende Sprachwissenschaften, Sinologie und Japanologie in Freiburg, München und Berlin. Veröffentlichte ab 1966 in Zeit, Time und Stern u.a. Zeitschriften, von 1969—73 Fotograf beim Stern, seitdem freiberuflich. Lebte bis 1969 in Berlin, heute in Hamburg.

Marie Sander *1952 in Zweibrücken/Rheinland-Pfalz, Magister Germanistik und Romanistik an der FU Berlin, Fotografin, veröffentlichte u.a. Fotos im „FrauenBilderLeseBuch" der Elefanten Press. Lebt seit 1970 in Berlin.

Wolfgang Schäche *1948 in Berlin, Architekturhistoriker, div. Veröffentlichungen zur Architektur des 19. u. 20. Jahrhunderts, speziell Berlin. Schwerpunkt: Architektur des Faschismus, so „Die Dekoration der Gewalt", Hrsg. mit Hinz, Mittig, Schönberger, Gießen 1979.

Maruta Schmidt *1944 in Liberec (Tschechoslowakei), Kunstwissenschaftlerin, Mitarbeiterin der ELEFANTEN PRESS, Mitarbeit am „FrauenBilderLeseBuch" der Elefanten Press. Seit 1965 in Berlin.

Udo Schneider *1953 in Marl/Westfalen, grad. Fotodesigner, 1976 Förderpreis NRW, freier Journalist und Mitglied der Journalistengemeinschaft „Entenpool". Lebt seit 1979 in Berlin.

Christian Schulz *1961 in Oberkirchen, Fotograf, publiziert vor allem in der taz. Seit 1981 in Berlin (typischer zugereister Chaot).

Hartmut Schulze *1951 in Aken/Elbe, Redakteur (bei „Konkret"), lebt in Hamburg.

Volker Schutsch *1960 in Berlin. Fotograf & Filmer.

Gerhard Seyfried *1948 in München, Zeichner & Cartoonist, veröffentlichte u.a. „Invasion aus dem Alltag", Berlin 1981 und „Freakadellen und Bulletten" bei Elefanten Press. In Berlin seit 1976.

Roman Sprenger *1945 in Liechtenstein, Fotograf. Lebt seit 1967 in Berlin.

Randi Warwel *1952 in Berlin-Spandau. Motto: Write in, turn on, lay out. Seit 1966 im Besitz eines behelfsmäßigen Personalausweises und Plattenspielers.

Erik Weihönig *1950 in Weeze, Mitarbeiter der ELEFANTEN PRESS, gab den „BAföG-Kompaß" heraus und lebt seit 1970 in Berlin.

Wolfgang Wippermann, Dr. *1945 in Bremerhaven, Privatdozent und Assistenzprofessor an der FU Berlin. Publizierte „Faschismustheorien", Darmstadt; „Zur Analyse des Faschismus", Frankfurt 1981. Seit 1973 in Berlin.

Hans-Joachim Wuthenow *1954 in Berlin, Fotograf, veröffentlicht in verschiedenen Zeitungen.

Christiane Zieseke *1948 in Hannover, M.A. Publizistik, Germanistik & Kunstgeschichte. Kunst am Bau-Beauftragte des BBK Berlin. Mitherausgeberin von „Faschismus", Berlin 1976, und „Weimarer Republik", Berlin 1977. Lebt seit 1972 in Berlin.

Günther Zint *1941 in Fulda, Redakteur und Fotograf, Ausbildung bei dpa. Publikationen u.a.: „Republik Freies Wendland", „Die weiße Taube flog für immer davon", Hamburg 1982. Lebt in Hamburg.